Karl Emil Franzos

Deutsches Dichterbuch aus Österreich

Karl Emil Franzos

Deutsches Dichterbuch aus Österreich

ISBN/EAN: 9783743662742

Hergestellt in Europa, USA, Kanada, Australien, Japan

Cover: Foto ©ninafisch / pixelio.de

Weitere Bücher finden Sie auf **www.hansebooks.com**

Deutsches

Dichterbuch aus Oesterreich

Deutsches

Dichterbuch aus Oesterreich

✦

Herausgegeben

von

Karl Emil Franzos

Leipzig

Druck und Verlag von Breitkopf und Härtel

Wien, Braun'sche k. k. Hofverlags- und Universitäts-Buchhandlung

1883.

Vorwort.

...

„Deutſches Dichterbuch aus Oeſterreich" habe ich das vorliegeude Werk betitelt, um zu betonen, welche Grundanſchauung mich zur Herausgabe veranlaßt und bei der Arbeit geleitet. Wenn ich dieſe Anſchauung nun genauer darlege, ſo ſoll damit der nationale Gedanke nicht etwa in gleicher Abſicht herbeicitirt werden, wie man häufig bei Sammelwerken zu wohlthätigem Zweck die Humanität anzurufen pflegt. Denn wenn dies Buch etwa nicht für ſich ſelbſt zu ſprechen vermöchte, ſo kann ihm doch nie aus ſeiner Tendenz der Fürſprecher erſtehen; das Avalun der Dichtkunſt iſt ſicherlich das allerletzte Land, in welchem der Zweck jemals die Mittel heiligen dürfte. Nur zur Orientirung des Leſers ſollen dieſe Zeilen dienen: weil wir Deutſchen in Oeſterreich wieder einmal Tage erleben, in welchen es doppelt Pflicht wird, keinerlei Mißverſtändnis über unſer Denken und Empfinden aufkeimen zu laſſen.

Es iſt eine merkwürdige, bisher viel zu wenig gewürdigte Erſcheinung, in welch' eigenthümlicher Weiſe ſich das deutſche National-Gefühl und das Bewußtſein der geiſtigen Zuſammengehörigkeit mit Deutſchland innerhalb der ſchwarzgelben Grenzpfähle entwickelt hat. Jenes Gefühl regte ſich — im Leben, wie in der Literatur — ſchwach und ſpärlich, ſo lange die deutſchen Kronländer auch officiell zu Deutſchland gehörten. Sehr verſchiedene Gründe mögen dieſes Reſultat herbeigeführt haben; ſicherlich war es nicht die ſtille Behaglichkeit des Beatus possidens, der von ſeinem Beſitz kein Aufhebens zu machen braucht, welche die deutſchen Dichter Oeſterreichs ſo ſelten ihrem nationalen Empfinden Ausdruck geben ließ, auch weniger jene Schläfrigkeit,

für welche der deutsche Bundestag allen seinen Unterthanen ein so erquick-
liches und nachahmungswerthes Beispiel gab, als vielmehr die allgemeine
geistige Strömung jener Zeit, so insbesondere auch der rührende, aber grund-
falsche Kosmopolitismus, welcher unsere Poeten drängte, lieber die Schicksale
der Czechen und Polen dichterisch zu verklären. Aber von dieser Vermeidung
deutscher Stoffe und Stimmungen abgesehen, führte die oben angedeutete
Strömung im Verein mit anderen Thatsachen eine noch weit wichtigere Erscheinung herbei: auch bezüglich Stil, Form und Anschauung machte sich
im dichterischen, ja geistigen Schaffen überhaupt eine allerdings nicht gänz-
liche, aber doch ziemlich schroffe Isolirung von Deutschland fühlbar. Unter
den Motiven, welche dieselbe herbeiführen halfen, wäre vielleicht das energisch
und konsequent durchgeführte Princip des Metternich'schen Systems, Oesterreich mit einer Grenzmauer zu umgeben, zuerst anzuführen, in gleichem
Sinne wirkte der natürliche und berechtigte Gegensatz zwischen österreichischem
und deutschem Wesen, endlich das eben so unberechtigte, als unnatürliche Vorurtheil, mit dem „draußen im Reich" den Werken oesterreichischer Dichter
begegnet wurde. Übrigens waren auch die Oesterreicher an diesen unerquick-
lichen Beziehungen schwerlich ganz schuldlos; wie weit auch bei ihnen Ver-
bitterung und Vorurtheil gediehen, möge u. A. das in diesem Buche mitge-
theilte Gedicht Grillparzer's: „An die Berliner" (S. 31) beweisen. Wie dem
auch sein mag, gewiß ist, daß man im Vormärz, ja selbst in den fünfziger
Jahren — einzelne glänzende Ausnahmen abgerechnet — weit eher von einer
oesterreichischen Dichtung in deutscher Sprache, als von einer deutschen Dichtung in Oesterreich sprechen durfte. Angesichts dieser Verhältnisse muß das
tiefe Weh, welches der Prager Friede allen Deutschgesinnten in Oesterreich
bereitete, doppelt begreiflich erscheinen: nun war das politische Band gelöst,
was aller Voraussicht nach das an sich schwache geistige Band noch mehr
lockern mußte. Auch die Widersacher deutschen Wesens in Oesterreich faßten
die Ereignisse von 1866 in diesem Sinne auf; nun mußte, verkündeten sie
triumphirend, eine „echt" oesterreichische, „nur" oesterreichische Literatur erstehen,
und um ihre Geburt nach Kräften zu beschleunigen und zu erleichtern, wurde
sogar für diese nur- und echt-oesterreichische Literatur 1867 in einer Provinz-
hauptstadt ein eigenes Familienblatt in's Leben gerufen. Aber das Blatt ist
längst todt, und jene Literatur, der es dienen sollte, nie geboren worden!

Juſt das Gegentheil von dem, was die Einen befürchtet, die Anderen erwartet,
war eingetreten: nun das politiſche Band gelöſt war, erſtarkte das geiſtige
mehr und mehr, ſichtlich, von Jahr zu Jahr. Nähere Belege hiefür haben
Joſef Bayer und Hugo Wittmann in den Berichten, welche ſie dem „Inter-
nationalen literariſchen Kongreß“ von 1881 über die oeſterreichiſchen Lite-
raturzuſtände erſtattet, in eben ſo geiſtvoller, als erſchöpfender Weiſe erbracht;
hier genügt es, der Thatſache ſelbſt und ihres Hauptmotivs, des nationalen
Pflichtgefühls, freudig zu gedenken. Auch hier war das echte Gold einer
Volksſeele im Feuer der Bedrängnis klar geworden; die Deutſchen in Oeſterreich fühlten, daß ſie bei fernerer Iſolirung verloren ſeien, und handelten
danach; in erſter Reihe die Männer der Feder, mochten ſie dieſelbe nun in
Vers oder Proſa, für Buch oder Zeitung führen. Natürlich hat auch die
moderne Umgeſtaltung des Zeitungs- und Zeitſchriften-Weſens dieſe An-
näherung und Verſchmelzung unterſtützt; heute darf ſie als Thatſache gelten,
und keineswegs in bloß äußerlicher Beziehung. Die Vorurtheile ſind hüben
und drüben geſchwunden; die deutſche Kritik behandelt den Oeſterreicher, die
oeſterreichiſche den Deutſchen mit gleicher, oft genug mit größerer Freund-
lichkeit, als den Einheimiſchen; die Werke des Deutſchen werden in Oeſterreich, jene des Oeſterreichers in Deutſchland geleſen, aber damit iſt die
Wechſelwirkung noch keineswegs erſchöpft: die oeſterreichiſche Dichtung iſt
auch innerlich aus ihrer Iſolirung herausgetreten, ſie tauſcht Impulſe mit
der Dichtung der anderen deutſchen Stämme, und zwar giebt und empfängt
ſie dieſelben in gleichem Maße. Ihre berechtigte Beſonderheit hat ſie darüber nicht verloren, ſie ſpiegelt auch heute noch die Eigenthümlichkeiten ihres
Volksſtamms wieder und wird ſie immer ſpiegeln, ſo lange ſie echt und wahr
bleibt, es iſt ihr eigenes Metall, das ſie ausprägt, aber in der Art der Le-
girung, wie in der Prägekunſt beginnt ſie Weiſung zu empfangen und zu
geben. Und dieſes Moment iſt ſicherlich von größerer nationaler Bedeutung,
als etwa die bloße Thatſache, daß nun auch das deutſche Gefühl aus dem
Liede unſerer Dichter oft und kräftig hervorklingt. Erfreulich iſt natürlich
auch dies, wie denn überhaupt der deutſche Stamm in Oeſterreich mit ſeiner
dichteriſchen Repräſentation in der Gegenwart zufrieden ſein darf. Im
Ganzen und Großen hat ſich ſeine poetiſche Kraft trotz aller politiſchen
Kämpfe, oder vielleicht gerade durch dieſelben reich und ſchön entwickelt.

Eine Dichtergestalt, wie Grillparzer, ist uns nicht wieder erstanden, ein Gast, wie Hebbel, nicht wieder zugezogen. Aber die Zahl unserer Talente ist größer, als sie jemals war, ihr Streben ernster, als je. Die Form ist korrekter, die Sprache einfacher, der Geschmack feiner und sicherer, das Empfinden gesunder und natürlicher geworden. Auch dies ist zum guten Theil eine Frucht jener lebendigen Wechselwirkung, wie sie sich nach 1866 entsponnen. Blicken wir auf diese Entwicklung zurück, so dürfen wir wohl zusammenfassend aussprechen: Deutsch-Oesterreich war ehemals politisch eine deutsche Provinz, geistig aber ein selbständiges Nachbarreich mit nahe verwandten Elementen; heute nimmt es politisch diese letztere Stellung ein, während es, was sein geistiges Leben betrifft, als Provinz dem großen Reiche des deutschen Geistes eingefügt erscheint, und zwar als eine Provinz, deren sich das Reich wahrlich nicht zu schämen braucht.

Diese allmähliche Wandlung durch das eigene Wort der Poeten zu veranschaulichen, unseren älteren Dichtern die jüngeren und jüngsten anzureihen, kurz: eine Sammlung herauszugeben, welche die Entwickelung der deutschen Dichtung in Oesterreich seit jenem Wendepunkte veranschaulicht, erschien mir seit Jahren als eine verlockende, der Mühe würdige Aufgabe. Von anderer, mir persönlich näher liegender Arbeit in Anspruch genommen, mußte ich die Ausführung meines Planes immer wieder vertagen, und wäre auch jetzt noch schwerlich dazu gelangt, wenn mir nicht aus den Zeitverhältnissen ein neuer Ansporn erwachsen wäre. Ich meine die gegenwärtige Lage der Deutschen in Oesterreich. Es ist hier nicht des Ortes, sie näher zu schildern, sicherlich ist sie dazu angethan, das nationale Pflichtgefühl zu erhöhen. Mehr als je mag es jetzt zeitgemäß sein, durch die That zu erweisen, daß die deutschen Dichter Oesterreichs ihrer Aufgabe bewußt sind und sie in würdiger Weise lösen. In diesem Sinne ging ich an's Werk, in diesem Sinne haben mich die Dichter gern und freudig unterstützt. Sie kamen nicht, als man sie rief, eine „nur" österreichische Literatur zu begründen, sie fanden sich ein, um ein Werk zu ermöglichen, welches sich in den Dienst des deutschen Gedankens stellt und ein Bindeglied mehr sein will zwischen den politisch getrennten Volksgenossen.

Es war mir natürlich von vorn herein klar, daß diese Sammlung, wenn sie ihrem Zweck entsprechen sollte, nicht etwa vorwiegend oder gar ausschließlich politischen Inhalts sein dürfe. Dies hieße ja den nationalen Werth, welcher der Dichtung an sich, ohne Rücksicht auf die Tendenz zukommt, gröblich verkennen, ja ihr Wesen mißachten. Dazu kommt, daß ja gerade in Oesterreich jeder Dichter, welcher Treffliches oder Gutes hervorbringt, schon hiedurch eine Pflicht gegen sein Volk erfüllt und demselben ein Mitkämpfer um die ihm gebührende Stellung im Staate wird. Eben so stand es mir fest, daß die Sammlung ihrer Bestimmung gemäß neben der lyrischen und lyrisch-epischen Dichtung auch das Epos und das Drama berücksichtigen müsse. Nur die metrische Form sollte die Grenze bilden, diese aber mußte allerdings konsequent festgehalten werden, nicht bloß aus äußeren Gründen, weil sonst der Umfang des Buches in's Ungeheuerliche angewachsen wäre, sondern auch aus inneren: die künstlerische Prosa in Oesterreich hat sich nach wesentlich anderen Gesetzen entwickelt. Schließlich aber trat ich an meine Arbeit auch mit dem Entschlusse heran, daß überall da, wo etwa der literarhistorische Standpunkt mit dem ästhetischen kollidiren sollte, der letztere nie der unterliegende sein dürfe. Der Herausgeber einer Sammlung, auch wenn sie in ihrer Art und so weit es die Verhältnisse gestatten, eine Art Gesammtbild zu geben versucht, darf doch nie vergessen, daß sein Buch zunächst im Dienste des Schönen steht.

Schwerer war eine andere principielle Frage zu entscheiden: sollte das Buch auch bereits Gedrucktes enthalten, oder nur aus bisher ungedruckten Dichtungen, aus Original-Beiträgen bestehen? Es war ja zweifellos, daß dies Letztere nicht bloß dem Leser angenehmer sein und den Werth des Buches erhöhen, sondern daß sich so jener Beleg, den das Buch erbringen will, ungleich frischer und beweiskräftiger gestalten würde, — aber ein Wagnis blieb es immerhin, und dies um so mehr, als für die Sammlung, Sichtung und Zusammenstellung der Beiträge eine sehr beschränkte Frist gesetzt war: erst Mitte Juni konnten die einleitenden Schritte gemacht werden, im November sollte das Buch erscheinen. Aber im Vertrauen auf die Kraft unserer Poeten, auf ihre Bereitwilligkeit, einer guten Sache hilfreich zu sein, wagte ich es dennoch: dieses Buch enthält nur bisher ungedruckte Beiträge. Ob das Wagnis geglückt ist? Nicht mir steht es zu, dies zu entscheiden, aber ich darf das Buch mit der frohen Zuversicht aus der Hand geben, daß mich jenes Vertrauen nicht getäuscht. Die deutschen Dichter

Oesterreichs folgten fast ausnahmslos dem Rufe, der an sie ergangen, und begnügten sich nicht damit, das Beste von dem zu spenden, was sie eben hatten, sondern die meisten — Robert Hamerling an der Spitze — nützten die wenigen Monate, die ihnen zu diesem Zwecke gegönnt waren, um größere Arbeiten, deren Plan bereits früher in ihnen gereift, nun für dies Buch auszuführen. Ich glaube, daß sie, und ich mit ihnen, dem Urtheil des Lesers über den dichterischen Werth des Gebotenen mit Ruhe entgegensehen können. Ich glaube aber auch, daß das Buch, obwohl ihm in Folge des Princips, nur Original-Beiträge zu bringen, der und jener Name fehlt, gleichwohl daneben auch den oben angedeuteten Zweck erreicht. Keine der Hauptströmungen der deutschen Dichtung in Oesterreich ist unvertreten geblieben, keine nur etwa durch Namen und Leistungen zweiten Ranges ver- treten. Ich darf dies um so mehr betonen, als dies ja zunächst das Ver- dienst unserer Poeten ist.

Ich füge hieran einige Daten über die numerische und quantitative Be- theiligung, deren sich das Buch erfreuen durfte. Ich richtete meine Einladung im Juni an 62 Dichter und Dichterinnen. Unser Deutsch-Oesterreich ist an Liedern und Sängern reich; zweiundsechzig dichterische Kräfte ersten Ranges zählt es natürlich doch nicht. Aber ich ging von dem Grundsatze aus, daß, wer ein großes Orchesterstück anhört, nicht bloß gern dem Klang der Violinen lauscht, sondern auch dem der geringeren Instrumente, sofern sie nur rein und hell tönen; sie machen sich wenig und selten bemerkbar, aber ohne sie könnte man die Tondichtung doch nicht so vernehmen, wie sie in Wahrheit ist . . . Selbstverständlich erschien es mir auch, die in Deutschland gebo- renen, bei uns seßhaft gewordenen Poeten beizuziehen, hingegen wurden von jenen Dichtern Oesterreichs, deren literarische Bedeutung in ihren Prosa- Arbeiten liegt, natürlich nur jene verständigt, die daneben auch häufig Dichtungen in gebundener Rede veröffentlicht. Von den 62 Eingeladenen haben 59 bereitwilligst Beiträge gesendet, von den drei Anderen mußten zwei ferne bleiben, weil sie nichts Ungedrucktes im Pulte hatten, das Motiv des Dritten blieb mir unbekannt. Von jenen 59 aber sind 55 im Buche vertreten; was die vier anderen betrifft, so mußte ich leider auf die Beiträge Zweier verzichten, weil sie derzeit nur über dramatische Dich- tungen in Prosa verfügten: Adolph Wilbrandt, der dem Buche in

liebenswürdigſter Weiſe einen Akt aus einem eben ſo geiſtvollen, als fein-
ſinnigen Trauerſpiel zur Verfügung geſtellt hatte, deſſen Held Giacomo Leo-
pardi iſt, und Joſef Weilen, der mir ein einaktiges Schauſpiel anzubieten
die Güte hatte. Die beiden Anderen hingegen, gleichfalls verdienſtvolle
Poeten, ſendeten wohl Beiträge in metriſcher Form ein, doch ſchien mir der
äſthetiſche Werth dem Ruſe der Verfaſſer nicht entſprechend. Ich fühle mich
ihnen zu beſtem Danke für ihre Bereitwilligkeit verpflichtet — ſie gaben
eben, was ſie an Ungedrucktem hatten — aber es ſchien mir entſprechen-
der, unter dieſen Umſtänden lieber auf ihre Vertretung im Buche zu verzichten.

Einzig aus Rückſicht für Autor oder Autornamen hat kein Gedicht Aufnahme gefunden, hingegen mußten leider nur allzuviele wegbleiben, die ſo-
wohl durch den Verfaſſer als die Leiſtung ihren Platz verdient hätten. Denn
wie die numeriſche Betheiligung alle Erwartungen übertraf, ſo auch die
quantitative. Von jenen 59 Dichtern kamen mir rund etwa dreizehn-
hundert Beiträge zu, darunter etwa 70 größere Dichtungen (Dramen und
Epen, ſo wie Fragmente aus ſolchen), die übrigen Balladen, Lieder, Epigramme ꝛc. Ich hätte damit eine ganze Reihe von Bänden in Format des
vorliegenden Werkes füllen können! Nun konnte ihnen aber nicht einmal
der ganze Raum des einen Bandes zur Verfügung geſtellt werden, weil
daneben auch der ungedruckte Nachlaß verſtorbener Dichter, ſo wie die Ein-
ſendungen der bisher unbekannten oder nur wenig bekannten Talente berück-
ſichtigt werden mußten. An nachgelaſſenen Manuſkripten lagen mir etwa
400 Nummern vor, die von 31 Dichtern ſtammten; hiervon mußten 18
Namen unvertreten bleiben, 13 finden ſich im Buche. Dies giebt im Verein
mit jenen 55 Poeten 68 Autornamen. Das Buch zählt jedoch deren an
hundert. Es haben alſo auch etwa 30 jener Poeten Aufnahme gefunden, die
ſich ungerufen einſtellten, nachdem ſie aus den Zeitungen Kunde von dem
Erſcheinen der Sammlung erhalten. An Solchen, durch welche ich das
Hundert hätte voll machen können, fehlte es mir gerade in dieſer Gruppe am
wenigſten. Das härteſte Herz wird in Mitgefühl ſchmelzen, wenn ich ſage,
daß mir aus dieſen Kreiſen etwa 2500, ſchreibe zweitauſendfünf-
hundert größere und kleinere Gedichte von 304 Poeten zugekommen ſind!
Zuſammen fanden ſich alſo 394 Dichter mit 4200 Nummern ein, von denen,

wie bereits erwähnt, an 100 mit etwa 250 Beiträgen Aufnahme gefunden haben. Ich glaube wohl aussprechen zu dürfen, daß eine solche Betheiligung an einem dichterischen Werke, sowohl nach der erfreulichen, wie nach der erschrecklichen Seite hin, nicht bald vorgekommen sein dürfte.

Gelesen habe ich Alles, auch aus der letzten Gruppe, allerdings orientirte hier in sehr vielen Fällen die erste Strophe genügend. An erheiternden Momenten konnte es natürlich nicht fehlen; am liederreichsten erwiesen sich Gymnasiasten, Dorfschullehrer und Postbeamte; fast immer wurde „umgehende Antwort" und ein „offenes Urtheil" erbeten. Der fleißigste Mitarbeiter meiner Mappe war ein k. k. Major i. P., der mich in acht Sendungen mit zusammen 114 Gedichten erfreute. Aber auch an wahrhaft erfreulichen Momenten fehlte es nicht: unter diesen Dichtern fanden sich einige echte und starke Talente, dann Andere, die wohl noch zu jung sind, um Reifes zu schaffen, aber getrost in ihrem Streben ermuntert werden durften. Dieses Buch erbringt den Beleg, daß wir einen starken dichterischen Nachwuchs haben, der schon jetzt Schönes leistet und für die Zukunft Schöneres verspricht.

Wie die Berücksichtigung dieser Gruppe sicherlich in den Rahmen des Buches fällt, so auch jene der Nachlaßgedichte. Bei jenen Poeten, die wir erst kürzlich verloren, die mit zu den Charakterköpfen jener Epoche gehören, deren dichterisches Schaffen dies Buch veranschaulichen möchte, bedarf dies ja keiner Begründung. Was aber Jene betrifft, die schon vor 1866 für immer verstummt oder doch seither wenig mehr producirt, so war mir die Erwägung maßgebend, daß ein Buch, welches eine Wandlung und Entwicklung vorführen will, doch auch die Ziele, von denen sie ausgegangen, andeuten muß. Allerdings mußte auch hier der ästhetische Werth, und nicht etwa die Pietät für den Namen bezüglich Aufnahme oder Ablehnung entscheiden. Glückliche Zufälle und die Liebenswürdigkeit der Erben oder Rechtsnachfolger ermöglichte es mir, aus dem Nachlasse dieser Poeten werthvolle, bisher unbekannte Dichtungen veröffentlichen zu können. Ich benutze diese Gelegenheit, um meinen Dank hiefür auch öffentlich zu sagen. Das Recht zum Abdruck der dramatischen Dichtung: „Ein Steinwurf" von Friedrich Hebbel, verdanke ich der Güte des Herrn Anton Rubinstein in St. Petersburg; das Manuskript stellte mir die Wittwe des Dichters, Frau Chri-

stine Hebbel, in liebenswürdiger Weise zur Verfügung. Die Beiträge
aus Grün's Nachlaß theilte mir der Herausgeber seiner Werke, Herr Dr.
Ludwig August Frankl in Wien mit, jene von Gilm und Prechtler
die Herren Balthasar Hunold und Wladimir Kul in Innsbruck, jene
von Halm und Hermannsthal Herr Dr. Faust Pachler in Wien, dem ich
für die meiner Arbeit erwiesene Förderung und Antheilnahme überhaupt warmen Dank schulde. Den Beitrag von Ebert erhielt ich noch aus des Dichters Hand; der ehrwürdige Nestor unserer epischen Dichtung verschied, als
der Druck dieses Buches, für welches er das freundlichste Interesse erwiesen,
bereits begonnen hatte. Die Gedichte der andern Verstorbenen, Grillparzer
ausgenommen, verdanke ich ihren Angehörigen; für jene von Grillparzer habe
ich den Herren Josef Ritter von Weilen, Albert Weltner und Adam
Müller aus Guttenbrunn, sämmtlich in Wien, endlich Herrn Wladimir
Kul in Innsbruck meinen Dank zu sagen. An dieser Stelle habe ich auch eine
unfreiwillige Ausnahme von meinem Princip, nur Ungedrucktes zu bringen, zu
verzeichnen; erst nachdem der Druck der betreffenden Bogen beendet war, erfuhr ich, daß von den sechs hier mitgetheilten Gedichten Grillparzer's zwei —
„An Kathi Fröhlich" (S. 28) und „1855" (S. 33) — vor Jahren in Zeitschriften
veröffentlicht worden, eben so einige der Epigramme. Da diese Publikation
nur eben in Journalen erfolgt und die Gedichte seither wieder verschollen
waren, so scheint mir das Unglück nicht eben groß; dieselben finden sich
nicht einmal in dem nur als Handschrift gedruckten „Grillparzer-Album"
des Freiherrn von Rizy. Übrigens „keine Regel ohne Ausnahme!" —
auch zu einer freiwilligen Übertretung jenes Princips habe ich mich zu
bekennen: als mir unser theurer Bauernfeld neben ungedruckten Beiträgen
auch sein Gedicht „Shakespeare" überschickte, nahm ich dasselbe auf, obwohl
es bereits 1827 als Einleitung zu einer, von ihm und Anderen besorgten
Übersetzung dieses Dichters publicirt worden. Das Gedicht war so gänzlich
verschollen, daß Bauernfeld selbst nur in Folge einer Zeitungsnotiz in den
Besitz einer Kopie gelangte. Wird mich Jemand um dieser Übertretung
willen schelten?! ... Alles Andere ist, so weit mein Wissen reicht, bisher ungedruckt, bezüglich der Nachlaß-Gedichte wurden die Werke der betreffenden
Poeten verglichen, bei den Lebenden mußte mir natürlich die Versicherung
der Autoren genügen.

Mein Princip bei der Auswahl der Gedichte läßt sich kurz dahin for-
muliren, daß ich neben dem ästhetischen Werth die Eignung der Beiträge,
den Dichter zu charakterisiren, in Betracht zog, ferner die Absicht zu
verwirklichen suchte, die Sammlung möglichst reich an verschiedenen Stoffen
und Stimmungen zu gestalten. Jene Poeten, die besonders ansehnlich vertreten sind, verdienen dies auch sicherlich; hingegen ist Mancher dürftiger
repräsentirt, als er verdient, sei es, weil das ungedruckte Material gering
war, oder weil die Raumnoth zur Beschränkung zwang. Auch bezüglich der
Anordnung des Stoffes ist nicht viel zu bemerken. Die alphabetische Anordnung konnte bei so ungemeiner Verschiedenheit im Umfang der Beiträge
nicht gewählt werden; hievon abgesehen, bestimmte mich auch der Wunsch,
den Inhalt möglichst übersichtlich zu ordnen, die verwandten Poeten und
Gattungen der Poesie nicht allzu gewaltsam aus einander zu reißen, zu einer
freien Gruppirung, die wieder aus verschiedenen Gesichtspunkten erfolgen
mußte, wenn jene Zwecke erreicht werden sollten. Einen landsmannschaft-
lichen Charakter weisen auch innerlich die Gruppen: „Aus den Alpenländern"
und „Aus Böhmen und Mähren" auf. Weniger dürfte dies bei den beiden
stattlichen Fähnlein der Fall sein, in welchen die „Wiener Poeten" aufziehen:
in der Hauptstadt des Reichs finden sich eben Dichter aus allen Ländern
Oesterreichs zusammen. Zwei andere Gruppen („Todtengarten" und „Neue
Namen") enthalten Nachlaßgedichte, so wie die Beiträge neuer Talente; doch
finden sich letztere auch in den oben erwähnten Gruppen eingetheilt, wie denn
überhaupt die Eintheilungen nicht ganz streng durchgeführt werden konnten;
Pedanterie wäre hier sicherlich schlecht am Platze gewesen. So erscheint z. B.
Hamerling's Tragödien-Fragment nicht der Gruppe dramatischer Dichtungen
eingereiht, welche Anzengruber und Rissel bilden, sondern wurde seinen anderen Beiträgen hinzugefügt; ich entschloß mich überhaupt ungern, die Beiträge eines Poeten zu trennen; in zwei Fällen bei Nordmann und Anzengruber; ließ sich dies leider nicht gut vermeiden. Andere selbständige Gruppen bilden Hebbel's Drama, ferner die Gedichte von Grillparzer, Halm und
Grün, endlich die epische Dichtung von Karl Beck. Aus kleineren epischen
Dichtungen formirt sich die Schlußgruppe. Ein bestimmtes Princip in der
Anordnung der Beiträge innerhalb der einzelnen Gruppen wurde nicht festgehalten; ich suchte zwischen dem Bestreben, dem Leser möglichste Abwech-

selung zu gewähren und andererseits doch Zusammengehöriges bei einander zu lassen, die richtige Mitte zu finden.

Vielleicht wird man Angesichts der politischen Verhältnisse, unter denen das Werk erscheint, das Schutz- und Trutzlied aus jüngster Zeit allzu spärlich vertreten finden. (Daß, nebenbei bemerkt, im „Todtengarten" zwei Zeitgedichte aus älterer Zeit, 1817 und 1854, Aufnahme gefunden, mag dadurch gerechtfertigt sein, daß beide durch Ereignisse der jüngsten Vergangenheit und der Gegenwart wieder aktuell geworden.) Doch dürften sich die politischen Lieder, welche das Dichterbuch bringt, an Zahl und Umfang zu den übrigen Beiträgen etwa so stellen, wie sich die politische Lyrik in Oesterreich, so weit sie im Druck vorliegt, zur Gesammt-Produktion verhält. Allerdings hätte ich weit mehr bringen können, denn von den etwa 400 Poeten, welche Beiträge eingesendet, haben wenigstens hundert auch politische Lieder zur Verfügung gestellt. Aber die wackere Gesinnung einte sich nicht allzu oft mit dem ästhetischen Werthe, andere Gedichte wieder hätten dem Buche aus naheliegenden Gründen gefährlich werden können und endlich hielt mich die oben erwähnte Erwägung ab. Auffällig wird es vielleicht erscheinen, daß gerade die ältesten und jüngsten Poeten der Sammlung durch politische Gedichte vertreten sind: bei den Ersteren war mir der Gedanke maßgebend, daß kräftige Worte aus so ehrwürdigem Munde doppelt wirksam sein würden, bei den Letzteren, daß diese Tonart für sie die meist charakteristischste war. Alle diese Lieder zeugen von glühender Begeisterung für deutsches Volksthum, andere sind mir auch nicht eingesendet worden: die „Versöhnung" hat, so weit meine Erfahrungen reichen, noch keinen Sänger entflammt.

Die Orthographie ist von der Druckerei nach den bei ihr geltenden Principien einheitlich durchgeführt worden. Daß ich, der Mahnung bedeutender Grammatiker, so wie dem Vorbilde Goethe's folgend, das halbstumme i nicht durch Apostrophirung andeuten, sondern wirklich habe setzen lassen, dürfte kaum als Neuerung, mindestens gewiß nicht als unberechtigte Neuerung erscheinen. Wir druckten also: „prächtige", „bedächtige" auch da, wo ersteres Wort — ◡, letzteres ◡-◡ zu lesen ist. Ich denke, daß Buchstaben-Ungethüme wie „prächt'ge", „bedächt'ge", eben dem Auge keinen erfreulichen Eindruck machen und lieber zu vermeiden sind.

Schließlich habe ich der Sammlung ein „Autoren-Register" beigegeben, welches kurz gefaßte biographisch-bibliographische Notizen enthält. Dieselben basiren größtentheils auf direkten Angaben der Autoren, von denen ich sie erbat. Kritische Bemerkungen sind, wenigstens bei den Lebenden, durchweg vermieden. Da die hier mitgetheilten Daten auf unbedingte Verläßlichkeit Anspruch machen dürften, so werden sie vielleicht dem Leser, wie dem Freunde der Literaturgeschichte eine willkommene Beigabe sein.

So viel über Tendenz, Inhalt und Ausführung dieser Sammlung. Ich kann meine mühsame und mir dennoch lieb gewordene Arbeit mit keinem besseren Wunsche schließen, als daß diesem Buche die Gunst des Publikums in gleichem Maße werde, wie ihm jene der Dichter geworden. Ihnen Allen nochmals meinen herzlichen Dank.

Wien, am 22. November 1882.

Karl Emil Franzos.

Inhalts-Verzeichnis.

Druckfehler-Berichtigung:

Auf S. 90 hat der vorletzte Vers in Max Kalbed's Elegie „Die Schwestertänze" zu lauten:
Ein paradiesischer Vogel, erheb', o Serie, die Schwingen.

Autoren-Register.

— —

Anzengruber, Ludwig, geb. 29. November 1839 zu Wien, bildete sich größtentheils als Autodidakt fort und führte dann bis 1870 (als Praktikant in einer Buchhandlung, Schauspieler, Journalist, endlich als Kanzleibeamter bei der Polizeibehörde) ein vielbewegtes Leben, bis ihm in diesem Jahre der Erfolg seines Volksstücks "Der Pfarrer von Kirchfeld" ermöglichte, sich ganz der Schriftstellerei zu widmen. Er lebt seither ständig in Wien. A. veröffentlichte an Dramen außer dem obgenannten: "Die Kreuzelschreiber", "Ein Faustschlag", "Der Meineidbauer", "Das vierte Gebot", "Der G'wissenswurm", "Doppelselbstmord", "Der ledige Hof" u. A. sämmtlich Bauernkomödien oder Volksstücke, ferner das Konversationsstück: "Elfriede" und das Trauerspiel: "Herz und Hand"; Romane und Novellen (u. A. "Der Schandfleck", "Dorfgänge" zc.). Eine neue Sammlung derselben befindet sich unter der Presse. Seine Gedichte hat Anzengruber bisher nicht gesammelt.

Bachmann, Hermann, geb. 21. December 1856 zu Elbogen (Böhmen), absolvirte die Universitätsstudien zu Prag und ist gegenwärtig Redakteur der "Pilsner Zeitung". Gedichte in verschiedenen Zeitschriften.

Bauernfeld, Eduard von, geb. 13. Januar 1802 zu Wien, studirte die Rechte, war bis 1848 Beamter der Lotto-Direktion, und lebt seither in Wien ausschließlich seiner überaus reichen und vielseitigen literarischen Thätigkeit, deren Früchte in den 12 Bänden seiner "Gesammelten Schriften" (1872—74) nur theilweise vorliegen. Er hat daneben und bis in die jüngste Zeit auch einzelne Dramen, Romane und Novellen, ferner seine Memoiren veröffentlicht; seine letzte Gedichtsammlung erschien 1879 u. d. Titel: "Aus der Mappe des alten Fabulisten". Der Nestor der deutsch-oesterreichischen Poeten, welcher zugleich der weitaus populärste jetzt lebende Dichter seiner engeren Heimat ist, arbeitet noch immer in voller Kraft und Frische an neuen Entwürfen.

Beck, Karl, geb. 1. Mai 1817 zu Baja in Ungarn, absolvirte das Gymnasium in Pest, studirte dann in Wien Medicin, verließ jedoch bald die Hochschule, um Kaufmann zu werden, wandte sich aber später in Leipzig wieder philosophischen Studien, so wie dichterischer Thätigkeit zu. Bis zum Jahre 1848 abwechselnd in Pest, Berlin und Wien lebend, nahm er im gedachten Jahre seinen Aufenthalt zu Wien und gründete daselbst 1849 seinen ersten Hausstand, bis ihn der Tod seiner jungen Gattin wieder für drei Jahre ruhelos und unstät machte. Seit 1852 verweilte er abermals ständig in Wien, ausschließlich seiner dichterischen Thätigkeit hingegeben, aber leider auch vielfach von Noth und Sorge bedrückt. Er verschied nach jahrelangen Leiden, während welcher ihn eine zweite Gattin treu gepflegt, am 9. April 1879 in einem Wiener Vororte. Eine Gesammtausgabe seiner Werke, welche von seinem Freunde Rodenberg projektirt war, konnte bisher äußerer Schwierigkeiten wegen nicht erscheinen, wird wohl aber nicht langemehr darauf sich warten lassen. Einzeln sind erschienen: "Nächte. Gepanzerte Lieder" (1838), "Der fahrende Poet" (1838), "Stille Lieder" (1840), das Trauerspiel: „Saul" (1841), der Roman in Versen: „Janko, der ungarische Roßhirt" (1844). Gleichzeitig ließ er seine „Gesammelten Gedichte" erscheinen. Dann folgten: „Lieder vom armen Mann" (1846), „Aus der Heimat" (1852), „Julius-Lieder" (1853), „Mater dolorosa" (1853), „Jadwiga" (1853); die Elegie: „Täubchen im Nest" (1860), endlich die Sammlung seiner neueren lyrischen Gedichte: „Still und bewegt" (1870). Außerdem veröffentlichte er einzelne kleinere Zeitgedichte als Broschüren.

Bell, Adolf, geb. zu Baden bei Wien 16. Juni 1831, widmete sich zu Wien, Leipzig, Graz, endlich zu Leipzig und Jena philosophischen, vorwiegend germanistischen Studien. Im Jahre 1864 nach Oesterreich zurückgekehrt, wandte er sich ausschließlich dem pädagogischen Berufe zu und lebt seit 1870 als k. k. Schulrath und Direktor der Lehrerbildungsanstalt zu Salzburg. Er hat bisher veröffentlicht: „Ranken. Gedichte" (1862), so wie eine neue Gedichtsammlung: „Wohin" (1852), außerdem zahlreiche, kleinere Schriften zur Literaturgeschichte und Pädagogik.

Bendel, Josef, geb. 10. Oktober 1846 zu Rosendorf (Böhmen), absolvirte das Gymnasium und die philosophischen Studien zu Prag, wo er auch gegenwärtig als Professor am deutschen Staatsgymnasium auf der Kleinseite lebt. Neben zahlreichen literar-historischen Arbeiten und Gedichten in verschiedenen Zeitschriften, so wie einem kritischen Werke „Zeitgenössische Dichter" (1852), veröffentlichte er das Trauerspiel: „Fieteuß" (1841).

Byr, Robert, Pseudonym für Robert von Bayer, geb. zu Bregenz (Vorarlberg) 15. April 1835, wurde in der Militär-Akademie zu Wiener-Neustadt erzogen und trat dann als Husaren-Offizier in die Armee, avancierte 1859 zum Rittmeister, nahm 1862 seinen Abschied und lebt seither in seiner Vaterstadt als Schriftsteller. Zahlreiche Romane („Der Kampf um's Dasein", „Sphinx", „Romaten", „Larven", „Cesam" 2c.) und Novellen („Quatuor" 2c.). Seine Gedichte hat er noch nicht gesammelt.

Carneri, Bartholomäus, geb. 3. November 1821 zu Trient, Besitzer des Gutes Wildhaus in Steiermark, dessen Bewirthschaftung er sich nach Absolvirung ebenso gründlicher, als vielseitiger Studien, namentlich naturwissenschaftlicher und philosophischer Richtung, widmete. In den Landtag der Steiermark, später auch in den oesterreichischen Reichsrath gewählt, gewann er dennoch Muße zu einer Reihe von Werken, in welchen er insbesondere der Evolutionslehre Darw's philoso-

phische Vertiefung zu geben bemüht war. — Seine „Gedichte" sind 1848 gesammelt erschienen. Dann folgten die Sonette: „Pflug und Schwert" (1862).

Caro, Carl, geb. 15. Juli 1850 zu Breslau, studirte daselbst, so wie in Heidelberg und Straßburg die Rechte, promovirte um Dr. jur., trat in den preußischen Staatsdienst, wandte sich jedoch dann dichterischer Thätigkeit zu und lebt seit 1877 in Wien. Tragödien („Gudrun", „Die Tochter Theoderich's" 2c.), Lustspiele (von denen eines „Die Burgruine" im Oktober 1882 zu Prag mit dem ersten Preise gekrönt wurde), Novellen in Versen („Auf einsamer Höhe" 2c.). Seine zahlreichen Gedichte sind noch nicht gesammelt.

Cerri, Cajetan, geb. 26. März 1826 in Pagnolo bei Brescia (Lombardei), kam nach längerem Aufenthalte in Cremona in das damals bestandene k. k. Stadt-Konvikt in Wien, wo er des Deutschen so rasch mächtig wurde, daß er schon 1843 sein erstes Gedicht in dieser Sprache veröffentlichen konnte. Nachdem er das Jahr 1847 als Student der Rechte in Padua verbracht, kehrte er 1848 nach Wien zurück, machte dann größere Reisen und trat endlich in Staatsdienste. Er lebt gegenwärtig als k. k. Hofsekretär im Ministerium des Aeußern in Wien. In deutscher Sprache (er hat auch italienische Werke veröffentlicht) erschien von ihm u. A.: „An Hermione" (1849), „Glühende Lieder" (1850), „Innres Leben" (1860), „Aus einsamer Stube" (1867), „Gottlieb, ein Stillleben" (1871), „Ein Glaubensbekenntnis".

Christen, Ada (Pseudonym für Christine von Breden), geb. 6. März 1844 zu Wien als die Tochter eines vermögenden Kaufmannes Namens Friderik, der aber bald verarmte, widmete sich, kaum dem Kindesalter entwachsen, der Bühne, wirkte an einigen kleinen deutschen Theatern Ungarns als Schauspielerin und heirathete 1864 den ungarischen Gutsbesitzer von Neupauer, verwittwete jedoch bald. Sie lebt derzeit, zum zweiten Mal vermählt, als Gattin des Redakteurs der Wehrzeitung, Rittmeister von Breden, in Wien. — Ihre Gedichte liegen in den Sammlungen: „Lieder einer Verlorenen" (1868), „Aus der Asche" (1870), „Schatten" (1873), „Aus der Tiefe" (1878) vor. Außerdem schrieb sie einen Roman: „Ella", ferner zahlreiche Skizzen und Novellen, welche in den Büchern: „Am Wege" und „Aus dem Leben" nur theilweise gesammelt sind (eine neue Sammlung soll nächstens erscheinen); endlich ein Drama: „Faustine".

Claar, Emil, geb. 7. Oktober 1843 zu Lemberg, studirte zu Wien und sollte sich der Medizin widmen, ward jedoch, seinem inneren Drange gehorchend, Schauspieler. Nachdem er an verschiedenen Bühnen als Darsteller gewirkt, begann er sich während der Direktion Laube's in Leipzig als dessen dramaturgischer Mitarbeiter auch mit der Theaterleitung zu befassen, und ging nach kurzem Aufenthalte in Weimar 1872 nach Prag, wo er das deutsche Landestheater als Ober-Regisseur durch mehrere Jahre leitete. Nachdem er hierauf vorübergehend auch die Direktion des Berliner Residenz-Theaters geführt, wirkt er gegenwärtig als Intendant der vereinigten Theater in Frankfurt am Main. Außer mehreren dramatischen Werken, so dem Trauerspiel: „Stelle", dem Schauspiel: „Die Heimkehr", dem Lustspiel: „Simson und Delila", veröffentlichte er auch: „Gedichte" (1872).

Constant, W. (Pseudonym für Constantin v. Wurzbach-Tannenberg), geb. 11. April 1818 zu Laibach, studirte in Graz die Rechte, trat jedoch kurz vor Absolvirung seiner Studien in die k. k. Armee und wurde nach einigen Jahren Officier. Nachdem er 1843 noch als Officier in Lemberg zum Dr. phil. promovirt worden, wurde er 1844 Striptor der Lemberger Universitäts-Bibliothek, 1849 Bibliothekar im Ministerium des Innern in Wien, in welcher Stellung er bis 1874 als Regierungsrath wirkte und dann einen Urlaub erhielt, um ein überaus verdienstvolles Werk: „Biographisches Lexikon des Kaiserthum Oesterreich" zu Ende zu führen. Seitdem lebt er in Berchtesgaden, unausgesetzt mit diesem Riesenwerke beschäftigt. Es sind bisher mehr als 40 Bände publicirt. An Dichtungen veröffentlichte Constant Gedichtsammlungen: „Rosen" (1841), „Parallelen" (1849), „Cyklamen" (1873), „Aus dem Psalter eines Poeten" (1874), die erzählenden Dichtungen: „Gemmen" (1854), „Kameen" (1856); endlich die Epen: „Von einer verschollenen Königsstadt" (1850), „Der Page des Kaisers" (1854); ferner zahlreiche Schriften zur Bibliographie, Ethnographie und Kulturgeschichte.

David, Jakob Julius, geb. 26. Februar 1859 zu Weißkirchen (Mähren), absolvirte das Gymnasium zu Troppau und studirt seit 1877 an der Wiener Hochschule deutsche Philologie. Die hier mitgetheilten Lieder sind seine erste Publikation.

Ebert, Karl Egon, Ritter von, geb. 5. Juni 1801 zu Prag, studirte daselbst die Rechte, trat nach Absolvirung derselben als Bibliothekar in die Dienste seines Taufpathen, des Fürsten Karl Egon von Fürstenberg, und lebte in dieser Eigenschaft in Donau-Eschingen, bis er 1833 bei der Administration der fürstlichen Domänen eine Stellung in Prag fand. Nachdem er 1848 als Mitglied des National-Komités vergeblich seinen ver-

mittelnden Standpunkt zwischen den beiden Nationalitäten des Landes zur Geltung zu bringen gesucht, zog er sich für immer vom politischen Treiben zurück, bekundete aber im Laufe der Jahre bei verschiedenen Gelegenheiten immer entschiedener seine deutsche Gesinnung. Von 1854 bis 1855 Chef der Administration der fürstlichen Besitzungen zog er sich 1855 von allen Geschäften zurück und starb am 24. Oktober 1882 zu Prag, nachdem er noch an seinem 80. Geburtstage durch zahllose Beweise der Liebe und Verehrung erfreut worden. Seine gesammelten Werke erschienen 1877 in 7 Bänden in Prag (darunter die Epen: „Wlasta", „Das Kloster", „Die Magvarenfrau", „Wald und Liebe" etc.; die Dramen: „Bretislav und Jutta", „Brunoe, u. s. w.). In seinem Pulte lagen, wie er dem Herausgeber dieses Werkes kurz vor seinem Tode mittheilte, noch eine ganze Reihe ungedruckter Werke, mit deren Sichtung und Herausgabe testamentarisch sein langjähriger Freund Falke von Lilienstein betraut wurde.

Ebner-Eschenbach, Marie von, geb. Gräfin Dubsky, wurde am 13. September 1830 zu Zdislavic (Mähren) geboren, vermählte sich 1848 mit dem oesterreichischen Genie-Officier, Freiherrn Ebner von Eschenbach; lebt zu Wien. Außer dramatischen Dichtungen („Marie Stuart", Maria Roland", „Dr. Ritter") hat sie eine Reihe von Novellen veröffentlicht „Erzählungen" (1875), „Bozena" (1876), „Neue Erzählungen" (1880), ferner: „Aphorismen" (1880).

Falkland, Heinrich, Pseudonym eines 1845 in einem slavischen Dorfe Mährens geborenen Dichters, der gegenwärtig als Professor der Rechte an einer österreichischen Universität wirkt. Außer zahlreichen unter seinem wirklichen Namen veröffentlichten Fachschriften gab er unter obigem Pseudonym seine „Gedichte" (1874) heraus.

Foglar, Ludwig, geb. 24. December 1820 zu Wien, studirte daselbst, trat dann als Beamter in die Dienste der oesterr. Donau-Dampfschifffahrts-Gesellschaft, in welcher Stellung er auch gegenwärtig in Wien lebt. Dieselbe hat ihm die Muße zu sehr fruchtbarer literarischer Thätigkeit gewährt. Außer zahlreichen Novellen, Sagen, Essays etc. veröffentlichte er auch mehrere Sammlungen seiner Gedichte, unter welchen insbesondere: „Still und bewegt" (1860), „Minnehof" (1864), „Freudvoll und leidvoll" (1867) hervorgehoben sein mögen. Eine neue Sammlung ist unter der Presse.

Frankl, Ludwig August, geb. 3. Februar 1810 zu Chrast in Böhmen, absolvirte das Gymnasium zu Prag, die Medicin an der Wiener Hochschule, wandte sich jedoch, nachdem er 1838 in Padua zum Doktor promovirt, nicht dem ärztlichen Berufe zu, sondern acceptirte die Stellung eines Sekretärs der Wiener israelitischen Kultusgemeinde, welche er durch nahezu 44 Jahre bekleidete, um erst in jüngster Zeit in den wohlverdienten Ruhestand zu treten. Dieses Amt gewährte ihm nebenbei die Muße für zahlreiche poetische Arbeiten, welche er 1880 in seinen „Poetischen Werken" (3 Bände) gesammelt hat. Sie enthalten seine Epen („Christophoro Colombo", „Don Juan", „Der Primator") und die vorher in den einzelnen Sammlungen wie: „Gedichte" (1840), „Sagen aus dem Morgenlande" (1841), „Tragische Könige" (1875) u. s. w. enthaltenen Dichtungen. Als Frucht einer 1857—1858 unternommenen Reise in den Orient veröffentlichte er ferner in Prosa seine Reisebücher: „Aus Jerusalem" und „Aus Aegypten". Im Jahre 1876 wurde er in den oesterreichischen Ritterstand erhoben, mit dem Prädikate von Hochwart zur Erinnerung an das von ihm begründete Blinden-Institut auf der Hohen Warte bei Wien.

Franzos, Karl Emil, geb. 25. Oktober 1848 an der russisch-oesterreichischen Grenze, absolvirte das Gymnasium in Czernowitz, studirte hierauf in Wien und Graz Philosophie und Jura, schlug jedoch nach Absolvirung der letzteren Studien die literarische Laufbahn ein und lebt, nachdem er die Jahre 1872 bis 1876 größtentheils auf Reisen zugebracht, seit 1877 in Wien. Er veröffentlichte bisher Kulturbilder: „Aus Halb-Asien" (1876), „Vom Don zur Donau" (1877), Novellen: „Die Juden von Barnow" (1877), „Junge Liebe" (1878), „Stille Geschichten" (1880); Romane: „Mosaik von Parma" (1880), „Ein Kampf um's Recht" (1881), ferner in Zeitschriften einzelne Gedichte.

Friedmann, Alfred, geb. 26. Oktober 1845 zu Frankfurt am Main; zum Kaufmann bestimmt und erzogen, kam er früh nach London, wo er mehrere Jahre in einem Handlungshause thätig war. Von seinem Berufe nicht befriedigt, wandte er sich wieder humanistischen Studien zu, frequentirte die Universitäten Heidelberg und Zürich, und ließ sich dann zu ständigem Aufenthalte in Wien nieder, wo er Anfangs auch als Bankbeamter thätig war, sich jedoch später ausschließlich dem schriftstellerischen Berufe widmete. Er hat bisher außer seinem Erstlingswerke „Savilla", einer epischen Dichtung, Dramen, so: „Don Juan letztes Abenteuer" (1881), „Eine mediciäische Hochzeitsnacht" (1862), Novellen in Versen, so: „Die Feuerprobe der Liebe", „Angiesetta" u. s. w., ferner eine Reihe kleinerer epischer Dichtungen: „Aus Hellas" (1874), „Merlin", „Orpheus" (1874), „Biblische

Sterne" (1875) zc., endlich mehrere Sammlungen lyrischer Gedichte veröffentlicht, deren letzte: „Gedichte" 1881 erschienen ist.

Gilm, Hermann von, geb. am 1. November 1813 zu Rankweil in Voralberg, absolvirte das Gymnasium zu Feldkirch, die Universität zu Innsbruck und begann 1837 seine Laufbahn im Staatsdienste, wobei er zuerst an tirolischen Kreisämtern und von 1847 ab in Wien, Anfangs bei der Hofkanzlei, später im Ministerium des Innern thätig war. Er starb zu Linz, wohin er zuletzt als Statthaltereisekretär versetzt worden, am 31. Mai 1864. Seine „Gedichte" erschienen erst nach seinem Tode, 1864—1865 in Wien gesammelt, ein weiterer Nachtrag wurde 1868 in Innsbruck publicirt, so daß erst dem Todten jene literarischen Ehren zu Theil werden konnten, deren Gilm als einer der bedeutendsten Lyriker Deutsch-Oesterreichs so völlig würdig ist. Seine „Jesuitenlieder", von denen auch das vorliegende Werk zwei Proben bringt, sind leider noch immer nicht völlig bekannt geworden, da sie theilweise gänzlich ungedruckt, die gedruckten in verschiedenen Zeitschriften verstreut sind.

Goldhann, Ludwig, geb. 5. December 1823 zu Wien, studirte daselbst die Rechte und betheiligte sich auf das lebhafteste an der Bewegung von 1848. Er lebt in Brünn, wo er seit Beginn der fünfziger Jahre als Beamter bei der Finanz-Prokuratur angestellt war, ist jedoch seit 1867 pensionirt. Goldhann hat vorwiegend Dramen veröffentlicht, so die Tragödien: „Arsinoe" (1862), „Der Günstling des Kaisers" (1862), „Der Landrichter von Urbau" (1856). Doch hat er auch 1850 seine lyrischen „Dichtungen" gesammelt. In letzter Zeit hat ihn leider anhaltende Kränklichkeit dichterischem Schaffen entfremdet.

Grillparzer, Franz, geb. 15. Januar 1791 zu Wien, studirte daselbst Jura und trat, nachdem er 1811 die juristischen Studien beendet und bis 1813 in einem gräflichen Hause als Erzieher verweilt, in diesem Jahre als Konzepts-Praktikant bei der Hofkammer ein. Rechnet man eine Reise nach Italien und kleinere Ausflüge in die oesterreichischen Alpen ab, so verfloß das äußere Leben des Dichters überaus einförmig. Seine Beamten-Karriere war eine sehr bescheidene; er wurde keineswegs um seines Dichterruhmes willen bevorzugt, sondern gerade deßhalb geflissentlich zurückgesetzt. Selbst eine Anstellung an der Hofbibliothek, die er als höchstes Ziel anstrebte, wurde ihm versagt. Er schied 1856 aus dem Dienste; zuletzt war er Archivdirektor des Finanz-Ministeriums. Erst spät

kam ihm die Gunst von Oben und der begeisterte
Dank des Volkes. Die Deutsch-Oesterreicher feier-
ten seinen 80. Geburtstag, wie wohl noch nie ein
Dichterfest begangen worden, und bestatteten dann
ein Jahr später die Leiche ihres größten Dichters,
— er starb am 21. Januar 1872 — wie bisher
nur Fürsten bestattet worden. Seine gesammelten
Werke erschienen 1873 in 10 Bänden, herausgegeben von Laube und Weilen. Die Titel der einzelnen Werke, welche sie enthalten, an dieser Stelle
zu nennen, wäre überflüssig, da sie jedem Gebil-
deten geläufig sind. Bemerkt sei nur, daß selbst
die dritte Auflage dieser Gesammtausgabe, 1852
erschienen, obwohl sie die lyrischen Gedichte in der
wesentlich vermehrten und verbesserten Redaktion
des Freiherrn von Ripp vorführt, gleichwohl nicht
als vollständig gelten darf. So hat Grillparzer
z. B., um nur das Wichtigste anzuführen, noch
eine Reihe lyrischer Gedichte, eine Fortsetzung seines „Esther"-Fragments, ein Jugenddrama „Bianca
von Kastilien", eine fast unübersehbare Zahl ungedruckter Epigramme 2c. hinterlassen.

Groß, Ferdinand, geb. 8. April 1849 zu
Wien, absolvirte hier seine Studien und trat sehr
früh als Schriftsteller, insbesondere als Feuilletonist
in die Öffentlichkeit. Nachdem er 1879—1881
in Frankfurt das Feuilleton der „Frankfurter Zeitung" geleitet, kehrte er nach Wien zurück, wo er
gegenwärtig das Feuilleton der „Wiener allgemeinen Zeitung" redigirt. Er hat bisher veröffentlicht: „Kleine Münze", Skizzen und Studien mit
einer Einleitung „Über das Feuilleton" von Karl
Emil Franzos, „Oberammergauer Passionsbriefe"
(1880), „Richtig und flüchtig" (1880), „Mit dem
Bleistift" (1881). Als Dramatiker hat er mehrere
Einakter, so wie auch gemeinschaftlich mit Max
Nordau das Lustspiel: „Die neuen Journalisten"
(1880) veröffentlicht. Im gleichen Jahre hat er
seine „Gedichte" herausgegeben.

Grün, Anastasius (Pseudonym für Anton Alexander Graf von Auersperg), geb. 11. April
1806 zu Laibach, studirte das Gymnasium zu
Wien, die Rechtswissenschaften zu Graz und übernahm dann früh die Verwaltung seines ansehn-
lichen Majorats. Unter dem obigen Pseudonym
ließ er 1830 seine „Blätter der Liebe", so wie den
Romanzen-Cyklus „Der letzte Ritter" erscheinen;
hingegen erschienen seine „Spaziergänge eines Wiener Poeten", welche so stürmisches Aufsehen erregten, anonym. Im Jahre 1848 in die Frank-

furter National-Versammlung gewählt, kehrte er
dann wieder in seine stille, ländliche Zurückgezogenheit zurück, bis ihn das Wiedererwachen des politischen Lebens in Oesterreich 1860 in den Wiener
Reichsrath, später in's Herrenhaus führte, wo er
der anerkannte Führer der deutsch-liberalen Partei
wurde. Er starb am 12. September 1876. Außer
den obgenannten Werken hat Grün veröffentlicht
die Dichtung: „Schutt" (1836), das Genrebild:
„Der Pfaff vom Kahlenberg" (1850). Schon früher waren 1837 seine „Gedichte", 1843 das Ca-
priccio: „Die Nibelungen im Frac" erschienen.
Auch veröffentlichte er 1851 eine Übersetzung der
altenglischen Balladen von Robin Hood und
noch früher der slovenischen „Volkslieder aus
Krain". Eine neue Sammlung dieser Lieder liegt
druckfertig vor und dürfte demnächst publicirt
werden. Seine gesammelten Werke sind 1877, von
L. A. Frankl herausgegeben, erschienen.

Halm, Friedrich (Pseudonym für Eligius
Franz Josef Freiherr von Münch-Bellinghausen),
geb. 2. April 1806 zu Krakau, absolvirte zu Wien
die Gymnasial- und Rechtsstudien sehr früh, so
daß er bereits in seinem 20. Lebensjahre in den
Staatsdienst treten konnte. Im Jahr 1845 zum
ersten Kustos, 1867 zum Präfekten der Hofbibliothek ernannt, übernahm er im selben Jahre als
General-Intendant die Leitung der Wiener Hoftheater, die er jedoch nach kurzer Frist wieder nie-
derlegte. Er starb am 22. Mai 1871. — Seine
gesammelten Werke liegen in 12 Bänden vor.
Die vier letzten erschienen nach seinem Tode und
wurden von Faust Pachler und Emil Kuh
herausgegeben. Von seinen Dramen sind: „Gri-
seldis" (1837), „Der Sohn der Wildniß" (1842),
„Der Fechter von Ravenna" (1857) allbekannt.
Daneben veröffentlichte er an dramatischen Dichtungen u. A. auch: „Der Adept" (1838), „Camoens"
(1838), „Sampiero" (1857), „Iphigenie in Delphi"
(1864), „Wildfeuer" (1864). Seine „Gedichte"
erschienen zuerst 1850, eine neue Auswahl 1865.
Der Nachlaß wurde 1872 veröffentlicht. In demselben finden sich auch mehrere Novellen. Als
Epiker in gebundener Form hat sich Halm in seinem
„Charfreitag" (1864) und kleineren Erzählungen
versucht.

Hamerling, Robert, geb. 24. März 1830
zu Kirchberg am Walde, einem Dorfe in Niederösterreich, konnte als Sohn sehr armer Eltern nur

unter schweren Kämpfen um die Existenz des Gymnasium in Wien absolviren und widmete sich dann
philologischen Studien. Die Bewegung von 1848,
an der er begeistert theilnahm, unterbrach dieselben,
doch nahm er sie später doppelt eifrig wieder auf.
Neben der Linguistik beschäftigte ihn insbesondere
die Philosophie, auch hörte er ein paar Jahre me-
dizinische Vorlesungen. Nur äußerer Zwang, die
Sorge um die Zukunft, veranlaßte ihn, der weiteren Befriedigung seines glühenden Wissensdran-
ges zu entsagen, die Universität zu verlassen und
ein Amt als Gymnasiallehrer anzustreben. Als
solcher wirkte er in Wien und Graz, endlich in
Triest, vielfach durch Krankheit und die schweren
Lasten seines Berufs im poetischen Schaffen be-
hindert, bis der Erfolg seines „Ahasver in Rom"
seine äußere Lebensstellung günstig umgestaltete.
Er konnte 1866 seine Entlassung erbitten, wobei
ihm ein kaiserlicher Gnadenakt den fortwährenden
Ruhegehalt auf das Doppelte erhöhte. Seither
lebt er, nur seinem dichterischen Schaffen hinge-
geben, in Graz. Werke: „Brutus im Exil" (1858),
„Sinnen und Minnen" (1860), „Schwanenlied der
Romantik" (1862), „Germanenzug" (1864), „Ahas-
ver in Rom" (1866), „König von Sion" (1869),
„Tanten und Rodesvierer" (1870), „Lent" (1872),
„Alpacha" (1875), „Lord Lucifer" (1880), „Die
Waldsängerin" (1881), „Amor und Psyche" (1882).

Marie 3
Aus der epischen Dichtung: „Go-
mmaulus" 9
Aus der Tragödie: „Panther und
Wölfin" 13

Hebbel, Friedrich, geb. 18. März 1813
zu Wesselburen in Dithmarschen, konnte Anfangs
keine andere Ausbildung als die in der Volks-
schule seines Heimatsortes erlangen, errang sich
jedoch durch eiserne Ausdauer, während er sich als
Schreiber beim Kirchspielvogt seines Geburtsortes
seinen Unterhalt sauer verdienen mußte, so viel
Bildung, um von dort aus Mitarbeiter an Ham-
burger Blättern werden zu können. Hierdurch lenkte
er die Aufmerksamkeit einiger Gönner auf sich und
konnte nun, von ihnen unterstützt, die Hochschulen
zu Heidelberg und München besuchen, wo er Philosophie und Geschichte trieb. Wieder nach Ham-
burg zurückgekehrt, schrieb er sein Trauerspiel „Judith" und begab sich von da nach Kopenhagen, um
von seinem Landesherrn, dem König Christian VIII.,
auf Grund dieser Dichtung ein Reisestipendium
zu fernerer Ausbildung zu erlangen. Dasselbe wurde
ihm gewährt, er konnte sich längere Zeit in Paris
und Italien aufhalten. Auf der Rückreise in Wien
verweilend, lernte er die Hofschauspielerin Christine Enghaus kennen, vermählte sich mit ihr
und nahm nun von 1846 ab seinen ständigen
Aufenthalt in Wien. Hier starb er auch am 13. December 1863. Die Titel der Werke, mit denen der
bedeutendste deutsche Dramatiker seit Kleist die

deutsche Nation beschenkt, brauchen hier wohl nicht
einzeln aufgeführt zu werden. Seine „sämmtlichen
Werke" erscheinen, von Emil Kuh herausgegeben,
1865—1868 in 12 Bänden.

„Ein Steinwurf" oder: „Opfer um
Opfer". Ein musikalisches Drama 213

Hermannsthal, Franz Hermann von,
geb. 14. August 1799 zu Wien, studierte an der
dortigen Universität die Rechte, trat dann in den
Staatsdienst, wurde nach längerer Amtsthätigkeit
in Laibach als Ministerial-Sekretär nach Wien berufen und avancirte zum Sektionsrath im Finanz-
Ministerium. Nachdem er 1864 seinen Abschied
genommen, lebte er in stiller Zurückgezogenheit in
Wien, wo er am 24. Juni 1875 starb. Von seinen Werken seien hier hervorgehoben: „Gedichte"
(1830), „Mein Lebenslauf in der Fremde" (1837),
„Ghaselen" (1872).

Ghaselen 211

Heufenstamm, Theodor Graf (Theodor
Stamm), geb. 12. März 1801 zu Wien, widmete
sich ursprünglich der Malerei, kam der Musik und
Dichtkunst und verlebte sein äußerlich einförmiges,
aber innerlich gehaltvolles Leben größtentheils in
der oesterreichischen Hauptstadt. Er hat außer einigen Versuchen im Drama zwei Sammlungen seiner
lyrischen Dichtungen erscheinen lassen: „Gedichte"
(1845), „Im Abendstrahl" (1880).

Frühsprüche 773

Hörmann, Angelica von, geb. 28. April
1843 zu Innsbruck, vermählte sich 1865 mit dem
Dichter und Kulturhistoriker Dr. Ludwig von
Hörmann, an dessen Seite sie auch jetzt als beglückte Gattin und Mutter in ihrer Geburtsstadt
lebt. Sie hat bisher veröffentlicht: „Frühlingsblumen aus Tirol" (1863), „Grüße aus Tirol"
(1869) und das erzählende Gedicht: „Die Saligen"
(1870). Eine neue epische Dichtung, deren Held
der Minnesänger Oswald von Wolkenstein ist, soll
nächstens erscheinen.

Lawinell 113
Spätsommer . . . .
Mädchenlieder 141

Hörmann, Ludwig von, geb. 12. October
1837 zu Feldkirch (Vorarlberg), absolvirte die philosophischen Studien zu Innsbruck, widmete sich
dann dem Amte eines Gymnasiallehrers, als welcher er an verschiedenen Orten thätig war, fühlte
sich jedoch dazu veranlaßt, seine Kraft lieber dem
Bibliothekswesen zuzuwenden. Er wirkt gegenwärtig, nachdem er vorübergehend in Graz verweilt, als Leiter der Universitäts-Bibliothek in
Innsbruck. Neben zahlreichen und umfassenden
Publikationen auf dem Gebiete der Völkerkunde
und Kulturgeschichte, von denen insbesondere die
„Tiroler Volkstypen" (1877) hervorgehoben sein
mögen, hat er auch in verschiedenen Zeitschriften

zahlreiche Gedichte veröffentlicht, welche noch der Sammlung harren.

Hunold, Balthasar, geb. 26. April 1829 zu Oberurnen im Kanton Glarus, war in seiner Jugend im Sommer Wildheuer und Hirt, im Winter Hausirer. In seinen freien Stunden bemüht, sich fortzubilden, fand er erst 1845 Gelegenheit, ein Gymnasium zu besuchen (zu Innsbruck). Seit 1853 ist er am tirolischen Nationalmuseum beschäftigt, erst als Skriptor, gegenwärtig als Kustos. Außer kunsthistorischen Schriften hat er bisher zwei lyrische Sammlungen veröffentlicht: „Wache Träume" (1853), denen die humoristischen „Haller Spaziergänge" folgten.

Janitschek, Marie, geb. Töll, geb. 23. Juli 1859 zu Wien, lebt derzeit als Gattin des Kunsthistorikers Dr. Hubert Janitschek zu Straßburg im Elsaß. Sie hat bisher nur einige Gedichte im „Heimgarten" veröffentlicht (unter dem Pseudonym Marius Stein).

Juß, Adolf, geb. 15. September 1845 zu Wien, widmete sich nach kurzer kaufmännischer Thätigkeit der Schriftstellerei, insbesondere dem Volksstück. Er lebt in Wien.

Kalbeck, Max, geb. 4. Januar 1850 zu Breslau, besuchte daselbst das Gymnasium, dann die Universität, an welcher er zuerst die Rechte, dann Philologie und Philosophie studirte. Hierauf begab er sich nach München, um sich theoretisch und praktisch in der Musik auszubilden, und förderte daselbst gleichzeitig durch anderweitige Studien seine allgemeine ästhetische Ausbildung. Nach Breslau zurückgekehrt, wurde er Musik-Kritiker der „Schlesischen Zeitung" und wirkte gleichzeitig als Archivar im neu gegründeten Kunstmuseum zu Breslau, trat jedoch 1879 von dieser Stelle zurück und folgte 1880 dem Rufe an die „Wiener Allgemeine Zeitung", deren Musik-Kritiker er ist. Er veröffentlichte neben einigen Schriften zur Literaturgeschichte und Musik-Kritik seine lyrischen Dichtungen in folgenden Sammlungen: „Aus Natur und Leben" (1870), „Wintergrün" (1872), „Neue Dichtungen" (1872), „Nächte" (1875), „Zur Dämmerzeit" (1881).

Kirsch, Paul (Pseudon. für Paul Elzemoha), geb. zu Sellowitz in Mähren 1844, studirte das Gymnasium zu Brünn, die Universität zu Wien und lebt gegenwärtig als Realschulprofessor und Redakteur der Zeitschrift „Moravia" in der mähr-

rischen Hauptstadt. Neben literarhistorischen Aufsätzen, so wie einer Geschichte der deutschen National-Literatur (1860) veröffentlichte er viele Gedichte in verschiedenen Journalen.

Klaar, Alfred, geb. 7. November 1848 zu Prag, absolvirte daselbst das Gymnasium, studirte 1866—70 zu Wien und Prag die Rechte, widmete sich jedoch schon während der Studentenzeit literarischen Arbeiten und wandte sich 1870 gänzlich der Literatur zu. Er lebt seither als ständiger Theater-Kritiker des „Bohemia" und Präsident des Prager deutschen Journalisten- und Schriftsteller-Vereins „Concordia" in seiner Vaterstadt. Neben zahlreichen Gelegenheits-Dichtungen und literar-historischen Studien über Ubert, Scheffel etc., ferner einer Sammlung von Essays unter dem Titel: „Das moderne Drama" (1852), veröffentlichte er auch in verschiedenen Zeitschriften und Anthologien zahlreiche Gedichte, deren Sammlung wohl auch zu erwarten steht.

Knorr, Josephine, Freiin von, geb. zu Wien, verlor schon frühzeitig (1839) ihren Vater, den Staatsrath und Herrn der Herrschaft Stibar, Joseph Baron Knorr, lebte abwechselnd in Wien und auf ihrer letztgenannten Herrschaft seit 1876 auch zeitweilig in Paris. Ihr Erstlingswerk, das 1847 gedichtete Epos „Irene" erschien erst 1855. Es folgten „Odilia" (1863), „Gedichte" (1872), „Neue Gedichte" (1874).

Kolisch, Sigmund, geb. 21. September 1816 zu Koritschan in Mähren, studirte zu Wien Philosophie und Geschichte, veröffentlichte jedoch gleichzeitig bereits in verschiedenen Zeitschriften Erzählungen und Kritiken. An der Bewegung des Jahres 1848 nahm er thatkräftigsten Antheil, nicht bloß als Mitherausgeber des „Radikalen", sondern auch als Volksredner und schließlich, vom Oktober ab, auch mit den Waffen in der Hand. Nach der Eroberung der Stadt durch die kaiserlichen Truppen in größter Lebensgefahr schwebend, konnte er durch einen glücklichen Zufall aus Wien, dann aus Oesterreich entfliehen. Er ging über Breslau nach Leipzig, wo er die „Wiener Boten" zu redigiren begann, mußte jedoch bald, da ihn das Wiener Kriegsgericht inzwischen in absentia zum Tode verurtheilt hatte, und die sächsische Regierung ihn nicht länger in Leipzig dulden wollte, nach Weimar, und mußte dann, als ihn dort das gleiche Loos ereilte, nach Paris flüchten, wo er nun durch lange Jahre vereinzelt und furchtlos in seinen Korrespondenzen an deutsche und oesterreichische Blätter die napoleonische Wirthschaft bekämpfte. Erst 1868, nach erfolgter Amnestie, kehrte er nach Wien zurück. Gegenwärtig lebt er in stiller Zurückgezogenheit zu Göding in Mähren. Er hat dramatische Dichtungen, so die Lustspiele: „Die Probe des Don Juan" (1870), „Der Herr Major" (1874), dann das Trauerspiel: „Die Christin" (1875), ferner Romane und Novellen: „Kleine Romane aus Wien" (1848), „Ludwig Kossuth und Clemens Metternich" (1850), ferner seine Pariser Schilderungen u. d. T.: „Auf dem Vulkan" (1868), herausgegeben. Seine zahlreichen lyrischen Gedichte sind nicht gesammelt.

Koenigsberg, Alfred, geb. 1829 zu Brünn, studirte an italienischen Hochschulen, so wie in Wien die Rechte, wurde zum Dr. jur. promovirt, war jedoch nur eine Zeit lang als praktischer Jurist thätig und lebt seither ausschließlich seinen ausgebreiteten Studien, so wie seiner literarischen Thätigkeit (insbesondere als Feuilletonist der „Neuen Freien Presse") in Wien. Er hat neben einigen Dramen („Deutsche Kämpfe", „Manlius", „Der Sekretär des Generals Tauenzien"), welche sämmtlich Anfangs der sechziger Jahre erschienen, auch in verschiedenen Zeitschriften Gedichte veröffentlicht, welche jedoch nicht gesammelt sind.

Kralik, Richard, geb. 1852 zu Leonorenhain, einer kleinen Ortschaft im Böhmerwalde, studirte das Gymnasium in Wien, wurde zum Dr. jur. promovirt, lebt jedoch daselbst ausschließlich seinen Studien, so wie seiner dichterischen Thätigkeit. Auch als Kritiker ist er ab und zu für die Wiener „Presse" thätig. Von seinen zahlreichen Gedichten hat er bisher fast nichts veröffentlicht.

Kuh, Emil, geb. 13. December 1828 zu Wien, studirte daselbst das Gymnasium und erwarb sich dann später, größtentheils aus eigener Kraft, eine ausgezeichnete Bildung. Von 1854 ab als Kritiker, dann von 1864 ab auch als Professor der deutschen Literatur an der Wiener Handels-Akademie thätig, mußte er dem letzteren Amte schon Anfang der siebziger Jahre aus Gesundheitsrücksichten entsagen und endlich aus gleichen Gründen seinen Aufenthalt in Meran nehmen, wo er am 30. December 1876 starb. Sein Hauptwerk auf literarhistorischem Gebiete ist die 1877 in Wien aus seinem Nachlasse veröffentlichte „Biographie Hebbel's". Daneben hat er zahlreiche kleinere Schriften, insbesondere zur oesterreichischen Literaturgeschichte publicirt, so wie auch die Gesammtausgabe von Hebbel's Werken, dann, in Gemeinschaft mit Pachler, jene von Halm's

Werken besorgt. An eigenen dichterischen Erzeugnissen veröffentlichte er nur 1856 „Drei Erzählungen" und gab 1855 seine „Gedichte" gesammelt heraus. Eine größere Anzahl derselben befindet sich ungedruckt in seinem Nachlasse und dürfte wohl bald erscheinen.

Leitner, Karl Gottfried, Ritter von, geb. 28. November 1808 zu Graz, besuchte daselbst das Gymnasium, ebenso die Universität, wo er zunächst Philosophie und Geschichte, später auch Jura studirte. Hierauf kurze Zeit als Gymnasialprofessor zu Cilli und Graz thätig, wurde er 1827 Mitglied der steiermärkischen Ständeversammlung und besorgte deren Kanzleigeschäfte, nach ehe er 1837 officiell zum Ständesekretär erwählt worden, welche Stellung er bis 1851 inne hatte. Von 1855 bis 1864 als Kurator des ständischen „Joanneums" zu Graz thätig, lebt er seither in stiller Zurückgezogenheit in seiner Vaterstadt. Werke: „Gedichte" (1825), „Herbstblumen", Neue Gedichte (1870), außerdem Novellen in verschiedenen Zeitschriften, so wie ein Trauerspiel: „König Toredo" (1830) und ein Operntext: „Leonore" (1835).

Leixner, Otto von, geb. 24. April 1847 zu Saar in Mähren, besuchte das Gymnasium zu Marburg in Steiermark, hierauf von 1868—1870 die Hochschulen zu Graz und München, wo er insbesondere Literaturgeschichte betrieb, und war in letzter Stadt bis 1874, von da ab in Berlin literarisch thätig. Er lebt gegenwärtig, nur mit schriftstellerischen Aufgaben beschäftigt, in Lichterfelde bei Berlin. Neben zahlreichen Werken zur Literaturgeschichte, so: „Illustrirte Literaturgeschichte" (1879), „Illustrirte Geschichte der fremden Literaturen" (1880); ferner zur Ästhetik und Kunstgeschichte, so: „Die bildenden Künste in ihrer geschichtlichen Entwickelung bis auf die Neuzeit" (1880), „Ästhetische Studien für die Frauenwelt" (1880), „Unser Jahrhundert" (1880) u. s. w. veröffentlichte er an eigenen Dichtungen: „Novellen" (1878), nachdem er bereits ein Jahr vorher seine „Gedichte" gesammelt herausgegeben.

Lemmermayer, Fritz, geb. 26. März 1857 zu Wien, studirte daselbst das Gymnasium und die Universität, und lebt gegenwärtig als Schriftsteller in seiner Vaterstadt. Seine Gedichte sind bisher nicht gesammelt.

Levitschnigg, Heinrich von, geboren 25. September 1810 zu Wien, absolvirte daselbst das Gymnasium, studirte an der Wiener Universität Anfangs die Rechte, später die Medicin, trat dann als Kadett in ein Dragonerregiment, hierauf als Lieutenant in ein Grenzregiment. Nachdem er 1834 seinen Abschied genommen, widmete er sich in Wien, später in Pest litterarischer Thätigkeit, konnte jedoch trotz seines reichen Talentes keine günstigere äußere Lebensstellung erringen und starb am 25. Jannar 1862 in Wien in dürftigen Verhältnissen. Seine überaus zahlreichen Romane sind nun gänzlich und mit Recht vergessen, hingegen hätten seine Dichtungen: „Gedichte" (1842), „Ein Märchen" (1846), „Besträklich" (1846), „Brennende Liebe" (1852) ein besseres Schicksal verdient, als ihnen zu Theil geworden.

Lipiner, Siegfried, geb. am 24. October 1856 zu Jaroslau in Galizien, erhielt daselbst seinen ersten Gymnasialunterricht, absolvirte das Obergymnasium in Wien, studirte an den Universitäten in Wien und Leipzig Philosophie und lebt gegenwärtig als Bibliothekar des Reichsraths in Wien. Werke: „Der entfesselte Prometheus" (1876), „Renatus" (1878), „Buch der Freude" (1880), sämmtlich Dichtungen. An Prosaarbeiten publicirte er die Schrift: „Über die Erneuerung religiöser Ideen in der Gegenwart" (1878), so wie zahlreiche Aufsätze in der „Deutschen Zeitung". Unter der Presse befindet sich seine Übersetzung des Hauptwerkes von Adam Mickiewicz: „Herr Thaddäus", so wie die epische Dichtung, aus der hier ein Fragment vorliegt.

Lorm, Hieronymus (Pseudonym für Heinrich Landesmann), geb. 9. August 1821 zu Nikolsburg in Mähren, mußte, seit frühester Kindheit von körperlichen Leiden heimgesucht, schon in seinem zwölften Jahre die Schule verlassen. Ein Jahr später warf ihn eine plötzlich eingetretene Lähmung auf das Krankenlager, und er verlor in Folge dessen gänzlich das Gehör, wie auch seine Sehkraft geschwächt wurde. Trotz dieser schweren Schicksalsschläge bildete er sich mit ungemeiner Ausdauer autodidaktisch fort und zählte bald zu den fleißigsten Mitarbeitern an Wiener vormärzlichen Zeitschriften. Sein 1846 erschienenes Werk: „Wiens poetische Schwingen und Federn" zwang ihn, nach Berlin zu flüchten. 1848 in die Heimat zurückgekehrt, entwickelte er nun als Kritiker und Feuilletonist in verschiedenen Zeitschriften, so wie als Dichter und philosophischer Schriftsteller eine sehr intensive Thätigkeit, an welcher ihn auch seine körperlichen Leiden nicht hinderten. Seit 1873 lebt er in Dresden. Er hat bisher veröffentlicht: an Romanen: „Gabriel Solmar"

(1855), „Todte Schuld" (1878), „Späte Vergeltung" (1879), „Außerhalb der Gesellschaft" (1880), „Der ehrliche Name" (1880), „Die Kinder des Meeres" (1881); ferner an Novellen und Erzählungen: „Gräfenberger-Aquarelle" (1849), „Am Kamin" (1857), „Erzählungen eines Heimgekehrten" (1855), „Intimes Leben" (1860), „Novellen" (1864), „Wanderers Ruhebank" (1880); an dramatischen Arbeiten: „Die Alten und die Jungen" (Sittenbild), „Das Forsthaus" (Familiendrama), „Der Herzensschlüssel" (Schauspiel), „Hieronymus Napoleon in Westfalen" (Drama), „Die Kurgäste" (Lustspiel). An vermischten Schriften, außer dem oben genannten Werke über die Wiener litterarischen Strömungen des Vormärz, veröffentlichte Lorm: „Philosophisch-kritische Streifzüge" (1873), „Gestügelte Stunden", Leben, Kritik, Dichtung (1875), „Der Naturgenuß", eine Philosophie der Jahreszeiten (1876), „Der Abend zu Hause" (1881). Als sein Hauptwerk dürfen wohl seine Gedichte gelten, die 1880 in einer Gesammtausgabe erschienen sind, nachdem sie vorher in zwei Sammlungen 1870 und 1878 getrennt publicirt worden. Auch hat er eine epische Dichtung: „Abdul" (1852) erscheinen lassen.

Marx, Friedrich, geb. 20. September 1830 zu Steinfeld in Kärnten, studirte in Laibach und Klagenfurt das Gymnasium, trat 1848 in die Armee, wurde 1849 Lieutenant, mußte nach dem Feldzuge von 1866 als Hauptmann aus Gesundheitsrücksichten seinen zeitweiligen Abschied nehmen und lebte 5 Jahre als Privatmann in Graz. 1871 trat er wieder als Hauptmann in die Landwehr und ist gegenwärtig als Major in Weißkirchen (Mähren) stationirt. Er hat neben historischen Dramen: „Olympias" (1863), „Jacobäa von Baiern" (1864), so wie einer Erzählung „Klarissl" (1878), vornehmlich lyrische Gedichte publicirt, welche in den Sammlungen: „Gedichte" (1857), „Neue Gedichte" (1858), „Gemüth und Welt" (1862) vorliegen.

Mauthner, Josef, zu Prag 15. Februar 1830 geboren, erhielt daselbst und zu Wien durch treffliche Lehrer, insbesondere Moritz Hartmann, eine sorgfältige Erziehung und widmete sich, nachdem er an der Wiener Revolution lebhaften Antheil genommen, dem kaufmännischen Berufe, in welchem er lebt und heute in Wien wirkt. Rechnet man einige Zeitgedichte radikaler Tendenz ab, welche M. im Herbste 1848 veröffentlichte, so sind die hier mitgetheilten Lieder die ersten, welche dieser Poet publicirt.

Mautner, Eduard, geb. 23. November 1824 zu Peſt, kam jedoch ſchon als Kind nach Wien, wo er auch das Gymnaſium abſolvirte. Nach kurzem Aufenthalte in Prag, wo er zuerſt als Poet in die Oeffentlichkeit trat, kehrte er 1843 nach Wien zurück, ſtudirte daſelbſt Medizin, dann die Rechte, dann ſpäter in Leipzig Philoſophie und Aeſthetik. 1847 nach Wien zurückgekehrt, lebt er ſeither dort, und iſt gegenwärtig im literariſchen Bureau des k. k. Miniſteriums des Aeußern thätig. Neben ſehr zahlreichen Feuilletons und Theater-Kritiken veröffentlichte Mautner die Luſtſpiele: „Das Preisluſtſpiel"(1852), „Gräfin Aurora", (1852), „Während der Börſe" (1863); die Schauſpiele: „Eglantine" (1863), „Die Sanduhr" (1871). Seine Jugendgedichte erſchienen 1847, eine weitere Sammlung 1855. Im nächſten Jahre veröffentlichte er auch einen Sonettenkranz: „In Catilinam", der ſich gegen Napoleon III. richtet. Eine Novellenſammlung: „Kleine Erzählungen" erſchien 1858.

Meißner, Alfred, geb. 15. Oktober 1822 zu Teplitz in Böhmen, beſuchte das Gymnaſium zu Schladenwerth bei Karlsbad, dann zu Prag; an der Univerſität letzterer Stadt abſolvirte er auch die mediziniſchen Studien. Im Jahre 1846 zum Dr. med. promovirt, ging er nun ins Ausland, zunächſt nach Dresden und Leipzig, um hier, vom Cenſurzwang frei, ſeine Dichtungen veröffentlichen zu können. Da jedoch die öſterreichiſche Regierung ihm auch den Aufenthalt in Leipzig zu erſchweren wußte, ſo ging er nach Paris, verweilte daſelbſt längere Zeit und kehrte erſt 1848 nach Oeſterreich zurück. Doch machten ihm die Spaltungen zwiſchen Czechen und Deutſchen bald den Aufenthalt in Prag unerträglich, er wandte ſich wieder nach Paris zurück, lebte dann auch einige Zeit in London und nahm hierauf ſeinen Aufenthalt abwechſelnd in Wien und anderen öſterreichiſchen Städten. Seit 1869 lebt er ſtändig zu Bregenz am Bodenſee. Eine Geſammtausgabe ſeiner „Sämmtlichen Schriften" iſt von 1872 ab in 18 Bänden erſchienen. Dieſelbe enthält ſeine Romane: „Schwarzgelb", „Babel", „Neuer Adel", „Sanſara", „Der Pfarrer von Graſenried", „Zur Ehre Gottes", „Der Chevalier von Erneſt"; Novellen, ferner die Dramen: „Das Weib des Uriaſ", „Der Prätendent von York", „Vermeinte Schuld", „Reginald Armſtrong". Auch von ſeinen lyriſchen und epiſchen Dichtungen iſt in

jüngſter Zeit eine vierbändige Geſammtausgabe erſchienen. Dieſelbe enthält den Inhalt der früher in den Werken: „Gedichte" (1845), „Ziska" (1846), „Im Jahre des Heiles" (1845), „Der Sohn des Atta Troll", Zeitklänge" (1870), „Berinhorn" (1872) publicirten Gedichte. Von ſeinen nicht in die Geſammtausgabe aufgenommenen Werken ſeien genannt die Erzählungen: „Lemberger und Sohn" (1865), „Die Sirene" (1868), „Die Kinder Roms" (1870), „Die Bildhauer von Worms" (1874), „Oriola" (1874), „Feindliche Pole" (1876), „Auf und nieder" (1870). Ferner an vermiſchten Schriften: „Revolutionäre Studien aus Paris" (1849), „Am Stein", Ein Skizzenbuch vom Traunſee (1853), „Heinrich Heine" (1856), „Durch Sardinien" (1859), „Unterwegs" (1868), „Kleine Rencontres" (1868), „Rokoko-Bilder" (1871), „Hiſtorien" (1875), „Schattentanz" (1881).

Meynert, Theodor, wurde am 15. Juni 1833 in Dresden geboren, Sohn des belletriſtiſchen Schriftſtellers und Hiſtorikers Dr. Hermann Meynert. Er abſolvirte das Gymnaſium und die mediziniſchen Studien zu Wien, wo er auch gegenwärtig als Univerſitätsprofeſſor der Pſychiatrie thätig iſt. Sein wiſſenſchaftlicher Ruf gründet ſich auf die von ihm gegebene, erſte, zugleich ſeine und umfaſſende Darſtellung des Gehirnbaues und ſeiner Bedeutung. Außerdem hat er in verſchiedenen Zeitſchriften Gedichte publicirt, die jedoch bisher nicht geſammelt erſchienen ſind.

Milow, Stephan (Pſeudonym für Stephan von Millenkovics), Sohn eines oeſterreichiſchen Oberſten, geboren am 9. März 1836 zu Orſova in der ehemaligen Militärgrenze, trat, für den Soldatenſtand beſtimmt, 1849 in die Olmützer Kadetten-Kompagnie und 1852 als Offizier in die Armee. Nach zweijähriger Dienſtzeit bei der Truppe erhielt er eine wiſſenſchaftliche Verwendung im militärgeographiſchen Inſtitute zu Wien, avancirte dort zum Hauptmann und Adjutanten des Inſtituts und ließ ſich 1870 in den Ruheſtand verſetzen. Seitdem lebte er auf einem kleinen Anweſen bei Ehrenhauſen in der Steiermark, bis ihn zunehmende Kränklichkeit 1880 zur Ueberſiedlung nach Görz bewog, wo er noch gegenwärtig weilt. Werke: „Gedichte" (1865), „Verlorenes Glück, Eine Erzählung (1860), „Auf der Schur", Ulegien (1867), „Ein Lied von der Menſchheit" (1869), „Neue Gedichte" (1870), „Zwei Novellen" (1872), „In der Sonnenwende", Neueſte Gedichte

(1477). „König Erich", Trauerspiel (1479) und „Gedichte", Gesammtausgabe (1882).

Müller aus Guttenbrunn, Adam, geb. 1852 zu Guttenbrunn in Ungarn. Studirte zu Temesvar, Hermannstadt und Wien, trat dann in Staatsdienste, und war als Beamter in Linz, dann in Wien thätig, wo er noch gegenwärtig weilt. Er ist vorwiegend Dramatiker „Gräfin Judith", „Im Bann der Pflicht", „Des Hauses Fourchambault Ende"; auch arbeitete er mit Laube gemeinsam das Lustspiel „Schaufrierlei", für welches Laube das gemeinsame Pseudonym „A. H. Mühlbaum" vorschlug, welches aus den Vornamen Beider: Adam, Heinrich und den Anfangsbuchstaben ihrer Zunamen zusammengesetzt ist. Seine lyrischen Gedichte sind in einzelnen Zeitschriften publicirt.

Rajmajer, Marie von, geb. 3. Februar 1811 zu Ofen, als die Tochter eines Hofraths bei der ungarischen Hofkanzlei. Ihre Muttersprache war ursprünglich die ungarische, doch wurde sie später des Deutschen vollkommen mächtig und hat nur in dieser Sprache gedichtet. Sie hat bisher veröffentlicht: „Gedichte" (1868), deren „Neue Folge" (1872) erschien, ferner die epischen Dichtungen: „Gurril al Cyn", ein Bild aus Persiens Neuzeit (1874), „Gräfin Ebba" (1877), endlich den Roman: „Eine Schwedenkönigin" (1882).

Neubauer, Ernst Rudolph, geb. 17. April 1828 zu Iglau in Mähren. Studirte das Gymnasium in seiner Vaterstadt, später Jura und Philosophie zu Wien, wandte sich hierauf dem Lehramte zu und wurde Gymnasiallehrer in Czernowitz, wo er durch nahezu ein Vierteljahrhundert in höchst anregender Weise so ziemlich alle Disciplinen tradirte, auch nebenbei von 1862—1868 die Zeitung „Bukowina" redigirte. Er leitet seit 1874 das k. k. Gymnasium in Radautz. Außer zahlreichen Fachschriften zur Ethnographie und Geschichte, insbesondere jenes Landes, das ihm zur zweiten Heimat geworden, veröffentlichte er eine Reihe von Dichtungen, unter denen hier die „Lieder aus der Bukowina" (1854), „Erzählungen aus der Bukowina" (1869), „Rogaja" (1876), „Die Jkonen" (1882) genannt sein mögen. Auch als Improvisator hat Neubauer wiederholt und stets mit großem Erfolge aufgetreten. Leider haben ihn seine amtlichen Pflichten bisher verhindert, seine Kunst in weitere Kreise zu tragen, obwohl er in

derselben jedem seiner Vorgänger zum mindesten ebenbürtig ist.

Riffel, Franz, wurde 15. März 1831 zu Wien geboren, erhielt daselbst seine Ausbildung und empfing durch den Beruf seines Vaters, welcher unter dem Namen Korner lange Jahre als Schauspieler im Burgtheater wirkte, frühzeitig die Anregung zu dramatischer Dichtung. Vom 6. bis zum 15. Jahre wohnte er den Vorstellungen an der genannten Bühne hinter den Coulissen alltäglich bei und gewann hierdurch genaueste Kenntniß des Theaterwesens. Mit seinem Freunde Siegmund Schlesinger zu gemeinschaftlicher Arbeit verbunden, verfaßte er im Verein mit diesem eine Tragödie: „Die Inquisitoren", der einige weitere Dichtungen: „Rartik, der Freigelassene" (1850), „Der Engel" (1851), „Ein Beispiel" (1852), sämmtlich Kompagniestücke der beiden jungen Dichter, folgten. Sein erstes selbständiges Werk war das Schauspiel: „Ein Wohlthäter", diesem folgten das historische Schauspiel: „Heinrich der Löwe" und die Tragödie: „Perseus von Macedonien", welche letztere am Burgtheater mit ganz ungewöhnlichem Erfolge gegeben wurde. Es folgten die Trauerspiele: „Die Jakobiten" und „Dido", so wie das Volksdrama: „Die Zauberin am Stein" (1864), deren Aufführung jedoch bis 1882 auf sich warten ließ. Für seine Tragödie: „Agnes von Meran" wurde Riffel gleichzeitig mit Milbrandt und Anzengruber durch den Schillerpreis ausgezeichnet. Riffel lebt, nachdem er einige Zeit in Salzburg, später in Graz und einem kleinen steirischen Dorfe verweilt, jetzt ständig in Wien.

Nordmann, Johannes, geb. 13. März 1820 auf dem Freihof Landersdorf bei Krems in Niederösterreich, machte die Gymnasial- und philosophischen Studien in Krems und Wien, wobei er sich durch Unterrichtgeben selbst seine Existenz erringen mußte. Von 1843 ab schlug er die literarische Laufbahn ein und wurde eifriger Mitarbeiter an Wiener und deutschen Blättern. Nach größeren Reisen verweilte er längere Zeit in Dresden und Leipzig, bis ihn der Ausbruch der Märzrevolution von 1848 wieder nach Wien zurückführte. Von da ab bis 1854 ständig hier verweilend, leitete er als Chef-Redakteur das politische Journal „Die Zeit", und gründete 1853 die Wochenschrift „Der Salon", eine der wenigen belletristischen Zeitschriften Oesterreichs, welche eine feine und vornehme Haltung festhielten, doch theilte auch Nordmann's „Salon" das Schicksal der meisten dieser Blätter, er mußte nach zwei Jahren bereits zu erscheinen aufhören. Im Jahre 1858 machte Nordmann eine längere Reise an und verweilte fast ein Jahr in Belgien und Frankreich, leitete dann nach feiner Heimlebe als Redakteur das Feuilleton des Wiener politischen Journals: „Der Wanderer" und trat später als Redakteur zur „Neuen freien Presse" über, der er noch heute angehört. Von 1873 bis 1879 gab er auch die „Neue Illustrirte Zeitung" heraus. Als langjähriger Präsident des Wiener Journalisten- und Schriftsteller-Vereines „Concordia" erwarb er sich nicht bloß um diesen, sondern auch um den Schriftstellerstand im Allgemeinen, so wie um die Stadt Wien besondere Verdienste, in deren Anerkennung ihm der Gemeinderath von Wien 1881 das Bürgerrecht der Stadt ad honores verlieh. Nordmann veröffentlichte an Romanen: „Aurelie" (1847), „Zwei Frauen" (1850), „Gavara" (1851), „Ein Wiener Bürger" (1860), ferner eine größere Anzahl Novellen, welche in seinem „Novellenbuch" (1846) und der Sammlung: „Wiener Stadtgeschichten" (1869) nur theilweise vereinigt sind. Als selbständige Bücher erschienen ferner die Novellen: „Frühlingsnächte in Salamanca" (1857) und „Der zerbrochene Spiegel" (1870), endlich „Ein Jugendleben", Poetische Erzählungen (1849). Auch auf dem Gebiete des Dramas hat sich Nordmann versucht durch seine Tragödie: „Ein Marschall von Frankreich". Seine lyrischen Gedichte sind 1847 erschienen. Als sein Hauptwerk darf man wohl seine epische Dichtung: „Eine Römerfahrt" bezeichnen, von der bisher (1875 und 1877) zwei Gesänge erschienen sind.

Dhorn, Anton, geb. 22. Juli 1846 zu Theresienstadt in Böhmen, besuchte das Gymnasium zu Böhmisch-Leipa, trat in das Prämonstratenserstift Tepl, absolvirte als Ordensgeistlicher zu Prag die Studien an der theologischen Fakultät, trat jedoch seinen Überzeugungen entsprechend, 1872 wieder aus dem Orden aus. Nachdem er Protestant geworden, ging er nach Gotha, hierauf als Lehrer nach Mühlhausen, bis er 1874 eine Stellung als Professor der deutschen Literaturgeschichte an den technischen Staatsanstalten in Chemnitz erhielt, wo er noch wirkt. Unter seinen sehr zahlreichen Publikationen sind hervorzuheben die epischen Dichtungen: „Der fliegende Holländer" (1873), „Die Tochter Juta's" (1878), „Schlichtes Reis" (1880); außerdem hat er Novellen, Erzählungen für die Jugend zc. publicirt, so wie auch den Roman: „Der Klosterscaling" (1875), welcher viel Autobiographisches enthält.

Pachler, Faust, geb. zu Graz 18. December 1819, absolvirte daselbst das Gymnasium, so wie die Rechtsstudien, wurde 1844 zum Dr. jur. promovirt, trat jedoch dann, seinen literarischen Neigungen entsprechend, als Beamter in die k. k. Hofbibliothek zu Wien ein, welcher Anstalt er seither ununterbrochen, derzeit als erster Custos, angehört.

Er hat bisher publicirt das Trauerspiel: „Regum Sumer" (1842), das Festspiel: „Kaiser Max und sein Lieblingstraum" (1853), die Lustspiele: „Ge weiß Alles", „Loge Nr. 2" (1876), endlich den Roman: „Die erste Frau" (1877). Seine zahlreichen Novellen und Gedichte sind bisher nicht gesammelt, eben so wenig seine zahlreichen Übersetzungen aus dem Ungarischen. Das Trauerspiel: „Barcolar und Massa" wurde 1848 — 49 wohl wiederholt aufgeführt, ist jedoch nicht im Druck erschienen. Auch seine zahlreichen literar- und kunsthistorischen Aufsätze sind bis auf zwei: „Beethoven und Maria Pachler-Koschak" (1860 und „Jugend- und Lehrjahre des Dichters Anton F. Salm" (1877, nicht selbständig in den Buchhandel gekommen. Daß er im Vereine mit Emil Kuh der literarische Testamentsvollstrecker Friedrich Halm's war und dessen Nachlaß herausgab, ist an anderer Stelle bereits erwähnt. Bemerkt sei ferner, daß Pachler durch drei Jahre (1850—53) als Redakteur des „Familienbuches des österreichischen Lloyd", damals wohl der besten Zeitschrift Oesterreichs, wirkte.

Pape, Paul, geb. 1838 zu Berlin, studirte dort und in Wien Philologie, und lebt gegenwärtig als Bürgerschullehrer in Wien. Seine zahlreichen Gedichte sind zum größten Theile ungedruckt.

Penn, Heinrich, geb. 2. December 1839 zu Laibach, absolvirte daselbst das Gymnasium. Redigirte dann in Graz und wirkte seit 1861 als Redakteur verschiedener Blätter in Graz, Laibach, Agram, Triest, Lemberg, Pest, Wien und lebt derzeit in gleicher Eigenschaft in Brünn. Er ist vorwiegend Dramatiker („Der Untergang Montezums", „Der Bauernkönig", „Mara"); an epischen Dichtungen hat er die „Ein Weihnachtsmärchen" und „Gestalten", an lyrischen: „Deutsche Lieder", außerdem zahlreiche Romane und Novellen veröffentlicht.

Prechtler, Otto, geb. 21. Jänner 1813 zu Grießkirchen (Oberösterreich), sollte sich dem geistlichen Stande widmen, wandte sich jedoch, nachdem er mit Grillparzer und Feuchtersleben in Verkehr getreten, und durch diese nachhaltige Eindrücke für sein inneres Leben erhalten, weltlichen Studien, so wie dichterischer Thätigkeit zu. Er trat 1834 als Beamter in die allgemeine Hofkammer ein und avancirte hier allmählich zum Archivdirektor im Reichs-Finanzministerium, in welcher Stellung er der Nachfolger Grillparzer's war. Nachdem er im November 1866 in den Ruhestand getreten, lebte er abwechselnd in Gottesdirchen, Passau und Linz, endlich in Innsbruck, wo er am 6. August 1881 starb. Prechtler ist in erster Linie dramatischer Dichter und hat eine große Zahl von Tragödien und Schauspielen geschaffen, von denen hier nur: „Die Braut aus Züben" (1836), „Jephonklar" 1843), „Die Kronenwächter" (1844), „Falconiere" (1846), „König Heinrich von Deutschland" (1846), „Adrienne" 1847), „Ein deutsches Herz" (1855), „Cäcilie" (1860) genannt sein mögen. Außerdem schrieb er an 40 Operntexte. Seine lyrischen Gedichte hat er in folgenden Sammlungen veröffentlicht: „Dichtungen" (1836), „Gedichte" (1841), „Ein Jahr in Liedern" (1843), „Sommer und Herbst", „Neue Gedichte" (1870), „Zeitaccorde" (1873); auch eine epische Dichtung: „Das Kloster am Traunsee" hat er 1847 veröffentlicht. Eine Gesammtausgabe seiner Werke wird von seiner Wittwe projektirt, scheint aber noch in weiter Ferne zu liegen.

Puh, Gottlieb, geb. 1. August 1818 zu Meran, studirte die Medizin in Wien, wurde daselbst zum Dr. med. promovirt und lebt seither als praktischer Arzt in seiner Vaterstadt. Selbständig erschien von ihm nur das epische Gedicht: „König Laurin und sein Rosengarten" (1855). Seine übrigen zahlreichen Gedichte sind in verschiedenen Zeitschriften und Anthologien zerstreut.

[] Ranzoni, Emmerich, geb. 17. December 1823 zu Unterwalb Niederoesterreich, absolvirte das Gymnasium zu Meist, studirte hierauf Philosophie und Jura in Wien und wandte sich 1847 der Schriftstellerei zu. Nachdem er hierauf lange Zeit als Amanuensis an der Wiener Universitätsbibliothek, so wie zwei Jahre als Schauspieler gewirkt, war er von 1852 als Journalist thätig und gehört der Redaktion der „Neuen Freien Presse" seit ihrer Gründung als Kunstkritiker an. Mit Ausnahme einer 1880 erschienenen Novellensammlung hat Ranzoni seine zahlreichen Dichtungen in Vers und Prosa bisher nicht gesammelt.

Rappaport, Moritz, geb. 9. Februar 1808 zu Lemberg, besuchte das Gymnasium zu Wien, absolvirte daselbst die medizinischen Studien, lehrte, 1833 zum Doktor promovirt, nach seiner Vaterstadt zurück, wo er als praktischer Arzt wirkte, gleichzeitig aber ein eifriger Förderer deutschen Wesens wurde. Um dem deutschen Elemente im Lande einen festen Stützpunkt zu geben, übernahm er 1841 die Redaktion der belletristischen Zeitung „Leseblätter" und wußte dieselbe im Laufe der Jahre zu einer der ansehnlichsten und bestdirigirten Zeitungen zu erheben, welche die deutsche Provinzpresse des Vormärz aufzuweisen hatte. Im Jahre 1848, in welchem die „Leseblätter", die als Beiblatt zur „Lemberger Zeitung" erschienen, eingehen mußten, veröffentlichte er mehrere politische Gedichte, in denen er einen eben so entschieden freiheitlichen, als maßvollen Standpunkt vertheidigte. Als die Reaktion hereinbrach, zog er sich gänzlich von politischer Thätigkeit zurück, übernahm die Leitung des Lemberger israelitischen Spitals, und wirkte außerdem verdienstvoll als Mitglied der dortigen Stadtvertretung. Nachdem er 1872 seinen Wohnort nach Wien verlegt, lebte er bald wieder nach Lemberg zurück, doch zwang ihn nach kurzer Zeit ein Augenleiden, in Wien Hilfe zu suchen. Hier starb er, nachdem er inzwischen gänzlich erblindet, am 29. Mai 1880. Mit ihm verlor das Deutschthum des Ostens einen seiner begeistertsten Repräsentanten. Rappaport ist vornehmlich Dichter: „Mose" (1842), „Bajazzo" 1863.; daneben hat er auch Dramen: „Der Letzte der Arpaden", „Esterka" gedichtet. In seinen „Hebräischen Gesängen" (1860) bildete er die Perlen der religiösen Poesie der Juden metrisch nach. Ebenso fand sich in seinem Nachlasse eine vollständige, metrische Nachbildung der Psalmen. Eine Gesammtausgabe seiner Werke wird im nächsten Jahre, von Karl Emil Franzos herausgegeben, erscheinen.

Rausscher, Ernst, geb. 3. September 1831 in Klagenfurt, absolvirte das Gymnasium seiner Vaterstadt, studirte dann die Rechte zu Wien und lebt selber als Privatmann auf seinem Gute Waldhof bei Klagenfurt. Er hat bisher publicirt: „Gedichte" (1862), „Neue Gedichte" (1864), „Elegien vom Wörthersee" (1868), das lyrisch-epische Gedicht „Nora" (1865), den Sonetten-Cyklus „Gerenblätter" (1870), „In der Hängematte" (1872), eine Novelle in Versen: „Am Hochklar" (1878), endlich eine Sammlung seiner jüngsten Gedichte 1881).

Reitler, Anton, geb. 1856 zu Prag, absolvirte daselbst das Gymnasium, studirte zu Wien, Prag, Leipzig und Heidelberg die Rechte und übt seit 1880 die juristische Praxis in seiner Vaterstadt. Gedichte in verschiedenen Zeitschriften.

Rheinisch, Albin, geb. 1. März 1815 zu Malborghet in Kärnten, absolvirte das Gymnasium zu Klagenfurt und besuchte dann die Universitäten in Graz und Wien. Seit 1870 literarisch thätig, übersiedelte er 1875 nach Berlin, wo er gegenwärtig als Redakteur und Theaterkritiker der „Berliner Börsenzeitung" lebt. Von seinen dramatischen Arbeiten wurde ein sociales Trauerspiel: „Garnier" und ein Lustspiel: „Die Freude der

„Frau" aufgeführt. Beide sind nur als Manuskript gedruckt. Seine zahlreichen Gedichte hat er bisher nicht gesammelt.

Rollett, Hermann, geb. 20. August 1819 zu Baden bei Wien, studirte an der Wiener Universität, dem Wunsche seines Vaters, eines trefflichen Arztes, gehorchend, Pharmacie, gewann jedoch neben diesem Brotstudium und später neben der praktischen Ausübung seines Berufe vielfache Muße zu dichterischer Thätigkeit. Das Erscheinen seines „Frühlingsboten aus Oesterreich" (1845) zwang ihn, die Heimat zu verlassen, und er führte seither durch nahezu zehn Jahre, von der preußischen und österreichischen Regierung immer wieder aus seinem jedesmaligen Asyl vertrieben, ein bewegtes, an Bitternissen reiches Flüchtlingsleben, bis er 1854 nach Oesterreich zurückkehren durfte. Seitdem lebt er in seiner Geburtsstadt insbesondere kunstwissenschaftlichen Studien, als deren Frucht die Schriften: „Die drei Meister der Galvanoplastik" und die „Goethe-Bildnisse" zu nennen sind. Von seinen übrigen Werken seien hervorgehoben: „Liederkränze" (1842), „Wanderbuch eines Wiener Poeten" (1841), „Dramatische Dichtungen (1851 Ausgewählte Gedichte" (1865), „Offenbarungen" (1869), „Erzählende Dichtungen" (1872).

Roßegger, P. K., geb. 31. Juli 1843 zu Alpl bei Krieglach (Steiermark) wurde bis 1860 im Elternhause als Hirt und Feldarbeiter verwendet, ging hierauf zu einem wandernden Schneidermeister in die Lehre, wurde jedoch, als er einige seiner Naturdichtungen nach Graz sendete, durch einige Gönner aus dieser Thätigkeit erlöst, und in den Stand gesetzt, sich in der steirischen Hauptstadt fortzubilden. Seit 1870 ist er fortdauernd schriftstellerisch thätig und lebt im Sommer in seinem Geburtsorte Krieglach, im Winter in Graz. Seine „Ausgewählten Werke" liegen in bisher 16 Bänden vor. Sie enthalten seine Romane und Novellen, so wie seine Kulturschilderungen, die er früher unter verschiedenen Titeln [„Geschichten aus Steiermark" (1871), „Wanderleben" (1871), „Gestalten aus dem Volke der österreichischen Alpenwelt" (1872), „Aus dem Walde" (1873), „Geschichten aus den Alpen" (1873), „Die Schriften des Waldschulmeisters" (1875), „Das Volksleben in Steiermark" (1875), „Sonderlinge aus dem Volke der Alpenwelt" (1875), „Streit und Sieg" (1876), „Waldheimat" (1877), „Aus Wäldern und Bergen" (1877), „Mann und Weib" (1878), „Aus meinem Handwerkerleben" (1880)] veröffentlichte. Auch der Inhalt seiner lyrischen Dialekt-Gedichte [„Zither und Hackbrett" (1870)

und „Tannenharz und Fichtennadeln" (1871)] ist in die gesammelten Werke bereits aufgenommen.

Saar, Ferdinand, geb. 30. September 1833 zu Wien, verlor seinen Vater in frühester Kindheit. Nachdem er das Gymnasium in Wien besucht, trat er 1849 in die k. k. Armee, wurde 1854 Officier und nahm 1859 nach dem Feldzuge seinen Abschied, um ganz seiner literarischen Thätigkeit zu leben. Seither lebte er in Wien; seit seiner Verheiratung (1881) hat er seinen Wohnort auf Schloß Blansko in Mähren genommen. Er hat bisher publicirt: eine Reihe von Novellen, die er einzeln erscheinen ließ, die sie unter dem Titel: „Novellen aus Oesterreich" 1876 vereinigt erschienen, ferner die dramatischen Dichtungen: „Kaiser Heinrich IV." (1872), „Die beiden de Witt" (1875), „Tempesta" (1880). Seine lyrischen „Gedichte" hat er 1881 gesammelt.

Sauer, Karl Marquart, geb. 18. Juni 1827 zu Mainz, wurde, da er schon frühzeitig ein ausgesprochenes Sprachentalent erwies, bald Lehrer der französischen und italienischen Sprache zu Frankfurt, lebte von 1850—1855 in Wien, erhielt 1857 eine Anstellung an der Handelsschule in Leipzig; 1863 wurde er Professor an der Handelsakademie zu Prag, als welcher er durch eine lange Reihe von Jahren wirkte, bis er in jüngster Zeit Director der italienischen Handelshochschule zu Triest wurde. Sauer ist vorwiegend als Romanschriftsteller und Novellist bekannt geworden [„Kinder der Zeit" (1870), „Die Zivilisten" (1871), „Reklame" (1875), „Novellen" (1878) u. s. w.]; seine lyrischen Gedichte sind noch nicht gesammelt.

Schlechta-Wsfehrd, Ottokar Freiherr von, geb. zu Wien 20. Juli 1825, erhielt seine Ausbildung an der Wiener orientalischen Akademie, trat dann als Dragoman bei der Internuntiatur in Konstantinopel ein, wurde 1860 Legationsrath, 1870 Generalconsul in Bukarest und wirkt gegenwärtig als Hofrath im k. k. Ministerium des Äußern. Neben streng wissenschaftlichen Arbeiten [so einer Bearbeitung des Völkerrechts in türkischer Sprache und vielen Studien zur orientalischen Literatur und Geschichte] veröffentlichte er auch zahlreiche Dichtungen der Perser in metrischer Nachdichtung, so: „Der Frühlingsgarten von Mewlana Abdurrahman Dschami" (1846), „Der Fruchtgarten

von Saabi" (1852), „Ibn Jemin's Bruchstücke"
(1852), „Neue Bruchstücke orientalischer Poesie"
(1851) u. A. m.

Persische Sprüche 70

Schlossar, Anton, geb. 27. Juni 1849
zu Troppau, kam in früher Jugend nach Sieben-
bürgen, besuchte zu Kronstadt das Gymnasium,
hörte dann zu Graz Jura, trat nach Absolvirung
derselben in den Justizdienst, den er jedoch 1875
mit einer Anstellung an der Grazer Universitäts-
Bibliothek vertauschte, welcher Anstalt er noch gegenwärtig als Skriptor angehört. Schlossar ist
vorwiegend kulturhistorischer Schriftsteller: „Inner-
österreichisches Stadtleben vor 100 Jahren" (1877),
„Erzherzog Johann von Oesterreich und sein Ein-
fluß auf das Kulturleben der Steiermark" (1878),
„Oesterreichische Kultur- und Literaturbilder"
1879). Auch hat er eine reichhaltige Sammlung
der „Volkslieder aus Steiermark" (1881) herausgegeben, eben so eine Anthologie: „Steiermark im
deutschen Liede" (1880) redigirt. An poetischen
Werken publicirte er das ergötzende Gedicht: „Cor-
nella" 1878, und eine Reihe von lyrischen Gedichten in verschiedenen Zeitschriften.

An die Steiermark 128

Schueller, Christian, geb. 5. November
1831 zu Hötzing im Lechthale, absolvirte das
Gymnasium zu Hall und Innsbruck, die Universitätsstudien zu Innsbruck und Wien, wurde
hierauf Gymnasiallehrer zu Innsbruck, später zu
Innsbruck und lebt seit 1874 als Landesschul-
inspektor der Mittelschulen für Deutsch-Tirol und
Vorarlberg in der tirolischen Hauptstadt. Neben
zahlreichen und umfassenden Arbeiten zur Kulturgeschichte seiner engeren Heimat, unter welchen insbesondere die „Skizzen und Kulturbilder aus Tirol"
(1877) hervorgehoben sein mögen, hat er seine
lyrischen Gedichte in den Sammlungen: „Aus
den Bergen" 1857), „Jenseits des Brenners"
(1864) publicirt, ferner die epischen Dichtungen:
„Am Alpsee" (1860) und „Eldorado" (1871), endlich ein Trauerspiel: „Der Knappe von Schwaz"
(1850) erscheinen lassen.

Die Mette am heiligen Eisch . . 130

Silberstein, August, geb. zu Ofen 1. Juli
1827, war anfänglich für die kaufmännische Laufbahn bestimmt, widmete sich jedoch in Wien, wohin er zu diesem Zwecke entsendet wurde, mit
allem Eifer der Literatur. Nachdem er 1848 an
der Revolution starken Antheil genommen, mußte
er nach eingebrochener Reaktion aus Oesterreich
flüchten und besuchte nunmehr deutsche Hochschulen,
um seine Ausbildung fester zu begründen. Nach
Oesterreich zurückgekehrt, wurde er zu fünfjähriger
Kerkerstrafe verurtheilt, die er auch zum Theile
auf dem Spielberg zu Brünn verbüßte. Er hat

an lyrischen Sammlungen publicirt: „Trutznachti-
gall" (1857), „Lieder" (1864), „Mein Herz in
Liedern" (1865), „Büchlein Klinginsland" (1875),
Ferner veröffentlichte er Romane: „Herkules Schwach"
(1863), „Die Alpenrose von Ischl" (1866), „Glänzende Bahnen" (1872, und Dorfgeschichten: „Dorfschwalben aus Oesterreich" (1862, „Dorfschwalben
aus Oesterreich", Neue Folge (1868), „Deutsche
Hochland-Geschichten" (1875), „Dorfschwalben",
früher Flug (1880).

Grantkunde 276
Frauen . . . . —
Wolkenzug . . . . —
Das Dornweib 271

Smolle, Leo, geb. 15. Oktober 1848 zu
Cilli in Steiermark, absolvirte zu Wien die philosophischen Studien und wurde dann Gymnasiallehrer, als welcher er früher in Iglau, gegenwärtig
in Brünn wirkt. Neben litterarhistorischen Schriften (Nikolaus Lenau, „Charles Sealsfield") hat
er auch in verschiedenen Zeitschriften und Anthologien zahlreiche lyrische Gedichte veröffentlicht.

Oktober 189

Taubler von Tenningen, Josef, geb.
12. Januar 1807 zu Prag, absolvirte daselbst die
juristischen Studien, trat 1829 in den Staatsdienst, in welchem er durch volle 50 Jahre, größtentheils in Wien, thätig war; er schied 1879 aus demselben als Ministerialrath des Unterrichts-Ministe-
riums. Seine Gedichte und Novellen erschienen
meistens unter dem Pseudonym Florus Retland in
verschiedenen Zeitschriften. An selbständigen Sammlungen hat er publicirt: „Gelungenes und Ver-
lungenes" (1864), „Spruchbüchlein" (1868).

Sprüche 85

Teweles, Heinrich, geb. zu Prag 13. November 1856, absolvirte die Rechte an der Prager
Universität, trat in die k. k. Finanz-Prokuratur,
die er nach dreijähriger Praxis verließ, um sich
ganz der Schriftstellerei zu widmen. Er hat zahlreiche Gedichte und novellistische Arbeiten in verschiedenen Blättern veröffentlicht. Ein Schauspiel:
„Die Schauspielerin" erschien 1881.

Einst und jetzt 181
Elegie 185

Thaler, Karl von, geb. 30. September
1836 zu Wien, absolvirte das Gymnasium zu
Innsbruck, studirte hierauf deutsche und klassische
Philologie an den Universitäten Innsbruck, Heidelberg und Bonn, wandte sich jedoch, nachdem er
1857 in Heidelberg zum Dr. phil. promovirt worden, der journalistischen und schriftstellerischen Laufbahn zu. Er lebt gegenwärtig als Mitredakteur,
Leitartikler und Feuilletonist der „Neuen freien

Presse" in Wien. Thaler veröffentlichte bisher den Sonettenkranz: „Sturmvögel" (1866), ferner eine satirische Komödie: „Mädel's Besucher" (1866), und „Aus alten Tagen", Dichtungen (1870), welche das Märchen „Germania", so wie den Romanzencyklus: „Die Fahrt nach Canossa" enthalten. Seine lyrischen Dichtungen, so wie die zahlreichen Skizzen und Studien, welche er in verschiedenen Blättern, insbesondere in der „Neuen freien Presse" veröffentlichte, sind noch nicht gesammelt.

Traun, Julius von der (Pseudonym für Julius Alexander Schindler), geb. 26. September 1818 zu Wien, absolvirte das Gymnasium daselbst und bezog hierauf die Universität, an welcher er die medizinischen Studien begann, als jedoch dann durch Familienverhältnisse genöthigt sah, am Polytechnicum rasch chemische Kenntnisse zu erlangen, um an der Leitung der Fabriken seines Vaters Theil nehmen zu können. Doch befriedigte ihn diese Thätigkeit nicht und er wandte sich wieder den Universitätsstudien zu, absolvirte 1843 die Rechte und war nun als praktischer Jurist an verschiedenen Orten und in verschiedenen Stellungen in Oberoesterreich thätig. Von 1850 ab im Staatsdienste, wurde er nach bereits 4 Jahren von der reactionären Regierung entlassen und trat, da ihm Advokatur und Notariat verschlossen blieben, in Privatdienste des Grafen Henkel-Donnersmark. Erst 1862 konnte er ein Notariat in Wien erlangen. Von 1861—1870 war er auch Mitglied des oesterreichischen Reichsraths, in welchem er eine sehr hervorragende Rolle spielte. Im letzten Jahrzehnt hat er wieder mehr seiner literarischen Muße leben können, im Winter in Wien, im Sommer auf seinem Schlosse Leopoldskron bei Salzburg. Seine lyrischen Gedichte erschienen 1871, nachdem ein Romanzencyklus „Rosenegger Romanzen", der vielleicht als sein Hauptwerk gelten darf, bereits 1852 vorausgegangen. Kleinere lyrische Sammlungen sind die Soldatenlieder: „Unter den Zelten" (1853), und die politischen Sinngedichte: „Carte blanche" (1862). Ferner publicirte er die epischen Dichtungen: „Die Gründung von Klosterneuburg" (1854), „Salomon, König von Ungarn" (1873) und „Toletaner Klingen" (1874), ferner die Erzählungen in Prosa: „Die beiden Rittmeister" (1839), „Die Geschichte vom Scharfrichter Rosenfeld und seinem Pathen" (1852, „Die Abtissin von Buchau" (1877), „Goldschmiedtinder" (1879), „Der Schelm von Bergen" (1879). Skizzen und Novellen enthalten ferner seine Sammlungen: „Oberoesterreich" (1847), „Südfrüchte" (1848); von seinen vermischten Schriften seien genannt: „Herbsttage auf Helgoland" (1853), „Reisebitter" (1853), „Excursionen eines Oesterreichers 1840—1879" (1880); eben so hat er dramatische Dichtungen publicirt, so das Schauspiel: „Eines

Bürgers Recht" (1849,; das Volksdrama: „Theophrastus Paracelsus" (1855,.

Triesch, Friedrich Gustav, am 16. Juni 1845 zu Wien geb., frequentirte, ursprünglich zum Bildhauer bestimmt, die Akademie der bildenden Künste, mußte sich jedoch dann der commerciellen Laufbahn zuwenden. Binnen weniger Jahre zu hervorragender Stellung gelangt, beschäftigte er sich nebenbei, so weit es seine Berufspflichten erlaubten, mit literarischen, insbesondere dramatischen Arbeiten, hat sich aber in letzter Zeit wieder gänzlich der literarischen Laufbahn zugewendet. Sein Lustspiel: „Neue Verträge" wurde 1880 bei der Münchener Preiskonkurrenz mit dem ersten Preise gekrönt. Auch hat er gemeinsam mit Adolf Sonnenthal das Lustspiel: „Ein Anwalt", verfaßt. Diese, so wie sonstige dramatische Arbeiten sind meistens nur als Manuskripte gedruckt worden. Seine lyrischen Gedichte hat er noch nicht gesammelt.

Umlauff, Victor, Ritter von Frankwell, geb. zu Rzeszow in Galizien 23. März 1836, kam frühzeitig in die Bukowina, wo er das Gymnasium zu Czernowitz absolvirte, studirte hierauf die Rechte zu Wien und Pest, wandte sich nach mehrjähriger Thätigkeit im Staatsdienste der Advokatur zu und lebt seit 1869 als Advokat in Wien, in seinen Mußestunden eifrig mit dichterischer Thätigkeit, insbesondere mit Uebersetzungen aus den Sprachen des Ostens beschäftigt. Er hat bisher die Sammlungen: „Rumänenlieder" (1851) und „Heimatsklänge" (1852) publicirt, beide enthalten Originalgedichte. Seine oben erwähnten Uebersetzungen dürften gleichfalls bald erscheinen.

Winkler, Hans von, geb. 10. August 1837 zu Meran, studirte das Gymnasium zu Innsbruck, verweilte, zum geistlichen Stand bestimmt, einige Zeit in einer röthlichen Anstalt zu Rom, wandte sich jedoch dann wieder weltlichen Studien zu und wurde, nachdem er in Wien die philosophischen Studien absolvirt, Realschulprofessor in Czernowitz, dann in Triest, und wirkt gegenwärtig in gleicher Eigenschaft in Innsbruck. Seine Gedichte sind bisher nicht gesammelt erschienen.

Weißel, Ludwig, geb. 8. December 1841 zu Wien, woselbst er das Gymnasium und die

Rechtsstudien absolvirte. Nebenbei gab er sich früh literarischen Neigungen hin, denen er später als Advokat treu blieb. Anhaltende körperliche Leiden zwangen ihn in den letzten Jahren, seine Advokatur, so wie seine Stellung als Gemeinderath der Stadt Wien aufzugeben und seinen Wohnort im Süden zu nehmen; um so eifriger hat er sich in diesen Jahren dichterisch beschäftigt. Er lebt gegenwärtig in Montreux am Genfersee. Seine Gedichte sind noch nicht gesammelt. In Buchform hat er bisher erscheinen lassen: eine Übersetzung der „Batrachomyomachia" und die provenzalische Erzählung: „Der Mönch von Montaudon" (1882).

Amor im Bündchen 277
Die gute Schenke . . . . —
Entsagen 278

Wellner, Albert, geb. 6. November 1855 in Wien, studirte und trat frühzeitig in den Staatsdienst, in welchem er gegenwärtig als Official bei der General-Intendanz der k. k. Hoftheater in Wien thätig ist. Er hat neben Lustspielen („Auf den ersten Moment" u. s. w.) und literarhistorischen Artikeln auch in verschiedenen Zeitungen zahlreiche Gedichte erscheinen lassen, welche noch nicht gesammelt sind.

Rath 268

Wengraf, Edmund, geb. 9. Jänner 1860 zu Nikolsburg in Mähren, absolvirte daselbst das Gymnasium, dann in Wien die Rechtsstudien, wo er gegenwärtig eben mit den Rigorosen zur Erlangung des Doctorgrades beschäftigt ist. Bei der von der „Deutschen Zeitung" für eine Hymne der Deutschen in Österreich" (1881) eingeleiteten Preis-Konkurrenz gewann er den dritten Preis. Sonst ist von seinen Gedichten noch fast nichts publicirt.

Waldeinsamkeit 266
Die Wacht an der Donau . . . 267

Wickenburg, Albrecht Graf, geb. 4 December 1838 zu Graz, studirte zu Wien die Rechte, erhielt den Titel eines k. k. Kämmerers und lebt theils zu Wien, theils in Steiermark mit dichterischen Arbeiten beschäftigt. Seine Gedichte erschienen 1874 unter dem Titel: „Algonde und Zeember". Außerdem hat er mehrere metrische Übersetzungen publicirt, so: „Ottanta", persanisches Drama aus dem Indischen (1875), Shelley's „Entfesselten Prometheus" (1876), Swinburne's „Atalanta in Kalydon" (1876) u. A.

Orakel 81
Pardonnirt . . . . —

Wickenburg-Almásy, Wilhelmine Gräfin von, Gemahlin des Vorgenannten, wurde am 8. April 1845 in Ofen geboren, kam

jedoch früh nach Wien. Ihre zwischen Gedichte erschienen in den Sammlungen: „Gedichte" (1865), „Neue Gedichte" (1869), „Gelebtes und Erdachtes" (1873); ferner das sie die epischen Dichtungen: „Emanuel d'Astorga" (1872), „Der Graf von Remplin" (1874), „Marina" (1875); endlich die dramatischen Dichtungen: „Radegundis" (1879), „Ein Abenteuer des Dauphins" (1882) erscheinen lassen.

Unbewußt 82
Unbespielt . . . . —
Waldesrauschen 83

Winter, Josef, geb. 2. Februar 1857 in Wien, studirte und absolvirte daselbst das Gymnasium, so wie die medizinischen Studien, ist eben mit den Rigorosen zur Erlangung des Doctorgrades beschäftigt und gedenkt sich dem ärztlichen Berufe zu widmen. Bei der von der „Deutschen Zeitung" 1881 ausgeschriebenen Preis-Konkurrenz (vgl. Wengraf) wurde sein Lied mit dem ersten Preise gekrönt. Von seinen Gedichten sind wenige einzeln veröffentlicht worden, doch dürfte eine Sammlung in Bälde erscheinen.

Weltflucht 219
Was dein Herz will . . . . . . —
Spätsommer 220
Sonnenschein . . . . —
Waldrast 221
Im Rheingau . . . . —
Grabe mein Röslein . . . . . —
Abend im Prater 222
Schatten 221
Läuterung . . . . —
Frieden . . . . —
Menschenlos . . . . —
Walküren 223

Wurzbach, Alfred, Ritter von Tannenberg, geb. zu Lemberg 22. Juli 1846, als Sohn des Dichters und Gelehrten Konstantin von Wurzbach (vgl. W. Constant), studirte das Gymnasium und die Rechte zu Wien, trat hier auf in den Staatsdienst, in welchem er bis 1876 als Statthaltereibeamter thätig war, und widmete sich seither gänzlich literarischer Thätigkeit. Seit 1880 ist er Mitredakteur und Kunstkritiker der „Wiener allgemeinen Zeitung". Neben zahlreichen kunsthistorischen Werken, zu welchen Zwecke er auch mehrere große Reisen unternahm, hat er auf belletristischem Gebiete veröffentlicht: „Lanzi", eine Novelle in Versen (1874) und „Lieder an eine Frau" (1881).

Die Sirke 284

Ziegler, Karl (Carlopago), geb. 12. April 1812 zu St. Martin in Oberösterreich, absolvirte die philosophischen Studien, wurde hierauf k. k. Beamter, als welcher er in der Schulbücher-Verlags-Direktion zu Wien thätig war, trat 1857 in den Ruhestand, lebte dann vorübergehend in Salzburg

und starb, nach Wien zurückgekehrt, am 20. Mai
1877. „Gedichte" (1843), „Himmel und Erde"
(1856), „Oben" (1866), „Vom Reichtum der Lyrik"
(1869).

Zimmermann, Robert, geb. 2. November
1821 zu Prag. Absirte daselbst das Gymnasium,
hierauf in Wien Philosophie, widmete sich der
akademischen Lehrthätigkeit und lebt seit 1861 als
ordentlicher Professor der Philosophie an der Wiener Universität. Er ist vornehmlich als Fach-
schriftsteller auf philosophisch-ästhetischem Gebiete
thätig. Als sein Hauptwerk dürfte wohl die
Ästhetik (1858—1865) anzusehen sein. Als Dichter
hat er die anonym erschienene Sammlung politischer Gedichte: „Guerilla-Krieg" (1815), und die
epische Dichtung: „König Wenzel und Susanne"
(1849) veröffentlicht.

Zingerle, Ignaz Vinzenz, geb. 6. Juni
1825 zu Meran, begann 1842 in Trient seine
philosophischen Studien, setzte dieselben in Innsbruck, kaum in Brixen fort, trat in ein Bene-
diktinerkloster als Novize ein, kehrte jedoch zu
weltlichen Studien zurück und wurde 1849 Professor der deutschen Sprache und Literatur an der
Innsbrucker Universität, welche Stellung er auch
gegenwärtig einnimmt. Neben zahlreichen wissenschaftlichen Publikationen, welche theils allgemeinen
Inhaltes sind [„Die deutschen Sprichwörter im
Mittelalter" (1864), „Anklänge" (1867—1870)
u. s. w.], theils seine engere Heimat betreffen
[„Sagen aus Tirol" (1850), „Tirols Volksdichtung"
und „Volksgebräuche (1852—1856) u. s. w.], veröffentlichte er an dichterischen Werken die Zeitgedichte „Frühlingszeitlosen" (1848), „Von den
Alpen" (1850), ferner seine „Gedichte" (1853),
endlich die Dorfgeschichten: „Die Müllerin" (1853),
„Der Bauer von Longval" (1871).

Dichtungen
von
Robert Hamerling.

Marie.

I.

Spät Abends bei dem Schein der Lampe saßen
Beisammen wir in traulichem Geplauder.
Sie streichelte die Wange mir, sie küßte
Die Stirne mir, sie faßte meine Hand
Und hielt sie in der ihrigen und ließ
Sie ruh'n auf ihren Knie'n, in ihrem Schoß.
Zuweilen legte meine Hand sie auch
An ihre Wange dicht, damit ich fühle
Wie heiß sie glühe, weil das Haupt ihr schmerze.
Sie duzte mich, und sie ernannte mich
Zu ihrem „Brüderchen", und ich auch mußte
Sie duzen, mußte „Schwesterchen" sie nennen.
„Warum so ernst, so bleich, lieb' Brüderchen?"
So fragte sie mit himmlisch holder Milde
Im Blick mich oft, und ließ sich jedes Leid
Erzählen, und ihr Auge wurde feucht.
Und selig blickt' ich in ihr edel-blasses,
Ihr schön umlocktes Engelsangesicht,
In ihre großen, dunkelbraunen Augen,
Die seelenvoll und zärtlich auf mir ruhten.
Und pries verzückt ich dann ihr holdes Wesen,
Und nannte Engel sie voll idealer,
Voll himmlisch-reiner Huld, da sprach sie: „Nein!
Das bin ich nicht — das bin ich nur bei dir,
In dieser Stunde! Nur, wenn ich dir schaue
In's bleiche, still verklärte Dichterantlitz,

1*

Und in dein Aug', das, ach, so anders blickt,
Und hör' dein Wort, das, ach, so anders klingt
Als all' der Andern, da ist mir zu Muth,
Als ob mein Herz und meine Seele sich
Beflügelte — aufschweben möcht' ich selig
Mit dir in hohe, heil'ge Regionen.
Und dieser reine Hauch, der mich umweht,,
Beseligt mich, wie keine Huldigung
Der Welt, wie mich kein Beifallssturm beseligt,
Der in der Welt der Schminke mich umrauscht!" —

So schwanden Wochen. Rasch und mächtig immer
Hinzog mich's wieder zum Hôtel am Quai,
Worin sie hauste, und wo vor den Fenstern
Im Golf, den Damm entlang, mit weißen Segeln
Ein Mastenwald im Winde knarrend schwankte.
Doch ach, nur wenig reine, traute Stunden
Vergönnte mir der Schwarm, der sie umdrängte,
Die Sangeszauberin! Und nah' auch rückte
Der Tag schon, ach, der sie entführen sollte,
Der Tag des Scheidens! Da, mich traurig sehend,
Sprach sie zu mir: „Von dir, mein Brüderchen,
Von dir nicht wie von all' den Andern scheid' ich!
Wir bleiben Brüderlein und Schwesterlein
Auch in der Ferne. Muth, mein liebes Herz!
Sieh, morgen Abend wird sich alle Welt
Zum Lebewohl in meine Stube drängen.
Komm nur auch du, ausharrend in Geduld:
Mein allerletztes Stündchen weih' ich dir!
Bleib' du zurück, wenn all' die Andern geh'n.
Dann sing' ich noch einmal dein Lieblingslied
Zur Harfe dir: Desdemona's Gesang!" —
„Desdemona's Gesang? zur Harfe?" — „Ja!
Im weißen, wallenden Gewand!" — „O schön!
O schön, mein engelgutes Schwesterlein!"
„Im weißen Nachtgewand, das Haar gelöst"
„O schön, o schön, mein trautes Schwesterlein!
Und leuchten soll, nicht wahr? durchs Fenster still
Der Mond allein, der Schmuck der Sommernacht?" —

„Der Mond allein!" gab sie zurück und küßte
Mich auf die Stirn und ihr im Auge glänzte
Ein Strahl unendlich süßer Himmelshuld. —

II.

Der Abend kam des schönsten Stelldicheins.
Erregt, von Weh' und Lust das Herz geschwellt,
Ging ich zu ihr. Früh kam ich, wollte heut
Nicht bloß der Letzte, auch der Erste sein.
Und mit der Ungeduld des Liebenden
Trat ich in ihr Gemach. Da fand ich sie
Auf ihrem Sopha sitzend. Bei ihr saß
Ein junger Mann, ein hübscher wälscher Krauskopf.
Ein Dandy.
          Dieser Dandy neigte just
Das schönfrisirte, salbenduft'ge Haupt
Hinab, ganz tief, auf ihre reizend-üpp'ge,
Sammtglatte, alabasterweiße Schulter.
Geschah's, um einen Kuß darauf zu drücken?
Es scheint; denn sie erröthete . . . Vor Zorn?
Vor Scham? — Ja, sie erröthete, und ich
Erblaßte. — Doch sie reichte mir die Hand,
Zog mich an ihre Seite, hatte Blick
Und Wort und Lächeln ganz für mich allein.
Einsilbig gab ich Antwort. Allgemach
Nun füllte sich der Saal — ich merkt' es nicht.
Verging etwas in mir — ich faßt' es nicht.
Ich war betäubt. Was war mit mir gescheh'n?
Es schwirrte rings um mich. Sie war verschwunden
Von meiner Seite. Das Gewühl bewegte
Sich drehend um mich her wie Puppentanz
Zu Leierkastenklang; mir schwindelte.
Auftauchte sie im Schwarm oft wie ein schönes,
Doch blasses Königskind im Zaubermärchen,
Und ich erschien mir, fiebernd, als ein Prinz,
Der sie erlösen sollt' aus schnödem Bann.
Doch meine Sohlen wurzelten im Boden . . .

Sie war an diesem Abende, wie nie,
So schön — so marmorschön und marmorbleich!
Ein rührender, ein engelhafter Zug
Voll milden Ernstes lag im schönen, blassen,
Von dunklem Haar umlockten Angesicht.
Der wälsche Krauskopf näherte galant
Sich ihr ein paar Mal, scherzend, unbefangen.
Sie kargte mit dem Wort — sie wies ihn ab —
Doch niederschlug die Augen sie dabei . . .

Wir saßen um den Tisch. Die Bowle dampfte,
Ein schwüler Duft stieg auf, die Gläser klirrten.
Und wie durch einen Silbernebel sah ich
Als Wirthin um den punschgefüllten Napf
Sie walten mit der schwanenweißen Hand —
Der schönsten aller Hände, ach, die ich
Geseh'n im Leben! Aber diese schöne,
Schneeweiße Hand, sie zitterte ein wenig . . .

Schwül ward's und schwüler. Auf den Dampfeswölkchen
Der Bowle saßen Geisterchen, Kobolde,
Die, neckisch toll, der Zungen Bande lösten.
Zwangloser klang Geplauder und Gelächter.
Da schien ergriffen von der Bowle Geistern
Plötzlich auch sie — hellstimmig klang ihr Lachen
In das der Andern — in den blassen Wangen,
Den Augen glomm's von dunkler Gluth — frei wallten
Die Locken — ihre weißen Arme blinkten
Verführerisch wie die der Lorelei
Im Mondesglanz. . . .
                    Ihr Auge suchte m e i n e s;
Doch dies glitt ab von ihr, und irrte, schweifte
Traumhaft hinweg in unermess'ne Fernen.
Da nahm sie eins vom Haufen weißer Kärtchen,
Die angesammelt sich auf ihrem Tisch
In zierlichem Behälter, Namen tragend,
Zum Theil mit Kronen drüber, vielgezackten.
Eins dieser Kärtchen nahm sie, kritzelte
Drauf ein paar Worte rasch, in flücht'gen Zügen.
Und ließ es auf des Tisches Platte tanzen

Hinüber bis zu mir. Drauf stand zu lesen:
„Desdemona's Gesang — zur Harfe — weiß
Umwallt vom Nachtgewand — bei Mondeslicht." —

III.

Vorbei schon Mitternacht? 's ist Aufbruchszeit.
Anschicken all' mit letztem Scheidegruß
Die Gäste sich zu geh'n. Mit ihnen ich.
Sie sieht mich an mit ernstem, tiefem Blick.
Dicht schwirrt der Schwarm um sie zum Lebewohl.
In wunderlicher Laune greift sie selbst
Nach einer von den doppelarm'gen Leuchten,
Die, tief herabgebrannt, schon matter glüh'n.
Und diese Leuchte in der weißen Hand,
Giebt das Geleit sie uns hinaus zur Treppe.
Doch hier auch staut sich's wieder, schwirrt und schwatzt,
Und seltsam klingt's im bunt gemischten Schwarm
Von deutschem, fränk'schen, wälschen Laut zusammen.
Auch dies doch endet und es wogt die bunte,
Bewegte Schar die Treppe sacht hinab.
Der Säbel des beleibten Officiers
Klirrt auf den Stufen.   Unten angelangt,
Blickt Keiner mehr zurück. — Nicht doch! ein Einz'ger.
Zurückgeblieben als der Letzte bin ich,
Und einen letzten Blick send' ich zurück.
Sie steht noch oben auf der höchsten Stufe
Der Treppe — still — die Leuchte in der Hand —
Bestrahlt vom Kerzenschimmer und doch bleich.
Erst scheint sich ihrer Lippe Rand zu kräuseln
In leisem Trotz, indeß im schönen Aug'
Ein milder Strahl aufleuchtet . . . ist's ein Wink? —
Doch Trotz und Wink erlöschen, und ihr Antlitz
Ist wieder marmorstill und marmorbleich. —
Ein kurzer, letzter, allerletzter Blick! —
Dann wandt' ich mich zu geh'n.   Vom Meere her
Strich brausend der Südost, und brausend schlugen
Die Wogen den granit'nen Uferdamm.

Entlang den Meerstrand streif' ich ziellos hin,
Und trank in mich den Sturmeshauch der See.
Zur Rast gelagert dann auf Felsgeklipp,
Zog ich hervor das Kärtchen, las es wieder:
„Desdemona's Gesang — zur Harfe — weiß
Vom Nachtgewand umwallt — bei Mondeslicht." —
Ich sah empor zum Mond — er war verhüllt.
Nun ward es hell im Osten, und im Grau'n
Des Morgens zog ein Dampfer aus dem Hafen
Hinaus auf's hohe Meer.   Der Dampfer trug
Die Schöne mit dem Engelsangesicht,
Und mit der weichen, schwanenweißen Hand. —
Das helle Wölkchen Rauch's, das über'm Schlot
Des Fahrzeugs hinzog, flatterte, als wär's
Ein weißes Tuch, zum Lebewohl geschwungen.
Und ich erwiederte dies Lebewohl:
Mein Abschiedsgruß, bis an des Schiffes Bord
Hinzog er mit den Winden über's Meer.
Und in's Fahrwohl, das sich zwei Seelen boten
In diesem Augenblicke, mischte brausend
Die graue Fluth ein donnerndes: Auf ewig.

Aus der epischen Dichtung: „Homunculus".

Erster Gesang.

„Bravo!" sagte der Homunkel,
Als er fertig, und hernieder
Von der riesigen Retorte
Sprang er auf den Tisch des wackern,
Hoch- und tiefgelehrten Doktors
Und Magisters, welcher eben
Nach unsäglichem Bemühen
Mit den Mitteln der Chemie nur
Aus den ersten Elementen
Dargestellt und hergestellt ihn
Zum Triumph der Wissenschaft.

„Bravo, Doktorchen!" so rief er
Noch ein zweites Mal, indem er
Fröstelnd in ein Wämschen schlüpfte,
Welches schon für ihn bereit lag;
Und mit gnäd'ger Miene klopft' er
Auf die Achsel dem Erzeuger.

„So im Ganzen, und vom reinen
Chemisch-physiolog'schen Standpunkt
Aus betrachtet, ist, mein Lieber,
Was du schufst, ein respektables,
Lobenswürdiges Stück Arbeit.
Im Detail, da wäre freilich
Mancherlei davon zu sagen."
Also fortfuhr der Homunkel,
Ließ dann einige gelehrte,
Schätzenswerthe Winke fallen,
Sprach von Albumin sehr Vieles,

Von Fibrin, von Globulin auch,
Keratin, Mucin und And'rem,
Und von regelrechter Mischung,
Und belehrte seinen Schöpfer
Und Erzeuger gründlich, wie er's
Hätte besser machen können.
Musterte hierauf des Doktors
Hochgethürmten Bücherschragen,
Nahm ein Buch herab und streckte
Lesend sich in einen Lehnstuhl.

Mit Respekt still von der Seite
Sah der Doktor sein Geschöpf an,
Welches übrigens frappant ihm
Ähnelte: dieselben klugen,
Schlaffen, überwachten Züge,
Nur daß, runzlig, der Homunkel
Älter aussah als sein Vater,
Andrerseits jedoch ein Kind noch,
Oder, wenn man will, ein Zwerg war.

Allgemach begann zu kritteln
Und zu nergeln an dem Buche,
Welches er in Händen hatte,
Der Homunkel. Int'ressant war
Dies dem Doktor; er notirte
Die Bemerkung in's Notizbuch:
„Erste literar'sche Regung
Eines Menschleins — Recensiren."
Mittlerweil' kam so in Eifer

Der Homunkel und erging in
Glossen sich, so voll von Witz, so
Scharf, so beißend, so gepfeffert,
Daß ein Riesedrang den Doktor
Überfiel, der nicht zu stillen,
So daß dieser sich zurückzieh'n
Einen Augenblick und einsam
Lassen wollte den Erbosten,
Als der Kleine die Scharteke
Warf bei Seit', und, mit den Beinchen
Wie gelangweilt schlenkernd, gähnend,
Zu sich winkte den Erzeuger.
„Hör' doch, Väterchen!" begann er.
„Was beliebt?" frug Jener. „Sag' mir,"
Fuhr der Kleine fort, „wie kam dir
Denn so eigentlich der Einfall,
Mich, just mich zu fabriciren?
Warum hast du denn nicht lieber
Dich auf Alchemie geworfen?
Leute giebt es ja genug schon!
Besser hätte deine Mühen
Tir gelohnt ein gold'ner Klumpen.
(Apropos, wie steht das Agio?)
Gold, mein Lieber, das rentirt sich;
Alles And're ist Chimäre.
Bist ein Idealist, ein Schwärmer!
Mußt nun kleiden mich, ernähren!
Durst und Hunger schon verspür' ich!"

Braten ließ vom nächsten Garkoch
Und die beste Flasche Weines
Bringen unverweilt der Doktor,
Und die edle Gottesgabe
Stellt' er hin vor den Homunkel.
Der begann herumzustochern
Am Gebrat'nen und zu nippen
An des Weines duft'ger Labe;
Aber baß den Mund verziehend,
Grimassirend wie vor Leibschmerz,
Sich das Bäuchlein reibend, krümmte

Auf dem Stuhle sich das Männchen.
Roh, abscheulich fand den Trank er
Und das Essen unverdaulich,
Bat ein Dütchen Gummi, Schwefel,
Kasein, dazu ein Gläschen
Reinen Alkohols sich aus.

Als er d'ran gelabt sich leidlich,
Kam zurück er auf die Frage:
„Wie verfielst du d'rauf, mein Lieber,
Mich, just mich zu produciren?"

„Lieber, herrlicher Erzeugter!"
Gab zur Antwort der Gefragte;
„Ganz natürliches Ergebnis
Fortgeschritt'ner Wissenschaften
Bist du! Wissen, Freund, ist Können!
Dich zu machen, an der Zeit war's,
Wie es niemals noch gewesen,
Und wir thaten's, weil wir's konnten,
Weil wir wußten, weil wir glaubten,
Daß wir's könnten. Und so ward'st du!
In der Luft schon gleichsam lagst du!
Zeitgemäß und folgerichtig
Kamst du, wie im März das Veilchen,
Kamst du wie im Mai der Käfer,
Wie der Storch, der Wandervogel!"

„Danke für die Ehre!" sagte
Der Homunkel; „aber höre,
Was so eigentlich — wie sag' ich? —
Das Gemeingefühl, Bewußtsein
Dasein — das Leben anlangt,
Das du mir geschenkt, so weiß ich
Wirklich nicht, ob ich dir's danke.
Fühle mich — hol' mich der Geier —
Nicht recht wohl in dieser meiner
Haut, so fein sie auch gesponnen,
Und es plagt mich Langeweile." —

„Teufel!" rief entſetzt der Doktor,
„Glaube gar, du biſt blaſirt ſchon!" —
„Glaub' es auch!" verſetzte gähnend
Der Homunkel.
            Allgemach dann
Hub er an in weinerlichem
Tone über dieſes, jenes
Körperungemach zu klagen.
Und wenn theilnahmvoll der Doktor
Näher ihn befragte, rief er
Ächzend nur: „Ach meine Nerven!
Meine Nerven!" Wenn der Doktor
Seinen Puls befühlte, fand er
Selben fieb'riſch galoppirend,
Und im nächſten Augenblicke
Wieder ſchleichend gleich dem Schrittgang
Eines eigenſinn'gen Kleppers.
Über Wallungen, dann wieder
Über Blutarmuth auch ſeufzte
Der Homunkel; dem Erzenger
Warf er vor, zu wenig Eiſen
Sei gekommen in die Miſchung.
„Elend iſt auch die Verdauung,"
Rief er dann, „und Neuralgieen
Zwacken hier und zwacken dort mich.
Packe mir den Koffer ſchleunigſt;
Augenblicklich muß in's Bad ich!" —
Eingebildet nennt der Doktor
Seine Leiden, ihn beſchwicht'gend.
Der Homunkel trank: „Die Sache
Iſt, mein Lieber, daß ein bißchen
Arg du im Detail geſtümpert;
Und das muß ich jetzo büßen!"

Ärgerlich den Doktor machten
Dieſe Reden, und er ſagte:
„Nimmſt du ganz dein erſtes Bravo
Schon zurück als Übereilung
In ſo wachſend übler Laune?
Undankbar und unbeſcheiden

Biſt du, Junge! Mir verdankſt du
Dieſe Haut und dieſe Knochen,
Dies Gewebe, dies Geblüte,
Dieſen Odem, dieſe Sinne,
Dieſen Denkkraft; — mir verdankſt du's,
Wenn auf dieſem Erdenrund du
Deine ſiebzig, achtzig Jährchen
Völlig wie gebor'ne Menſchen
Leibſt und lebſt und liebſt und leideſt!"

„Achtzig Jährchen? wär' nicht übel!"
Gab zurück ihm der Erzeugte.
„Hab' es ſatt ſchon jetzt, das Leben!
Iſt's vielleicht ein Gut, dies Leben?
Weißt du nicht, daß Nichtſein beſſer?
Rechenſchaft von dir verlang' ich,
Wie, mit welchem Rechte du dich
Unterſtanden, mich zu ſchaffen,
Mich auf's Rad des Seins zu flechten,
Zu verdammen mich zum Elend,
Zu dem Hunger, zu dem Ekel,
Zu der Langeweil' des Daſeins?
Hab' ich dich darum gebeten?
Bateſt du mich um Erlaubniß?
Lag ich nicht im Schoß des Nichtſeins
Wonniglich? wie durfteſt du ſo
Mir nichts dir nichts aus dem beſten
Schlaf mich wecken und mich zwingen,
Mitzutrotten wider Willen
In dem langen, bettelhaften
Pilgerzug der Kreaturen?" —

„Ungemüthlich," rief der Doktor,
„Biſt du, biſt ein Hypochonder,
Biſt verbittert, biſt vergrämelt!
Schau die Welt dir an, die ſchöne!
Und genieße ſie!"
                Da lachte
Der Homunkel: „Anſchau'n ſoll ich
Dieſe Welt mir? Mit den Augen.

Welche du mir gabst, erscheint sie
Eine arge Pfuscherei mir
Wie ich selber! — Und genießen?
Ha! genießen! Mit den Sinnen,
Welche du mir gabst, befällt mich
Bei dem Wort Genießen fliegend
Eine Hitze: doch dazwischen
Gleich durchfröstelt der Verstand mir,
Welchen du mir gabst, die Seele
Scharf und eisig — und so werf' ich
Zwischen Gluth und Frost umher mich,
Halb erstickend, halb erstarrend!"

Bei den Worten fiel des Kleinen
Blick zufällig auf das Bildnis
Eines schönen Frauenzimmers,
Das im Rahmen an der Wand hing.
"Welch' ein Weib!" begann er, schmunzelnd;
"Welche Augen! welche Wangen!
Welche Lippen! welche Glieder!"
Konnte gar nicht satt sich sehen
An dem Bild, hub an zu strampeln
Mit den Beinchen vor Vergnügen.

Freudig merkend solch' korrekten
Fühlens Ausbruch, rief der Doktor:
"Liebe, Freundchen! lerne lieben!
Solches wird von übler Laune
Bald dich heilen! Will ein Weibchen
Dir erkiesen, dir vermählen,
Das dir bleibe schön verbunden
Immerdar in Lieb' und Treue!"

"Lieb' und Treue?" rief das Männlein,
Schlug ein helles Hohngelächter
Auf, daß das Gemach erbebte,
Und das Bildnis von der Wand fiel.
"Bist ein Idealist, ein Schwärmer!" —

Und so immer ärger greint' er,
Tobt' er — immer unbarmherz'ger
Hunzt' er aus den armen Doktor,
Schalt ihn Ignoranten, schalt ihn
Stümper, warf ihm insbesondre
Vor, er habe so viel Phosphor
Beigemischt den Elementen
Seines zarten Organismus,
Daß genug es für ein Pferd wär',
Und in Folge dessen glühe
Denkend, grübelnd, des Gehirnes
Masse wie ein Kohlenmeiler
Ihm beständig, ja, des hellen
Intellektes Flamme schlage
Schier ihm über'm Haupt zusammen,
Leucht' in jeden Kehrichtwinkel
Tiefer Welt hinein so grell ihm,
Daß ihm nichts schier übrig bleibe,
Als aus seiner Haut zu fahren,
Als des Teufels ganz zu werden.
"Dank?" so schloß die Rede grinsend
Der Ergrimmte; "Dank verlangst du
Dafür, daß du mich geschaffen?
Eine tücht'ge Tracht von Prügeln
Ist der Dank, den du verdientest!"

Rief's, und leiser dann zu wimmern
Fuhr er fort, sich zu beklagen
Über rasend-wilden Kopfschmerz.
Tiefbestürzt, mitleidig neigte
Sich der Doktor zu dem Kleinen,
Öffnete sodann den Wandschrank,
Arzenei daraus zu nehmen
Für den Kranken. Doch der Schrank barg
Eine exquisite Sammlung
Auch von Giften, die in Fläschchen
Mit gar zierlich-netter Aufschrift:
Wie "Arsenik," "Chantali"
Und so weiter, lang gereihet
Standen hier in schöner Ordnung.

Gierig haftet des Homunkels
Blick darauf; wie eine Katze
Lüstern leckt er sich die Lippe,
Und mit einem Griffe, blitzschnell,
Hat er eines Stücks Arsenik
Sich bemächtigt, will's verschlingen —
Mit genauer Noth entreißt es
Ihm der Doktor, sucht ihn schmeichelnd
Zu beschwicht'gen. Dann erwägend,
Was mit ihm sei zu beginnen,
Hält er es zuletzt für's beste.
Vor der Hand in tiefen Schlaf ihn
Zu versetzen durch Hypnose.
Und er blies ihm in den Nacken,
Sah ihm starr in's Aug', begann dann
Kunstgerecht die beiden Schläfe
Ihm zu streichen, ihm zu drücken,
Und nach wenigen Minuten,
Tief zurückgelehnt im Lehnstuhl,
Lag im Schlummer der Homunkel.

„Gott sei Dank!" sprach still für sich hin
Der geplagte chem'sche Vater,
Und ein Seufzer der Erleicht'rung
Rang sich los aus seinem Busen.
„Ich riskire, daß der Range
Mich noch ohrfeigt!" sprach er weiter
Bei sich selbst. „Ein Teufelsjunge!
Geistig ist er baß gerathen:
Nur was Kraftmaß, Säftemischung,
Konstitution des Leibes,
Was Gemüth, was Stimmung anlangt,
Nun, da hapert's. Sonderbar ist's,
Daß bei diesem ganz erweislich
Materiell erzeugten, chemisch
Konstruirten Lebewesen
Just das Leiblich-Materielle,
Das Natürliche verschrumpft ist,
Geist und Intellekt dagegen
Üppig sind in's Kraut geschossen.

Hätt' es umgekehrt erwartet!
Nicht zu leugnen: Deficite
Giebt es noch im Lebenshaushalt
Dieses jungen Organismus:
Doch er funktionirt — er lebt!
Schwächen hat er und Gebreste:
Doch der Kern — den Kopf zum Pfande
Setz' ich — dieser ist gelungen;
Und zu Großem war berufen,
Ist berufen dieses Menschlein!
Eine große Rolle spielen
Muß er, wird er in der Welt noch!
Aber so mit Haut und Haaren,
Wie er ist — unmöglich wär' es,
Daß er durchdringt! Nicht zu Grund' geh'n
Darf er, aber auch nicht bleiben
Wie er vorliegt! Warte, Männchen,
Werde dich beim Worte nehmen,
Dich ein bischen „besser machen!"
Überstürzt ward deine Bildung,
Ward „forcirt" — darin versah ich's —
Durch den Hitzegrad des Herdes,
Durch den Überfluß der Zufuhr.
Hätt' es machen sollen, wie es
Die Natur macht, die nie plötzlich,
Wie auf einen Ruck mit all' dem,
Was sie still bezweckt, herausplatzt,
Hier den Sporn braucht, dort den Hemm-
    schuh,
Und mit vielen Ritardando's
Im spiralen Schneckengange
Des Processes der Entwicklung
Was sie will, gemach vollendet.

Ja, mein Junge, deine Lehren
Nütz' ich — werfe dich noch einmal
In den Tiegel, reducire
Auf das erste, embryonale
Urprincip dich! Diesen ersten,
Rein materiell erzielten

Destillirten Lebensurstoff,
Welcher mir so schön gelungen, —
Herrlichster Triumph des Wissens! —
Diesen conservir' ich sorgsam:
Aber um den Keim zu besser
Individueller Bildung
Zu entwickeln, muß verfahren
Anders ich mit ihm ab ovo!
Komm, mein Bürschchen! sei nicht bange
Für dein Leben; denn dein punctum
Saliens, das ist geborgen!
Und im Wesen wirst du bleiben
Der du bist: zu deinem Vortheil
Umgeformt nur: präsentabler,
Hübscher, stattlicher, gediegner!" —

Also sprechend, warf der Doktor
Den entschlummerten Homunkel
Flugs zurück in die Retorte,
Reducirt' ihn auf das erste
Urprincip vitalen Daseins,
Wie er glücklich es erfunden,
Auf den embryonalen Zustand,
Auf ein rationell gemischtes,
Zartes Protoplasma-Klümpchen:
Und nachdem ihm dies gelungen
Mit unsäglichem Bemühen,
Sacht den Embryo verpflanzt' er
Auf geheimnisvolle Weise
In den Mutterleib der Gattin
Eines armen Dorfschulmeisters. —

Aus der Tragödie: „Panther und Wölfin".

––

Erster Akt.

Erste Scene.

Numidische Waldgegend. Zwei Jäger, mit Bogen bewaffnet, überschreiten die Bühne.

Erster Jäger (mit einem Blicke auf die dichtbelaubte Krone eines Baumes).
>   Halt da!

Zweiter Jäger.   Was ist's?

Erster Jäger.   Wildkatzenaugen funkeln
> Dahier durch's Laub — die hol' ich mir herunter!

(Er hat den Bogen gespannt, zielt, und will abdrücken. In diesem Augenblicke springt ein junges, halb-
wildes Mädchen, genannt die Pantherkatze, aus dem Geäst des Baumes herunter und auf die
Schützen los, mit einer Geberde, wie um ihnen die Augen auszukraken.)

Die Pantherkatze. Ei sieh da, ein paar Paviane! kommt nur!
> Mit Pavianen weiß ich umzugeh'n!
>> (Macht die Geberde des Krazens.)

Erster Jäger.   Die Pantherkatze! schau! — heckst du noch immer
> In Baumeswipfeln bei den Vogelnestern,
> Und säufst den Vögeln ihre Eier aus?
> Hör', Kätzlein, treib' es heute nicht zu arg,
> Und schweife nicht zu keck dahier umher.
> Wenn dir dein Leben lieb; denn heute, weißt du,
> Droht von Jugurtha's Pfeil und er'nem Spieß
> Tod und Verderben jedem Waldgethier!

(Das Mädchen antwortet mit einer Geste spöttischer Verachtung, und klettert einen steilen Abhang
hinauf. Die beiden Jäger ab.)

Zweite Scene.

Jugurtha (eine Lanze in der Hand, von einigen Jägern begleitet, rasch und erregt auftretend, den
Blick auf eine Stelle jenseits der Koulissen gerichtet).

> Dort! dort! im Dickicht! dreißig Schritte kaum!
> Er regt sich! Warte nur, dich such' ich längst.
> Du Hundesohn! Stehst du mir heut' einmal?

Hat jüngst mein Pfeil die Mähne dir gekraut,
Heut bohr' ich in den Rachen dir den Speer
Bis an's Gekröse!

(Er verschwindet mit den Begleitern, auf den Löwen losgehend, in der Koulisse.)

Die Pantherkatze (von der Höhe des Abhangs aus dem Jugurtha gespannt nachblickend).

Halt' ihm die Nase zu! das macht ihn stutzig,
Und wie ein Hündlein folgt er dir! — Ach Memme!
Er wagt es nicht! — Das Thier schleicht brummend seitwärts,
Und schnöd' verschleppt die Hetze sich im Busch. —
Inzwischen such' ich Heilkraut. Better Leu
Hat Krallen — schärfer als die meinigen —
Da giebt's ein rothes Tröpflein wohl zu stillen!

(Sie pflückt Kräuter am Abhang.)

Dritte Scene.

Ein Numidier und ein Römer treten auf.

Römer.   Sind sie so störrisch denn, so unverträglich,
Die Prinzen? Adherbal und Hiempsal,
Das sind doch Brüder, und die dürften sich
Wohl brüderlich vergleichen?

Numidier.   Aber Better
Jugurtha nicht, und wär' er auch ihr Bruder!
Und wären sie als Drillinge gezeugt,
Jugurtha hätte seine Drillingsbrüder
Gedrillt, gehänselt schon im Mutterleibe!

Römer.   Schwachköpfe wohl, die sich's gefallen lassen?

Numidier.   Adherbal nimmt, ich wette, kommt's zur Theilung,
Sich für sein Theil das andere Geschlecht!
Seit Jahren wandert er von Ort zu Ort,
Und graf't der Weiberschönheit Blüthenfluren
In ganz Numidien nach einander ab.
Der wohlbeleibte Hiempsal dagegen,
Der findet Fleischeslust nur am Geschmorten,
Und praßt und schlemmt den lieben langen Tag.
Und während Jener schöne Weiber jagt
Und dieser Fliegen fängt zum Zeitvertreib,
Ist hinter Löwen stets Jugurtha her,
Und liebt die Jagd im Wald nur und den Krieg,
Und haßt die Weiber, welche nicht ihm gleichen,
Und alle weichlichen Vergnügungen.
Schickt da sein Ohm Micipsa, welcher schon
Gefahr ersah für seine eignen Sprossen

Zu diesem Brudersohn, ihn nach Hispanien,
Zn's Lager Scipio's, damit er tollkühn,
Wie stets er war, umkomme; doch der Bursch
Kommt heil und stramm und kräftig ausgewachsen
Zurück und zieht ein Brieflein aus der Tasche
Vom Römerfeldherrn; darauf stand geschrieben:
„Ein prächt'ger Junge, Freund, ist dein Jugurtha!"
Das merkte sich der Alte, traute sich
Den Kopf im Stillen, und im Sterben sagt' er
Zu seinen Söhnen: „Theilt mit dem in Güte,
Sonst nimmt er sich das Ganze mit Gewalt!"

Römer. Ein Tollkopf also?

Numidier. Tollkopf, ja! doch auch
Ein Schlaukopf!

Römer. Wirklich?

Numidier. Traun! ein schlauer Tollkopf,
Und toller Schlaukopf — Afrikauerblut! —
Dazu wie Krösus reich!

Römer. Was?

Numidier. Reich wie Krösus!

Römer (lauernd). Wie kam er dazu?

Numidier. Ja, das ist die Frage!
Die Sage geht, vererbt von seiner Mutter
Sei ihm ein Stein von unermess'nem Werth,
Ein Talisman, d'ran sich ein Zauber knüpft,
Nebst vielen andern Schätzen und Kleinodien,
Genug, die halbe Welt dafür zu kaufen!

Römer (mit gespannter Aufmerksamkeit zuhörend; seine Züge drücken lebhafte Begier aus).
Kleinodien? Schätze? ei, und Talismane?
Das Edelstein- und Schätzesammeln war
Und ist wohl lange schon ein alter Brauch
Im Hause der Numiderkönige?

Numidier. Geizhälse waren Väter schon und Ahnen,
Und unermess'ne Mitgift bracht' in's Haus
Jugurtha's Mutter, die Karthagerin! —

Römer. Es wimmelt von Bewaffneten ja dicht
Hier in der Gegend? Denken denn die Prinzen
Stracks auf einander loszugeh'n? Im Dreieck
Einander gegenüber lagern sie!

Numidier. Und heut versuchen sie durch gütlichen
Vergleich das Dreieck sacht zum Kreis zu runden!

Römer. Hm! das Entscheidungswort spricht wohl das Schwert?

Numidier. Wohl möglich! — Oder der Senat zu Rom!

Römer.   Auch möglich! —

(Beide gehen im Geſpräch ab.)

Die Pantherkaße (welche die Unterredung belauſcht hat).

Wie gern in dieſes Römer-Wolfsgeſicht
Einſeßt' ich meine Klau'n! —

(In die Kouliſſe blickend.)

Nun endlich, endlich! —

Gemach mit ſeiner Beute kommt heran
Der Jäger, und mit abgebroch'nem Speer!

Vierte Scene.

Jugurtha (kehrt auf die Bühne zurück, den erlegten Löwen hinter ſich herſchleppend und hinwerfend).

Da lieg', du Nichtsnuß, Würger, Räuber, Schuft!
Du haſt mich lang genedt! nun ſind wir quitt!

Die Pantherkaße (vom Abhange herunterkommend).

Warum nicht hielteſt du ihm die Naſe zu?
Da wär' ihm ſtrads der Athem ausgegangen,
Und heil geblieben wär' dein Spieß! — Ihr Männer,
Ihr ſeid doch rechte Memmen! Nichts vermögt ihr,
Starrt nicht von Erz die Hand euch!

Jugurtha.   Siehe da,
Die Pantherkaße! Ei, was läufſt doch du
Mir immer in den Weg? nimm dich in Acht!
Es ſchleicht manch' brummiges Gethier hier um —
Schad' um dein weiches Fell!

Die Pantherkaße (ihm nachäffend). Nimm dich in Acht!
Es ſchleicht ein tüdiſches Gethier hier um,
Das ärger iſt als dieſer „Hundeſohn!"
Ein Sohn der Wölfin! — Und im Uebrigen
Iſt auch dein eignes Fell nicht gar ſo heil,
Daß um das meine du dich kümmern ſollteſt!

(Seine Hand ergreifend, welche ſie bei den leßten Worten in's Auge gefaßt hat.)

Was iſt das? Blut! Wohl einen Händedruck
Gewechſelt haſt du mit dem Hundeſohn?

Jugurtha.   Der Burſche trug die Nägel etwas lang!

Die Pantherkaße. Da droben fand ich juſt die ſchönſte Flechte,
Die Blut gerinnen macht und Wunden dörrt. —

(Sie trocknet ihm das Blut mit ihrem Aermel ab und ſchickt ſich an, die Flechte aufzulegen.)

Jugurtha.   Bleib' mit dem Tand vom Leib mir! heb' ihn auf,
Bis Einer Herz und Lunge mir zerkrallt! —
Was faſelſt du von einem Sohn der Wölfin?

Die Pantherkatze. Nun ja, ein Wicht in weißem Linnen schlich
Mit einem heim'schen Schwätzer hier umher:
Ein Wolfsgesicht, das sich unwissend stellte.
Ein röm'scher Schleicher war's, ein Späher, Spürer;
Und wundern soll's mich nicht, wenn er sich schließlich
Als wohlbestallter Kommissarius
Entpuppt, und drein das Römerwörtlein spricht.
Sobald ihr theilt Micipsa's Erbschaft, ihr
Numider-Königlein!

Jugurtha (vertraulich). Laß! wie mit dem da,
Werd' ich auch mit dem Sohn der Wölfin fertig,
Sammt seiner Mutter —

Die Pantherkatze. Freund, die Wölfin hat
Der Söhne viel — die werden mit dir fertig,
Sobald sie kommen!

Jugurtha. Oder ich mit ihnen,
Wenn ich zu ihnen komme!

Die Pantherkatze. Wie? zu ihnen?

Jugurtha. Nun ja! nach Rom!

Die Pantherkatze. Was? in der Wölfin Höhle
Willst du dich wagen?

Jugurtha. Wenn es sein muß, ja!

Die Pantherkatze. Willst doch nicht etwa gar dort in der Wolfsschlucht
Die jungen Wölflein würgen?

Jugurtha. Wie sich's trifft.

Die Pantherkatze. Ach geh' mir doch!
(Mit beißendem Spott und kariklrenden Geberden.)
Du, welcher aus Hispanien
Zurückgebracht so schöne Brieflein — du,
Der „prächt'ge Junge", der dem Römerherrn
So hundtreu die Fliegen weggewedelt —
Haha, du wolltest jetzt . . . ach geh' mir doch!

Jugurtha (vertraulich). Kind, wen ich nicht verderben kann als Feind,
Im offnen Kampfe, muß ich nicht mir ihn
Zum Freunde machen, um ihn zu verderben?

Die Pantherkatze. Ach geh' mir doch!

Jugurtha. Der Söhne allzuviel
Hat sie, die Wölfin . . . sagtest du nicht so?
Die kann ich nicht so einen um den andern
Abthun, wie hier den Löwen —

Die Pantherkatze. Geh' mir doch!

Jugurtha. Ich brauche Freunde — Freunde im Senat —

2*

Die Pantherkatze. Senat — hu, hu! da stell' ich, nimm's nicht übel,
Stets eine Bande mir von Schnauzen vor,
Aus welchen rothe Zungen lechzend hängen!
Ei, sag', wie sieht er aus, so ein Senater?

Jugurtha. Erhab'nes, würdevolles Angesicht!
Den Leib gehüllt in eine weiße Toga —
Mit breitem Purpursaum am unter'n Rand.

Die Pantherkatze. Was soll denn der bedeuten, dieser Saum?

Jugurtha. Der ist doch sehr natürlich!

Die Pantherkatze. Wie? natürlich?

Jugurtha. Nun ja — sie waten doch im Blut der Völker?

Die Pantherkatze. Da färbt sich ihr Gewandsaum roth — verstehe! —
Bei wem wirst du denn wohnen, sag', in Rom?

Jugurtha. Bei meinem Gastfreund Mummius.

Die Pantherkatze. Hat der
Ein schönes Weib?

Jugurtha. Ich glaube. Hört' einmal
In Spanien, irr' ich nicht, so was dergleichen.

Die Pantherkatze (nach einer Pause).
Auch ich beschloß nach Rom zu wandern.

Jugurtha. Närrchen! —
Allein?

Die Pantherkatze (ernst). Mit dir!

Jugurtha. Mit mir?

Die Pantherkatze (wie oben). Warum denn nicht?
Wenn And're zu Begleitern Hunde lieben,
Versuch's einmal mit einer Katze du!

(Sie blickt ihm in's Gesicht und mit plötzlich veränderter Miene streichelt sie ihm zutraulich die Wange.)

Jugurtha. Mit einem Schmeichelkätzchen? sammt'ne Pfötchen
Weißt du zu machen!

Die Pantherkatze. Und die Krallen drunter
Kennst du wohl auch — vom Hörensagen!

Jugurtha. Ja!
Giebt's Rosen ohne Dornen?

Die Pantherkatze. Eine wilde
Schon gar nicht! (zutraulich) Willst du, daß ich wem die Augen
Auskratze? bitte, sag' es nur, befiehl' nur!
Etwa dem röm'schen Kommissarius?

Jugurtha. Vorläufig nicht! — Mit deinen Krallen, Kind,
Ist's nicht gethan. Da braucht's noch And'res.

Die Pantherkatze (wieder ernst). Was denn?

Jugurtha (lacht und setzt sich auf den am Boden ausgestreckt liegenden todten Löwen).

> Setz' dich zu mir auf diese Löwenhaut!
> Ich will dir was erzählen.

Die Pantherkatze (sich neben ihn auf den Löwen setzend).

>   Ah, da sitzt
> Sich's weich!

Jugurtha.   Gewiß!

> (Er faßt sie um die Mitte.)
>
>   Auf einem todten Löwen
> Gelagert ein lebendig Märchen küssen,
> Ist angenehme Labung nach der Jagd!
> (Er will sie küssen.)

Die Pantherkatze (ihn abwehrend).

> Was? Küssen? Weichling! wolltest du mir nicht
> Etwas erzählen?

Jugurtha.   Ja, was wollt' ich sagen?

> Daß du die schnigste, geschmeidigste,
> Die prächtigste, die schönste Pantherkatze
> Von ganz Numidien bist!

Die Pantherkatze.   Du lügst! das wolltest du

> Nicht sagen, und das will ich jetzt nicht hören.

Jugurtha. Das willst du jetzt nicht hören? was denn sonst?

Die Pantherkatze. Das was du sagen wolltest! Reut dich's schon?

> Heraus damit! Was braucht es, daß einmal
> Wir auf der todten Wölfin sitzen können,
> Wie jetzt hier auf dem Löwen?

Jugurtha.   Was es braucht?

> Kind, deine Augen leuchten wie Karfunkel!
> Wie dieser da!
> (Er zieht einen glänzenden Stein an einer Schnur aus dem Busen.)
>   Schau' ihn dir einmal an!

Die Pantherkatze (ihn aufmerksam betrachtend und im Lichte spielen lassend).

> Wie weggestohlen aus des Bären Schweif
> Am Himmel! — Doch was soll's mit dem Gestein?

Jugurtha. Geduld, du sollst's erfahren! du allein!

Die Pantherkatze. Schön, ich allein! —

Jugurtha.   Bevor noch weggestorben

> Die Eltern mir und Ohm Micipsa mich
> Genommen in sein Haus, galt ich als toller,
> Verweg'ner Junge schon, im Lanzenwerfen,
> Im Wettlauf, wilder Rosse Bändigung
> Geschickt, den Spieß, den Bogen stets zur Hand.
> Es klirrte, schwirrte so den ganzen Tag

Von Erz, von Wehr und Waffen um mich her.
Gar wohl gefiel die Sache meinem Vater
Mastanabal: zugrinste Beifall mir
Der sieche Mann mit seinen weißen Zähnen.
Doch meine Mutter, die Karthagerin,
Die Enkelin des großen Hannibal,
Sprach lang kein Wort, verzog nicht eine Miene;
Doch einmal, schon verwittwet, als man höchlich
Just wieder pries mein junges Heldenthum,
Da faßte mich die hagre, rüstre Frau
Stumm an der Hand und zog mich mit sich fort.
In's abgelegenste Gelaß des Hauses.
Hier schloß sie eine Kammer vor mir auf,
Die niemals ich betreten. Und hinein
Da stieß sie mich. Geblendet stand ich, blinzelnd,
Als trät' ich plötzlich unter'n Sternenhimmel
Aus finst'rer Höhle; denn da funkelte,
Da glänzte, glitzerte, da blinkte, blitzte,
Da schimmerte, da flirrte, flimmerte
Mir's blank entgegen rings aus allen Winkeln
Von Schätzen — von Juwelen — doch zumeist
Von Gold — von Gold, von lichtem, gelbem Gold!
Und als ich gaffend stand vor so viel Glanz,
In so viel Reichthum Aug' und Sinn berauschte,
In so viel Schimmer schwelgte, da begann
Zu reden so die Mutter: „Sohn, du bist
Ein junger Held des Eisens — das ist löblich!
Doch and're Schächte gilt's nun aufzuthun.
Denn Heldenthum ist Eins, Herrschaft ein And'res.
Aus Eisen schmiedet man die Schwerter, dann,
Doch Kronen aus dem Gold! —
Gut ist das Eisen — besser ist das Gold!
Gold übertrifft das Erz, gleichwie die Sonne
Den fahlen Mond am Himmel übertrifft!
Des Wassers Glanz hat Eisen, Gold des Feuers!
Das Eisen macht den Menschen kalt, indeß
Das Gold sein Blut erhitzt, es durch die Adern
Als Glutstrom jagt in wilder Lebensgier!
Drum ist des Goldes Meister nicht, der's nimmt,
Nein, der es spendet! Gold, das ist der wahre
Magnet der Seelen, der sie an sich reißt
Und sie als Sklaven hinter sich her schleppt.
Des Goldes Wehr — sie ist in Gift getaucht!
Und dieses Giftes erste Wirkung ist

Ein Durst — ein fieberhafter Durst nach mehr —
Nach mehr des Goldes! So vergiftet lechzt
Der Welteroberer, der Völkermörder,
Der Römer: und des Goldes Herr ist Herr
Der sieben Hügel dort am Tiberstrom! —

Die Nacht, bevor ich dich gebar, mein Sohn,
Da sah ich einen weißen Europäer
In dunkler Eisenwehr: ihm gegenüber
Ein dunkler Libyer stand, mit lichtem Golde
Bewaffnet — und das Eisen wich dem Gold! —
Der braune Libyer bist du, mein Sohn!
Du selbst sei ehern, — golden deine Wehr!"

Und weiter sprach sie: „Dein bald ist dies Alles!
Doch nicht mein Segen ruht, mein Fluch darauf,
Wenn du's genießen willst, statt es zu brauchen! —
Und dies Gestein (so fuhr sie fort und zog
Aus ihrer Brust den glänzenden Karfunkel)
Den Stein hier, der all' dieses Goldes Werth
In sich vereint, all' dieses Goldes Licht
Hat ohne seine Schwere, seine Last —
So lang dies Kleinod du dein eigen nennst,
Und hätt'st du all' das Andre hingegeben,
So lange bist du unermeßlich reich!
Von den durch seinen bloßen Anblick schon
Verblendeten, Bethörten, flugs erreichen
Wirst du was immer du begehrst; erretten
Wird er aus jeder Fährde dich — erringen
Dir jeglichen Triumphes Anwartschaft! —

Karthago sendet, das von Römerhand
Verwüstete, dies Erbe dir, mein Sohn!
Den Stein — mein Ahnherr Hannibal besaß ihn;
Doch hoch genug nicht hielt er ihn; er glaubte
Nur an das Eisen — das war sein Verderben.
Karthago fiel; dies sind die letzten Reste
Der einst'gen Macht, dies ist der Rache Saat,
Dies ist der Giftzahn der erschlag'nen Viper,
Dran sich der Sieger spät noch tödlich ritzt!" —

So sprach an jenem Tag die Rachegöttin
Des Libyerstrand's, die düst're, meine Mutter.
Und wenig Monde später ging sie hin,
Wohin Mastanabal vorausgegangen.
In treuer Diener Obhut blieb der Hort,
Gesichert vor Micipsa's Neid und Habgier,

Der mich umsonst nun zog an seinen Herd,
Umsonst zum Kampf mich nach Hispanien sandte,
Umsonst den Jüngling hoffte zu beerben!
Ich bin's, der ihn beerbt!

(Er bleibt vor dem Mädchen stehen, ihm in's Gesicht blickend, nachdem er früher im Laufe der Erzählung erregt von seinem Sitze sich erhoben, das Mädchen aber, auf dem Köber sitzen bleibend, ihm mit gespannter Aufmerksamkeit zugehört hat.)

Was ist dir denn?
Du glüh'st ja ganz — dein Auge flammt! Sympathisch
Erglühst du, trotzig wildes Walkeskind!
Ist dir's genug, was eben du gehört?
Glaubst du an mich — an meines Goldes Macht?

Die Pantherkatze (sich erhebend und ihm entgegentretend).

Ich glaub' an dich — an deines Goldes Macht
Doch fester noch — an meine Pantherklau'n!

Jugurtha. Wie meinst du das? was soll's mit deinen Klau'n?

Die Pantherkatze. Zu Leibe geh'n will ich damit der Wölfin,
Wenn sie ihr Wolfsgesicht etwa — für dich —
Vermummt in eines schönen Weibes Larve!

Gedichte

von

**Franz Grillparzer, Friedrich Halm
und Anastasius Grün.**

Franz Grillparzer.

Die Verlobten.

(1820.)

„Lösche die Lampe!
Der Mond durchblickt
Das Gewebe des Vorhangs.
Wohin winket sein Strahl?
Siehst du den gütigen Blick,
Mädchen?! Er lächelt uns an
Von des Bettes schimmernder Decke!
Zu dem lieblichsten Traum
Ladet uns das lieblichste Licht!

„Könnt'st du enteilen,
Entschweben dem Arme
Des liebenden Jünglings?!
Hier im Strahle des Monds
Lebe den lieblichsten Traum!
Schau in den friedlichen Osten —
Wie blonde Locken umfließet
Sein Gesicht spielend
Das dünne Gewölk!
Löse die Locken auch du,
Was soll der Schleier des Busens,
Unter dem Schleier noch
Dieses gefährliche Netz?!"

„Laß mich sprechen . . ."

„Du weißt, ich liebe . . ."

„Laß mich, Geliebter!
Zürnend sieht uns der Mond,
Glühte die Fackel uns nicht!"

„Wenn er uns wieder erscheint
So hat sie geglüht! O Mädchen,
Wende die Lippe nicht weg
Mit dem balsamischen Kuß!
Schon löste der Busen die Bande!
Zögert der glühende Mund?
Schon küß' ich das klopfende Herz!"

„Nimm hinweg den Mund,
Geliebter, und laß mich!
Willst du erbleichen mich seh'n,
Wenn uns die Fackel bestrahlt?"

„O du erbleichest mir nicht!
Dich röthet die heimliche Stunde,
Mein jungfräuliches Weib,
Führ' ich zur Hütte dich ein!"

An Kathi Fröhlich.

(1817.)

Was brummt mein Röschen Sorgenlos
Mit putzigen Geberden:
„Ich bin schon wie die Mutter groß
Und muß noch größer werden!"

Du kleiner Singevogel du,
Du Strählchen Frühlingsmorgen,
Was störst du deine Herzensruh'
Mit Schrullen und mit Sorgen?

Der Blitz! — es hat der Stundenlauf
Das Knöspchen just erschlossen:
Die Sinne geh'n wie Blätter auf,
Die eitlen Wünsche sprossen.

Da geht ein mächtig Drängen los,
Ein endlos Verlangen;
Das dehnt sich groß und sehnt sich groß
Im ersten Maienprangen.

Nicht thöricht in der Freude bloß,
Auch thöricht in Beschwerden:
„Ich bin schon wie die Mutter groß
Und muß noch größer werden!"

Die Mutter ist bescheiden klein
Und rückt schon an die Vierzig;
Sie schuf — und war bescheiden sein —
Ein Schätzchen, hold und würzig.

Ein Schätzchen, wie kein Edelstein!
— Möcht's keinem Kaiser gönnen! —
Wie Rosengluth und Kronenschein!
Das wirst du nimmer können!

Doch will dein Sinn die stolze Sucht
Denn keineswegs bezähmen,
Und soll einmal der Kelch die Frucht,
Der Zweig den Stamm beschämen:

So fleh' auch ich zum Himmel heiß
Für dich um Thau und Regen!
Gedeih', du holdes Frühlingsreis,
Im holden Gottessegen!

Gedeih', wie Tannen auf der Haid',
Nicht kleiner um ein Härchen,
Gedeihe, wie die Riesenmaid
Im alten deutschen Märchen!

Und prangst du in der Riesenzier,
Ich prang' in meiner Kürze!
Ich klett're gut und fliege dir
Als Spielzeug in die Schürze!

Und wüchsest du auch wolkenhoch,
Und schrumpft' ich ein zum Zwerge
Ich küßte dir die Lippen doch
Und schwänge mich zu Berge!

Und stiegst du an die Sternenflur
Mit deinem eitlen Drange,
Und trügst du mich im Herzen nur
So käm' auch ich zu Range.

Du hast mein Herz mir ausgefüllt,
Du fülltest mir die Seele;
Ich halt' dein kleines Engelbild
Wie eine Kronjuwele.

Doch weil das Wachsen dir gefällt,
Ich will dich wachsen lassen,
Mein Herz hat Raum, wohl eine Welt
Von Riesinnen zu fassen!

Du bist schon wie die Mutter groß
Und zählst kaum fünfzehn Lenze —
Gedeih', mein Röschen Sorgenlos,
Gedeihe ohne Grenze!

18. August 1830*).
An die Erzherzogin Sophie.

Du, eines guten Mannes gute Tochter,
Und eines frommen Kaisers Schwiegerkind,
So windest du dich jammernd um Erbarmen,
Und bebt dein Leib von ahnungsvollem Weh'?!

Sind das denn nicht die Hallen der Cäsaren,
Der Polstern eines sturmbedrängten Volks,
Von wo aus donnernd die Geschicke fahren,
Die blind erwartend hinnimmt eine Welt?
Und fand der Schmerz in diese Herrschermauern,
In diese Herrscherglieder einen Weg?
Und leicht hingleitend ob des Fröhners Weibe,
Tritt er dich an und ruft: Sei Mensch und leide!

So widerspricht sich also sehr der Himmel?!
Und die er ausnimmt vom gemeinen Los,
Daß sie nicht irren oder doch nicht fehlen,
Und wenn auch fehlen, nimmer sich vergeh'n,
Und wenn vergeh'n, sie selbst kein Tadel richtet,
Bis einst, gleich Pairs, als Gleicher über Gleiche,
Nur Ein Geschwor'ner sie verdammet: Gott! — —
O widerspricht sich also sehr der Himmel,
Daß, ob von Ewigkeit und Gottes Gnaden
Erkoren, recht zu thun und recht zu haben,
Sie doch der Menschheit Los, das Irren, Leiden,
Nur halb verschont mit seiner Flüche beiden,
Und sie, befreit von Rechenschaft und Wahl,
Der Dränger Schmerz heimsucht mit seiner Qual?!

O schwach und falsch! Fürwahr ein fest'res Merkmal
That noth! Um zu beglaubigen der Welt
Die auserkor'nen Leiter des Geschicks,
Müßt' ein verklärter Leib, im Mark der Kraft,
Umkleiden, wie ein Purpur, ihr Vermögen!

---

*) Der Geburtstag des Kaisers Franz Josef I. Das Gedicht trägt neben diesem Datum seiner Entstehung im Original-Manuskript die Aufschrift: „Phantasie, geschrieben am Morgen der Niederkunft der Erzherzogin Sophie." T. H.

Zu langen Doppelnächten stark erzeugt
Und freudig an das Licht der Welt geboren,
Wär' eines Oeta Brand, ein Donnerkeil,
Die einz'ge Rückkehr aufwärts zu den Ahnen!
Du, arme Mutter neu'rer Göttersöhne,
Liegst ächzend da mit wildzerfleischtem Leibe,
Fühlst dich, halb sterbend, gleich des Bettlers Weibe!

Und dieses Kind, das deinem Schoß entsprießet,
Wird es nicht wimmern und nach Nahrung weinen?
Nicht spielen? — und du wirst sein Fehl bestrafen!
Selbst zu dem Ziel der Mündigkeit gelangt,
Wird es im Unrecht sein, so oft es Andres
Ersinnt und will, als sein gekrönter Vater!
Erst an der Gruft einst dessen, der ihn zeugte,
Senkt Weisheit sich mit einmal auf sein Haupt
Und er prägt aus die Meinung seiner Zeit,
Alleinig echt, nach selbstgeformtem Stempel,
Bis ihn der Tod, bis lebend ihn das Schicksal
Durch eines glücklichen Erob'rers Hand,
Durch eig'nen Volkes Zorn — was Gott verhüte! —
Von der ererbten Krone feindlich trennt,
Und seine Weisheit scheidet mit dem Thron!

O glaube nicht, du schmerzbelad'ne Frau,
Du gute Tochter eines guten Vaters,
Daß nied'rer Spott in diesen Zeilen lebt.
Ich liebe dich, wie ich die Menschen liebe,
Und achte dich, weil du ein Mensch und gut.
Nein, Mitleid war's, was mir das Herz bewegte,
Als, einsam sinnend, mir dein Bild genaht.
Denn, ach, sie sagen, daß seit dreien Nächten
Du ängstlich harrst der Stunde der Geburt,
Es nicht vermagst und ängstlich ab dich quälst.
Da fiel's mich an mit grimmigem Erbarmen,
Daß du die Magd des Elends, wie die And'ren,
Daß all' die Lügen einer Schmeichlerwelt
Nicht einen Grau ersparen dir des Weh's,
Das dich verknüpft den schwachen Erdentöchtern.
Ich sah dich liegen, ringend mit dem Tod,
Und jetzt vielleicht — in diesem Nu —

Doch horch!
Ist das Geschütz nicht, donnernd von den Wällen?
Noch einmal — zwei — und drei — und zehn —

Und zwanzig!
Dies ist das Zeichen, das so lang ersehnte!

Ein Sohn ist dir geboren, junge Frau,
Und diesem Land ein Herr, vielleicht ein Vater!
Heil dir und ihm, dem Erben eines Throns!
Lang mög' er herrschen, uns und dir zur Lust!
Als Fürst sei er der Erste unter Gleichen,
Als Herzog zieh' er her vor seinem Volk,
Und zieh' als Herzog jeden Titel nach,
Mit dem ein Volk je seine Hoffnung grüßte —
Nur den von Reichstadt nicht und von Bordeaux. —

An die Berliner.

(1843.)

Macht nur nicht so ernste Gesichter,
Am End' ist ja viel doch nur Spaß,
Ihr seid nicht Geschwor'ne, noch Richter,
Und wär's auch, was hindert uns das?

Seht nur eure Nachbarn: den Franken,
Den Briten, das wandelnde Faß.
Sie richten und streiten und zanken,
Drauf heben sie lustig das Glas.

Wir wissen, ihr seid Philosophen.
Sucht Wahrheit, als gält's Blindekuh,
Doch fragen wir, was ihr getroffen,
Nimmt kaum die Bewunderung zu.

Des Jenseits Maß wär' die Hierzeit?
Euch selber macht ihr zum Gott,
Doch ist er nicht klüger, als ihr seid,
Dünkt uns der Allweise nur Spott.

Auch habt ihr die Freunde geschlagen;
Das thaten wohl And're vor euch:
Der Franke in stürmischen Tagen,
Der Spanier — wen nenn' ich nur gleich?

Es stalen da Manche dahinter,
Manch' Helfer stand Mann da für Mann,
Der hitzigste war wohl der Winter,
Der schlug, als noch stark der Tyrann.

Euch schmückt ein deutsches Bewußtsein,
Als eins, nicht fältig, nur Ein-,
Wie sollt auch nicht einig die Brust sein,
Da eins der Zoll im Verein?!

Nur, streitet ihr noch um den Glauben,
Fehlt zu Treu' und Glauben die Treu',
Auch wißt ihr, hält Mancher nur Tauben,
Um and're zu fangen dabei.

Auch seid ihr frei. — Nicht in Worten —
Geschrieb'ne bewacht die Censur —
In Thaten? Noch minder als dorten!
Wie treff' ich die Sache doch nur?

Nun denn: Ihr seid frei mit dem Manle
Nun hab' ich den rechten Pfiff.
Wir sitzen auf Hegel'schem Gaule!
Ihr seid denn frei: im Begriff!

Und da der Begriff auch das Wahre,
Seid frei ihr in Wirklichkeit,
Man spart so Thaten und Jahre,
Ist frei außer Raum und Zeit.

Und so nun mitten im Rechten,
Ziemt Alles euch groß und neu,
Laßt Schiller und Goethe den Knechten,
Für euch sind Dichter, die frei!

Sie machen Krieg den Tyrannen,
Und rufen Erhebung euch zu,
Ihr leert einstimmig die Kannen
Und legt um halb Elf euch zur Ruh'.

Statt länger mit Griechen zu prahlen
Und and'rem veralteten Schnak,
Von Gothen entstammt und Vandalen,
Sei euch auch der Väter Geschmack!

Die Niße- und Amelungen
Und Gunther und Gudrun, oder was?
Ist's auch etwas knarrend gesungen —
Ein Teutscher! und fragt noch nur das?

So viel für die Form. Um die Sache
Braucht ihr zu suchen nicht weit,
Der Stoff eurer holprichten Mache
Sei eben die Wirklichkeit.

Die Helden, die Ruhm sich erworben
Nur gestern in eurer Näh',
Die für die Freiheit gestorben
Heißt das: in effigie; —

Was sonst noch des Fortschritts Bürgschaft
Zolleinung und Eisenbahn,
Zwei Kammern, Drei-Felder-Wirthschaft,
Beut sich zum Besingen euch an;

Das Dasein in all seiner Blöße,
Was sonst als Prosa sich gab,
Klatscht dichtend die eigene Größe
Auf graues Löschpapier ab.

Und so vermengend die Richtung,
Sei, Alles in Eines gepackt.
Ein Daguerreotyp eure Dichtung:
So ähnlich, als abgeschmackt!

1844.

Es geht ein Königssohn im kalten Norden,
Dem man des Lebens Urquell dort erschlug;
Den Thron besitzen, die den Vater morden
Die Mutter theilt des Mörders Lng und
Trug.

Es muß Hyperion dem Satyr weichen.
Der Lumpenkönig ist zu schabenklug.

In all' den angestammten weiten Reichen
Kaum noch ein Ort, der zum Asyl genug.

Und Rosenberg und Güldenstern, Ger-
vinus —
Polonius wollt' ich sagen, wie ich muß —
Sie spreiten aus ihr langgedehntes Minus
Die Zunge, steilrecht, bildet es zum Plus.

Auch an Ophelien wird es nimmer
fehlen,
Das Herz, zumal bei Weibern, hat nicht
Rast,
Im Sturme wie der Schiffe, so der
Seelen,
Mehrt selbst die reichste Ladung nur die
Last.

Da mahnt denn alle Welt zum Wirken,
Handeln;
Allein der Hebel braucht doch Ort und
Statt,
Der stärkste Sinn muß sich in Mißmuth
wandeln,
Fehlt erst der Raum zum Anlauf und
zur That.

1855.

Trost und Nacht, wohin ich richte
Meine besten Lichtgedanken!
Wie ich sinne, wie ich dichte,
Nicht die Mitwelt will mir's danken.

Hab' mein Bestes ihr gegeben,
Zwar nicht reichlich, stets doch Reines,
Reinsten Theil von meinem Leben,
Wohl nicht Schmuck voll falschen Scheines.

Doch ihr habt mich dann vergessen
Und vergessen eure Würde:
Und — wenn nicht mein Wort vermessen —
Ward mein Geist euch eine Bürde.

Sei's! ich opf're meinen Göttern,
Opfert ihr — wie lang? — den Götzen!
Zukunft wird mit andern Lettern
Euch nur mir das Urtheil setzen!

Zwar, wenn todt einst, werd' ich leben,
Und ihr flechtet mir noch Kränze,
Denkt ihr auch nicht schmerzlich eben
Meiner trüben Lebenslenze.

Doch was klag' ich? — wo im Innern
Heil'ge Stimmen stets erklangen!
Ist's doch — zwar kein Trost-Erinnern! —
Manchem Bessern so ergangen!

Epigramme.

Oesterreichische Politik.
(1859.)

I.

Mit wem soll verbinden sich der Hase?
Der Fuchs schleicht ihm nach im Grase,
Der Bauer im Kornfeld legt ihm Schlingen,
Von oben rauschen des Geiers Schwingen,
Und macht er sich endlich auf die Füße,
Treffen ihn des Jägers Schüsse!

II.

Der Minister des Äußern
Darf sich nicht äußern,
Der Minister des Innern
Kann sich nicht erinnern,
Der Minister des Krieges
Ist nicht der des Sieges,
Nach dem Minister der Finanzen
Muß Alles tanzen.

Den Siegern von 1866.

„Ich jage!" — „Du jagst!" — „Er
jagt!" —
Geb't Acht! Ihr werdet gejagt!

Im Bureau.
(März 1855.)

Hier sitz' ich unter Fascikeln dicht,
Ihr glaub't: verdrossen und einsam!
Und doch vielleicht (das glaubt ihr nicht!)
Mit den ewigen Göttern gemeinsam!

Wir Deutschen!

Der Deutsche allzuhöchst in Kunst und
Wissen stellt,
Hier, was er nicht versteht, dort, was
ihm nicht gefällt.

Die Frauen.

Des Menschen urerstem, tiefinnerstem
Sein
Bleibt treu nur die Frau auf die Länge,
Sie wirkt, was sie wirkt, durch sich selbst
und allein,
Wir Andern gehorchen der Menge.

„Humanität!"

Sonst war das Gericht, gerecht und klar,
Des Frevels weltlicher Rächer —
Doch heut' zu Tage verlangt ihr gar
Noch Achtung vor dem Verbrecher!

Moderne Medicin.

Seid ihr so eifrig im Studiren
Muß meine Hoffnung auf Genesung
scheitern,
Ihr wollt nicht eure Kranken kuriren,
Nur eure Wissenschaft erweitern.

Zur Auslegung.

Tadelt nicht der Gläub'gen Meinung,
Die getrost nach Mekka reisen,
Denn was lebt, wirkt nur natürlich,
Wunder wirkt das Grab des Weisen.

Maxime.

Ich hab' es tausendmal gesagt:
Wer nicht fühlt, kann nicht dichten,
Ob nur das Wort, ob die Seele
gesagt,
Wird erst die Nachwelt richten!

Die Norddeutschen.

I.

Die draußen im Norden, vielleicht ist's
wahr,
Die wissen doch Alles besser,
Handhaben sie's doch sicher und klar,
Nur fehlt vielleicht das Messer.

II.

Sie haben mich nie verstanden
Und verstehen mich jetzt noch nicht;
Es giebt in norddeutschen Landen
Viel Dichter, doch kein Gedicht.

Richard Wagner.

I.

„Was denken Sie," fragt mich der Meister,
„Von meiner Zukunfts-Musik?"
Antwort:
Nun, kämen wie Mozart noch Geister
Das wäre der Zukunft Musik!

II.

„Den wortgewordenen Geistesblick
Zu sättigen mit gleichem Tone —
Das ist die Zukunft der wahren Musik,
Ist aller Künste Krone!"

Antwort:

Könnt' Einer den „Lear" vertonen
Aus Shakespeare's Geiste heraus:
Ein Strahl zugleich von zwei Sonnen —
Das hielte kein Sterblicher aus.

Heinrich Laube.

I.

Kein böser Mensch, wie ich glaube,
Obwohl ihn die Welt so verschreit,
's ist eben der grimme — Hagen,
Anmaßend wohl, doch gescheit!

II.

Schon todt — wieder lebend geworden
Durch dich, mein tollkühner Sohn!
Nimm also den Grillparzer-Orden,
Sonst hast du gar nichts davon.

Modernes Schauspiel.

Das Theater wird bestehen,
Ob Geschlechter auch vergehen;
Nicht die Geister sterben aus,
Leer doch steht der Geister Haus,
Denn — Komödie ohne Ruhm
Spielt mit sich das Publikum!

Offenbach.

In Gold und göttlichen Ehren
Ward Offenbach heute der Preis;
Wer kann's der Welt auch verwehren,
Daß sie so blöd? — nun, so sei's!

Das Kraftdrama.

Unsere Dichter hassen das Gemüthlich-
Schwache,
Das „Starke-Große" nur heißt ihre
Puppe;
Sie wollen die Deutschen zu Spartanern
machen
Und kochen daher beständig „schwarze
Suppe".

An einen Dramatiker.

Das Handwerk hast du verstanden —
Ob aber die Poesie?!
Das gilt in deutschen Landen
Heut' mehr wohl noch, als die!

M. G. Saphir.

Was Wunder auch, daß er hier gilt?!
Er galt
Ja auch in andern Ländern und Pro-
vinzen,
Allein den Lohn, womit man ihn bezahlt,
Schlug man in andern, andern Münzen!

Friedrich Halm.

- - -

Verlieren.

Es ist ein mühsam trauriges Verlieren
Wenn uns're Triebe Stück für Stück,
Wenn uns're Freuden Glück für Glück,
Verlodern und erstarren und erfrieren.

O setzt mit mir auf Einen Wurf das Leben,
Auf Eine Seele setzt es ein,
An Eines Sternes lichten Schein
Knüpft euer Hoffen, bindet euer Streben.

Verglimmt er, so sei Alles mitverglommen
Seid Bettler oder überreich
Mit Einem Schlag, auf Einen Streich,
Und seht nicht langsam euer Glück verkommen!

→✜← - -

Erinnerung an Enk.
1843.

Es rauscht die rasche Mürz zu meinen Füßen
Aufblitzend in der Sonne letztem Strahl,
Und Abendglocken sanft verhallend grüßen
Mit Friedensklängen Berg und Feld und Thal.

Noch glühen purpurn dort die Höhengipfel,
Doch Nebel qualmt schon aus des Thales Kluft,
Und klagend durch der Erlen schwanke Wipfel
Weht fröstelnd feucht der Hauch der Abendluft.

Längst starben schon der Böglein muntre Lieder,
  Der letzten Wand'rer müder Schritt verhallt,
Und graue Dämm'rung senkt sich schweigend nieder
  Und lauter rauscht der Strom und braust der Wald.

Mir aber, zweifelwund und gramumdüstert,
  Mir hat weitab die Seele sich gewandt,
Und flattert, wo die Donauwelle flüstert,
  Um einen Friedhof fern und unbekannt.

Und unter Gräbern sucht sie nach der Stelle
  Die Vielen viel, am meisten ihr entriß.
Nach seinem Grab, nach jener engen Zelle,
  In die zu früh sein Wahn hinab ihn stieß.

Ich seh's vor mir! Von Rasen aufgeschichtet,
  Den, wie sein Leben, kaum ein Blümchen schmückt,
Ein starrer Stein, zu Häupten aufgerichtet,
  Schwer, wie das Schicksal, das sein Herz zerdrückt.

Ich seh's vor mir! O könnt' ich niedersinken
  Auf seinen Rasen und mit durst'gem Mund
Den Abendthau von seinen Halmen trinken
  Und küssen den geweihten, heil'gen Grund!

O könnt' ich's, könnt' ich weinend ihn umklammern,
  Den Hügel, der den Schlummernden bedeckt,
Bis wieder, tief in seines Grabes Kammern,
  Mein Schrei hinabgedrungen, ihn erweckt.

Bis ihn mein Schmerz aus lichtem Strahlenlande
  In diese dunkle Welt zurückgebannt,
Und von sich schüttelnd seines Schlummers Bande
  Sein sel'ger Geist des Freundes Ruf erkannt.

Und wenn ein fahles Mondlicht rings entglommen
  Und Mitternacht vom Dorf herüberschallt,
Dann stiege bleich, von Nebelduft umschwommen,
  Vor mir empor des Freundes Lichtgestalt.

Und seine milden, treuen Blicke kehrten
  Wie sonst sich, forschend mir in's tiefste Herz,
Und eh' ihn Worte zögernd ihm erklärten,
  Begriff' er meiner Seele dumpfen Schmerz.

Er säh' in mir mit Zweifel Glauben ringen,
    Er sähe, was die Zukunft mir verklärt,
Woran die Träume meiner Jugend hingen —
    In graue Dämmrung schreckend mir verkehrt.

Er säh', es schleich' ein tödliches Ermatten
    Durch alle Fibern meiner Seele hin,
Und Namen nur und wesenlose Schatten
    Erschienen Recht und Fortschritt meinem Sinn.

Er säh', erkrankt im tiefsten Mark des Lebens
    Und irr an sich, an Menschen, Gott und Welt,
Die Seele, die im Drange heitren Strebens
    Den Sternen nah sich sonst ihr Ziel gestellt — —

An Lilli.

I.

Vom frischen Frühlingshauch umrauscht
Wie oft hab' Wache ich gehalten
Beim Rosenstrauch, und still gelauscht
Wie seine Blüthen sich entfalten.

Wie allgemach die Knospe schwillt,
Bis endlich hell in Purpurstrahlen
Die Rose königlich entquillt
Des grauen Ei's geborst'nen Schalen.

Wie oft nicht stand ich stundenlang
Und sah und konnt' den Blick nicht wenden,
Wie still gehorchend Inner'm Drang
Zu Blumen Keime sich vollenden.

Und so vor dir auch steh' ich still,
Du Franenknospe, kleine, zarte,
Und harre, was da werden will,
Wie sonst beim Rosenstrauch ich harrte.

Noch schließt dich grüne Kindheit ein,
Ich ahn' dich nur in ihrer Hülle
Und kaum mehr werd' ich Zeuge sein,
Daß du erblühst in reifer Fülle.

Und dennoch steh' ich stundenlang
Und steh' und kann den Blick nicht wenden,
Wie still gehorchend Inner'm Drang
Zu Frauen Kinder sich vollenden.

II.

„Nein nicht!" „Nein nicht!" Zu schnei-
            dend scharf und klar
Verneint dein frischer Mund, du süße
            Kleine,
Denn daß nur ja dein Nein als Nein
            erscheine,
Verdoppelst die Verneinung du sogar.

Mit Unrecht, Kind! Nicht wohl thut
  Leidenschaft,
Zu leuchtend grell die Farben aufzutragen,
Denn alles Übermaß pflegt umzuschlagen
Und über's Ziel hinaus fährt blinde Kraft.

Und so auch hier! Du willst recht un-
  verzagt,
Bestimmt und fest uns künden deine
  Meinung
Und so verdoppelst leck du die Verneinung:
Du sagst: „Nein nicht!" und du hast:
  „Ja!" gesagt.

Und künden gleich, daß du vielmehr
  verneint,
Der trotzig leck zurückgeworf'ne Nacken,
Des Auges Blitz, die Röthe deiner
  Backen —
Dein Wort verleugnet, was dein Herz
  gemeint.

So fängt sich Leidenschaft im eig'nen Netz,
Sie thut zu viel und überschlägt sich eben,
Denn jeden Fehltritt rächt an uns das
  Leben,
Wär's auch nur ein beleidigt Sprachgesetz.

Du aber sprichst: „Ei, das ist Jugenddrang;
Und Jugenddrang und Leidenschaft, sie
  pflegen
Auf Sprachgesetze nicht mehr Werth zu
  legen
Als auf den Generalbaß Glockenklang.

„Wir wollen laut mit rückhaltlosem Schrei
Austönen, was in unf'rer Brust wir tragen,
Wir wollen unf're ganze Seele sagen,
Ob fehlerhaft auch Wort und Ausdruck sei.

„Uns gilt: „Nein nicht!" mehr als ein
  fahles „Nein!"
Wir wollen nicht mit Licht und Farbe sparen,
Denn sparten wir damit in unsern Jahren,
Wie farblos würden wir im Alter sein!"

So sei es denn! Sprich denn getrost:
  „Nein nicht!"
Doch sprich es nur im Drange der Er-
  regung.
Aus deines Herzens innerster Bewegung
Wann hell die Gluth aus deiner Seele
  bricht.

Wenn bloß dein Spiel dir etwa nicht
  behagt,
Ein einfach: „Nein!" bezeige dein Miß-
  fallen,
Und herzhaft laß ein ernstes „Nein!"
  erschallen,
Wenn unverdient dich einer angeklagt.

Wenn einst jedoch Verleumdung zu dir
  spricht,
Wenn die Versuchung naht sich zu be-
  stricken,
Dann richt' dich auf mit Blitzen in den
  Blicken
Und wirf das Haupt zurück und sprich:
  „Nein nicht!"

Am Weidenstege.

Ein Vöglein sitzt hoch auf dem Baum
Und zwitschert muntre Lieder;
Ein and'res kommt im raschen Flug,
Läßt neben ihm sich nieder.

„Woher des Weges?" — „Dort vom
                            Strom!"" —
„Was Neues dort gesehen?" —
„Ich sah das schöne Müllerkind
Bei ihrem Liebsten stehen.

Und du woher?"" — „Vom Schlosse
                            dort!" —
„Was Neues dort gesehen?"" —
„Die Gräfin sah ich still und trüb
Im Garten sich ergehen!" —

„Nun, jene dort, mein Liebespaar,
Die schwelgten nur im Glück:
,Lieb Elsbeth!' flüstert's schmelzend weich,
Und: ,Heinrich!' schallt's zurück!"" —

„Ei sieh! Die Gräfin hört' ich auch:
,Ach Heinrich!' seufzend klagen.
Von einer Elsbeth aber — nein,
Da hört' ich sie nicht sagen.

Und weiter dann?" — „Herr Heinrich
                            sprach:
,Nun geh' ich meiner Wege!'
Und Elsbeth gab ihm das Geleit
Bis hin zum Weidenstege."" —

„Und meine Gräfin stieg hinab
Zum Kirchlein dort am Wege,
Der durch den Wald herab sich schlingt,
Herab zum Weidenstege." —

Ein drittes Vöglein schwirrt herbei:
»Herr Gott, was ich gesehen!« —

„Was sahst du nur?" — „Lieb Vöglein,
                            sprich,
Sag' an, was ist geschehen?"" —

»Am Weidensteg, am Weidensteg,
Da kam ein Paar gegangen;
Wie glühten seine Augen hell,
Wie blühten seine Wangen!

Er sprach zu ihr, sie sprach zu ihm,
Sie hörten nicht, noch sahen;
Sie sahen nicht und hörten nicht
Die Gräfin ihnen nahen.

Und als die Gräfin sie erblickt
Da ist sie still gestanden:
»Treuloser Mann, das ist die Spur,
Die deine Rüden fanden?

Das ist das Wild, nach dem du jagst,
Das Rehlein sondergleichen,
Und darum, darum weißt du nicht
Ob meine Wangen bleichen?

Du täuschest mich und täuschest sie,
Denn lang nicht wird es währen,
So wird von ihr auch, wie von mir,
Dein arger Sinn sich kehren.

D'rum sollst du Beide, mich und sie,
Fortan, du Falscher, missen,
Und züchtige dein Lebelang
Dich folternd dein Gewissen!«

Die Gräfin spricht's und springt herzu
Beim Kirchlein dort am Wege,
Und jene schritten aus dem Busch
Hinab zum Weidenstege.

Er sprach zu ihr, sie sprach zu ihm,
Sie hörten nicht, noch sahen;
Sie sahen nicht und hörten nicht
Die Gräfin ihnen nahen.

Und hart bei ihnen steht sie schon,
Als g'rad sie Abschied nahmen.
,Leb wohl' — begann das Müllerkind,
Da sprach die Gräfin: ,Amen!'

Und faßt sie an und reißt sie mit,
Mit sich in's Wasser nieder,
Noch einmal tauchen sie empor,
Dann sah ich sie nicht wieder.

Herr Heinrich springt den Beiden nach
Hinunter von der Brücke;
Die Fluth rauscht hin, die Fluth rauscht her
Und bringt nur ihn zurücke.

Da flog ich fort, da flog ich her,
Daher vom Weidenstege,
Und jener rauft sich wild das Haar
Beim Kirchlein dort am Wege."

„Ach lieber Gott," ein Böglein spricht,
„Was doch die Menschen treiben!" —
Das and're zwitschert: „Konnt' er nicht
Bei seinem Weibchen bleiben?" —

Das dritte spricht: »Ach, Gott sei Dank,
Uns kann das nicht geschehen.
Und laßt uns nur, es dunkelt schon
Nach unsern Nestern sehen.« —

„Hinweg! Hinweg!" Und schwirren fort
Mit rauschendem Gefieder.
Ein Dichter aber unter'm Baum
Schrieb ihr Gezwitscher nieder.

‒►✠◄‒

Rostem und Suhrab.

Rostem, der Held — so melden Irans Sagen,
   Wie Dichtkunst sie verschönernd uns erzählt —
Rostem, der Held, in seinen Jugendtagen
   Besaß, was heut zu Tag wohl Niemand quält,
Zu viel der Leibeskraft für sein Behagen.
   Die Bogensehne, die er spannte, sprang,
Und wie die Rosse, die er ritt, erlagen,
   So ward, als scherzend ihn sein Arm umschlang,
Sein liebster Freund als Leiche fortgetragen;
   Der Erde fester Grund selbst, zitternd bang,
Barst klaffend unter des Gewalt'gen Tritten,
   Sogar in Marmor und Porphyrgestein,
Wie flüchtig er darüber weggeschritten,
   Grub seine Spur sich bis zum Knöchel ein.

Da ward er endlich müde solcher Plagen
   Und eilt hinaus, und im Gebirge sucht

Auf rauhem Pfad in wilder Felsenschlucht
Er zadig auf, um ihn um Rath zu fragen.
  Dies war ein Magier, der Weisheit Licht
Und in geheimen Künsten viel erfahren.
  Dem klagt der Held sein Leid und Jener spricht:
„Ich will, dir fern'res Ungemach zu sparen,
Die Hälfte deiner Kraft dir aufbewahren.
  Nimm diesen Mantel, hüll' darin dich ein
Und streck' zum Schlaf die jugendlichen Glieder.
  Er saugt an sich, was jetzt dir Qual und Pein,
Und treu bewahrend giebt er's einst dir wieder."
Rostem stimmt zu, verhüllt sich, streckt sich nieder,
  Und als der Tag erwachte, wirft, befreit
Von seiner Last, er ab die Zauberhülle
Und zieht hinaus, durch kühner Thaten Fülle
  Zu überbieten, was vor ihm die Zeit
  An Helden sah und edler Männlichkeit.

So trieb ihn einst in grimmer Feinde Land
Nach Abenteuern an sein tollkühn Streben,
  Und, nicht zu fallen in des Gegners Hand,
Mit falschem Namen hat er sich umgeben.
  Er hieß dort Kejchir und so wundervoll
War hier ihm auch so manche That gelungen,
Daß laut, wie nur der echte je erklungen,
  Bald auch sein falscher Name rings erscholl.

Indessen war im stillen Thalesgrunde,
  Das einst Rostem im Siegesflug durchstreift,
Ein Sohn, die Blüthe einer süßen Stunde,
  Dem Helden unbewußt herangereift.
Blond fließt das Haar ihm auf die Schultern nieder,
  Sein Auge blickt so kühn und doch so weich,
  Und Anmuth lebt und frische Kraft zugleich
In jeder Regung seiner jungen Glieder.

Erwachsen nun erfüllt des Jünglings Sinn
Nach seinem Vater glühendes Begehren,
  Doch eher nicht begrüßen will er ihn,
Bis Thaten seine Abkunft ihm bewähren.

Auch Suhrab sucht denn Abenteuer auf
Und Glück begleitet ihn auf allen Wegen.
    Nun möcht' er, krönend seinen Siegeslauf,
    Auch einen Feind, der Ruhm ihm bringt, erlegen.
    Da Keschir's Ruhm ihm nun der größte schien —
Er konnte nicht den Vater in ihm ahnen —
    So sendet rasch er einen Herold hin,
Zum Todeskampf mit Suhrab ihn zu mahnen.

Rostem erscheint; ein dunkles Vorgefühl
Erfaßt ihn, da den jungen Feind er schaute;
Ihm, dem vor keinem Kampfe jemals graute,
    Ihm wird die Brust so eng, die Luft so schwül,
    Doch heißt er bald die feige Regung schweigen,
    Er greift zum Schwerte und der Kampf beginnt.
    Es war am Morgen und der Tag verrinnt,
Und keinem Kämpfer ist der Sieg noch eigen.

Sie trennen endlich sich beim Strahl der Sterne
Und scheiden schwörend, wenn der Tag erwacht
Erneuend fortzusetzen Kampf und Schlacht,
    Doch bleibt auch diesmal die Entscheidung ferne.
    Nur daß mit frischer Kraft und frohem Muth
Vom Kampfplatz Suhrab heiter lächelnd scheidet,
    Indeß Rostem, der schwer an Wunden leidet,
    Erschöpft, erbittert und voll grimmer Wuth.
Er hatte nicht gesiegt zum ersten Male
Und bebte, bald vielleicht besiegt zu sein.
Da überquillt in ihm des Zornes Schale
Und grollend sprengt er in die Nacht hinein.

Vor Zabig's Höhle hält das Roß er an
Und spricht: „O Greis, der einst mir abgenommen,
    Was Last mir schien in meiner Jugend Bahn,
Gieb jetzt, da bess're Einsicht mir gekommen,
    Gieb jetzt mir wieder meiner Jugend Kraft!" —
Und der versetzt: „Gern möcht' ich dir versagen,
    Wonach du strebst in blinder Leidenschaft,
Denn was an Übermaß in uns wir tragen,
    Ist Fluch, und war's und wird es immer sein;
Doch forderst du gleichwohl, was dein ist, wieder.

Hier ist der Mantel; hüll' darein dich ein
Und streck' zum Schlaf die kampfesmüden Glieder
Und morgen wirst du haben, Herr, was dein!"

Es hüllt Rostem sich in des Mantels Falten
   Und schläft und träumt in dumpfer Fiebergluth,
Und als des Morgens erste Lichter strahlten,
   Gährt brausend in den Adern heiß sein Blut.
Stark fühlt er sich, das Äußerste zu wagen
   Und als sein junger Gegner ihm erschien,
   Da jauchzt er auf, da stürzt er trunken hin,
Da hat der Rache Stunde ihm geschlagen.

Im Sand liegt Suhrab blutend hingestreckt,
   Sein Auge bricht und seine Pulse stocken,
Rostem jedoch, wie von dem Sieg erschrocken,
   Kniet neben ihm mit Blut und Staub bedeckt.
Und Jener spricht und langsam, tropfenweise,
   Kam Wort für Wort aus seinem Mund geflossen:
„O Keschir, Held, der du mit kräft'gem Streich
   Mein Leben, da's begonnen kaum, beschlossen,
   Der siegreich du mich jungen Baum gefällt,
Noch eh' er blühte, eh' er Frucht getragen,
   Laß eine Bitte, Keschir, wackrer Held,
Mich Sterbenden an deine Großmuth wagen.
   Such' auf Rostem, den kampfberühmten Mann,
Und gieb von meinem Tod dem Helden Kunde,
Berichte ihm von Suhrab's letzter Stunde.
   Und fährt er auf: ‚Was geht mich Suhrab an?‘
Dann töne dieses Wort aus deinem Munde:
   Er habe Pendschabs Berge einst durchstreift
Und seitdem sei in stillem Thalesgrunde
Die Blüthe einer süßen Liebesstunde,
   Ein Sohn ihm unbewußt herangereift.
Den aber zog ein glühendes Begehren
   Von Kindheit an zum Vater rastlos hin.
   Doch eher nicht begrüßen wollt' er ihn,
Bis Thaten ihn als Rostem's Sohn bewähren.
   Und darum sucht er Abenteuer auf,
Und darum hat er Sieg auf Sieg errungen,

Und darum, früh beschließend seinen Lauf,
Ist tiefer ihm kein Leid in's Herz gedrungen,
Als daß sein Arm den Vater nie umschlungen.
    Dies sag' du ihm, dem kampfberühmten Mann,
Und sag ihm, Suhrab sei sein Sohn gewesen,
    Und zweifelt er und schilt es eitlen Wahn,
So laß' ihn dieses Armbands Inschrift lesen.
Der Mutter gab Rostem einst dies Geschenke,
    Als Zeugnis meiner Abkunft gab sie's mir,
    Nun trag' der Vater es als Helmeszier,
Daß seines todten Sohnes er gedenke!"

    "O Suhrab, Sohn! Dich schlug des Vaters Hand!"
Schreit auf Rostem und wie vom Wetterstreiche
Zerschmettert, prasselnd niederstürzt die Eiche,
    So stürzt er hin auf's blutgetränkte Land.
„Verflucht die Kraft, die meinen Arm durchdrungen,
    Verflucht der Sieg, der meinen Sohn mir stahl!"
So stöhnt er, hält den Sterbenden umschlungen
Und küßt sein bleiches Antlitz tausendmal.
Noch einmal röthen es der Freude Flammen,
    Noch einmal selig lächelnd blickt er auf,
Dann zuckt der Leib und bricht erschöpft zusammen
    Und seine reine Seele schwebt hinauf.

Anastasius Grün.

Spruch.

Dunkeln muß es rings im Himmelsrunde,
Daß sein Sternenlicht dem Auge tage,
Stürmen muß das Meer bis tief zum Grunde,
Daß es Perlen euch an's Ufer trage,
Klaffen muß des Berges dunkle Wunde,
Daß sein Goldgehalt ersteh' zu Tage:
Dunkle Stunden müssen offenbaren,
Was ein Herz des Großen birgt und Klaren.

→ ⁑ ←

Volkslieder aus Krain.

(Aus dem Slovenischen übersetzt.)

Ban Lucipeter.

Rankt empor sich eine Rebe,
Rebenranke grün,
Wächst darauf der Wein, der süße,
Süße, goldne Wein.
Schenkt den Wein die schöne Wirthin
Junge Kathiza,
Trinkt den Wein Ban Lucipeter,
Herr von Karadin.
„Nimm mich, nimm mich, schöne Wirthin,
Junge Kathiza;
Gebe dir dreihundert Goldstück'
Und Kohlrappen zwei,
Die mit Silber sind beschlagen
Und mit Gold gezäumt."

„Will dich nicht, Ban Lucipeter,
Herr von Karadin;
Spar' dir die dreihundert Goldstück'
Und Kohlrappen zwei,
Will den Einen nur mir nehmen,
Der dem Herzen lieb!"

Morgenstern.

Am Himmel glänzt ein schöner Stern,
Das Frühgestirn, der Morgenstern.
Ein Mägdlein schön ersieht sein Licht
Und also sagt's zu ihm und spricht:
„O Tagverkünder, holder Stern,
Du Frühgestirn, du Morgenstern!
Blinkst glänzend aus dem Sternenzug,
Brichst leuchtend durch den Wolkenflug

Wie lichter Thau auf Blumen hängt,
Durch Wimpern sich die Thräne drängt.
O langt' ich dich herab zu mir!
Wohl wüßt' ich was zu thun mit dir:
Dich schmieden in des Ringleins Gold

Das ich dem Liebsten geben wollt',
Daß es erhelle seinen Pfad,
Wenn Nachts er zum Besuch mir naht,
Und heimwärts leuchte seinem Gang
Wenn Dunkelheit den Mond umschlang."

Berthold Schwarz.

Der Frater Berthold bei Tiegel und Topf
Versäumt zum Gebete die Stunden,
Die Brüder schelten: „Der wirre Tropf,
Der hat nicht das Pulver erfunden!"

Er schmelzt und braut, er rüttelt und
mengt,
Bis sich ein Körnlein entzunden
Und warnend den schönen Bart ihm
versengt:
Da hat er das Pulver erfunden.

Auf's Neu zerstampft er mit dreistem
Geklopf

Die Mischung im Mörser verbunden,
Bis ihm's die Leute schmettert zum Kopf,
Da hat er kein Pulver erfunden.

Des Predigers Wort am Grabesrand,
Das Volk hat es mitempfunden:
„Der Wetterstrahl verzehrte die Hand
Die ihn den Göttern entwunden.

Hinlodert sein Blitz von Land zu Land
Und fällt, die unüberwunden,
Doch der Berthold Schwarz, der das
Pulver erfand,
Der hat nicht das Pulver erfunden!"

Nürnberger Tand.

— Que diray-je de l'aigle,
Dont un docte Aleman honora notre siècle?
Aigle, qui delogeant de la maitresse main
Alla loin au devant d'un empereur germain,
Et l'ayant rencontré, soudain d'une aile accorte
Se tournant le suivit jusqu'au seuil de la porte
Du fort Nurenbergeois.
De Barlas.

Durch Nürnberg lenkt ein Kaiser seine Reise,
Wie man auf neue Art ihn ehre, sann
Und sann der hohe Rath; da half ein Mann,
Der Manches schuf sich und der Stadt zum Preise.

Im Dachgelaß einsam erhaben sitzt
Der Bilderschnitzer und Mechanikus.
Durch's Lückenfenster, wo der Meister schnitzt,
Dringt schwer des Musengottes Weihegruß.

Da steht die Drehbank auch, sein Pegasus,
Zum Hesperidenhain ihn zu entrücken.
Wo Nürnbergs Musen sich Vorsdorfer pflücken.
Der Amboß ist's, dem sich Hero'n entgleiten,
Die durch der Meistersänger Stanzen schreiten.

Bisweilen ruht das Werk, da wallt gemach
Sein Auge weltbetrachtend in die Weiten;
Ach! diese Weiten sind — des Nachbars Dach!
Doch eingerahmt von seines Fensters Rahmen
Und überkreuzt von seinem Fensterkreuze,
Ward's ihm ein fromm und heimelnd Bild; da kamen
Ihm Worte Gottes und selbst Frühlings Reize.

Des Daches braune Wüste selbst hat Leben,
Oasengrün und manch' beschwingte Herde.
Nicht will die Erd' ihr gutes Recht vergeben
Und spricht zum Ziegel: „Erde, bleib' du Erde!
Anstatt im Thal, sei Lenzvasall dort oben!"
Ob einst gequält, gestählt im Flammentoben
Grünt er doch jetzt in rankenden Geflechten,
Ein Märtyrer, den späte Lorbeern rächten.
Die stillen Moose, wie sie emsig woben,
Und ihm, den Lenz verrathend, grüner sprießen!
Sein gutes Aug' sieht sie in Blüthen schießen,
Ein beß'res Aug' säh' in den niedern Reimen
Der Palmen Pracht, der Tropenblumen Gluth,
Ein fetter Prasser, Sempervivum, ruht
Im Ziegelbett, sich sonnend wie in Träumen;
Nun treibt's den Blüthenschaft, da schien gebannt
Des Meisters Aug' in der Agaven Land;
Dort in die Fugen hat der Wind gesä't
Das Samenkorn, das nun in Halmen steht,
Ein Kornfeld klein, wo Sperling Ernte hält.
So wechselt Blüthe, Frucht und Ernt' auch hier,
Bis auf die Dachflur und auf's Weltrevier
Des Winters stille, weiße Decke fällt.

Des Nachbars Dach war für des Meisters Sinn
Der Hängegarten jener Königin
Und frei ergeht er forschend sich darin.
Bis zur Erkenntnis ihm sogar erblüht
Des Rauch's Gesinnung und das Moosgemüth.
Oft hat ein Taubenpaar den Gruß bestellt

Der Lieb' und Zärtlichkeit an diese Fluren,
Doch bald verfolgt der Unschuld zarte Spuren
Des Katers rollend Aug', Arglist der Welt!
Ein Stückchen Politik auch will ihm nah'n:
Die Kirchthurmspitze mit dem Wetterhahn;
Wenn der sich fein nach Wind und Wetter dreht,
Wenn dem der Sturm recht scharf zu Leibe geht,
Ihn ängstigt und zerzaust — wen mag es kränken? —
Des Landes-Adlers muß der Meister denken.
Still aus dem Bild aufragt wie eine Warte,
Der Schornstein und entrollt von Zeit zu Zeit,
Wie mahnend seine dunkle Rauchstandarte,
Die Flatterfahne der Vergänglichkeit.

Aus solcher Weltschau sind zu Tag getreten
Die Kunstgebilde, Helden und Gesellen,
Nußknacker, Gliederpuppen, Sturmpropheten,
Hofhaltend rings in Schränken, Nischen, Stellen,
Doch hat der Schalk manch' list'gen Schwank und Possen
Nach seiner Art mit in die Form gegossen.

Nußknacker ist ein schlichter Bauersmann
Mit großem Maul und knochenstarken Backen,
Doch knackt er nur, wenn er was hat zu knacken.
Ein Wettermännlein prunkt als Bischof dann
Mit blüthenweißem Bart und frommen Augen,
Doch schwingt er keck, will nicht das Wetter taugen,
Den Hirtenstab als Prügel oder Schwert!
Dort ist ein And'res: der Einsiedel werth —
Gut Wetter, wenn im Garten er spaziert,
Bös Wetter, wenn im Haus er meditirt,
Und da das Wetter bös nur oder gut,
Was Wunder, wenn er sonst nichts Ander's thut?

Hier ist ein Königsschloß mit Thurm und Halle,
Genau besehn, ist's eine Mäusefalle;
Dort sitzt ein Münzer und beginnt verwegen
Mit sond'rem Prägstock ein Dukatenprägen,
Den ganzen Witz des Schalkes zu verstehn,
Späht, wessen Bildniß am Avers zu sehn!
Dafür ist hier der Teufel minder bitter,
Die Ketten schwingt er zwar, erschreckt nicht wieder,
Die Ketten sind ja nur papierne Flitter
Und trockne Pflaumen seine schwarzen Glieder.

Doch jetzt vollbringt auf hohen Raths Geheiß
Die Künstlerhand der Meisterstücke Preis,
Den Adler mit zwei Köpfen, den man glaube,
Den Nebenbuhler von Archytas' Taube.
An seinem Leibe starrt's von ehernen Federn,
In seinem Busen knarrt's von hundert Rädern,
Dem Kaiser soll er neue Ehrung bringen,
Zum Gruß ihm dreimal mit dem Haupte niden,
Dreimal aufhüpfen und die Flügel ringen,
Als wollt' er sich zum Sonnenfluge schicken,
Ob es nicht auch ein Stücklein Schalkheit war,
Als er geformt solch deutschen Kaiseraar,
Dem trotz des Räderwerks sonst nichts gelingt,
Als daß den Kopf er nidt, die Flügel ringt,
Und nimmer sich zu freiem Flug erschwingt?!

Die Böller donnern und die Glocken läuten,
O seht die langen Reisezüge schreiten!
Zur Ehrenpforte gab der Tann die Reiser,
Dort huldigt Nürnbergs Rath dem großen Kaiser;
Seht droben auch den Aar mit eh'rnen Schwingen,
Seht ihn jetzt dreimal mit dem Haupte niden,
Dreimal aufhüpfen und die Flügel ringen,
Als wollt' er sich zum Sonnenfluge schicken!
Die Böller donnern und die Glocken läuten,
Der Rath hat auch sein Sprüchlein vorzutragen,
Manch schöne Bitten, manch bescheiden Klagen
Von schweren Lasten und von harten Zeiten,
Der Kaiser blickt mit Wohlgefallen heiter
Zum Adler nur, sein Auge kann nicht weiter!
Die Böller donnern und die Glocken läuten,
Die Böller und die Glocken, ach! verschlangen,
Was noch vom Spruch im Kaiserohr blieb hangen.

Zumeist jedoch ist Eines wunderbar:
Daß gar noch Junge zeugte jener Aar,
Die Brut flog durch das Land und wählt' zum Neste
Den Herd des Bürgers und die Fürstenveste.
So bleibt im Vaterland manch lange Jahre
Der deutsche Landesaar Nürnberger Waare,
Wovor der Herrgott Voll und Land bewahre!

Wiener Poeten.

I.

4*

Eduard von Bauernfeld.

Xenien.
(1882.)

Der Deutsch-Oesterreicher spricht.

Es ist zum Teufelholen,
Die Böhmen und die Polen,
Die Polen und die Böhmen
Sie sollten sich schämen,
Mir meinen besten Platz
Vor'm Maul so wegzunehmen —
Allein wer's hat, der hat's! —
Wer wird sich drüber grämen?

Mahnung.

Schlägt Einer dich auf's Maul,
So sei nicht faul
Und Stück für Stück
Gieb ihm's zurück
Dem G — — strick.

Ehre!

Der deutsche Thespis-Leiterwagen —
In Budapest ward er zerschlagen;

Das gute Wien will keinen Unmuth
zeigen:
Läßt vom Zigeuner sich den Czardas
geigen.

Volksparteitag.

Ein Volkstag wurde angesetzt,
Hinüber, herüber viel geschwätzt,
Die Parteien durch einander gehetzt,
Zu stipitibus duris kam es zuletzt!

Warnung.

Deutsch oder slavisch! Die Erbosung
Sie schreitet vorwärts für und für;
Als Guelph und Ghibellin die Losung,
Da stand der Weltkrieg vor der Thür.

Serben und Montenegriner.

Die kleinen Leutchen sind am Ende,
Zu Großem auserkoren;

Ja lange Messer und lange Hände
Taugt besser, als lange Ohren.
So kommen sie zum Triumphe leider,
Diese Uhren- und Ehrenabschneider.

Serbien und Bosnien.

Ich kaunte einen bescheidenen Knaben
Der konnte Zuckerbrot haben
Und nahm's nicht an, beileibe!
Begnügt sich mit einem Kommißbrotlaibe.

Byzanz.

Um fetten Raub die Hunde herum sich
  rissen,
Doch keiner gönnte dem andern den
  besten Bissen.

Gefürchtet war Lord Feuerbrand,
Nur ging nicht Alles gleich aus Rand
  und Band,
Doch heute dieser fromme Bibelfresser
Versteht die Sache besser,
Bringt die Türkei an's Messer.

Des Sultans Staaten wackeln,
Die Diplomaten packeln.

Es sitzen die Excellenzen
In langen Konferenzen
Zu guten und bösen Stunden,
Inzwischen ist ein Reich verschwunden.

Das europäische Konzert.

Die Zeiten sind gar schwer!
So hört man klagen —
Je nun, ist kein Europa mehr
Bleibt doch gar hochgeehrt
Das europäische Konzert.

Sie konzertirten zu allen Zeiten,
Bisweilen aber rissen die Saiten
Und es entstand, man wußt' nicht wie,
Eine ohrenzerreißende Disharmonie.

Westmächte, Ostmächte, hüben und drüben,
Gar fleißig in Harmonie sich üben,
Es schlägt den Takt mit ernstem Sinn
Der große Konzertmeister in Berlin.

Epilog.

Ohne die Mächtigen
Just zu verdächtigen,
Dürfen wir Schmächtigen
Und Unverdächtigen,
Braven und Biedern,
Kurzum wir Niedern
Ihnen erwiedern:
Besser vielleicht nicht
Hätten wir's angestellt,
Das Ziel auch erreicht nicht:
Den Frieden der Welt —
Aber auch immer
Mit weiser Mäßigung
Ohne Gehässigung
Nicht blutiger, schlimmer,
Gerade nicht — dümmer!

Shakespeare.

(1827.)

I.

Als noch die Götter auf der Erde schritten,
Da, aus gewaltiger Heroenkraft,
Gebändigt durch der Sitte milde Macht,
Entstand die alte Kunst, mit hellen Augen
Aufblickend zu dem hellen Gott der Sonne;
Ein frischer Waldstrom quoll das Epos hin,
Und rauschte fabelhafte Wundersagen,
Selbst kaum entrückt der Fabel gold'nen Tagen.

Dasselbe Volk, aus dem der Barde stammte,
— Der unschuldvollste, reinste aller Zeiten —
Das war bestimmt, die Blüthe alter Kunst
Im fruchtbar reichen Schoße zu bewahren,
Und welch ein Volk! Es tönte keine Zunge
So voll, so süß, wie dieses Volkes Mund.
Und Anmuth sprach es mit den süßen Tönen;
Im sonnenoff'nen, reichen Lande lebt'
Es sinnlich froh, von Schönheit mild umstrahlt,
Geehrt durch Kraft und edle Tapferkeit.
So lebte dieses Volk zu Krieg und Frieden,
Zu Spiel und Ernst, zu Körperkraft und Weisheit,
Minerva's Schützling, vielgewandt, sich hin:
Es durfte bei der Tugend höchsten Lehren
Selbst nicht des Witzes flücht'ge Gunst entbehren.

Aus so bewegtem Leben faltete
Das Drama seine Götterschwingen auf:
In reinen, luft'gen Höhen baut' es da
Den Wunderbau, krystallhell, ätherleicht,
Und doch gewaltig und unwandelbar,
Gleich wie des Himmels diamant'ne Wölbung,
Ein Werk geschloss'ner Kunst; — wir geh'n mit Ehrfurcht
Zu diesem Schatz der großen Vorzeit hin:
Erweitert werden unsres Lebens Schranken,
Es wächst der Sinn am kräftigen Gedanken.

II.

Es lasse sich, wer sterblich ist, gefallen,
Daß, wo dem Knaben noch ein Tempel stand,
Der Greis muß einsam zur Ruine wallen,
Wo er sonst Opfer, Volk und Priester fand.
Versunken sind die glänzenden Gestalten
Der Vorzeit; — jedes keimende Geschlecht
Begräbt die bessern Väter; Herrschende
Sind einem neuen Herrscher unterthan,
Der mächtig mit dem Schwert den Erdenkreis
Zu einem weiten Zauberkreise macht,
In dessen Umfang ihm die Völker dienen;
Doch auch die starke Roma seh' ich sinken,
Die Kraft gebändigt von der Üppigkeit:
Die Zeit ist da der mächt'gen Einzelnheiten,
Kein Volk mehr im verbund'nen Willen groß,
Der Menschheit feste Bande reißen los,
Und Alles schwimmt im trüben Strom der Zeiten.

III.

Aber sieh! welch neues Licht
Strahlt im Ost mit Wunderscheine?
Solch ein Schimmer sprühet nicht
Für das Tägliche, das Kleine.
Alle Völker ruh'n vom Streiten,
Stecken ihre Schwerter ein:
Auf der ganzen Erde Weiten
Friede, Friede soll es sein.
Und es strahlet in Verklärung
Jener wunderbare Stern
Und der Könige Verehrung
Dient dem neuerkannten Herrn.
Mag die alte Welt versinken,
Mag die Größe nun vergeh'n:
Aus der Wiege, aus der Krippe
Wird die neue Zeit ersteh'n;

Kämpfe sich das Volk der Tiber
In des Ais Haus hinüber:
Seine Größe — schöner Traum! —
Mache neuem Leben Raum.
Sieh, ein kräftiger Geschlecht,
Mit den markerfüllten Gliedern,
Mit dem zarten Sinn für Recht,
Von der Ostsee Sturmgefilde
Steigt nun in Hesperiens milde
Flur, die gold'nen Früchte kostend.
Jenes starken Gottes Söhnen
Reget Angst ihr trotz'ger Blick; —
Vor der Zunge rauhen Tönen
Bebt der Italer zurück;
Wer errieth', daß einst das Schöne
Von dem rauhen Munde töne?

IV.

Die Zeit der ersten Gährung ist vorüber,
Es fügt der rohe Stoff sich in die Form,

Des Siegers Kraft ist des Besiegten Sitte,
Die Sprachen mischen sich so wie die Völker.
Es werden Reiche, Städte, Herr und Diener,
Und Alles nimmt die neue Farbe an.
Soll sich in den bewegten neuen Zeiten
Nicht auch die Kunst den Tempel neu bereiten?

Und so geschah's.   In Südlands wonn'gen Fluren
Erklang in Lust ein nie gehörter Sang,
Die leichten und die fröhlichen Naturen
Erhoben Lieder zu der Cither Klang;
Die Treue, die sie ihren Damen schwuren,
Der Minne neuerregter Zauberdrang,
Der ritterliche Sinn, die frommen Herzen:
Das Alles stimmte zu der Lieder Scherzen.

Auch manch ein ernsteres Gedicht ertönte,
Und manch ein großer Stoff in großen Weisen:
Wonach die Hand sich stahlbewaffnet sehnte,
Zum Grab des Herrn — das sucht der Mund zu preisen;
So, wem der Ahnen That den Busen dehnte,
Sucht lobend ihrer werth sich zu erweisen:
Wer kennt die Ritter nicht der Tafelrunde?
Wer nicht Kriemhildens Kraft zu heut'ger Stunde?

Doch wo das Leben geistig sich vollendet,
Da will der Mensch ein schönes Gleichnis seh'n:
Die Kunst auch soll den spröden Stoff empfah'n,
Und aus dem Leben sich ein Leben bilden,
Das Täuschung soll und Wahrheit sein zugleich.
Es kamen die Jahrhunderte und schwanden,
Bis aus der Zeiten wechselnden Gestalten
Des Drama Kunst sich konnte neu entfalten.

V.

Da erdonnert es im Süden,
Und zugleich im frischen Norden,
Und die beiden Dioskuren
Göttlich hell, erscheinen da;
Jener in den heißen Gauen,
Wie des Südlands üpp'ge Frucht,

Stark zugleich und wunderlieblich,
In romantischer Verwirrung.
Seine Zauber zu entfalten
Wird auch keines Menschen Zunge,
Als allein die seine, taugen;
Wunder ist er wie der Phönix.

Den er gerne singen mag,
Und es glänzen seine Bilder
Wie ein sonnenheller Tag.
Tiefer Sinn entfaltet herrlich
Sich im schöngefügten Bild,
Fern und fremd ist ihm das Rohe,
Denn sein Geist ist zart und mild.
Gerne leiht den Himmelslehren

Er der Künste milden Schein;
Lieben kann er und verehren,
Darum ist sein Lied so rein.
Aber süße Scherze weben
Sich von selbst in sein Gedicht,
Und so spiegelt sich das Leben,
Und nur seine Herbe nicht.

VI

Doch welch Heroenbild zwingt meinen Blick
Zum Norden hin, in's Land der Nebelgrauen?
Was pocht das Herz, als sollt' es das Geschick
Der Sterblichen klar und entfaltet schauen?
Und wiederum, was bebt das Herz zurück,
Als wagt' es der Erscheinung nicht zu trauen?
Denn solch ein Zauber liegt im großen Mann,
Daß man ihn langsam nur begreifen kann.

Doch sieh! Sein Blick ist mild so, wie erhaben,
Sein wunderbares Antlitz kindlich groß,
Mit Demuth scheint die Kraft ihn zu begaben,
Und die Gewalt liegt in der Anmuth Schoß;
Auch will der Scherz des Auges Gluthen laben,
Der Stirne Hoheit mildern mit Gekos:
Wenn Zeus nur schreckt mit mächtigen Gewittern, —
Das ist ein Mensch, vor dem magst du nicht zittern!

Ich seh' ihn in der Freunde frohem Kreise,
Ich seh' ihn an dem vollen Freudenmahl;
Die schnellerregte Lust ist nicht mehr leise,
Und lust'ge Scherze tönen ohne Wahl;
Laut, übermüthig tobt die muntre Weise:
Sie sprüht hervor aus sprühendem Pokal;
Kommt Frohsinn und Geselligkeit zusammen,
Da schlägt das Leben auf in lichte Flammen.

Doch schau't ihn, an des edlen Freundes Hand,
Von einer Schar von Dienenden umgeben,
Schau't ihn geehrt im weiten Vaterland,
Mit jedem Reiz geschmückt das volle Leben;

Die hohe Frau im purpurnen Gewand,
Sie will zu ihren Kreisen ihn erheben:
Denn soll des Sängers Mund mit Würde tönen,
So sei er nah dem Großen und dem Schönen!

Wer aber will des Sängers Seele spüren
Und seiner starken Jugend Qual und Lust,
Den will ich zu den leisen Liedern führen
Gehaucht aus einer tiefbewegten Brust;
Und Mancher, der ihn ahnt, den wird es rühren:
Solch großer Geist auch klagte um Verlust;
Und selbst des Freundes, der Geliebten Herzen
Erregten wechselnd ihm viel bittre Schmerzen.

Doch aber horch! Es rauscht, wie frische Quelle,
Mir ist, als tönten ländliche Schalmei'n —
Das ist das Haus, das die beglückte Schwelle,
Die sich zuerst des Sängers durfte freu'n;
In diese kleine, unscheinbare Stelle
Trat er zuerst, der Götterliebling, ein:
Du sahst die ersten Spiele deines Knaben,
Du sollst des Alternden Gebeine haben.

Und welch ein Bild stellt sich dem Blicke dar?
Hier in des breiten Maulbeerbaumes Schatten,
Von ihm gepflanzt, umringt ihn eine Schar
Von Enkeln und von Kindern mit den Gatten;
Die Tochter, die ihm stets die Liebste war,
Umschließt er mit dem Arm, dem krankheitsmatten,
Sie sieht ihn liebend an — welch schaurig Ahnen!
Es will mich an den alten König mahnen.

VII.

Zurück! — Wohin, erregte Phantasie,
Entraffst du mir den Sinn? Ihn willst du preisen,
Ihn, der die Ruh' ist, mit so stürm'schen Weisen?

Blick auf und schau der Welt Gestalten an,
Wie sie mit Macht sein Geist hervorgerufen,
Der ersten Lieb' und Freundschaft mildes Kosen,

Wo noch der Mensch die Engelsleiter sieht,
Auf der er schwebt in seiner Kindheit Jahren;
Doch ewig währt die süße Täuschung nicht,
Das Leben fordert etwas derben Stoff,
Das Ätherleichte muß in Äther rinnen:
Ihr zarten Wesen, Desdemona, du,
Du, Julia, — haltet euch zum Tod bereit,
Ihr seid zu rein für eine Welt voll Streit. —
Beglückt, wenn das zermalmende Geschick
Nur leichthin streift und ritzt: so du, Miranda.
In zaubervolle Kreise eingewoben,
Du magst des frohen Daseins Lust erproben.

Folgt ihr mir jetzt in stille Waldesgänge,
Und hört ihr gern des freien Jagdhorns Klänge?
Versprechen kann ich euch mit wenig Worten
Gute Gesellschaft und vergnügten Scherz;
Doch auch den Narren müßt ihr um euch dulden,
Denn tücht'ge Narrheit mag ein tücht'ger Mann.
Und wieder führ' ich euch in frohe Kreise
Von edlen Herrn und Damen, die mit Scherz
Den Amor wecken, der sich ernsthaft rächt,
Und die bestrickt, die ihn am meisten flieh'n.
Zu ihnen will sich auch ein Fürst gesellen,
Der für die Schönheit glüht, die ihn verschmäht,
Und dem die Lieb' und Treue unerkannt
Zur Seite geht, ihn endlich süß beglückend.
Was aber nenn' ich all die frohen Bilder?
Sie mögen euch des Lebens Abglanz sein,
Vielleicht aus lust'gem Zauber sich gestalten,
Sie streben doch nach Einem Zwecke nur:
Ob hier der rasche Mann sein Käthchen zähme,
Titania sich mit Oberon versöhne,
Der Page dort mit Don Armado tändle,
Ob Pyramus und Wand und Mondschein sprechen:
Es löst sich Alles auf in Scherz und Liebe;
Der Dichter singt, auf daß ihr Beifall zollt,
Stets nur wie's euch gefällt und was ihr wollt.

Doch still! Was für Gesellen treten da
Noch kühn zu uns? — Den Didwanst kennt ihr wohl!
Er hat schon seit Jahrhunderten die Scene
Mit unversiegbar frischem Scherz versorgt:
So zierlich lubhaft, so possierlich frech,
Sinnlich, doch mit Verstand, gemein, mit Witz,
Ein Feiger, und doch hält man ihn für tapfer,
Ein Lügner, Dieb, und dennoch ritterlich,
Keck, wo er darf, demüthig, wo er muß:
Ja, es ist nichts an ihm, was schlimm nicht wäre,
Schlimm nichts an ihm, was nicht verwebt mit Gutem,
Und mit ihm wandeln stattliche Gesellen,
Mit mehr, mit minder Witz, stets guter Dinge,
Das eben ist der Kern der lust'gen Leute,
Daß ihnen Gut wie Schlimm fast gleich bedeute:
Gelingt es nur, das Dasein fortzuführen,
Es läßt sich immer noch ein Scherz erspüren.

VIII.

Es stellt sich kräftig euern Augen dar
Der Menschen Thun in großen, kleinen Kreisen:
Die Macht der Throne und der Könige,
Der Höfling, der in ihrem Athem lebt;
Der wechsellose Geist der kleinen Bürger,
Die gern den Tag des Tages Bruder nennen,
In Sicherheit des leichten Spaßes froh;
Des müß'gen Adels freier, lecker Scherz,
Des Kriegers kühnes Pochen auf sein Schwert,
Und wiederum die klösterliche Ruh',
Die an der engen Zelle sich erfreut;
Des Herrn Gebot, des Dieners Folgsamkeit,
Des stillen Landmanns ungetrübtes Wirken,
Der angeerbten Bodens Bau betreibt;
Die Niedrigkeit des Pöbels, der an Nichts
Mit Treue hält, weil Nichts ihm angehört:
Das Alles tritt hervor, wie aus dem Leben
Und doch geschickt, euch drüber zu erheben!

IX.

Und was in Menschenherzen sich geregt
Von wilder Leidenschaft und mächt'gen Trieben —
Geheimnisvoll und schauderhaft, das fand
Den treuen Spiegel in des Dichters Seele:
Den Menschenhaß, der, mit der Welt entzweit,
Sich selbst verzehrt in trüber Einsamkeit;
Die Eifersucht, von Bosheit schlau umfangen,
Zerstörend dumpf ihr süßestes Verlangen;
Die Liebe, Stamm von vielen tausend Zweigen:
So rein, daß sich die Engel zu ihr neigen,
Und wiederum mit Sünd' und Schmach verwebt,
Bis tief zur Wollust, die sich nimmer hebt;
Der Ehrgeiz, der sich will zur Sonne wenden,
Den Helfer Mord in blutbefleckten Händen;
Des Unrauts ungeheure, finst're That,
Der in der Hölle seine Wurzeln hat;
Die Kinder — Erde, kannst du sie ertragen? —
Die ihren Vater in Verzweiflung jagen!
Du, süßes Mitleid, folgst durch Sturm und Wind,
Du wohnst ja auch in eines Vaters Kind!
Doch weh! Umsonst! Wahnsinn hält ihn umschlungen:
Sein Fluch ist tief zur untern Macht gedrungen.
Wie ist die Erde dunklen Frevels voll!
Der Beste zweifelt, wie er handeln soll,
Ob auch die Geister aus den Gräbern steigen,
Um ihm sein schweres Rächeramt zu zeigen:
Denn — schrecklich! was ein Kind am meisten ehrt,
Die Mutter ist's, die schuldig sich bewährt;
Drum sieht er thatenlos und ohne Willen
Des Hauses dunkle Lose sich erfüllen,
So zögernd, daß er dann sein Schwert erst hebt,
Wenn schon der Tod in seinen Adern bebt:
Des Hauses Säulen wanken und begraben
Die Schuld'gen selbst, die sie erschüttert haben.

X.

Und über Tod und Leben schwebt der Dichter,
Stillt lächelnd das Gemüth, das er erregt:

In ihre Gräber sendet er die Geister,
Woher sie rief sein mächtig Zauberwort,
Fest steht die Welt, die mit uns schien zu wanken,
Das Leben ist in's rechte Licht gestellt,
Und unser Sinn gereinigt und erhellt.

XI.

Der Dichter kleidet gerne seiner Seele
Geheimste Regungen in holde Bilder.
Und giebt ein täuschend Leben „luft'gem Nichts",
Ja selbst Begebenheit und Gegenwart
Verwebt er so in sein phantastisch Träumen,
Daß Wahrheit sich zur Dichtung umgestaltet.
Doch auch die Wirklichkeit ist Poesie:
Die Wirklichkeit, die uns aus der Geschichte
Entgegentritt in Völkern und in Fürsten,
Mit großen Massen und mit großen Zwecken.
Dies hat, den wir verehren, auch erfaßt,
Und seines Vaterlands gewalt'ge Thaten
Mit Macht und Weisheit vor uns hingestellt.

Der Kön'ge Zwiespalt, der Parteien Streit,
Der Aufruhr, der sein dräuend Haupt erhebt,
Die Ritterkraft, die für das Recht nur kämpft,
Des wilden, losgelass'nen Pöbels Wuth —
Das sind die Züge zu dem großen Bilde,
Der Hintergrund sind Schlachten und wie immer,
Wo Herren streiten, auch die Diener keifen:
So stellt auch hier sich leichtes Völkchen ein,
Das manchmal Scherz zum ernsten Worte flicht,
Damit kein Zug am Weltgemälde fehle:
Wie Hektor, Ajax oder Diomed,
So steh'n die Helden von Britannien:
Percy und Mortimer und Bolingbroke
Vollendet da in dichterischer Wahrheit.
Wie aber in des alten Sängers Lied
Ein Held hervor aus Allen ragt: Achill,
So will sich hier, an allen Tugenden
Ein Held, wenn auch von manchem Fehl umhüllt,
Vor unserm Blick der junge Heinrich heben.

So hat sich der Geschichte Herrlichkeit
Bewährt auch in dem Zauberland der Dichtung;
Der spröde Stoff fügt sich der Lyra Tönen:
Die Kunst weiß mit dem Herbsten zu versöhnen.

XII.

Du aber, der du die Begebenheiten,
Die wechselnden, so kräftig und so zart
Geformt zu ewig fester Gegenwart,
Du Meister in der hohen Kunst der Saiten:

Du wirst nicht mit der Tage Strom entgleiten,
Dein Wirken ist der Erde anjgespart
Und noch der Enkel spätester bewahrt,
Was du gedacht zu seiner Väter Zeiten.

Denn ob die Kunst stets wechselnd sich erweist
So bleibt doch Eines fest in Kunst und Leben:
Es ist die Seele, der lebend'ge Geist,

Der, Gott entstammt, das Göttliche will geben.
Aus dir will, Shakespeare, solch ein Athem weh'n:
Du kannst nur mit der Menschheit untergeh'n.

Julius von der Traun.

Einst und Jetzt.

Ja damals, das war eine gute Zeit!
Die Parze spann das Fädchen,
Sie spann es golden, gleich und weich,
Wie lustig schnurrte das Rädchen.

Und jetzt! Sie spinnt noch immer, doch
Ich sehe den Flachs sich verwirren;
Das Rädchen stockt, es stockt mein Blut,
Und ich höre die Schere klirren.

Im Kirchhof.

Im Dämmerscheine flirren
Die Kreuze hell und blank,
Die Schriften sind verloschen,
Und Grab an Grab versank.

Die Blumen aber blühen
Noch lustig drüber fort,
Es flüstert in den Weiden,
Als wär's ein leises Wort.

Ein Wort von Lieb' und Treue,
Von Wollust und Verrath,
Vom Lohn der bösen Werke,
Vom Fluch der guten That.

Hier braust mein Herz von Stürmen,
Schließ' ich das Auge zu:
O du gepries'ner Friedhof,
Steht's so um deine Ruh'?!

Heimkehr.

O nimm sie hin, die Leier, die ich schlage
Mit unbeflecktem Herzen, reiner Hand;
Aus deren Saiten sich durch meine Tage
Zu dir der Ariadnefaden wand.
O nimm sie hin, die sanften Huldigungen,
Die mir gezollt manch liebliches Gemüth;
Nimm hin mein Leben, von Erinnerungen,
Wie jener Quell von Rosen, überblüht.

Nimm hin die Zukunft, die vielleicht erkoren
Dem Sänger, der um reine Kränze ringt;
Der in der Zeit der Kämpfe ward geboren,
Und mit bewehrter Hand die Liebe singt.
Nimm Alles hin! Ich will zu Füßen legen
Dir Schwert und Leier, meine Schätze ganz;
Gieb mir dafür nur deiner Nähe Segen
Und laß' mich ruh'n in deines Friedens Glanz.

Die Traven-Nixe.

(lübische Sage.)

Das ist Herr Gerhard Reuter,
Der auf dem Damme geht,
Unhörbar rinnt das Wasser,
Der Mond am Himmel steht.
Da rauscht es auf vom Grunde,
Es wirbelt, schäumt und schwallt,
Und aus dem Flusse tauchet
Die lieblichste Gestalt.

Sie winkt mit weißen Armen,
Dann senkt sie kummerschwer
Das schöne Haupt und seufzet:
„Jetzt kommt er nimmermehr!
So still hab' ich geahnet,
So süß hab' ich geträumt —
Jetzt ist die Stunde kommen,
Und er hat sie versäumt!"

Herr Gerhard steht und staunet,
Da kommt's den Berg herab
Gelaufen und gesprungen —
Es ist der Hirtenknab'.
„Wohin mein Sohn?" „In's Wasser!
Was hemmst du meinen Lauf?
Mich drängt es, hie zu baden,
Als stünd' mein Leben drauf!"

„Und steht darauf dein Leben,
So rett' ich es nach Pflicht,
Du darfst nicht in die Trave,
Um Gotteswillen nicht!"
Der Knabe steht und seufzet,
Wie um verlor'nes Glück,
Zu seinen Schafen führet
Herr Gerhard ihn zurück.

Gutwillig folgt der Knabe,
Sein Mund nicht widerspricht,
Und nur ein leises Klagen
Durch seine Seufzer bricht:
„So still hab' ich geahnet,
So süß hab' ich geträumt —
Die Stunde ist gekommen
Und ich hab' sie versäumt!"

So oft die Traven-Nixe
Im Mondenscheine winkt,
Ein Knab', der nächtens badet,
Im Flusse dort versinkt.
Wenn dann durch viele Tage
Kein Fischer mehr sie fand,
Liegt eines Morgens lächelnd
Die Leiche an dem Strand.

Lienbach-Alpe.

(Salzburger Bergjäger.)

Als sie aus dem Walde stiegen
Sprach der Jäger zu dem Knechte:
„Wie die Adler möcht' ich fliegen
Über diesem Zweiggeflechte,

Fliegen über diesen dunkeln
Tannen, diesen kargen Feldern,
Über diesem blöden Funkeln
Stummer Seeen in den Wäldern.

Über diesen niedern Sparren
D'runter wir geknechtet hocken,
Diesem Beten, Geizen, Narren,
Diesen dummen Kirchenglocken.

Statt mit Noth und Schmach zu ringen
Und ein Mensch zu sein verdammet,
Wünsch' ich mir des Adlers Schwingen,
Seines Busens Flaum und Sammet.

Du behalte, karger Himmel,
Alle deine Seligkeiten —
Über diesem Wurmgewimmel
Laß mich nur die Flügel spreiten!"

Horch — da springt mit Huf̄getrappe
Von des Berges Felsenkamme
Vor den Jäger hin ein Rappe,
Glänzt und sprüht gleich einer Flamme.

Seine Füße — Bogensehnen —
Ihn zu schleudern, lüstern bebt er,
Gleich als trüg' ihn an den Mähnen
Schon der Sturmwind fort, so schwebt er.

Schrecklich ist er anzuschauen,
Doch der Jäger ruft: „Willkommen!
Dir will ich mich anvertrauen,
Meinem Unmuth wirst du frommen!"

Schwingt sich mit gewalt'gem Sprunge
Auf des Rosses Sammetrücken,
Weiß zu geben ihm die Zunge
Und die Zügel recht zu zücken.

Und der Rappe bäumt und brauset,
Tritt den Grund mit starken Hufen,
In der Luft er aufwärts sauset —
Tief verstummt des Knechtes Rufen.

Gottverächter, Flügelspreiter!
— Stürme strählen seine Locken —
Ach was gälte unserm Reiter
Jetzt ein Klang von Kirchenglocken!

Hätten sie mit erz'nen Zungen
Nicht erzürnet stillgeschwiegen,
Wär sein Roß zu Thal gesprungen —
Diesmal mußt' er weiterfliegen.

Wohin ritt er von der Erde?
Hinzukommen wird gelingen
Vielen, die jetzt hoch zu Pferde
Über unsre Köpfe springen.

Doch daß Einer hergekommen
Kündend, was er dort gesehen —
Dieses hab' ich nie vernommen,
Und das wird auch nicht geschehen.

—❉◆❉—

5*

Herr Heinrich und sein kluges Pferd.

Im Walde lag verborgen
Das alte Schloß so tief,
Wo ohne Wunsch und Sorgen
Herr Heinrich lag und schlief.
Da hat er plötzlich vernommen
Wiehern und Hufesschlag:
„Ha! wer ist angekommen,
Der so mich ermuntern mag?"

Es ist ein ledig Rößlein
Mit einem Purpurzaum,
Es springt in's stille Schlößlein
Und weidet im Hofesraum.
„Wer hat es mir verehret?"
Nicht Einer, der es wüßt' —
„So hat es mir bescheret
Bei Nacht der heil'ge Christ.

Willkommen in jungen Jahren,
Mein Rößlein flink und klug,
Laß' durch die Welt uns fahren
Auf einem fröhlichen Zug!
Du kamst mich aufzusuchen
Zu gar geleg'ner Zeit."
Wehmüthig rauschen die Buchen —
Er ist zur Reise bereit.

Die Nachtigallen klagen
Und traurig hackt der Specht,
Der Wind im Land will sagen:
Heinrich, das ist nicht recht,
Daß du uns willst verlassen,
Den Wald und seine Ruh',
Und reiten auf fremden Straßen
Verhülltem Geschicke zu.

Wie der Hirsch der Zweige Gitter,
Durchbricht er den Waldesrand,
Da leuchten dem jungen Ritter
Das Meer, die Städte, das Land.
Drei Wege, viel verheißend
Erblickt der frische Held,
Wie Silberbänder gleißend
Durch Wiesen und grünes Feld.

Die erste Straße führte
Zum Hafen laut und reich,
Herr Heinrich die Zügel rührte,
Sein Rößlein sprach sogleich:
„Besinne dich! dem Pferde
Der Habsucht bleibe fern;
Frei und arm, wie die Lerche,
Lobe Gott deinen Herrn."

Das Kloster war, das alte,
Des zweiten Weges Ziel;
Von den Thürmen herüberschallte
Das goldene Glockenspiel —
Und Weihrauch und Jubatöne
Seiden und Edelgestein,
Gärten, Teiche und schöne
Damen, sich spiegelnd darein.

„Wie wird mein Herz so lüstern
Nach all' der heil'gen Pracht."
Das Rößlein sperrt die Nüstern:
„Nimm deine Seel' in Acht!
Der halbenthüllten Lüge
Sollst du kein Diener sein,
Nicht heiligen gold'ne Krüge
Den längst entweihten Wein."

„So reit' ich denn die Dritte,
Die Straße zur Königsstadt.
Nichts hemme deine Schritte!"
Das Roß gehorchet hat.
Doch leise hört er's klagen:
„O weh, was hast du gethan!
Du wirst in alten Tagen
Gar schwer gedenken daran."

Welch' königliches Glänzen!
Geschmückt die ganze Stadt
Mit Fahnen und mit Kränzen —
In langem Zuge trat
In ihren samm'nen Roben
Der Bürger edle Schar;
Sie boten ihm erhoben
Eine goldene Krone dar.

Heerpauken und Trompeten:
„Wie herrlich ziehst du ein!"
Knieende Mädchen flehten:
„Du sollst unser König sein!"
Er stieg vom Pferde gnädig
Und griff nach seinem Glück;
Das Rößlein wurde ledig
Und lief in die Waldung zurück.

Sie hatten ihm gezäumet
Ein feuerfarbnes Roß.
Auf goldner Stange schäumet
Es brausend vor dem Troß.
Der Busch an off'ner Straße
Die Burg am Waldgehäng,
Sie sandten ihm in Masse
Streitlustiges Gedräng.

Die wilden Scharen kamen,
Der Bürgersmann erblaßt,
Sie brachten stolze Namen,
Das Andre war verpraßt.
Sie jubelten tausendtönig:
„Willkommen altes Glück!
Du ritterlicher König,
Du bringst es uns zurück!"

Herr Heinrich herrschte lange,
Umrauscht von Waffenklang,
Bei Steuerdruck und Drange
Dem Volke ward es bang;
Er rüstete neue Heere
In immer neuer Pracht,
Sprach nur von Macht und Ehre —
Verlor doch Land und Schlacht.

So bleichten seine Haare
In Sorgen allgemach,
Da dacht' er seiner Jahre
Und seiner Thaten nach;
Da dacht' er voll Reue des Blutes,
Das er so nutzlos vergoß.
Seines frischen Jugendmuthes
Im waldverborgenen Schloß.

Die grüne Heimat suchen
Die Augen: „Unversehrt
Rauschen die alten Buchen,
Dort weidet mein kluges Pferd.
Nicht wollt es her mich tragen —
O weh! was hab' ich gethan!
Jetzt muß ich in alten Tagen,
Gar schwer gedenken daran."

Ottokar Freiherr von Schlechta-Wssehrd.

Persische Sprüche.

Schale und Kern.

Hast je ein thöricht Kindlein du geschaut
Wie es an Mandeln oder Nüssen kaut?
Ob ungeschält und hart, es kaut sie gern,
Weil es nicht ahnt darin den süßen Kern.
Hat nichts davon als Schmerzen und
Verdruß,
Kaut doch geduldig fort an harter Nuß!
Doch bald, ein Jährlein später oder zwei,
Da wird ihm klar, was an der Sache sei:
Die Schale wirft es weg, denn es entdeckte
Der Früchte Inhalt und wie süß er
schmeckte. —

Das Kind bist du, dein Thun ist wie
des Kind's
Und Nuß und Mandel: Welt und Leben
sind's.
Wie oft der Dinge Wesen und Natur
Verkennend, kaust du harte Schalen nur,
Bis Liebe dich erleuchtete, den Blinden,
Dich lehrt: die Kerne in den Schalen
finden.

Gluckwunsch.

Der Wünsche bester ist: Erspart auf
Erden
Sei dir Glückwünschen und beglückwünscht
werden!

Wie du, so dir.

Du möchtest, daß dein Söhnlein lieb
dich habe!
Gehst du auch oft zu deines Vaters
Grabe?!

Persische Selbstkritik.

Ganz brave Leute hat Tebris! Und doch,
Sie nicht zu sehen ist mir lieber noch!
Und Isfahan! Ein Eden ist der Ort,
Doch giebt es leider Isfahaner dort!
Und nun Kaschan erst! Hunde hat die
Stadt,
Noch bessere als Kum Patricier hat,
Was allerdings nicht hindert, daß im
Grunde,
Auch die Kaschaner schlechter sind als
Hunde.

Ludwig Foglar.

Glycerion.

Den Zaub'rer seh't! Der feinste ist's im Land!
Gen Abend war's, auf Smyrna's heißem Strand
Vor einem Zelt, mit Fähnlein reich behangen.
Ein gräßlich Bild sah man am Eingang prangen:
Den Zaub'rer und ein Mägdlein angstdurchbebt,
In dessen Busen er den Dolch begräbt.
Es gaffen rings Facchini und Matrosen,
Der ganze Pöbel aus der Stadt der Rosen,
Doch mich lockt' and'rer Zauber viel zu sehr:
Das ewig schöne Bilderbuch, das Meer. . .

Mein Führer aber: „An dem Jahrmarktfeste
Fürwahr die kleine Sklavin ist das Beste!
Zum ersten Male heut', wie sonst den Kuß,
Den Stich in's Herz sie scheinbar dulden muß.
Sie dienet ihrem Herrn um kargen Lohn,
Ist stumm, doch wunderschön: Glycerion!"
Das traf! Galt's doch das Seltenste zu schauen
Im Orient: ein Muster schöner Frauen!
Wir traten ein.

Durch des Gezeltes Riß
Die Abendstrahlen blitzen ungewiß.
Im tollen Knäu'l die ungeberd'ge Menge
Vergnügte sich in Lärmen und Gedränge,
Sie schien dem neuen Zauberstück gewogen,
Das Mancher wohl im Ernste schon vollzogen.
Dem schwarzen Tisch voll Büchsen und Phiolen
Naht' nun der Zauberer auf weichen Sohlen,
Phantastisch aufgeputzt ist sein Gewand,
Ein buntes Stäbchen hält die dürre Hand,
Damit berührt er Tiegel und Retorten
Beschwörung flüsternd mit verstohl'nen Worten.
Die Menge jauchzt, ihr hat er's recht gemacht,
Ich aber hatt' der Künste wenig Acht,

Ich lugte forschend nach dem Hintergrunde,
Nach dem verheiß'nen Blut der Herzenswunde,
Und hielt drum treulich aus am wüsten Ort.
Ein leichter, dunkler Vorhang wallte dort
Um eine Lichtgestalt, die nur zuweilen
Handreichend durft' im Flug vorüber eilen.
Doch war's genug: ein Antlitz kummerblaß
Und rührend hold, ob dem man gern vergaß
Den wüsten Spuk! Der scheue, zage Blick
Verkündete das schwerste Mißgeschick
Und in den bleichen Zügen war's zu lesen:
Sein Schicksal kennt und haßt dies arme Wesen!
Glycerion! ja, deine Seel' ist fern,
Aus hartem Zwang nur dienst du diesem Herrn!
Was nützt es dir? Besiehlt er's, mußt du lachen,
Mußt helfen ihm, sein neu'stes Kunststück machen,
Dir graut davor — du darfst nicht sagen: Nein!
O, daß du mußtest stumm geboren sein!
Wie ist beredt doch, was dies Auge spricht,
Du flehst Erbarmen, doch sie hören's nicht!
Nun sollst du wehrlos vor der Menge steh'n,
Sie will dein pochend Herze bluten seh'n,
Sie ahnt nicht, daß es blutet lange schon
Unsichtbar ob der Schmach, Glycerion!
Doch freilich ist kein Schauspiel dies für Jene,
Die nie geahnt die leidverstickte Thräne!

Nun geht an's Werk der Zaub'rer unter Scherzen:
„Habt keine Angst, es soll das Kind nicht schmerzen!"
Und hebt ihr Busentuch mit kecker Hand,
Um frech, indeß ihr Auge Thränen füllen,
Den allerschönsten Busen zu enthüllen.
Nun blinkt in seiner Hand das Messer scheu,
Da gellt ein Schrei, auffpringt Glycerion,
Verhüllt sich rasch und müht sich zu entweichen;
Dem Roth der Scham folgt tödliches Erbleichen —
Verzweiflung hat den ersten Laut erpreßt
Der Kehle, die bis heut verschlossen fest!
Die Jungfrau ob dem Wunder selbst erschrickt
Und stehend, bebend, auf zum Meister blickt
Als sagte sie: „Du sollst mich nicht versuchen,
In meinem ersten Stammeln dir zu fluchen!"
Da tobt der wüste Pöbel ungeduldig:

„Will er das beste Kunststück bleiben schuldig?
Die Dirne muß!“ Der Zaub'rer grimmig schreit:
„Ihr Tollen! schweigt!“ Sie aber nützt den Streit,
Und eh' die andern Alle sich besinnen
Ist aus dem Zelt geflüchtet sie von hinnen!

Vergebens setzt der Zauberer sein Haupt
Zum Pfand der Wiederkehr, d'ran Niemand glaubt.
Er stürzt hinaus, den Flüchtling einzuholen,
Die Horde nach mit gräulich wildem Johlen
Dem Hafen zu ... Ein Boot sieht fern man treiben,
Die Wogen schleudern's fort. Wo wird es bleiben,
Das stumme Kind? Du magst es wissen, Meer,
Du trugst das Boot an's Land. doch war es leer! ...
Am Molo aber höhnt's in allen Zungen:
„Dem Zaub'rer ist sein letztes Stück mißlungen!“

Auf Ithaka, in stiller grüner Bucht
Verborgen, nur von Wenigen besucht,
Die kleinste Fischerhütte einsam steht,
Dahin ward ich vom Reiseglück verweht,
Und fand in stiller Inselherrlichkeit
Das frohste Paar von Menschen weit und breit:
Den Fischer, den mit Recht Ulyß sie nennen,
Glycerion's Erwählten lernt' ich kennen!
Er hat auf kühner Abenteurerfahrt,
Ein Homeride wohl nach seiner Art,
Die Flüchtende bei Smyrna's Strand gerettet,
An ihr Geschick das seinige gekettet:
Das ist nun Sonnenschein im Übermaß,
So daß ich aller Roth und Schmach vergaß.
Aus welcher, wie aus starrer Eiseshülle
Emporgeblüht des Glückes reichste Fülle:
Holdsel'ge Anmuth und bewußte Kraft,
Genusses Freude in Genügens Haft,
Und Muth, gestählt im Kampf mit Meereswellen —
O Glück, das keine Stürme mehr zerschellen!
Und als ich schied, war's mir im Herzen klar:
Der schönsten Insel werth ist dieses Paar!

Hermann Rollett.

In stiller Frühe.

Früh, in stiller Frühe,
　Eh' der Tag ersteht,
Eh' zur Lebensmühe
　Laut die Menschheit geht,
Webt es in den Weiten
　Schlummerstiller Luft,
Heimlich zu bereiten
　Glanz und Klang und Duft.

Strömt dann rings allmählich
　Gold'ne Sonnengluth,
Und erklingt es selig
　In der Düfte Fluth, —
Meint ihr, ohne Mühe
　Hat sich das gemacht,
Doch bis in die Frühe
　Webte still die Nacht.

Sommerlied.

Der Sommersonne Flammen glühn
Aus wolkenlosem Blau hernieder,
Verstummt ist in dem schwülen Sprühn
In Wald und Au der Klang der Lieder.

Verstummt ist ringsum jeder Laut.
Die warmen Wellen tonlos rinnen. —

Das Menschenkind auch schweigend schaut
In Ruhe hin mit stillen Sinnen.

In jeder Blüthe tiefstem Grund
Giebt voll geheimnisvollen Lebens
Im lichten Glühn der Luft sich kund
Die leise Ahnung reifen Lebens.

Endlich!

Endlich nahst du still mir wieder,
　Liebliche Erinnerung.
Rauschest auf mit Goldgefieder,
　Machst mich wieder froh und jung.

Und es steht vor meinem Blicke
　Leuchtend die beglückte Zeit,
Wo mir hold ward vom Geschicke
　Erste Liebesseligkeit.

In des Lebens Kampfgedränge
　Stürmt nur wildes Weh herbei,
Und statt heller Lustgesänge
　Schallt nur wüstes Schlachtgeschrei.

Selten nur hebt sich die Seele
　Aus des Lebens argem Streit —
Daß sie nicht zu tod sich quäle —
　In die Höh' der Heiterkeit.

Und ein solch' entzückt Besinnen
　Überkam dich, Seele, jetzt;
Halt es fest, laß' nicht verrinnen,
　Was dein Sehnen labend letzt!

Leise tönt's, wie ferne Glocken,
　Ladend traut — zur Festtagslust,
Und ein inniges Frohlocken
　Zieht durch meine wunde Brust.

Josef Mauthner.

Am Gosausee.

Wie sieht sie blaß! in märchenhaftem Trutze
Reißt sie vom Haupt die schützende Kapuze
Und läßt das Wetter toben nach Gefallen,
Sie ist, bei Gott! die Muthigste von Allen.

Vom Sturm geschüttelt beugen sich die Föhren
Ich rufe sie, sie aber will nicht hören,
Ihr schafft's Genuß, umglüht von Feuerzeichen,
Das lose Haar sich aus der Stirn zu streichen.

Der Donner zerrt das Echo aus den Klüften
Die Felsengeister rauschen in den Lüften —
Sie aber steht hoch aufrecht jetzt im Kahne:
„Wer um mich wirbt, vermählt sich dem Orkane!"

Du wildes Herz! was soll dein stolzes Ringen?
Du kannst den Aufruhr lächelnd niederzwingen,
Dein Augenaufschlag braucht nicht lang zu währen,
Um alle Himmel sonnig zu verklären!

Sieh' doch empor! Die dunklen Wolkenjagden
Zerflattern schon, aufleuchtet hellsmaragden
Der Alpensee. Die letzten Tropfen hangen
Als heil'ger Friedensthau auf deinen Wangen.

———✦———

Im Schnee.

Dein Häuschen, in Flieder
Und Rosen versteckt,
Das jetzt vom Gefieder
Der Flocken bedeckt,
Dem traulichsten Dache,
Dem duftigsten Heim,
Entbiet' ich der Sprache
Hellheitersten Reim.

Im blühenden Passe
Vom Mondlicht umsäumt.
Auf freier Terrasse
Wie hat sich's geträumt!
Vielsüß ist Vergessen,
Doch süßere Lust,
Den Jubel zu messen
In wogender Brust!

Wir schlürften der Kelche
Ambrosischen Hauch,
Und fragten nicht, welche
Entzückungen Brauch:
Was immer dem Glücke
Die Sitte kredenzt,
Wir schlugen's in Stücke
Von Liebe umkränzt.

Einstschattige Lauben,
Ihr glänzt wie Krystall!
Du bargst meinen Glauben
Rothblumiger Wall!
Du bargst auch mein Lieben,
Mein Glück und mein Weh —
Was ist dir geblieben?
Ein Kronreif von Schnee.

Erstarrtes Gezweige
Die Kreuz und die Quer —
Sei muthig und neige
Dein Haupt nicht zu schwer!
Dein Rosengeschmeide
Du glaubst es verblüht?
Wir tragen's Zweibeide
Wo's nimmer verglüht!

Auf Wegen und Stegen
Schnurperlen von Eis!
Doch athmet der Segen
Des Frühlings schon leis!
Bald wird er erwachen
Und zieht mit Gebraus
Und fröhlichem Lachen
In's gastliche Haus!

Verklärung.

Holdsel'ge Frau! Du bist zu schön,
Zu wundersam sind deine Züge,
Als daß man nicht in Himmelshöh'n
Erstaunt nach deiner Abkunft früge!

Wer hat dein Angesicht im Quell
Des ew'gen Morgenlichts gebadet?
Wer hat dein Haar so goldig hell
Und deinen Mund so süß begnadet?

Holdsel'ge Frau! Der Himmelfahrt
Mariens muß ich stets gedenken,
Will sich mein Aug' nach Menschenart
Verlangend in das deine senken.

Mir ist's, als würdest du im Blau
Des Firmaments dich lächelnd sonnen,
Als sähe ich die schönste Frau
Verklärt zur schönsten der Madonnen!

„Ich riß dich aus besonnter Bahn.“

Ich riß dich aus besonnter Bahn,
Aus deines Glücks geweihten Marken,
Nun aber muß dein Herz erstarken
Und muthig kämpfen, da's gethan.

Ich trug dich aus den friedensvollen
Gehegen in ein heiß'res Land,
Dich hätt' ich ewig meiden sollen
Und danke Gott, daß ich dich fand!

Es glich dein Leben dem Krystall,
Worin sich Frühlingslichter fangen,
Ein Lenzhauch zog von deinen Wangen
Hinaus in das erquickte All!
Da schreckt dich auf Gewittergrollen,
Ein greller Blitz am Wolkenrand —
Dich hätt' ich ewig meiden sollen
Und danke Gott, daß ich dich fand!

Wir kannten uns, und standen scheu
Und traumumdämmert oft beisammen,
Dir waren die gewalt'gen Flammen
Geheimnißvoller Liebe neu!

Du wolltest fliehn, doch sank dein Wollen,
Ein milder Falter, in den Brand —
Dich hätt' ich ewig meiden sollen
Und danke Gott, daß ich dich fand!

Nun bist du mein! nur naht der Schluß
Des wonnereichen Marterganges —
Dann schenke mir ein letztes banges,
Gerührtes Wort und einen Kuß!
Und lasse meine Thränen rollen
Auf deine kleine weiße Hand —
Dich hätt' ich ewig meiden sollen
Und danke Gott, daß ich dich fand!

Theodor Meynert.

Talente.

Wie Stein und Erz ward uns die Kraft zu Theil,
Sie zu behau'n, zu gießen und zu schmieden;
Mach' sie zu Schwert und Amboß, Pflug und Pfeil,
Danach du Kampf begehrest oder Frieden.

Goldkörner sind gesprenkt oft in's Gestein,
Zu glauben läßt drob Mancher sich berücken,
Daß Schätze schließt sein rohes Eigen ein,
Beginnt es, statt zu formen, zu zerstücken.

Doch sieh! die Kühnheit glückt! Der Kern war Gold,
Es strahlt befreit durch die geborst'ne Hülle,
Münzt er es aus, dann steh'n in seinem Sold
So Pflug als Schwert, so lange reicht die Fülle.

Doch log der Glanz, wie elend wird er sein!
Das Erbtheil seiner Kraft schlug er zu Trümmern:
So wisse, die Talente sind der Schein,
Der uns so herrschen macht und so verkümmern.

Jugendtraum.

Als Knabe lehnte sinnend ich an Säulen
Und sah der Wolken flücht'gen Schwarm enteilen,
Vergehen müssen dir die Dunstgestalten,
So meint' ich, doch die Säulen werden halten.

Die Freunde hab' ich froh und stolz verglichen
Mit jenen Säulen, die nicht wankten, wichen.
Und mit dem Wolkenheer im Lichtgefilde
Des Jugendtraums zerflatternde Gebilde.

Doch sah ich jene Stein um Stein zerstreuet,
Den Wolkenflug von Tag zu Tag erneuet.
Die Freunde nur, ein Jugendtraum, zerstieben,
Der Jugendtraum ist mir als Freund geblieben!

Fritz Lemmermayer.

Wolkenbild.

Düstergraue
Wolken ragen
Trotzig auf,
Felsengleich.
Naht mit Brausen
Sturmessausen,

Fährt in's Wolkengebirg.
Und die Berge zerbrechen
Und die Felsen zerschellen —
Sah's und dacht' des
Menschenloses.

Carl Carv.

Der Mönch.

Ein Kloster ragt in's Land hinein
Zu Straßburg über der Ill,
D'rin schafft ein Mönch in der Zelle klein
An einem Psalter still,

Das Aug' in tiefer Emsigkeit
Auf's Pergament gebannt,
Und Zeil' um Zeile wohlgereiht
Malt kunstvoll seine Hand.

Die Initialen der schwarzen Reih'n
Belebt er in buntem Glast
Mit Blumen und Vögeln und Engelein,
Von Blätterranken umfaßt.

Wie so mit Farben und goldenem Licht
Er sein Geträume tuscht,
Über das junge, schöne Gesicht
Ein flüchtig Lächeln huscht.

Die Sonne sinkt durch's Buchengrün,
Das vor dem Fenster bebt,
Die Funken der Abendsonne sprühn;
Der Mönch sein Haupt nicht hebt.

Der Westwind flüstert mit schmeichelndem
Mund,
Die Nachtigall ist erwacht,
Sie schluchzet so drängend, so sehnsuchts-
wund,
Der Mönch hat deß' nicht Acht.

Wie klingen die Glocken heut so mild:
Nun gönn' dir Lust und Ruh!

Der junge Mönch an Schrift und Bild
Schafft rastlos immerzu.

Da ziehn Landsknechte hinaus zum Thor,
Ihr Taktschritt markig dröhnt.
Sie singen rauhen Kriegerchor,
Der durch den Abend tönt.

Sie singen vom Marsch über Alpenhöhn,
Von der Nacht, wo das Wachtfeuer loht,
Von eiserner Schlacht, von des Ansturms
Gedröhn,
Von freiem Heldentod.

Von der Beute goldgehäuftem Thurm,
Von der Sieger prassender Lust,
Von rothen Rosen, gepflückt im Sturm
An weißer Jungfraunbrust.

Sie singen vom italischen Land,
Von Palästen aus Marmor und Gold,
Von Napels blumendurchduftetem Strand,
Den blaue Welle umrollt.

Sie singen — nicht hört ihr Singen mehr
Der Mönch, der athemlos lauscht,
Nur flatternde Laute dringen her
Im Wind, der stärker rauscht.

Kühl weht die Nacht, doch lodernd brennt
Des Jünglings Angesicht.
Aus seinen Augen auf's Pergament
Ein Strom von Thränen bricht.

Im Süden.

Still athmend liegt in Schlummerrast die Flur,
Von goldgestirntem Schleier überwallt.
Der unnahbare Aetna scheidet scharf
Sein Silberhaupt vom blauen Sammt des Himmels
Die Meerfluth rauscht an's felsige Gestade.
Ein lauer Wind erwacht, getränkt vom Hauch
Der üppigen Orangen und Oliven;
Die Rosen träumen schwüle Liebesmärchen,
Von ihrem süßen Athem glüht mein Herz. —
— Wie fern bin ich der Heimat! —

                                        Nun erschließt
Die Sehnsucht, schüchterner Viole gleich
Den Sternen ihre Brust. — Wohin entführt
Mir zauberkund'ge Nacht aus diesem Eden
Die Seele über Meere, Berge, Flächen?

Ich seh' mich wieder bei der Lampe Schimmer
Im Stübchen, wo mich manche Sommernacht
Des letzten Jahres traf. Ihr deutschen Berge,
Ihr dunklen Fichtenwälder, euer denk' ich
Wehmüthig unter Palmen und Granaten.
Ob meinem Haupte hat der Friedensengel
Gebreitet nimmer seine weißen Schwingen
Wie damals schützend, o mein Gutenstein,
In deines Schlosserhäuschens Erkerkammer.
Die Fenster standen offen, drunten floß
Sanft rauschend der Gebirgsbach mir vorüber.
Der Vollmond hüllt in silbergraue Nebel
Die hohen Wälder, die, ein dichter Kranz,
Die Welt verschlossen dem zufried'nen Auge.
Der Fichten Harzduft und der Wiesen Balsam
Durchströmten mein Gemach und zarte Falter,
Gelockt vom Lichte, flatterten herein
Und senkten furchtlos sich auf meine Hand,
Indeß ich schrieb. Ihr dunkelbunten Falter,
Wart ihr der unsichtbaren Göttin Boten,
Von deren Näh' mein still erglühend Herz

Beseligt bebte, die vielleicht am Saume
Des Waldes unter grünen Kronen stand
Und liebend auf mir weilt' mit süßem Auge?
Ach, damals war die Poesie mir nah.
Schwermüthig schöne Welt gestaltete
Sich in erregter Brust und drängt' zum Lichte.

So saß ich sinnend, schreibend. Hob ich dann
Empor und taucht' das Aug' in's Waldesdämmer,
Erglänzte durch des Abhangs Tannengrün
Geheimnißvoll ein weißes Marmorbild.
Das Denkmal war's auf uns'res Raimund Grab.
O Thal, mir doppelt theuer, denn du botest
Dem schlichten Sänger mit dem gold'nen Herzen
Umschattetes Versteck zu bunten Träumen
Und letzte Zuflucht dem verirrten Geist.
Mir aber, — ach im Herzen fühlt' ich's tief —
In jenen Nächten nahte mir sein Liebling.
Wer kennt ihn nicht? Von rosenfarb'ner Seide
Umschließt ein zierlich Wams die zarten Glieder,
Ein Kranz von Frühlingsblumen sein Gelock.
Mich blitzten schelmisch an die blauen Augen,
Doch Wehmuth bebt in seinem Flüsterton:
„Fein Brüderlein, nun muß geschieden sein."

Ruhvolle Zeit, sie war der Wendepunkt
Zu ernst'rem Alter ungestümer Jugend,
Doch klag' ich nicht und traure nicht darum.
Um Andres wein' ich: um des Herzens Frieden,
Der scheuen Fittichs aus der Brust entwich.
Du gabst mir ihn nicht wieder, prächt'ger Süden!
Ach, in der trunknen Fülle deiner Rosen,
Im schwülen Wollustkusse deiner Lüfte,
In deiner Marmortrümmer stolzer Schwermuth,
Wie schmachtet meine Seele nach dem Thau,
Der sie im Schoß des dunklen Föhrenthals
Durchrieselte in blauer Mondennacht.

Wilhelmine Gräfin Wickenburg-Almasy.

Unbewußt.

Fragst du die Kinder, ob sie glücklich wären,
Sie sehn dich an mit staunendem Gesicht
Und können sich die Frage nicht erklären —
Sie wissen's nicht.

Beneidest du den Todten in der Truhe
Um seinen Frieden, fern vom Tageslicht,
O laß das sein — wie friedlich er auch ruhe,
Er weiß es nicht.

Du weißt es nur, vom Schmerz um ihn gepeinigt,
Vom Trennungsschmerz, der dir das Herz zerbricht,
Und wenn der Tod dich einst mit ihm vereinigt —
Dann weißt du's nicht.

➤─║─◄ ─ ─

Knospenzeit.

Hoch oben, in der Fensternische
Baut sich ein Schwalbenpaar sein Nest,
Das über meinem Büchertische
Die schlanken Flügel streichen läßt.

Seid mir gegrüßt — wir sind Genossen!
Es hat des Lenzes Schöpferhauch
Der Erde schlafend Aug' erschlossen,
Drum webt und wirkt ihr — und ich
                                    auch!

Ihr flattert durch die offnen Scheiben
Mit Halmen aus, mit Halmen ein,

Und bringt des Frühlings knospend Treiben
Auf blanken Schwingen mir herein.

Im Traume fliehen uns die Stunden,
Sieh' nur, das Nestchen bildet sich! —
Schon wieder einen Halm gefunden?
Nur zu! ... gefunden hab' auch ich!

Und haschst ihr eine Blüthenranke,
Die ganz besonders euch gefällt,
Wohlan, ein lieblicher Gedanke
Hat auch bei mir sich eingestellt!

Und wenn er einst sich festgestaltet,
Wenn einst, du leichtes Schwalbenpaar,
Den jungen Fittig frei entfaltet
Auch deiner Kinder munt're Schar,

Dann will ich, wie in diesen Tagen,
Dir sorglos folgen, und, wie du,
Dem Vogel, den ich heckte, sagen:
Thu' deine Flügel auf — flieg' zu!

Waldesrauschen.

Waldesrauschen weht durch den Wald
Und der Bäume bewegliche Zungen
Flüstern leise Gedanken
Von Ast zu Aste,
Von Wipfel zu Wipfel
Sich zu.
Und das kräftige Laub,
Nahe der Wurzel, geschützt
Vor Mittagsgluthen und Sturmesgewalt,
Haucht in langen, behaglichen Zügen
Sein Mitleid aus
Mit der Geschwister zitternden Scharen,
Die oben am Wipfel schweben
Und in Gluth und Kälte
Und in blendende Strahlen tauchen,
Ewig bewegt.
Aber es schütteln sich sachte
Hoch in den Kronen die Blätter
Und senden das Mitleid
Ihnen zurück in die Tiefe:
Laßt uns, laßt uns!
Hier wohnt das Leben!
Wohl saust uns der Sturm um das
                    grüne Gelock,
Durchschneidet mit eisigem Hauch uns
Das zarte Geäder,
Indessen ihr sorglos ruht,
In sicherer Tiefe geborgen.
Aber ihr wißt auch nicht,

Und werdet es nimmer erfahren,
Wie es thut zu erschauern
Selig, im zitternden Hauche,
Der leise über euch weg
Dahin schwebt, uns Schwankenden
Ewig nur fühlbar!
Ihr wißt nicht, was es bedeute:
Den ersten, zagenden Strahl
Der Sonne zu saugen
Und, eh' sie versinkt, zu empfangen
Den letzten, ersterbenden Blick!
Ihr kennt nicht die brennende Lust
In Mittagsgluthen zu beben
Und mit sehnender Stirne
Von ihren saugenden Lippen
Zu leiden den flammenden Kuß! —
Laßt uns, ob von der Wurzel auch
Jedes Leid uns emporquillt,
Lange bevor es gedrungen
Euch in das stärkere Mark —
Laßt uns hier oben im Äther
Leben, im Leid und im Lichte,
Bis einst der Gewitterwolke
Blitzesschwangerem Schoß
Den leuchtenden Tod wir entlocken
Und in Flammen aussprühen das Leben,
Das wir durchlebten
Tausendfach!

Albrecht Graf Wickenburg.

Orakel.

Sei mir gegrüßt, du grüner Wald!
Hier streck' ich meine Glieder,
Und wo der Vögel Sang erschallt,
Pfeif' ich mir meine Lieder!
Hier träum' ich süß auf weichem Moos,
Kann alles And're missen,
Und was die Zukunft birgt im Schoß,
Das will ich gar nicht wissen.

Horch!.. Schreit der Kukuk über mir?..
Er ruft, wie viele Jahre
Mir noch bestimmt zu wandeln hier —
Dann lieg' ich auf der Bahre!
Wie lang es währt, vorlauter Wicht,
Bis ich in's Gras gebissen?
Du weißt's vielleicht, vielleicht auch nicht —
Ich aber will's nicht wissen!

Ein Spinnlein läuft an mir herauf...
Wie heißt's doch? „Spinne am Mor-
gen .."
Ei lauf' nur, graues Spinnlein, lauf'!
Du machst mir keine Sorgen!
Die Lust ist wie ein Spinngeweb',
Gar leicht verweht und zerrissen —
Heut' leb' ich — wie ich morgen leb',
Das will ich gar nicht wissen!

Ein Gänseblümchen flüstert leis:
„Du fragst nicht, was ich meine:
Ob dich die Liebste liebt so heiß,
Wie du sie liebst, die deine?" —
Ich hätt' umsonst, du kleiner Prophet,
Die Blättchen dir abgerissen,
Denn wie's um meine Liebste steht,
Das muß ich besser wissen!

Pardonnirt.

„Nun das Carré geschlossen! ... Habt Acht! ... Gewehr bei Fuß!" —
Dumpf tönt des Hauptmanns Stimme und dumpf der Trommel Gruß.
Was ragt dort in der Mitten? ... Ein Holzgerüste schwer,
Ein Balken in die Höhe und einer in die Quer!

Ein Delinquent steht drunter, ein armes junges Blut,
Ein wackrer Kamerade, so tapfer sonst als gut.
Nur schlug sein Herz gar stürmisch, als Einer die Braut ihm geraubt,
Da schoß er dem Nebenbuhler die Kugel durch das Haupt.

Drum ward ihm das Urtel gesprochen nach Kriegsgesetz und Recht,
Drum rüsten sich zum Amte der Henker und sein Knecht,
Drum reicht ihm der fromme Pater gerührt und feuchten Blicks,
Zum letzten, brünstigen Kusse das heilige Crucifix.

Der Henker ist gerüstet — den Strick schon in der Hand
Tritt er heran zum Hauptmann und spricht: „Herr Kommandant,
Ich muß Euch dreimal fragen, gebietet mir die Pflicht:
‚Wird dieser arme Sünder begnadigt, oder nicht?'

So frag' ich Euch zum Ersten: Wird ihm das Leben geschenkt?"
Der Hauptmann steht bestommen, den Degen zu Boden gesenkt,
Er scheint zu wanken, zu zaudern — doch ach, es darf nicht sein!
Und durch die Zähne preßt er das unbarmherzige „Nein!"

Der Henker winkt dem Knechte: „So halte dich bereit! —
Und nun zum zweiten Male erbitt' ich mir Bescheid!"
Der Hauptmann zittert; die Frage geht ihm durch Mark und Bein,
Doch rafft er sich auf und stammelt zum zweiten Male: „Nein!"

Der Henker stellt die Frage zum dritten und letzten Mal:
„Giebt's für den armen Sünder noch einen Gnadenstrahl?"
Da wankt der alte Krieger, den manche Narbe ziert,
Da schreit's aus seinem Innern: „Halt ein! ... ist pardonnirt!"

Ein Jubelruf der Menge durchbraust den weiten Raum —
Der Delinquent, der weiß nicht, ist's Wahrheit, oder Traum?
Dann stürzt er überwältigt sich nieder auf den Sand,
Bedeckt mit tausend Küssen nun seines Hauptmanns Hand.

Der aber hat sich besonnen und schnallt den Degen los:
„Nun bin ich ein Gefang'ner — thu' deine Pflicht, Profos!
Doch mag mir auch die Festung auf zwanzig Jahre droh'n,
Der Gott, der aus mir gerufen, gewährt auch mir Pardon!"

Robert Zimmermann.

Brügge.

Venedig gleichst du, Stadt in Flandern,
Kanäle winden in Mäandern
Durch stumme Straßen trägen Lauf;
Das Wasser stockt in deinen Gräben
Und nackte Raa'n und Maste streben
Wie Grabeskreuze drüber auf.

In deinen grauen Domen schlafen
Längst deine Bürger, deine Grafen,
Die Herrn von Flandern und Brabant
Der kühne Karl, Marie die Schöne,
Noch haucht der Klage leise Töne
Des Belfrieds Glockenspiel in's Land.

Am öden Markt aus dunklen Bäumen
Erglänzt dein Rathhaus wie in Träumen
Mit weißem, geisterbleichem Schein;
Gespinst von Säulchen, Simsen, Bogen,
Wie Linien durch die Luft gezogen,
Brabanter Kantennetz von Stein.

Und wie gestickt auf Spitzengrunde
Erhaben treten in der Runde
Gestalten aus der Mauerwand,
Von Helden schimmert First und Giebel,
Der Väter Flanderns goldne Fibel
Liegt vor den Enkeln ausgespannt.

Von deinen braunen Wänden schauen
Der Eyck und Memling bleute Frauen
In festlich prunkender Gestalt,
Indeß am Haus mit Sündermienen
Die schwarze Schar der Beguinen
Gespensterhaft vorüberwallt.

So schläfst du, Stadt, am Dünenrande,
In der, wie einst an Kolchis Strande
Des goldnen Bließes Wiege stand;
O Stadt, dein Bließ auch ging verloren,
Die See entfloh von deinen Thoren
Und deine Häfen füllt der Sand!

Josef Candler.

Sprüche.

O sprich es nicht aus, daß Alles ver-
blüht!
Wie leicht, daß ein jung, ein arglos
Gemüth,
Vom mahnenden Wort durchschauert,
Die Tage der Wonne vertrauert.

O sage es dennoch, wie bald es ver-
blüht,
Auf daß es durchdringe ein jeglich Ge-
müth;
Nicht darf es die Blüthen versäumen,
Den Lenz und die Jugend verträumen!

„Zeit ist Geld" — das will nichts sagen.
„Zeit ist Leben!" — wer ein Weilchen

Mir geraubt, der hat ein Theilchen
Meines Lebens todtgeschlagen.

Sei's, daß Großes du ersonnen,
Preise nicht dein Ich,
Nahm doch nur ein Götterfunke
Seinen Weg durch dich.

Laß krenzen die Schwerter —
Wozu der Jammer?
Es hämmert das Eisen
Sich selbst zum Hammer!

Du ließest auf ihre Schultern dich heben,
Der Beifall des Volkes dich jubelnd
umbraust;
Ertrag' es nun auch geduldig daneben,
Daß sie dich faßten mit derber Faust.

Max Kalbeck.

Elegien.

Genesung.

Endlich beträufst du mit heiligem Wasser die brennende Stirn mir,
    Labst mit erquickendem Trank mir das verschmachtete Herz;
Nimmst von den Sinnen mir fort den verhüllenden Schleier der Schwermuth,
    Giebst dem Verzweifelten neu Glauben und Leben zurück.
Wohl aus himmlischen Höh'n, ein Engel, bist du gekommen,
    Nur im fiebernden Traum sah dich des Leidenden Blick.
Leicht umfloß dich ein weißes Gewand in bauschigen Falten,
    Und ein goldener Gurt hielt an den Hüften es fest.
Doch in der Rechten erschimmerte hell die krystallene Schale,
    Die, zum Rande gefüllt, du dem Erstaunten gereicht.
„Kommst mich Hebe" — so fragt ich im Traum — „ambrosisch zu laben?
    Zog mein seliger Geist schon in Elysium ein?" —
Doch du lächeltest mild und führtest den Finger zum Munde:
    „Still doch, daß dein Gespräch nicht den Entschlafenen weckt!
Heiltrank schlürft er im Schlummer, den ihm die Genesung bereitet,
    Frisch die Schale geleert, Kranker, und werde gesund!"
Da vom Kelchrand stahl sich ein grünlich schillerndes Schlänglein,
    Über den blühenden Arm kroch es geschmeidig dahin.
Und du gabst mir das Glas, ein Blick unendlicher Güte
    Schloß mir ein ganzes Bereich froher Verheißungen auf —
Dankbar, Göttliche, preis' ich den Segen des Wundergetränkes,
    Und zum festlichen Tag kränz' ich mit Rosen das Haar.

Freiheit.

Dich begrüß' ich, Natur, mit frisch aufathmender Seele,
    Wie ich, Ewige, dich fröhlich als Knabe begrüßt;
Wenn im glühenden Sommer, erlöst von der hölzernen Schulbank,
    Uns dein lockender Ruf endlich in's Freie geführt.
Dann mit Jubelgeschrei ging's über die Treppen des Hauses,
    Über den Kirchhof fort und vor die Thore hinaus.

Freiheit, herrlichstes Wort! Auch heute vernehm' ich es wieder,
  Hör' es im Rauschen des Stroms, hör' es im Säuseln des Walds;
Heimlich raunt es die Wiese mit tausend flüsternden Halmen.
  Käfer- und Bienengeschwärm' summt es und brummt es mir zu.
Neben mir zwitschern's die Schwalben, und unter mir pfeift es die Drossel,
  Hoch vom blauen Gezelt schmettert's die Lerche herab.
Schaffender Geist der Natur, ihr freien Geflügelten alle,
  Nehmt zum Gespielen mich an, aber verrathet mich nicht!
Keiner erspäh' und wisse die Steige des schweifenden Wand'rers,
  Tief im dichten Gebüsch schwinde des Glücklichen Spur!

Unterwegs.

Vieler Gefährten erfreutest du dich im Getümmel der Städte,
  Über die Thore hinaus gingen die Wenigsten mit.
Etliche folgten dir noch entlang die sonnige Straße,
  Sie auch blieben zurück bei den Gehöften des Dorfs.
Einer erstieg mit dir zur Hälfte den zackigen Bergpfad,
  Doch zum Gipfel empor klimmst du als Letzter allein.

Geheimes.

Lieblich öffnen die Lippen sich dir zu gefälliger Rede,
  Und ich höre, wie gern, ihren Bekenntnissen zu.
Lieblicher noch erscheinen sie mir, zur Hälfte geschlossen,
  Wenn nachdenklich und scheu schweigt der verschüchterte Mund.
Dann beredt nur sprechen die Augen mit seligem Leuchten,
  Und ein Gedanke des Glücks streift die erglänzende Stirn.
Siehst du den gaukelnden Falter? Im Fluge berührt er die Blume,
  Daß sie, leise bewegt, zitternd das Köpfchen ihm neigt.
Wahret, o Lippen, mir treulich des Herzens süßes Geheimniß,
  Und mit flammendem Kuß drück' ich das Siegel euch auf.

Erdbeeren.

Euch, Erdbeeren, lieb' ich vor allen den Früchten des Waldes,
  Die im Schattengebüsch heimlich zur Reise gedeih'n.
Ein paar winzige Krumen des nahrungssprossenden Erdreichs
  Geben des losen Geranks Würzelchen Boden und Kraft.
Und sie entsandten vom träunlichen Stiel dreifaltige Blätter,
  Draus im zartesten Weiß schimmernd die Blüthe sich schwang.
Mäßiger Regenerguß und die wechselnden Strahlen der Sonne
  Zeitigen purpurne Frucht aus dem bescheidenen Kelch.

Zwischen Gestein und Moos, wie tausend glühende Lippen
   Schelmischer Kinder der Flur lacht es den Wanderer an.
Und er neigt sich hinab und pflückt die lieblichen alle,
   Kräftige Würze des Walds saugt mit den Beeren er ein.
Jegliche Frucht ein Kuß, wie Kinderlippen ihn küssen,
   Rein, unschuldig und süß — küßt mich, o Kinder des Walds!

Aus alter Zeit.

Hier, die Schale, gefüllt mit Beeren, will ich dir opfern,
   Komm', du liebliches Bild, steige noch einmal empor!
Würz-ger Hauch umfängt mir den Geist, ein süßes Gedüfte
   Ruft das Gedächtnis mir seliger Zeiten zurück.
Herrlich blaute der Tag; wie heut' durch dämmernde Wipfel
   Brach des Sonnengestirns goldener Schimmer herein.
Und du sprangst mit dem Körbchen am Arm den traulichen Waldweg
   Wie ein muntres Reh über die Steine daher.
Längst wohl hatt' ich im Stillen gehofft, allein dich zu treffen,
   Aber die strenge Mama wahrte das Töchterchen gut.
Nie noch war ein verfängliches Wörtchen der Liebe gesprochen,
   Nur der schüchterne Blick hatte mir Manches gesagt.
Beeren zu suchen im Hag kamst du mir entgegen gelaufen,
   Doch du gewahrtest mich erst, als ich die Büsche zertheilt.
Wie du erschrakst, da du mich geseh'n, du wanktest, und dunkel
   Goß sich ein flammendes Roth über das liebe Gesicht.
Züchtig gehorchend der Sitte, mit Grüßen vorüber zu eilen
   Dachtest du, aber das Glück hatt' ich am Zipfel erhascht.
Zögernd erhörtest du dann die hastig gestammelte Bitte
   Nahmst zum Helfer mich an bei dem beschwerlichen Werk,
Seitwärts stand ich, du kauertest still am gleitenden Abhang,
   Unter dem Röckchen hervor lugte der zierliche Fuß.
Gern wohl hätt' ich gesagt, was heiß die Brust mir bewegte,
   Ach, ein blödes Gefühl hielt mir die Zunge gelähmt!
Also pflückten vereint wir mit Ernst und schweigender Andacht,
   Bald vom doppelten Fleiß wurde das Körbchen gefüllt.
Da — ein plötzlicher Schrei — ein Sprung — der moosige Boden
   Schützte dich nicht, und sanft glittest du mir in den Arm.
Ängstlich erbebend mit flehendem Blick hingst du mir am Halse,
   Und es begegneten sich unsere Lippen im Kuß.
Was dich so tödlich erschreckt, nie hab' ich es sicher erfahren,
   Ob es ein Eidechs nur oder ein Schlängelein war.

Aber die Beeren? Sie waren vom Körbchen hinunter gekollert,
Und im rauschenden Bach schwammen sie lustig davon.

Die Schwesterkünste.

Poesie und Musik, euch Beiden für immer verbunden,
Fragt ein Glücklicher nicht, welche die höhere Kunst.
Denn mit dem Worte beherrscht er der Erde lebendige Reiche,
Und der melodische Ton trägt ihn zum Himmel empor.
Neigt sich der strahlende Himmel herab zur blühenden Erde?
Strebt zum Sternengezelt kühn die Beseligte hin?
Himmel und Erde, sie wachsen zusammen im tönenden Worte,
Und im redenden Ton werden sie Beide vermählt.
Ein paradiesischer Vogel, erheb', o Seele, die Schwingen,
Und zum süßen Gesang werde dein rhythmischer Flug!

Cajetan Cerri.

Ein Herbstblatt.

Spätherbst ward es. Traurig, trübe
Fällt da Blatt auf Blatt vom Baum,
Bleich, wie unverstaubne Liebe,
Ruhlos wie des Kranken Traum.

Armes Blatt, ich will dich fragen:
War es werth, daß du gelebt?
Daß du Gluth und Frost getragen?
Daß du nach dem Licht gestrebt?

Schmücktest mit des Baumes Krone,
Schütztest mit den Wandersmann;

Dank ward wohl dem Baum zum Lohne,
Fragt man, was das Blatt gethan?

Dein Lohn: ein verlornes Leben,
Viel zernagt vom gift'gen Wurm;
Gluth und Frost — dann preisgegeben
Jedem Tritte, jedem Sturm.

Armes Blatt! vor Sturm und Wetter
Such' in meinem Denkbuch Ruh' —
Findest dort gar viele Blätter,
Die vergilbt und trüb wie du!

Ferdinand von Saar.

Genügen.

War frühe schon mußt' ich verzichten
Und bitter hab' ich oft entbehrt,
Mir war im Leben wie im Dichten
Der Freude voller Kranz verwehrt;
Doch trug ich fast mit leiser Wonne,
Mit stillem Jubel meinen Schmerz —
Denn nur zum Trost ein wenig Sonne
Ein wenig Sonne braucht mein Herz.

Ein leichtes Duften nur von Rosen,
Wie es der Morgenwind entführt,
Und nur ein leichtes Liebeskosen
Das flüchtig an die Lippe rührt';

So mischte stets ein Tröpflein Wonne
Sich lindernd mir in jeden Schmerz —
Denn nur zum Trost ein wenig Sonne,
Ein wenig Sonne braucht mein Herz.

Und fromm begnügt wünsch' ich auf Erden
In meiner Weise stets belohnt —
Kaum mehr, es möge anders werden,
Was ich zu tragen längst gewohnt;
Ich finde ja manch stille Wonne,
Manch leise Freude allerwärts:
Denn nur zum Trost ein wenig Sonne,
Ein wenig Sonne braucht mein Herz!

Bitte.

Sei nicht so mild mit mir, so gut;
Denn Liebe wird durch leises Hoffen,
Und wallt auch stiller schon mein Blut —
Noch bin ich süßer Täuschung offen.

Noch kann ein holdes Angesicht
Der Ruhe tiefes Glück mir rauben,

Und weiß ich auch, du liebst mich nicht —
Ich könnte doch vielleicht es glauben.

Sei nicht so mild mit mir, so gut —
Noch bin ich süßer Täuschung offen,
Und wallt auch stiller schon mein Blut:
Die Liebe wird durch leises Hoffen.

Das Korn.

Gedüngt mit des Pflügers Schweiß
Leise bewegt vom Wind,
Auf den Feldern im Kreis
Wogest du sanft und lind.

Getränkt von des Himmels Born
Reifend in seinem Strahl

Nährest du Liebe wie Zorn,
Nährest du Lust wie Qual.

Wachse und blühe hinfort,
Woge und walle nur zu:
Unseres Daseins Hort,
Goldene Frucht, bist du!

Lebensbild.

Da ging ich jüngsthin durch ein armes
    Dorf;
Verfall'ne Hütten, breitgetret'ne Gossen,
Durch welche, spülend an der Erde Schori,
Im Sonnenbrande seichte Wasser flossen.

Und in dem einen sah ich hochgeschürzt
Den Säugling festgebunden auf dem
    Rücken,
Ein junges Weib stehen, malerisch verkürzt
Den kräft'gen Leib bei tiefem Niederbücken.

Ein Pfännlein wusch sie in der trüben
    Fluth,
Ein Pfännlein, drin sie erst gekocht das
    Essen,
Und sang dabei ein Lied mit frischem Muth;
Das Kindchen aber schlummerte indessen.

Bei meinem Anblick hob sie rasch das Haupt
Und sah mich an mit Augen, großen,
    braunen:
„Daß Armuth froh, ihr hättet's nicht ge-
    glaubt —
Nicht wahr, o Herr, ich seh's an Eurem
    Staunen."

Sie schlug in's Wasser, daß es sie umsprang;
Behend dann lüftend ihres Haares Strähne,
Wusch sie ihr Antlitz, lachte, daß es klang,
Und wies dabei mir ihre weißen Zähne.

Zu Gruß und Abschied winkt' ich mit
    der Hand;
Sie winkte gleichfalls bis ich war ent-
    schwunden —
Und Lebenslust, wie ich sie nie empfand,
Hab' ich an jenem Sommertag empfunden.

Den Künstlern.

Daß edle Saaten stets nur langsam reifen,
 Daß voller Ernst nur Weihe giebt dem Leben
 Und Eins ist mit Verzichten jedes Streben:
Ihr könnt' es heute nimmermehr begreifen.

Nach hohen Zielen wollt ihr hastig schweifen,
 Ihr fordert Wein von kaum gepflanzten Reben;
 Lohn wollt ihr und Genuß — und auch daneben
Mit flücht'ger Hand des Ruhmes Purpur weisen.

Ich aber sag' euch: wer nicht abgewendet
 Von allem Zweiten sich und allem Dritten,
 Der ist zu großem Werke nicht entsendet.

Errungen wird der Lorbeer und erstritten —
 Und nur von dem, der sich ihm ganz verpfändet,
Für ihn geblutet und den Tod erlitten.

Aus der epischen Dichtung

Meister Gottfried

von

Karl Beck.

Ein Tag im Dorfe*).

———

Zum Gang gerüstet steht er frischgemuth,
Auf's Haupt gestülpt den grauen Krämpenhut,
Er trotzt mit aufgespanntem Schirm der Gluth,
Die Tasche hat er sorglich umgehangen:
Bei Pillen d'rin die Pulver altbelobt,
Den Balsam lind, wenn heiß die Wunde tobt,
Phiolen schwarz mit Säften vielerprobt,
Die Messer mit den Nadeln und den Zangen.
Er schließt die Thüren, sperrt den Garten, spricht:
— „Die Schweiz beläuft kein abgefeimter Wicht,
Dies Schlößchen, es vertraut dem Pilger nur:
Der Klausner ging nach Blumen auf die Flur,
An's Krankenbett, nach Kräutern in den Wald,
Nun schöpfe Trost, denn heimwärts eilt er bald!"....

Wir schreiten auf dem Wiesenpfad, ich sage:
— „Du wanderst angestrengt bei Nacht, bei Tage,
Durch Sommerbrand, durch manche Winterplage,
Vergiß, indem du giebst, dich selber nicht!"
— „Der Reiche," meint er, „kömmt mich einzuholen;

---

*) Die letzte, leider unvollendet gebliebene Dichtung Karl Beck's, welcher dieser Gesang entnommen ist,
führt den Leser in die Schweiz. Dort, in einem wildschönen Bergthale, erfährt der Dichter von einem Manne,
welcher, in tiefster Abgeschiedenheit lebend, der Arzt und Wohlthäter Aller sei. Er sucht diesen Einsiedler, den
„Meister Gottfried", in seinem kleinen aber freundlichen Häuschen auf, und da ihm Worte und Wesen des
Mannes die höchste Theilnahme erwecken, so bittet er, noch eine kurze Frist in seiner Nähe verweilen und ihn
zunächst auf einem Krankengange begleiten zu dürfen. Der Meister gewährt dies; hier schließt der vorstehende
Gesang an.
                                                                                                    T. H.

Jedoch dem Armen fehlt das flinke Fohlen,
Ich spanne dann vor diese Männersohlen
Ein tüchtig Paar: die Willigkeit, die Pflicht;
Den beiden wird ein dritter Geist gesellt,
Wenn Erdenstolz mein schwaches Herze schwellt,
Das Hochgefühl: Bedürfnis sein der Welt!
Doch heute — sieh, entgegen geht dem Heile
Mein Pflegling schon — bedarf es nicht der Eile,
Ich lese hier ein rares Kraut — verweile.‘‘

„O Pflanze du von namenloser Güte,
Ich suchte lang, doch immer dich vergebens!
Mit Einem Mal, in wundersamer Blüthe
Erscheinst du nun wie jeder Schmuck des Lebens
Herausgeschossen durch ein Zauberwort,
Im Übermaß, am unverhofften Ort!
Beklage nicht den Tod im Jugendflor,
Ich trenne dich von groben Kreaturen,
Ich trage dich zu höheren Naturen,
Zu neuem Sein in neuem Kleid empor:
Wirst, flüssig Gold, dich ungeduldig rühren,
In unser Blut mit Macht Verjüngung führen
Und trittst zuletzt, befruchtend Mark und Bein,
In den Gedankenkreis des Hauptes ein.‘‘

In Allem, was der Meister thut und spricht,
Ist süßer Reiz, Gehalt und Gleichgewicht,
Ist Kindlichkeit, ist edler Stolz und Demuth,
Doch auf dem Grunde webt die tiefste Wehmuth.
Denn Selbstbefreiung drückt des Kampfes Spur
Dem Sieger auf, ist Wohl zugleich und Weh,
Ist Himmelfahrt! In Blitz und Donner nur
Erzielte sie des Staubes Sohn von je.
An Stambuls Thal der Toten mahnt mich leise
Des Meisters Brust mit ihrer Eigenweise:
Ein Frieden wohnt darin, der freudig stimmt
Und dennoch schwül den Odem mir benimmt;
Die Brunnen spielen frisch, die Rosen düften
Und Bülbül singt ihr Abendlied — an Grüften.

— „Genoß,“ beginnt er, „Alles, was ich habe,
Die Ziegenmilch, der Biene Seim, das Ei,

Des Baumes Obst, des Beetes grüne Gabe,
Das Weizenbrot ist dein, verfüge frei!
Dich aber muß vielleicht die Stadt bedienen
Mit Schüsseln feist? Den Hummer schickt die See?
Das Waldrevier beschert ein junges Reh?
Empfängst den Morgentrank von Mandarinen?
Arabien besorgt die Moccabohne?
Hei, sprudelnd kömmt der blonde Frankenwein,
Er ähnelt traun dem flotten Postillione,
Der lustig knallend fährt zum Thor herein.
Dem Ganzen taugt ein Kräutlein der Havanna,
Denn mit der Wachtel fiel zugleich das Manna.

„Hier darbt Lucull, sein kaltes Mahl ist mager,
Es harrt Lucull's ein unbequemes Lager;
Ich esse nicht vom Fleische, trinke nicht
Vom Traubensaft, der unser Blut besticht;
Kein Türke baut den duftgewürzten Kir.
Der Syrer nicht den Latakia mir;
Ich spiele nicht, ich liebe nicht zu jagen.
Mich preßte kein Gelübde, nicht die Noth,
Daß ich der Üppigkeit mein Zelt verbot:
Was man Entsagen nennt, ist mir Behagen.
Ich bannte früh die Träume von Genuß.
Denn Träume werden leicht zu Lebensfragen,
Was fremder Wunsch noch eben, Überschuß,
Ist später schon Bedarf, ein eisern Muß.

„Bist du ein Muttersöhnchen, zeuch von hinnen,
Geh', wähle dir in feiner Welt die Stätte,
Dort zaubern Schwung und Fülle, Pracht und Glätte
Ein buntes Bild den ungestillten Sinnen.
Hier aber bist du Robinson, entbehre
An meinem Tisch den ausgesuchten Bissen;
Daß nie darob dein Auge sich beschwere,
Es müsse Reiz dahier und Wechsel missen,
Noch irgendwann ein hohnverzerrter Mund
Mir Überdruß und Ekel thue kund
Also mein Hausgesetz! Sieh, schwere Proben
Erheischt dein Harpagon.“ — „Da, meine Haut!
Apoll beköstigt mich im deutschen Land,
Mich zu bescheiden, kann ich leicht geloben.“‘ . . . .

— „Das Letzte nun! Ach, zaudern muß ich, zagen
Und dennoch sei's betont, du werther Gast;
Ich dränge dich hinweg in Fieberhast
Nach acht im Weihrausch durchlebten Tagen.
Wir könnten, dehnen wir die knappe Frist,
Uns zu gestreng bemäkeln Herz und Nieren,
Uns irren in einander, o, das ist,
Verhüte Gott, auf immer sich verlieren!
Es füllte mir ein Gast, der länger bliebe,
Die Brust vielleicht mit einem Schatz des Schönen;
Ich würde schwer des Mannes mich entwöhnen,
Der endlich doch gehorcht dem Wandertriebe;
Ich wäre dann der Freiheit bar durch Liebe,
Des Friedens bar, wer möchte mich versöhnen?

„Ich lebte sonst mit manchem Freund gemeinsam
In früher Zeit. Sie sprachen: ‚Gieb Bescheid,
Du weißt, getheiltes Leid ist halbes Leid,
Verschweige nichts, allein ist bald, wer einsam!'
Wenn aber ganz mein Busen sich erschlossen,
O Gott, wie schauten sie mich ängstlich an,
Dann zog in Falten sich die Stirn verdrossen:
‚Erhebe dich behend, selbst ist der Mann!
Den Zärteltrieb, ob deinem Los zu weinen,
Beschränke das Geschick des Allgemeinen!'
Verständlich war's und rasch herausgehört,
Ich hatte rauh die Mittler aufgestört;
Sie dachten nur, an Salbung reich, zu rathen,
Jedoch der Unbequeme rief nach Thaten.

„Verbünden will ich fürder bis an's Sterben
Mich Keinem mehr. In einer zweiten Brust
Sich abgespiegelt sehn, ein Heim erwerben,
Ich kannte wohl vor Zeiten solche Lust.
Ach, Blumen blühn, in Bälde zu verderben!
Ach, Theures einzubüßen, welche Pein!
Es hetzte mich ein Sehnen, das dem Kranken
Die Ruhe nahm, die Freiheit dem Gedanken,
Doch wiederum ist diese Freiheit mein;
Gesünder jetzt denn jemals mich erlabend,
Umsäumt der Frieden mir mit Rosenschein
Das graue Haupt, es neigt bereits gen Abend.

Sei deß gewiß, ich gebe dieses Glück,
Das spät gereift, dem Schicksal nicht zurück.

„Kein Menschenhasser bin ich, glaube das,
Nein, wächsern ist mein Wesen, voll der Milde,
Ihr wehren muß ich sonder Unterlaß
Und decke mich darum mit sprödem Schilde.
Zu helfen will ich mich nach Kräften sputen,
Allwo der Leib verfällt, die Seelen bluten;
Ist dieser Pflicht für jetzt genug geschehn,
Laßt meines Wegs mich unbehelligt gehn!
Verlassen muß ich, fliehen das Getriebe,
Mir immerdar den Hochgenuß zu gönnen,
Ein freier Mann, in unerschöpfter Liebe
Den Brüdern Hort und Bruder sein zu können.
Vor frühem Tod sie hüten, ja, doch mag
Ich leben nicht mit ihnen Tag für Tag.

„Frisch, lauter will ich, ruhig, frank verbleiben!
Ich würde rettungslos mit Schlechten schlecht,
Mit Rohen roh, den Knechten gleich ein Knecht,
Ein Menschenfeind mit vollem Fug und Recht,
Wo Herzen sich an Herzen störrig reiben.
Ja, wollte selbst die Sonne niedersteigen
Und gäbe sich der Erde ganz zu eigen,
Sie würde bald zur Küchenmagd dem Volke;
Sie aber zieht allnächtlich, birgt sich scheu,
Dann wieder bricht sie Morgens aus der Wolke;
Wie gestern rein, wie früher amtsgetreu,
Tagtäglich nah und fern, tagtäglich neu;
Drum — schwindet sie, dann trauern Meer und Land
Und küssen, kömmt sie, fromm ihr Lichtgewand.

„O, mögest du mich ganz verstehn! Ich hasse
Die Menschen nicht. Ich lebe nicht mit ihnen,
Doch heilig ist die Menschheit mir! Ich lasse
Von Keinem, siehst du, jemals mich bedienen.
Ein Freier bin ich, werde nicht verrucht
Der Freiheit Majestät in Andern schänden:
Zu schaffen hab ich immerdar versucht
Mit diesem Kopfe bloß, mit diesen Händen.
Daß ich verstünde mit der Nadel sein,

Mit Scheren und mit Pfriemen mich zu regen,
Mein Brot zu backen, meinen Schlot zu fegen,
Ich freute mich auch solchen Werks allein!
Kein Wesen lebt, das mir berechtigt schiene
Ein zweites anzuherrschen: Auf und diene!'

„Genoß, nach acht durchlebten Feiertagen
Dann scheiden wir, dies fordert mein Geschick:
Versprich, mit keinem Laut, mit keinem Blick
Mich weich zu stimmen, hart mich anzuklagen,
Ich dürfte nicht den werthen Gast erhören.
Gelobe mir's mit Ehrenwort und Eid!"
— „O, dieses Hausgesetz! — ich will's beschwören,
Hier meine Hand darauf — mit tiefem Leid;
Doch, wartet mein dereinst ein Flammenschwert,
Wenn reiner ungestüm mein Herz begehrt?"'
— „Willkommen bist du stets und wohlgelitten,
Die Proben wirst du ritterlich bestehn,
Stets laß mich sagen: geh — auf Wiedersehn!
Doch sieh, wir haben schon das Dorf beschritten."

Du schöne Schweiz! Anheimelnd war der Flecken,
Der heute früh sich meinem Auge wies;
Hier aber lugt aus tausend Laubverstecken
Lieblockend vor ein ganzes Paradies.
Ich seh' ringsum das Boll mit Eiser walten,
Ich sehe süßerstaunt ein seltnes Bild:
Gebirg, Gebüsch, Gewässer und Gefild
Viereinig hier und strotzend sich entfalten.
Die Weideland, hie weinbekränzte Hügel;
Zum Bache führt der Erpel sein Geflügel;
Wie Fink und Amsel, horch, melodisch rechten,
Den Sängerkampf im Grünen auszufechten!
Der Kukuk prophezeit und reiht in Gnaden
Noch manches Jahr an unsern Lebensfaden.

Der Markt geräumig und die Straßen rein;
Am Bronnen säumt beredt das Mägdelein,
Der Schwestern Thun und Lassen scharf zu richten;
O Plätscherborn, du lauschig Stelldichein
Der Schürzenwelt, du Heim der Dorfgeschichten!
Ihr Häuser schmuck, ihr Gartenpavillone!

Behäbig haust darin das Alpenkind,
Die Fenster blank, die Treppen und Balkone
In Blumen angethan, in Rebgewind.
Zehn Klänge hell von grauer Glockenstube!
Juchheiend aus der Schule stürmt der Bube,
Jedoch das Kirchlein stimmt den Rohen lind:
Friedselig schaut es drein, bestattet ist
Auf seinem Hof so mancher brave Christ.

Geruhig fühlt, was eben erst beklommen:
Der Meister ist ja wiederum gekommen!
Zum Tempel wird die Hütte, drin er weilt,
Und Lazarus von seinen Schäden heilt.
Betroffen birgt er die geküßte Hand,
Den Überschwang, die Lohnung rügt er strenge;
Doch stets vergöttert, wenn sie liebt, die Menge.
Sie küssen das Gelock ihm, das Gewand.
Es folgen ihm verzückt die Frauen bleich;
Die Kinder, ihrer ist das Himmelreich,
Umdrängen ihn auf jedem seiner Pfade;
Die Mienen fromm, die Stimmen feierlich,
Die Bielen um den Einen mahnen mich
An Nazareth und seine Messiade.

Ich denke still: die Leiber heilt der Meister;
Ein halber Dienst, er ängstiget die Geister.
Die Huldigung des Volkes rührt ihn nicht.
Kein jähes Roth umblitzt sein Angesicht;
Als Fremder will er ewig sich gebahren
Im Kreise, drin er Gutes übt seit Jahren.
Nur Göttern taugt es in sich selber ruhn.
Hoch über Anerkennung, Dank und Liebe:
Ein Menschenkind verletzt mit solchem Thun
Sein eignes Herz, verletzt des Bruders Triebe.
Verbietet ihm ein düsteres Geschick
Die freundlich dargebrachte Gluth zu theilen.
Es müßte doch zuletzt ein warmer Blick
Versöhnend auf der abgelehnten weilen.

Was meinen Sinn bestürmt, erräth er, sagt:
— „Vom Schein getrogen hast du mich verklagt!
Drum nochmals: Leicht zum Schwächling wird der Milde.

Ich decke mich darum mit sprödem Schilde.
Sie scharen sich auf meinen Wandergleisen,
Mein bißchen Kunst als Wunder anzupreisen,
Sie treiben Götzendienst mit diesem Rock,
Mit dieser Hand und diesem Haargelock.
Ich wahre Hirn und Augen im Gewühl,
Daß nimmermehr mit sträflichem Gefühl
Hoffährtigkeit mich Sohn des Staubes bausche,
Ich nimmermehr die Lust an solchem Rausche
In meinem Herbst mit einem Kainsmale,
Mit einem Mord des bessern Selbst bezahle.

„Du richtest mich von falschem Schein verlockt,
Drum abermals: ich handle nicht versteckt.
Sie hüten vor Gefahren, ja, doch mag
Ich schaffen nicht mit ihnen Tag für Tag.
Der Frieden, hart erkämpft, ist endlich mein,
Ich sorge, daß er stetig mich erfreue;
Verbleiben will ich fürder frei und rein,
Mich schützen vor Enttäuschung. Groll und Reue,
Mein Pflichtgefühl mir sichern, Helfer sein
Den Brüdern stets in ungeschwächter Treue —
Das ist's, warum ich einsam und allein
Den trauteren Verkehr mit ihnen scheue!
Die Sklaverei zu meiden, bin ich flüchtig,
Ist solche Flucht unmännlich, eigensüchtig?!

„Du weißt, die Schwalbe segnet, wo sie baut,
Wer aber wüßte, sprich, daß seelentraut
Den Hänslern je die franke sich verbände?
Besieh, Genoß, den fruchtbeschwerten Baum,
Ein alter Stamm, er trägt die Bürde kaum,
Orkan und Regenfluth und Sommerbrände
Vermögen nicht sein Schaffen zu behindern,
Den Vätern gab er, bringt des Kindes Kindern
Sein bestes Mark, sich nie genügend, dar,
Er liebt mit Thaten, laß mich sagen: bar,
Und fordert, daß er fernerhin beschere.
Die Bitte nicht, das Lob, den Opferdank —
Zu Baum und Schwalben ging ich in die Lehre,
Ist solches Thun in deinen Augen krank?"

— „Sie opfern, weil sie lieben!"' — „Wolle sprechen,
Sie opfern nur, um doppelt zu verlangen,
Sei deß gewiß, sie opfern, weil sie bangen,
Sie opfern, um das Schicksal zu bestechen.
Denn gebend nahm die Masse jederzeit,
Zu rechnen hat sie trefflich stets gewußt,
Wo sie Gewinn erhoffte, wo Verlust
Ihr nahe trat in ganzer Bitterkeit.
Ihr Leben ruht auf meiner Wissenschaft,
Ihr leichter Sinn auf meines Trostes Kraft,
Sie schmeichelt mir, denn sie bedarf des Schutzes!
Ja, Hoffnung, Furcht, so nennen sich genau
Die Zwillingstöchterlein des Eigennutzes —
Du aber denkst, ich male Grau in Grau." . . .

Der Wittwe Haus! Im Krankenstuhle freut
Ihr Erbe sich am klaren Strahl der Sonnen;
Sein Auge lugt begehrlich aus, sie beut
Ihm Beeren frisch, mit Zucker überstreut,
Den Labetrunk, am deutschen Rhein gewonnen.
Das Bräutlein kömmt, ach, von ersehnten Lippen
Viel süße Kost mit Immenbrunst zu nippen.
Der Meister steht vor ihm mit ernstem Wesen,
Mich dünkt, ein Lächeln schleicht sich dennoch ein,
Das Werk gelang! — „Bist völlig nun genesen!
Hab Acht, Gesell, hab Acht: denn alter Wein,
Mit Gier verlangt, mit Unbedacht geboten,
Ein Dirnlein heiß gefährdet Fleisch und Bein,
Das eben auferstanden von den Todten!"

O, da beginnt die Alte laut zu weinen:
— „Das Langentbehrte gab ich sonder Arg!"
Der Meister: — „Dauernd wohlzuthun den Deinen,
Erlerne Weib, auf Stunden kalt verneinen,
So, sparend für ein Liebstes, scheine karg!
Genesende sind lüstern, rühren leicht
Mit blassem Angesicht, mit sanften Thränen,
Ein zärtlich Mutterherz ist rasch erweicht;
Du bötest Heil und Segen, wirst du wähnen
Und hättest, sei behutsam, Gift gereicht!"
Zum Mädchen: „Geh! Du schwörest hoch und theuer
Im Winkel auszuharren still und stumm?

Doch Liebe legt in aller Unschuld Feuer
Mit Augenspiel und Seufzern — geh' darum!"

— "Vermerken will ich dein berechtigt Schelten,"
Anhebt die Wittib, wachen ob dem Sohn;
Doch bleibst du abhold jedem Erdenlohn,
Womit, du Guter, soll ich dann vergelten?
Ich werde leis' in deine Klause treten,
Vor deiner Eltern Bild in Weihe beten,
Sie brachten dich dem Volke!" — "Lasse das!
Bin selten nur daheim, muß emsig wandern
Im weiten Thal umher, von Euch zu Andern.
Auf Feldern, im Gehölz, im engen Paß
Gedeiht ein würzig Moos, ein Gnadenkraut:
Wie man daraus den Siechen Tränke braut,
Laßt emsig mich ergründen in der Stille.
Dies, lebet wohl, ist mein Gesuch und Wille."...

Es schluchzt der Krämer: — "Groß ist meine Angst,
Mein junges Weib ist elend, Retter eile!"
Der Meister sitzt am Lager, prüft: — "Verlangst
Du thöricht, daß ich Kerngesundes heile?
Des Mundes Schaum, der Krampf in ihren Zügen,
Ein stierer Blick — viel dreiste Gauklerkunst,
Vor Spiegeln ausgelernt, den Mann zu trügen,
Im Sturm zu nehmen die versagte Gunst.
Gewähre Schmuck und Kleider, bitte, herze,
Ein Balsam ist's, der Wunder stets geübt.
Ich wende mich empört von solchem Scherze
Und doch zugleich im Innersten betrübt.
Du bist der Kranke, doch für dieses Wehe
Ist Hilfe nur bei dir allein, verstehe!"....

Des Bäckers Haus! — "Gottlob, du bist erschienen
Ich konnte nicht zu dir," beginnt der Knecht,
"Muß schlummerlos die Ofengluth bedienen;
Man rechnet selbst den Sonntag ungerecht,
Den frommverlebten, ab von meinem Brote;
Gieb Kräfte mir, ich bin erschöpft zu Tode!"
Sein Herre zürnt: — "Uns Alle täuscht der Träge!"
Der Meister: — "Matt sind seines Pulses Schläge,
Drei Tage Rast dem Manne, Fleisch und Wein,

Genesen holt er bald Versäumtes ein;
Doch trotzest du, so harre meiner nicht,
Wenn Fieber wild im eignen Leibe brennen,
Ich komme nicht und will am Weltgericht
Die rauhe That mit franker Brust bekennen!"

Horch! Wüster Lärm erschallt: „Des Schänken Kind
Verfolgt von einem aufgereizten Rind!
Erschließt die Thore! Helft!" Die Flinte reißt
Der Meister von der Wand! Hinaus! Es drängen
Die Bauern nach mit Beilen und mit Strängen.
Um Gott, vom Knaben wich der gute Geist,
Er sieht verglasten Blickes nicht die Pforten,
So rettend sich geöffnet hier wie dorten;
Er strauchelt, sinkt zuletzt! Der Schrecken steigt!
Antrabet dumpf mit grimmigem Geschnaube
Das plumpe Thier, die Hörner vorgeneigt,
Zu spießen, was sich wimmernd wälzt im Staube.
Zu schleudern in die Lüfte hoch empor —
Losdonnert zweimal itzt das Feuerrohr.

In's Hirn getroffen, schauert, schwankt das Thier,
Sein glotzend Auge sieht um Hilfe schier.
„Es zweifelt schon," so triumphirt die Menge,
Indem es blutend mit dem Haupte nickt;
Die Zunge reckt es, schäumt, wuthersticht,
Die weite Welt wird plötzlich ihm zu enge;
Es bäumt sich brüllend, wirbelt sich im Kreis,
Es überschlägt sich und verendet leis.
Der Meister: — „Heftig ist des Knaben Pein,
Getreten, klafft der Schädel, schwillt das Bein.
Ein Tragebett beschafft mit weichen Pfühlen,
Beschaffet Eis, der Wunde Brand zu kühlen.
Ihr Frauen geht voraus! Behutsam nur
Vertraut den Eltern, was ihr Kind erfuhr."

Sie tragen sacht den armen Buben fort,
Hier borstet sich und dorten manches Wort:
„Am Kinde wird gestraft des Vaters Treiben!
Von Uri zog er an vor Jahresfrist,
Ein starrer Kopf, ein brünstiger Papist;
Am Neuen liebt er brausend sich zu reiben,

Er würdigt nur, was überkommen ist.
Unangetastet soll der Moder bleiben."
Umwölkter Stirne schaut der Meister drein:
— "Du merkst, ein Jeder fand der Weisen Stein.
Versteht gewandt zu fügen und zu formen,
Unfehlbar er, unfehlbar seine Normen!
Selbst Angesichts des Elends ist dem Wahn
Die Menschlichkeit, du siehst es, unterthan."

Entgegenstürzt mit wildzerrauftem Haare
Des Schänken Töchterlein dem Trauerzug,
Und wirft sich jammernd auf die Tragebahre,
Wir steuern kaum der Rasenden genug.
Wir suchten Trost! Die Trost verkünden sollten,
Verletzten schlimm das christliche Geheiß:
Sie schärften nur den Stachel, ach, entrollten
Die Schrecken insgesammt, sie glühten weiß.
Die Mutter liegt vor ihres Hauses Pforten
Dahingestreckt von schonungslosen Worten,
Die Mägde rathlos um die Herrin! — "Schnell!
Benetzt ihr flammend Hirn mit frischem Quell,
Bald halten Stand die fluchtbereiten Geister,
Ich sorge für den Knaben," spricht der Meister.

Mich duldet er im Krankenkämmerlein,
Er schreitet auf den Zehen, schließt die Läden,
Dem Kleinen flößt er, lindernd seine Pein,
Wohlausgezählt die Schlummertropfen ein;
Er lockert den Verband, er prüft die Schäden;
Begütigt, was im Fieber brennt mit Eis,
Verengert, was da klafft, mit zarten Fäden.
Inzwischen naht die bleiche Schwester leis,
Ihr Brüderlein mit Küssen zu bedecken;
Doch schüchtern schleicht sie fort in ihrer Noth,
Aufhorchend sich im Winkel zu verstecken.
Verheißend klang und drohend das Gebot:
"Kein zärtliches Geschmeichel darf ihn wecken,
Kein Weheruf den Schläfer mir erschrecken!"

Die Mutter rafft sich jählings auf, begehrt
Mit Ungestüm nach ihrem Lieb! Man wehrt
Vergebens ihr die Schwelle, Leib an Leib,

Die Reihen bricht hindurch das Löwenweib.
Beschwichtend geht der Meister ihr entgegen:
„In Bälde darfst du selbst das Söhnchen pflegen!"
Der Finger legt sich schweigend an den Mund,
Es wird gemach ihr zuckend Herz gesund.
Der Tochter winkt sie lächelnd, wankt hinaus,
An ihrem Hals sich endlich auszuweinen.
Sie nimmt vom Silber aus geheimen Schreinen:
— „Belaste," ruft sie, „mit dem besten Schmaus,
Mit bestem Wein die Körbe, gieb den Armen,
In meinen Qualen ward auch mir Erbarmen!"

Den Vater traf bei Becherklang und Reim
Die Mär gedoppelt hart in froher Runde.
Sein Erbe hingewürgt! Er schlottert heim,
Da — trauen will er nicht der Jubelkunde,
Daß weise Kunst die Wunder reich gehäuft,
Damit, was leidend ächzt, mit Gott gesunde.
Nach Athem ringt er, stöhnt, noch immer träuft
Die Zähre nicht ihr Heil in seine Wunde.
Worüber frei das Weib verfügen kann
Im Wonnerausch, im Gram zu jeder Stunde,
Den Geisterschatz von Thränen wühlt der Mann
Gewaltsam nur empor aus tiefstem Grunde.
Ihm schmälert noch zuletzt der Stolz im Bunde
Mit falscher Scham den Vollgenuß am Funde.

— „Ich ernte Stürme, denn ich säete Wind,"
Also beginnt er dumpf sich anzuklagen;
„Vergeltung naht, itzt säumig, itzt geschwind,
Kein Zweifel soll an diesen Spruch sich wagen.
Besaß zehn Jahre, hört, ein schönstes Rind,
Viel goldne Kälber hat es ausgetragen;
Im Stalle stand es willig dem Gesind',
Gewährte Milch, dem Hause zum Behagen.
Verdiente nicht das Gnadenbrot gelind
Dies brave Thier in seinen alten Tagen?
Ich aber war vor schnödem Geize blind,
Es ließ sich lautlos hin zum Metzger jagen.
Womit du sündigst, wirst du selbst geschlagen,
Ein grimmes Rind zerfleischte mir das Kind!" . . .

— „Du scheidest schon, o Meister?" stöhnt die Schwester,
— „Du scheidest?" ruft bestürzt die Mutter drein,
„Wir hoffen nur, indem du weilest, Bester,
Wir fürchten uns, nun wieder wir allein!"
— „Abwechselnd wacht, lebt Alle bar der Sorgen,
Beflissen kühlt die Wunden bis zum Morgen,
Ich komme früh!" — „Wir senden flinke Pferde.
Ach, eben willst du, selbstvergeßner Mann,
Im Sonnenbrand zu Fuß nach deinem Herde!
Wir heben gern die müßige Beschwerde,
Verziehe kurz, wir schirren ein Gespann."
— „Mich fechten nicht des Wetters Launen an.
Doch meinem Gast wird das Erbieten frommen,
Ich heiße, sein gedenkend, es willkommen."

Anleuchtet ein fahles Weib mit losen Flechten:
— „Ich rufe wehe, weh! Ich rufe: Halt!
Ich flehe: Helft! Ich schreie laut: Gewalt!
Ich heische Recht, ich klage vor Gerechten!
Er wahrte pflichtgetreu des Kindes Leben
Und weihte mich dem raschen Untergang:
Erschlug er nicht rauhherzig mir soeben
Die Milchnerin? Sie nährte mich bislang.
Hab' Namen süß inbrünstig ihr gegeben,
Hab' Gott bestürmt, zu segnen ihr das Kraut,
Ihr fleißig Laub gestreut, den Trank gebraut,
Im Traume hab ich nächtlich sie geschaut,
Ich schirmte vor dem bösen Blick das Thier,
Kein Wesen stand mir nahe sonst allhier."

— „Drum ist's gerecht," entgegnet ernst der Weise,
„Ich zahle, was ich schulde. Nahm ich nicht
Mit dreister Hand ein köstliches Gericht
Von diesem Tisch, dem anderen zum Preise?
Sei frohen Muths! Ich zahle morgen schon,
Wir rechnen glatt und christlich dann zusammen."
— „Bis Morgen? O, bei Gottes großem Sohn,
Bis Morgen loht ein festes Haus in Flammen;
Bis Morgen sind des Windes wir, der Welle;
Behende fällt herab ein grünes Blatt,
Geschweige, was der Herbst gezeichnet hat;
Das beste Wort des Besten gleicht der Schelle;

Bis Morgen? Zwiefach hilft die rasche Gabe,
Gieb heute mir, ich bin am Bettelstabe."

— „Drum ist's gerecht, ich zahle dir zur Stelle!
Du müßtest bettelarm noch heut verderben,
So jammerst du! Vergleichst der hohlen Schelle,
Was ich verhieß? Urplötzlich kann ich sterben?
Wohlan! Wer traut dem greisen Mann bis Morgen?
Wer möchte, sprecht, dem Argbedrängten borgen?
Ich füge, hört, zum Ehrenwort den Schein."
Sie räuspern sich, sie blinzeln feig darein;
Zu Tage kömmt in seiner engsten Enge
Der platte Sinn mit schnödem Winkelzug,
Mit leerer Hand, mit eitel Lug und Trug.
Aufschreiend bricht der Vater durch die Menge:
— „Daß Niemand mein Gewissen kränkt, beileibe!
Mein Knabe lebt, ich schulde diesem Weibe." . . .

Befriedigt zieht die Alte mit den Scharen;
Das Wäglein rollt heran, uns heimzufahren.
Die Wirthin bringt im Korbe Mancherlei,
Mit Fett und Eiern, Brot und Reis herbei.
Sie hätte gern vom Mutterfaß im Keller
Herauf geschwärzt ein Fläschlein Muskateller;
Wie gern der weitbelobten Moccablume
Den Zucker fein in Würfeln beigelegt,
Mit eingemachtem Obst, im Schrank gehegt,
Vor solchem Herrn gemehrt an ihrem Ruhme;
Jedoch der starre Brauch des Meisters wahrt
Sein schlichtes Haus vor Spenden leckrer Art.
— „Die Wunden kühlt mit Eis und linden Salben,"
Er ruft's! . . . Im stolzen Trotte gehn die Falben.

Trab, Trab! Hin donnert's dumpf die Trift entlang.
Ich gebe nach dem altgewohnten Hang,
Mich einzuspinnen, bin gedenk der Stunden,
Die farbenreich soeben hingeschwunden.
Gehörtes und Geschautes tritt mich an;
Mich aber drängt's, vor einer der Gestalten
Stets lieber, stets erstaunter anzuhalten,
Der Meister ist's mit seinem Zauberbann.
Ein Januskopf, ein unvergeßlich Bild,

Bei fauſtiſcher Natur des Kindes Weiſe.
Der Jugend Schwung beim Vorbedacht der Greiſe,
Beſcheiden, ſelbſtbewußt, geſtreng und mild.
Geſünder im Gemüth, denn irgend Einer,
Berückt er mich und dennoch krank wie Keiner.

Was meinen Geiſt nachzitternd noch umwebt,
Iſt ſeinem raſch entſchwebt, iſt ausgelebt,
Gefügig räumt es neuer Werdeluſt
Den Ehrenplatz in dieſer Schöpferbruſt.
Ja, ſolcher Kraft genügt der Funke nicht,
Der ſchläfrig ſich gefüllt in Aſchenreſten,
Ihr Element iſt hellentfachtes Licht.
Die neue Thätigleit, die neue Pflicht,
Der Forſchertrieb nach einem neuen Beſten.
Was ſeine Hand an junger Blumenbluth
Des Morgens eingeheimſt, das theure Gut,
Er muſtert es mit ſeligem Behagen,
Sein Antlitz glüht. Ich möchte gerne fragen
Und frage dreiſt: — „Wem leuchtet dieſe Gluth?“

— „Der Blumenwelt!“ Er ſpricht's. „Die Blumen hüten
Im ſchönen Leib ein ſchönes Herz fürwahr;
Das Tröpfchen Gift zuletzt in manchen Blüthen,
Vom Arzt geläutert, ſtärkt es wunderbar.
Ich ſinne nach der holden Sendung, ſo
Ein gnädiges Geſchick den kleinen gönnte:
Ob irgend Wer, der traurig oder froh
Und ihrer leicht allhier entrathen könnte!
Wer freit, liebkoſet, führt die Gattin heim,
Wer tauft und tafelt, wo die Blumen fehlen?
Das Schwert bedarf der Kränze, wie der Reim,
Und wer an Gräbern ſteht zu Allerſeelen;
Die Blumen liebt der Mönch, der Räuber wild,
Olymp und Himmelreich und Götzenbild.“

— „Mich aber dünkt endgültig auserleſen
Der Menſchenſohn, er trägt das Gotteszeichen;
O, ſelbſt die Leidenſchaft, das ſchlimme Weſen
In ſeinem Blut, übt Wunder ſonder Gleichen.
Magnetiſch iſt des Menſchen Blick und Wort,
Sein Hauch berückt, die Thräne reißt uns fort.

Kein frommes Thier, das seinen Herd vermiede,
Kein Hündchen, das vom Herrn freiwillig schiede,
Kein Schwälblein, das nicht wieder kam geschwind
Und einem Kind gehorchen Roß und Rind.
Ihn selber treibt es minnig zu begehren
Sein Ebenbild, er trachtet es zu mehren;
Er sucht der Brüder Spur im Wüstensande,
Im Alpenschnee, zu Wasser und zu Lande."

Er: — „Siehst den Engel noch v o r seinem Falle,
Noch ohne Pferdefuß und ohne Kralle.
Die Leidenschaft, so fährloß im Gerichte,
Sie braust verwüstend durch die Weltgeschichte.
Der mächtige Magnet des Menschen ist
— Besieh genau den Zauber — Zwang und List.
Den Menschen treibt es, minnig zu begehren
Sein Ebenbild! Sich selber zu verehren!
Die Mehrertrieb und Kindlein in der Wiege,
Die Schlächterwuth und grasse Völkerkriege!
Den Bruder suchten wir im Wüstensand,
Im Alpenschnee, zu Wasser und zu Land?
Redselig unser Weh ihm mitzutheilen,
Jedoch an s e i n e m stumm vorbeizueilen.

„Ich preise, laß mich preisen, Flora's Kind!
Erwähle dir die Sanften zu Gefährten,
Du wirst alsbalde, wie die Sanften sind.
Kein Gärtner drum, dem Güte nicht gelind
Und Munterkeit das Angesicht verklärten.
Nun aber sieh die Menschengärtner an,
Die Schwärmer, so ein Mittleramt erwählten,
Die Sendung liegt, ein ungeheurer Bann,
Auf ihrer Brust, der allerseits gequälten.
O, leite nur ein Volk nach Kanaan!
Erprobe Minderes vom Lehrerstuhle,
Ein Führer sei den Schülern durch die Schule,
Erziehe dir den Einen nur — und dann
Beharre mir ein ungekränkter Mann!'"

Ich: — „Träfe mich ein solches Los, so trüge
Mein krankes Thun allein die volle Schuld,
Ich war ein Stümper, mir gebührt die Rüge.

Es fehlten mir des Herzens schönste Züge,
Die stete Huld, die tapfere Geduld.
Warum ermüdet traun der Gärtner nicht
Zu schirmen und zu gießen und zu jäten,
Wenn lässig auch die Blüthen sich verspäten,
Ein Schößling übergreift, ein Röslein sticht?
Verlangst du flugs, gereizt und überschwänglich,
Des Guten höchstes Maß vom Erdensohn,
Erst horcht er bänglich, wähnt sich unzulänglich,
Gebahrt sich morgen steif und störrig schon,
Der Besserung für immer unzugänglich."

Er: — „Wolle, Wind und Sonne gleich zu theilen,
Bei ritterlichem Kampf dich stets beeilen!
Vergieb! Des Schülers Soll erwägst du nicht,
Sein Haben will dein Eifer nur verfechten;
Betonest du genau des Meisters Pflicht,
So sprich vernehmlich auch von seinen Rechten!
Warum ermüdet nicht des Gärtners Güte?
Das Blümlein ist erkenntlich von Gemüthe,
Voll Liebe schaut es, nicht mit scheuer Bängnis
In seinem Herrn das wachende Verhängnis.
So rührend, weil so wehrlos, traut es blind
Der starken Hand und es gedeiht geschwind;
Jedoch rebellisch wächst auf allen Wegen
Dem Menschengärtner Groll und Trotz entgegen.

„Wann heischten je die Meister Überschwang?
Wann sagten sie: Besinnet euch im Flug!
Sie heischten karg, sie harrten lang genug!
Ach, klage du wie Jeremias bang,
Dann spötteln sie: der weinerliche Sänger!
Jesaias griff nach einem rothen Lied,
Sie bogen aus dem greisen Grillenfänger,
Sie murrten insgeheim: der Ränkeschmied!
Gemach verstummest du, sie schmählen dann:
Verkühlt und abgefallen ist der Mann!
Ach, schaue denn zuletzt dem wüsten Trachten
Entschuldigend sogar und lächelnd zu;
Dann aber ist's vollbracht, dann heuchelst du,
Geh' schleunig hin, dich selber zu verachten.

„Gerathen ist's, dem Treiben ferne stehn,
Dem Dornenkranz, dem frühen Kreuz entgehn,
Verzichten auf die Mittlergloriole!
Mit blondem Haar, da schalt ich Eigensucht
Ein solches Tagewerk und Fahnenflucht
Und Hochverrath am allgemeinen Wohle;
Nun liegt jedoch auf diesen Locken Schnee,
Nun aber bin ich heim von hoher See!
Verdammen will ich Keinen jach hienieden,
Der, leutescheu, sich bergen will den Frieden,
Der uns besonnen mahnt: Wenn Jeder sacht
Sein Lämpchen vor dem Vaterhaus gezündet,
Dann haben, Tag zu machen in der Nacht,
Zu Aller Glück sich Alle klug verbündet!"

— „Bedenkt ein Jeder nur das Vaterhaus,
Dann fahre hin, du kühner Thatenbraus,
Dann setzen wir auf knappen Gnadenlohn
Bei ungeschwächtem Drang die Weltgeschichte.
Nach Wundern ruft alsdann der Menschensohn,
Zu lässig, daß er selber sie verrichte,
Uneingedenk, daß Jeder kam zur Erden,
Ein Wunder für die Anderen zu werden!
Ach, sagt ein Bester selbst: ‚ich schweige still,
Geschehe, was die Rotte Korah will‘,
Wer schützt die frommen, scheucht die bösen Geister?"
— „Das leider ist's," erwiedert ernst der Meister,
„Ein Jeder dünkt sich Führer im Gewirre,
Ein Jeder schwört darauf: der Andre irre!"' . . .

Er spielt mit Blümelein und eben fuhr
Sein Urtel spitz den Brüdern durch das Herze.
Ich seufze: — Herr, laß reden mich im Schmerze!
Geschrieben steht: Wenn ein Gerechter nur,
Wo tausend Sünder, will Ich gnädig sein!
Du dachtest, Herr, gering von diesen Bauern,
Doch sahen wir die Freude wie die Pein
Auf ihrem Weg mit unverfälschten Schauern,
Ein reges Mitgefühl, der Tünche bar,
Den Helferarm bei dräuender Gefahr,
Ergebung und Vertrauen, Dank und Treue;
Du sahest den Gewissensbiß, die Reue,

Die Läuterung, die Wiederkehr des Guten
Und dennoch statt der Sühne. Groll und Ruthen?"

Hinwider er: — „Ich trachte Heil zu bringen,
Mich wirmend auch dem schlimmgesinnten Mann;
Doch in Gedanken darf ich Ruthen schwingen,
Mein Recht erkenne, bist du billig, an!
Errungen ist's durch ungezählte Wunden,
Im Kampfe mit den Wichten dieser Welt,
Ist durch ein Menschenalter festgestellt!
Ermäßest du, was oft in schwarzen Stunden
Mein tiefstes Ich erfahren und empfunden;
Versuchtest du zu malen nach dem Leben,
Was deinem Blick sich angethan soeben
Und schiedest scharf die Wesenheit vom Schein,
Du könntest, muß ich glauben, mir vergeben,
Du trätest selbst für deinen Gegner ein.

„Wohlan! Was schauten wir im Volksgetriebe?
Von Schmeichlern kam, von Thoren mir die Krone!
Die Wittwe bot dem kaum geheilten Sohne
Den Feuerwein in unerlaubter Liebe!
Ihr folgend warf, ach, mit vertrübter Lust
Die Braut sich schonungslos an seine Brust.
Gedenke nun des Weibleins leck und schlau,
Besessen that es mit verzerrten Zügen,
Den Gatten, das Gesind und mich zu trügen!
Gedenke nun des Knickers roh und rauh,
Der seinen Schatz zu häufen in der Truhe
Am Feste gar dem Knechte kürzt die Ruhe,
Den mürben in's Geschirre zwingt, das Brot
Dem mittellosen aufzukünden droht!

„Was ferner? Nun, es sündigt schon das Kind,
Bewirft mit spitzem Kies ein sanftes Kind.
Ach, balde kriecht der Range wund im Staube!
„Geahndet wird des Vaters falscher Glaube,
Sein schnödes Thun gezüchtigt," ruft man aus,
„Ihm däucht das Alte nur aus edlem Haus!"
Die Menschlichkeit, sie blieb dem faulen Wahn
Selbst Angesichts des Elends unterthan!
Geängstigt wird die Mutter, nicht beschwichtigt;

Der Vater schmollt, er neidet mir den Preis;
Im Werthe steigt behend des Metzgers Eis
Und selber hat der Schänke sich gerichtet:
Was jahrelang ihm Segen hat beschert,
Gebrochen schien es nicht der Pflege werth!

„,Bezahle gleich das hingestreckte Thier!'
Gebot die Häuslerin und tobte schier;
,Bis morgen kannst du sterben!' Rings im Kreise,
Wer traute, sprich, auf einen Tag dem Greise?
O, spendest du, sie hoffen dann entflammt,
Bis späte läßt der Herr dich rüstig weilen;
Doch borgest du, sie fürchten dann gesammt,
Es könnte Nachts die Hippe dich ereilen!
Nun aber trat der Vater hastig vor:
„Daß Niemand mein Gewissen kränkt, beileibe!
Mein Knabe lebt, ich schulde diesem Weibe!"
,Doch Einer, der gerecht im Frevlerchor,'
So jubelst du, ,ja, dennoch echte Reue
Mit Opferdienst, mit Pflichtgefühl und Treue!'

„Ein Traum! Geboren kaum, erlischt die Reue,
Der alten Schuld vermählt sich gern die neue.
Du zeigst den Menschen mir, wenn mächtig ihm
Zur Seite stehn die beiden Cherubim,
Begeisterung und Demuth hier geheißen,
So gottgesandt die abgespannte Brust
Auf eine knappe Frist nach Oben reißen!
Nein! Zeige mir den Menschen selbbewußt,
Der heimgekommen von der Himmelsreise
Und gähnend abgelegt das Festgewand
Und sicher trabt im wohlbekannten Gleise;
Nimm prüfend Maß und Wage dann zur Hand
Und trenne, was sich echt erwies, vom Schlechten
Und kröne, mir zur Wonne, den Gerechten!

„Äühler im Dorfe so, im Thale so,
Ach, gestern, heut' und morgen, Alle, Alle
Nach einem Schnitt auf diesem Erdenballe!
Wann füllen sich die öden Kirchen? O,
Im Jubelrausch der Völker und im Falle!
Es blühen Kunst und Wissen, wann und wo?

Wann glaubte Rom an seinen Cicero?
Der Korse kroch zu Kreuz bei Waterloo!
Wenn aber rasch die Weihestunde floh,
Dann baut die Nüchternheit an ihrem Walle,
Bis wieder einst dies starre Jericho
Zusammenbricht bei der Posaunen Schalle.
Doch, siehe da, mein Heim! Du Friedenshalle,
Ich grüße dich von ganzer Seele froh.

„Nun ordne dich im Kämmerlein, Genoß,
Indeß ich übereilt den Tisch bestelle.
Was aber reicht der plumpe Junggeselle?
Ein kaltes Mahl, die beste Zeit verfloß!
Ich bringe Weizenbrot und fetten Rahm,
Sie taugen stets zur Erdbeer wundersam.
Jedoch für morgen hab ich Sonntagswonnen:
Wir greifen dann nach Esau's Leibgericht,
Beleuchtet rings von großen Eiersonnen;
Dann mangelt uns die Goldmelone nicht,
Vom Gurkenstamm, doch adelig geworden.
Mich unterweist am Herd ein feister Band,
Zwar nicht verfaßt von Nostradamus' Hand,
Doch viel gesucht im Süden und im Norden....."

Ein Andrer, wenn er schafft in seinem Hause,
Ein Andrer, wenn der Haufen ihn umtost!
Hinan die Treppe! O, du schlichte Klause,
Asyl, zu meinem Trost mir zugelost!
Mein Auge streift den Garten, Wald und Welle,
Die Felsen mit den Häuptern silberhelle!
Der Zelle reiht sich an die gleiche Zelle,
Seit Monden unbetreten scheint die Schwelle.
Genüber ein Gelaß mit Torf und Kohlen,
Mit Reisern dürr und Zapfen, so dem Tann
Ein weiser Wirth allmählich abgewann;
Ein Speiseschrank, in dessen Hut befohlen
Beim reichen Zoll von Biene, Baum und Beet
Der Ziege Milch in schlanken Tiegeln steht...

Vom Mahle nach dem Hof!... — „Wir scheiden itzt,
Wir sammeln in der Einsamkeit die Geister;
Doch, wenn der Abendstern im Blauen blitzt,

Dann treffen wir uns wieder," spricht der Meister.....
Ich seh' bewegt von meinem Lug-ins-Land
Den Alten unerschöpft und sorglich walten,
Der sein Geräthe blankt mit weißem Sand,
Die Hacke schleift, sein knorrig Holz zu spalten.
Was zartgeartet in der Hitze welkt,
Begießt er, daß es heiter sich verjünge;
Ein saftig Blatt erspäht er, füttert, melkt
Die Muttergeiß und freut sich ihrer Sprünge;
Verschneidet, was da wuchert, schaufelt, baut
Und stützet, was er schwer beladen schaut.

Ich lasse die Mansarde sacht, umgehe
Das Epheuzelt, worin er lesend ruht.
Ich schweife durch den Laubengang und stehe
— Zum Herzen drängt sich mein bestürztes Blut —
Vor einem buchsumzäunten Rasen still.
Die Thuje klagt, es zittern die Cypressen:
Ich ahne, daß er sich allhier bemessen
Die Stätte, wo er traumlos schlummern will.
Im Thale fehlt er einst! Sie nahen, o!
Der Garten leer! Auf angenagtem Stroh
Die Ziegen, seht, vor Hunger krank! Im Zimmer
Der Klausner starr! Sie schleichen zag heran,
Sie sprechen ihn gedämpft, dann lauter an,
Sie rütteln ihn, umsonst, er schläft — — für immer!

— „Mich halten," tönt es hinter mir, „Beschwerden
Und Mäßigkeit gesund, doch komm' jetzund,
Es dämmert! Feiern laß uns, selig werden;
Nun schweigsam, nun beredt im trauten Bund,
An Nichts und Alles denken, daß wir frei
Und dennoch ganz uns hingegeben fühlen;
Für Alles warm, doch sonder Schwärmerei,
Für Nichts entflammt, doch ohne zu verkühlen.
Wie graue Sagen laß uns überlesen,
Was Segen war, was Strafgericht gewesen;
An Alles denken und zugleich an Nichts,
Das ist: beim schwanken Schein des Mondenlichts
Im Ocean sich baden! Ruhig liege
Das große Kind in solcher Schaukelwiege!"

Wir wallen hin, da nahen bettelarm
Die Knaben und die Mägdlein, grüßen warm.
— „Es ist gestattet, geht!" — Sie hasten fort,
Nun hauschen sich in Bälde Korb und Taschen.
- — „Sie mögen," tönt des Meisters mildes Wort,
„Von meinem Überfluß zuweilen naschen.
Erkenntlich ist der Baum für meinen Born;
Rings Knollenfrucht und Schoten, Lauch und Linsen;
Denn Rübezahl giebt freudig: jedes Korn
Ihm dargeliehen, will er reich verzinsen.
Ich zwinge nicht die Schätze, mich beglückt
Wer tragen hilft, was wuchtig mich bedrückt.
So kommen gern die Ärmsten dieser Gegend,
Von Woche sich zu Woche weidlich pflegend."

Mit einem Male schrillt ein Jammerschrei
Vom Bächlein her, wir eilen rasch herbei.
Ein Bube wüst und nimmersatt entwand
Dem Kinde zart das Körbchen kaum beladen.
Erkürt die schönste Frucht mit frecher Hand,
Zertritt die Reste, fügt den Spott zum Schaden.
Die Kleine weint: — „Nach Hause kann ich nicht,
Es schlügen mich die bösen Eltern heute!"
Der Meister faßt am Räuberarm den Wicht,
Im jähen Zorn entreißt er ihm die Beute.
— „Hinweg! Und wisse das: für immerdar!
Verliere mit dem fremden Gut das deine!
Der Bitte wie der Reue bist du bar,
Dein Herz, Verstockter, gleicht dem Kieselsteine."....

Die Gäste ziehn. Er schließt das Gartenthor.
Er murmelt: — „Menschenart! Ein ewig Streiten
Um's Leben und des Lebens Nichtigkeiten!
Die Ameis' hilft der Schwester, spannt sich vor,
Da zwingt vereinte Kraft die Bürde schneller;
Mit Doggen frißt der Spitz aus einem Teller;
Kein Bienchen auf der Suche drängt erhitzt
Ein zweites, das im Blumenkelche sitzt;
Der Mensch allein ist Wind in eignen Halmen
Und Einer läßt dem Andern nicht das Mehr! —
Ein harter Tag, der Nesseln statt der Palmen
Mir grausam bot! Auf Nimmerwiederkehr!

Ein Mittel weiß ich, das die trübe Seele
Von Neuem klärt: ein Sang aus voller Kehle."

Geschichte singt er, wühlt entflammten Blicks
Mit tiefem Baß in eingesargten Zeiten:
Ich höre dumpf die Sohle des Geschicks
Nach deinem Takt, Marseillerhymne, schreiten,
Das Volk bestraft den König am Schafott. —
Die Ketten sind, die schmählichen, gefallen;
Nun aber läßt er sturmbeschwörend schallen
Den Festchoral, ein echter Hugenott.
Horch! Eine feste Burg ist unser Gott! —
Was ausgesprochen jäh verhetzt die Geister,
Beweisend wirrt, unduldsam sie belehrt,
Was auszusprechen sein Gesetz verwehrt —
Des Staates und der Kirche Wehen lehrt
In Liedern ohne Worte mich der Meister.

Nun aber horch, das sind Beethoven's Klänge!
Ich kenne sie, die faustischen Gesänge!
Zeus' Adler seh' ich unerschrocken kreisen
Im prächtigen Gewitter dieser Weisen.
Beethoven ist der sanfte Mittler nicht,
Der Mozart gleich mit kindlichsüßen Tönen
Die Kreatur dem Himmel mag versöhnen:
Den Himmel stürmt er tapfer, raubt das Licht.
Bezahlst du mit dem Geier an den Brüsten
Prometheus, dein erhabenes Gelüsten?
Wie Amadeus, so die Cherubim;
Doch Ludwig spricht die Sprache der Titanen,
Allmächtig bricht er durch zu neuen Bahnen,
Ich kenne nicht die Götter neben ihm.

Er mahnt mit weichen Klängen: — „Geh zur Ruh!
Ein Schälchen Milch zuvor, dann raste du!
So raste, bis ich zeitig schon dich lade,
Beliebt es dir, zum frischen Wellenbade.
Ich braue noch in meiner Hexenküche,
Verleihe Zuckerstoff und Wohlgerüche
Dem herben Kräutersaft, ich lerne brav,
Ach, lauem Blut genügt ein kurzer Schlaf.
Bis sich die Woche wendet, willst du bleiben?

Noch Keiner blieb den zweiten Tag bei mir!
Ich scheine rauh, ich widerstrebte dir,
Du sahest mich in meinem Thun und Treiben!
Schneeweißer Friede lag auf deinem Sinn,
Ein Rabe flog darüber nächtig hin."

— „Zu schmälern bin ich nicht gewillt die Spanne,
Die karge Spanne, so du mir gewährt.
Ich steh' genüber dir, ein Mann dem Manne,
Beherrscht und dennoch Herr in deinem Banne.
Wir stritten: so zu streiten klärt, verklärt;
Ob Sieger, ob besiegt? Gleichviel! Ob Stein,
Ob Stahl? Gleichviel! Eins zeuget, Eins gebärt,
Der Funke wird ein Sprößling beider sein.
Wir hielten hoch dein Hausgesetz in Ehren,
Wir kämpften nicht, einander zu belehren,
Wir stürmten nicht mit protzigen Beweisen,
Wir stießen nicht, um Gold bemüht, auf Eisen.
Und Morgen war's und Abend ist's, ich sage:
Ein reicher Tag, so alle, alle Tage!""

Aus den

Alpenländern.

P. K. Rosegger.

Z' nochtschlofand Stund.

(Steirische Mundart.)

Er:

Nar oans möcht ih wiss'n, schön's Dirndl,
Nar oans gib ma kund,
Scha, geht's da net imeramol asti
Za nochtschlofand Stund?
Und reckst dan net imeramol 's Handerl
In Bett aus und suachst?
Und druckst dan net imeramol 's Pölsterl
Za dir zui und ruachst?
A merfüassa Tram, aft wirst munter,
Und 's Betterl is kloan,
's Stüberl is küal und stockfinster
Und du bist alloan.

Sie:

Na, wias das dan wißn konst, Büaberl!
A so kimt's oan für.
Aft steht ma g'schwind auf und wird schrockl,
Varlegelt die Thür,
Und thuat, wir oans d'Ahndl hot grebn,
Kniat hin in da Pfoad
Afn eiskoltn, stoanhirtn Fletzbodn,
Und mocht Reu und Load.
Und bis ma frei fibad vo Kältn,

Aft geht mar in's Bett;
Jo, imeramol hilfts ah, däs Mittel,
Und imeramol net.

Er:

Wan's wiederamol net sul onschlogn,
A Reu und Load is scha recht,
Oba 's Thürl, däs thua net variegeln,
Is ollamol schlecht.
As is imeramol scha zan Deizl
Wan d' Onfechtung schreit,
Do hilft da ka Bet'n, ka Scheld'n,
Ka Hez und ka Heiließit.
Do hilft nar a baderlworms Liaberl,
Und wo ma däs fund,
Dös sogt dar a grodg'wochs'ns Büaberl
Morg'n z' nochtschlofand Stund.

Sie:

Da Roth is nit nui, oba thuir g'wen,
Und heint gib ihn dir:
Geh, Bua, wanst mih gern host, ih roth da's,
Zan Pfora mit mir.

Er:

Zan Pfora, meanst, daß er uns z'somgab?
Du, wan er's na ken!
Is selber, nur woaß eahm nit z'helfn,
An eangschichta Monn.
Ih wissat ma Koan net, der 's z'somgebn
So guat und fein kunt,
So guat und so fein, wia mir selba
Za nochtschlofand Stund.

Sie:

So guat und so fein glaub' ih's ehuta,
Daß d' bol Koan dalougst;
As is nar a Frog: wird's ah fest sein?
Du, däs is mein Ongst!

Er:

Schau, 's Retl, mit den ma sein z'som-
                    g'henkt
Is g'schmiedt in da Gluat!

Sie:

Wos nutzt's, wan da Schmied mit kolt
                    Wossa
Net oschreckn thuat?

Er:

's kolt Wossa, mei du, findst in Tanßtoan.

Sie:

Geh', sei net so schlecht!
Da geistlichi Seg'n is 's kolt Wossa!

Er:

Je, Dirnrl, host recht.
Und woaßt, wos er g'sagt hot, mei Boda?
's g'schieckt Eif'n war z'sprev!

Sie:

Geh, plausch net so viel und sog's druck'n:
Du heirathst mih net.

Er:

Ah 's Nochbarn kloan Liserl, däs fürcht sih
Za nochtschlofand Stund.
Mir is 's holt net geb'n, daß ih Dani
Kloan lossn kunt.

A so thuat da Wildling holt uma,
Betruigts noch da Reih,
Und ollaweil lustl, so kuma
Frisch ledi und frei.
Oder DÜs nimt an End und todtskrank
                    wird
Da lustigl Bua,
Bakirkt und razogt af an Heustol,
So Mensch geht eahm zua,
Hot ollaweil Oubri valossn,
Hiaz zifferts eahm's rund:
Kloan muaß er sterb'n und vakema
Za nochtschlofand Stund*.

*) Worterklärung: „nochtschlofant Stund": Zur tiefnächtlichen Stunde, wenn Alles schläft. afli: bitzig, erregt. rnachst: schau dich. medsüassa: süß wie Meth. schreckt: erschreckt, ängstlich. d'Ahnkl: Ahne, Großmutter. Pfoad: Pfaid, Hemd. frei: ordentlich. fibad: fiebert, zittert. Heilikeli: Amulet. baderlwarm: blutwarm. nui: neu. thulr: theur. eangschicht: einsam. oschrecken: das glühende Eisen durch kaltes Wasser härten. Heustol: Heuschober.

Wie ma 's Unglück beträg'n kon.

(Steirische Mundart.)

Ih hon ma de Johr her — nit daß ih mih prohl —
A Sachel dasport. Geht's, lent's mar amol!
Ih zoag enk, mei Häuf'l, mei Kua und mei Goas,
Und 's Körndl in Sock; d' Sau henlt af da Boas.
An Hulzäpfelmost und au Schnitn weiß Brot;
Ah, däs thoan ma nit, as ma lltn a Roth.
Dan Strumpf is va Tholer und Gulinga schwar,
Und da zweit, derf ih sog'n, der is ah neama lar.
— „Nau, wünsch da viel Glück dazua, za dein Bamög'n!" —
Donk da Gott, hon an scha z' brauchn, an Seg'n.
Hot ma Nix, woas ma 's eh, daß oan ziombruckn d' Sorg'n,
Und hot ma 's iß heint, na sa denlt mar af morg'n.
Bigegn't mar an Drina, hon ih Zidern und Ongst,
Han, Unglück, so leicht daß b' mih ah noh daglongst!
Ho, 's Drmsein is leicht, braucht nix z'trog'n, wer nix hot,
Oba 's Drmwern, mei Mensch, is a bluatigi Roth!
Do hoaßt's gleich: Nau, Der, däs war ah amol wer!
Hot an Groß'n aufg'spielt wir a vornehma Herr;
Und hiaz, wau er b' Suppn hät, roulad sein Gott,
Von Fleisch, däs er'n Hunde eh firg'worf'n hot.
As g'schacht eahm scha recht, hoaßt's, und gebn eahm's z' rastehn:
Er sul na probir'n, wias an Drmen konn gehn! —
Af däs denk' ih oft, und amol soll's mar ein:
— Wias eppa war, wau ih willi sprung b'rein!
Springst selber in's Woffer, is 's long nit sa kolt,
As wan dih an Onderer einloacht mit G'wolt.
Wan ih Oll's that rascheukn, ßü die Drmen vathoal'n,
Kunt oft a Letz tröst'n, a kronk's Leutl hoal'n.
Aft, Unglück, geh' her, geh' na her waust dih transt,
Du bringst ma koan Schreck'n, waust noh sa hart schaust.
Und wan ih scha nix wir in Bedlstob hon,
Und valauta Müasol scha weita nit kon,

Sa loch ih in zonaud'n Unglück is Ofris,
Und frags, we von uns zwoa da Stirla hias is;
Und buck mih stad unter an Feicht'nstoim,
Und zähl' mei Bamög'n, meini Geltsgott z'som*.

Todtenfeier.

I.

Hab' mein süßes Mägdlein
Noch in jungen Tagen,
Rosen um die Stirne,
Auf den Friedhof 'tragen.

Auf dem Grabe sprießen
Blümlein wohl heran,
Thun mich freundlich grüßen,
Schau'n mich traurig an.

Liebste laßt mir sagen,
Sie ist aufgewacht,
Soll' nit länger klagen,
Wenn das Röslein lacht.

II.

Was wir heute weinend
In die Erde legen,
Winkt mit Blumenaugen
Morgen uns entgegen.

Mag des Lebens Maien
Mir noch Freuden schenken,
Alle will ich weihen
Ihrem Angedenken.

Weinend lachen, scherzen
Auf der gold'nen Leier
Ist verlor'ner Herzen
Schönste Todtenfeier.

---

*), Worterklärung: Goas: Ziege. Boas: Beize, Beile. Schnitn: Schnitte. Strumpf:
alte Leute pflegten ihr Silbergeld in Strümpfen aufzubewahren. Gulinga: Silbergulden; Zittern:
Erzittern, einloakn: hineinschnellen. Letz: armselige Person. Schrod'n: Schrecken. Zonandn:
grinsenden. Ofris: häßliches Gesicht. Geltegeit: Die „Bergelt's Gott" und Segensprüche der beschenkten Armen.

Karl Gottfried Ritter von Leitner.

Deutsch-Oesterreich.

Vor mehr als tausend Jahren
Sandt' Karl der Große Scharen,
Die deutschen Stammes waren,
Schon in die Ostmark her;
Und wir, die Enkel, schaffen
Darin noch ohn' Erschlaffen,
Und steh'n, wenn's noth, in Waffen
Noch da zu Wach' und Wehr'.

Wenn wir auch nicht aus blauen,
Germanen-Augen schauen,
Ist doch dem Blick zu trauen,
Der knechtisch nicht sich senkt;
Und wenn nicht blonde Locken,
Wie gold'ner Flachs am Rocken,
Um uns're Stirne flocken,
Ist deutsch doch, was sie denkt.

Die deutschen Mütter grüßen
Noch jetzt den ersten, süßen,
Den deutschen Laut mit Küssen,
Den leis' ihr Kindlein lallt;
Noch tönt im Männerkreise
Manch' stolze Sangesweise,
Dem deutschen Wort zum Preise,
Das weit die Welt durchschallt.

Schon zu Rudolphus Zeiten,
Für dessen Thron zu streiten,
Schwang auf der March Gebreiten
Der Deutsche Schwert und Lanz';

Er half noch oft im Kriege
Dem Doppelaar zum Siege,
Daß herrlich auf er fliege
Zu neuem Ruhm und Glanz.

Auch uns're Friedensthaten
Auf Haid' und Bergesgraten,
Vollbracht mit Pflug und Spaten
Und Kelle, kennt die Welt.
D'rum seh'n wir ohne Reue
Auf alte Zeit und neue,
Und feilschen für die Treue
Um Lohn nicht und Entgelt.

Doch glaubt nicht, wir vergessen,
Was wir gethan, besessen;
Uns an die Wand zu pressen,
Wird schwere Arbeit sein;
Seht! hohe Geister schweben
Ob uns, die wie im Leben
Noch heute mit uns streben
Und streiten im Verein!

So steh'n wir ohne Zagen
Bereit, den Kampf zu wagen,
Und wackre Führer tragen
Die Banner hoch uns vor.
Doch wollt' ihr nicht mehr denken,
Uns unser Recht zu kränken,
Dann wollen gern wir schwenken
Die weiße Fahn' empor.

Dann kommt auch neu zur Ehre,
Des alten Spruches Lehre,
Daß bis an's Weltend' währe
Haus Oest'reich wundergleich;

Dann laßt uns Hymnen singen,
Hochauf die Becher schwingen,
Und Jubelrufe bringen
Dem Kaiser und dem Reich.

Anton Schloffar.

An die Steiermark.

Du schöne Fee, du stolze Frau
Auf ragendem Alpenthrone,
Wie leuchtet deiner Augen Blau
Wie funkelt deine Krone,
Die Krone, hell aus Stahl polirt,
Der in der Esse sprühte,
Die blinkend deine Stirne ziert,
Umrankt von Eisenblüthe!

Sei mir gegrüßt, du herrlich Weib
Im grünen Sammtgewande,
Wie schlingen um den edlen Leib
Sich silberhelle Bande,
Wie glitzern Thaudemanten licht
Darauf im Sonnenglanze
Wie lächelt hold dein Angesicht
Aus wald'ger Berge Kranze.

So lehnst du stolz und reich geschmückt,
An deines Dachsteins Zinnen,
Durch's weite Land dein Auge blickt,
Versenkt in segnend Sinnen,
Du siehst des Hochschwab's Felskoloß
Und tief in das Gelände,
Wo edler Trauben Blüthe sproß,
Und hebst die milden Hände!

Doch wenn der Berge Scheitel flammt
In des Gewitters Glühen
Und wenn die Spitzen allesammt
Die Wolken schwarz umziehen,
Wenn dann die Wildbach zischend schäumt
In's Thal herab, in's grüne,
Der Sturm sich in den Tannen bäumt,
Flammt auch dein Blick, der kühne!

Dann bist du herrlich anzuschaun,
Die Menschenbrust mit Schauern
Erfaßt dann zagend scheu ein Grau'n
In deiner Berge Mauern,
Und wilde Schönheit allerwärts
Beut sich in Sturm und Wettern,
Und mögen sie das Menschenherz
Auch mit dem Blitz zerschmettern!

Ich grüße dich, o Stiria,
Du Schöne, Stolze, Wilde,
Ob Donner dir und Blitze nah',
Ob Sonnenschein und Milde.
Ich liebe dich, mein herrlich Land,
Und knie' zu deinen Füßen,
Laß immerdar mit Mund und Hand
Mich deine Schönheit grüßen!

Stephan Milow.

Wehmuth.

Kein Erdenglück ist schön,
Schön nur des Glückes Traum,
Um starre Felsenhöhn
Des Morgens rosger Saum.

Hart ist und schmerzhaft rauh,
Was reine Hand schon hält:
Der Sehnsucht Thränenthau
Verkläret dir die Welt.

Himmelsklarheit.

Was mich ergreift zu allermeist,
Ist diese Klarheit, hehr und groß;
Aufthun, so weit das Auge reist,
Sich alle Fernen schleierlos.

O Strahl, der Alles rings erhellt,
Wie du das Schönste doch erfüllst,
Da du so herrlich schmückst die Welt,
Indem du sie nur recht enthüllst!

Lenzbrieflein an die Geliebte.

Durch Waldesgrün, durch Sonnenschein
O süß bedrängte Frühlingsreise!
Wie nimmt das Herz mit Macht mir ein,
Was herrlich mich umwogt im Kreise!

Ich tauche mich in all' das Meer,
Bald hier, bald dort gelockt in's Weite;

Doch schweif' ich hin und schweif' ich her,
Wer sagte, daß ich müßig schreite?

Und ließe all' die Pracht mich ruh'n,
Und wollt' ich mich in nichts versenken:
Wie hab' ich schon so viel zu thun,
Recht innig immer dein zu denken!

An die Lebenden.

Begnadetes Geschlecht der Erde,
Hinwandelnd in der Sonne Strahl,
O schüttle ab des Staubs Beschwerde
Und laß die stäte Sehnsuchtsqual!

Was frommt dir, nachzugrübeln schauernd,
Den dunkeln Räthseln dieser Welt?
Der Dinge Flucht zu schauen trauernd,
Bis endlich dich die Zeit auch fällt?

Du trägst das Sein, dein ist die Stunde,
Ermiß es nur, ist das nicht viel?
Und fühlst du's recht im Herzensgrunde,
So fragst du nicht erst: wo das Ziel?

Es knüpfen deines Innern Flammen,
Was Hingeschwundnes je gelebt,
Mit all' der Fülle schön zusammen,
Die, werdend, einst in's Licht noch strebt.

Rückschauend werden deine Augen,
Was längst zum Moder hingerafft,
Und aller Zukunft Wurzeln saugen
Aus dir des Wachsthums freud'ge Kraft.

So juble, frei von allen Schmerzen,
Zu deinem Tagwerk froh bereit;
So juble — sieh: in deinem Herzen
Schließt sich der Ring der Ewigkeit!

Jesus Christus.

Mir drückt's das Herz ab, wenn ich dein
gedenke
Und, rückwärts schauend, in die ferne Zeit,
Da du gewallt auf Erden, mich versenke.

Erhab'ner du, zu retten mild bereit
Die Menschheit, die in Irrsal bang ge-
rungen,
Hast du sie auch geläutert und befreit?

Ist der Erlösung Werk dir auch gelungen?
Nein, nein! trotz deiner göttlichen Geduld
Hast du doch sieghaft nicht die Welt
durchdrungen.

Und all' dein Beispiel, alle deine Huld
Entriß uns nicht dem eitel nicht'gen Jagen,
Der garst'gen Selbstsucht und der bösen
Schuld.

Allein das liegt an uns, uns ziemt's,
zu klagen,
Daß deine echten Priester längst dahin,
Die rein im tiefsten Herzen dich getragen.

Ach, deiner gottentstammten Lehre Sinn
Er lebte nur in jenen ersten Armen,
Die ihr gedient bloß um des Heils Ge-
winn,

Die in des Herzens lauterstem Erwarmen
Geduldet jeglicher Verfolgung Drang
Und selbst geübt nur Milde und Er-
barmen.

Nur jene, die um dich gelitten bang,
Und dennoch stets bekannt dich ohne Wanken,
Der Seele Kraft gebeugt von keinem
Zwang;

Nur jene Ersten, die da für dich sanken,
Sie waren dir als Jünger treu bestellt
In jeder That und jeglichem Gedanken.

Doch wie das Glück sich ihnen zugesellt
Und sie geherrscht, da war auch schon
zerflossen
Die heil'ge Flamme, die sie einst geschwellt.

Wie sie die Freude ird'scher Macht ge-
nossen,
Kam ihnen auch der Hunger ird'scher Macht,
Zu drücken, unterjochen, rasch entschlossen.

Umsonst die Botschaft, die du uns ge-
bracht!
Und die als deine Diener sich gebrüstet,
Sie waren nur auf Raub für sich bedacht.

Die segnen sollten, haben nur verwüstet,
Und hohe Worte allezeit im Mund,
Errafften sie, was immer sie gelüstet.

Ja, seit aus Wen'ger Herzen über's Rund
Streitlustig deine Lehre sich verbreitet,
Ist sie nicht mehr, entstellt im tiefsten
Grund.

Der Leuchte Schein erlosch, der uns geleitet,
Und dunkel ward's und bange um uns her
Nach kurzem Hoffnungsglück, das uns
bereitet.

O du, von Lieb' ein allumfassend Meer,
Erbarmer, jedem Seelenweh zum Horte,
Du kamst umsonst — wir tragen noch
gleich schwer.

Die Menschheit will nicht ein zur
Gnadenpforte,
Und ach! der Beste irrt und wankt und fällt.
So hat sich eins erfüllt nur deiner Worte,

Es heißt: „Mein Reich ist nicht
von dieser Welt."

B. Carneri.

.

Dein Herz.

Die weichen Herzen such' ich nicht,
Die jedem Aug' ihr Sein erschließen,
Und vor der Liebe wärmerm Licht
Beim ersten Strahl wie Wachs zerfließen.

Dein Herz gleicht einem Demantstein,
Dem Unberuinen drohen Narben.
Doch flammt die wahre Sonne d'rein,
Erglüht ein ganzes Meer von Farben.

Ernst Rauscher.

Die Schwalbe.

Eine Schwalbe kam durch's off'ne Fenster
In das Zimmer mir hereingeflogen
Eines klaren Frühlingsmorgens. Ängstlich
Auf und nieder flatternd irren Fluges
An den Wänden rings und an der Decke,
Stieß die Arme Köpfchen sich und Flügel,
Konnte nimmermehr den Ausweg finden
Aus dem Kerker, d'rin sie unbedachtsam
Selber sich gefangen. Endlich glückt' es,
Und mit freudigem Gezwitscher pfeilschnell
Schwang sie sich in Sonnenschein und
                                     Äther!
Aber hinter ihr schloß ich das Fenster
Rasch und sorglich zu, und dacht' im
                                     Stillen:

Also in die Haft des Erdenlebens
Hast auch du verirrt dich, meine Seele!
Ach! nun stößt du wund dir deine
                                     Schwingen
Und vermagst den Ausweg nicht zu finden
Rastlos ängstlich flatternd, — dennoch
                                     endlich
Schwingst auch du hinaus dich in die
                                     Freiheit.
Dann — o möge dann ein Geist, ein
                                     guter
Alle Fenster dieses Erdenhauses
Sorglich gleichfalls hinter dir verschließen,
Daß du unbedachtsam nicht noch einmal
Selbst dich fängst in diesem engen Kerker!

Alpenglühen.

Der Sonnenball ist schon versunken,
Die Berge stehen grau und fahl,
Nur Einer strahlt noch still zu Thal
Das Licht, das er in sich getrunken;
Als hätte über diesen Einen
Das Dämmerdunkel keine Macht:
Mit hellem, immer heller'm Scheinen
Aufleuchtet er in Purpurpracht.

So ist im wachsenden Erkalten
Der Welt ein edler Geist bemüht
Den letzten Nachglanz festzuhalten
Der Ideale, die verglüht;
Wenn all' die Niedrigen zusammen
Längst Nüchternheit beschattet schwer,
Ragt er allein noch groß und hehr,
Und loht von der Begeist'rung Flammen.

Friedrich Marx.

Jahreszeiten.

Dem Lenz in seinem Jugendmuth
Ist auch das Höchste nicht zu gut,
Kein Stern zu golden und zu schön,
Er fliegt hinauf zu blauen Höh'n,
Dort, wo die Himmelslichter prangen,
Den schönsten Stern herabzulangen.

Des Mannes vollen Thatenschwung
Beschränkt noch nicht Erinnerung;
Noch flammt sein Aug' wie Sonnenbrand
Zur Sommerzeit, noch schwingt die Hand
Den Hammer mit gewalt'gen Hieben,

Daß golden rings die Funken stieben,
Als ging' es um ein Kronenband!

Bis, was der Herbst uns still gereift,
Bescheid'ner unser Sinn ergreift,
Ein frommes Weib, ein trautes Dach,
Vom Wald umschlungen und dem Bach,
Dazu der muntern Kinder Schar.
Genügsamkeit am Hausaltar!

Im Winter wärmt uns noch allein
Ein Bißchen Lieb' und Sonnenschein!

Albin Rheinisch.

Romanze.

Wenn die verschwieg'ne Kammerzofe
Das Tüchlein schwinget vom Balkon,
Dann schleich' ich aus dem dunklen Hofe
Hinauf zum leuchtenden Salon.
Es lohen im Kamin die Brände,
Des Teppichs bunte Blumen blüh'n
Im Feuerschein, und längs der Wände
Die gold'nen Rahmen magisch glüh'n.

Im Rollstuhl schaukelt träg, verschlafen,
Die meines Herzens Königin,
Doch wie sie meine Blicke trafen,
Da blitzt's auf ihrem Antlitz hin!

Um meinen Nacken wild, behende
Die weichen Arme ringt sie fest,
Im Krampf umfiebern mich die Hände,
Ihr Busen wogt und pocht und preßt.

Dies Weib so heiß wie Juliens Sonne,
Dies Täubchen mit dem Tigerblick,
Es schaut bei Tag wie eine Nonne
So todt und fremd aus dem Baschlik.
Wie da so kühl die Augen blauen,
Wie kaum die Brust sich hebt und senkt,
Als wär's ein Bild in Stein gehauen,
Ein Weib, in Zauberschlaf versenkt.

Doch wenn der Abend dämmert nieder,
Da wacht sie auf in rof'gem Glüh'n,
Da zuckt's und bebt's durch ihre Glieder
Und ihre Augen Funken sprüh'n.
Ich denke oft, in ihren Adern
Da rolle echtes Raubthierblut
Und daß sie einst auf hohen Quadern
Als Sphynx am gelben Nil geruht.

Der Bänd'ger, der sich niederkauert,
Im Cirkus zwischen Gitterreih'n
Zur Löwin, die ihn scheu umlauert,
Der träume oftmals ich zu sein.

Wenn ich ihr still zu Füßen sitze
Und prüfend schaue in's Gesicht,
Und ihres Auges fahle Blitze
Mich bleuen durch ihr gleißend Licht.

Und sie dann plötzlich senkt den Nacken
Und lüstern öffnet ihren Mund
Und wild mich ihre Arme packen
Und ihre Lippen küssen wund ...
Und dennoch, wenn des Nachts die Zofe
Das Tüchlein schwinget vom Balkon,
Dann eil' ich aus dem dunklen Hofe
Hinauf zum leuchtenden Salon ...

Unter den Platanen.

Blumen hauchten schwülen Duft,
Gelbe Falter spielten
In der blauen Sommerluft.
Als wir schauernd fühlten
Durch die trunk'ne Seele geh'n
Uns'rer Liebe Ahnen —
Leise in des Windes Weh'n
Rauschten die Platanen.

Nebel zogen trüb und schwer,
Krächzend schrie'n die Raben,
Als wir kalt und liebeleer
Uns die Hände gaben,

Und auf Nimmerwiederseh'n
Zogen fremde Bahnen —
Schaurig in des Windes Weh'n
Rauschten die Platanen.

Zaubrisch glänzt die Winternacht,
Sternenschnuppen blinken,
Die nach schnell verglomm'ner Pracht
In das Dunkel sinken ...
Einsam sieht der Mond mich steh'n
Auf verschneiten Planen,
Fahl und kahl in Windes Weh'n
Ragen die Platanen.

Adolf Bekh.

An die deutsche Jugend.

Noch stehst du in Fülle,
Germanische Jugend,
Noch starrt dir die Sehne,
Noch blühet dein Mark!
Das ist noch die alte
Teutonische Vollkraft,
Die trotzige, zähe,
Die Kraft der Giganten,
Dieselbe, mit der du
Einst Ure und Eber
Dir fingest im Forste
Und wandtest den Wald dir
Zu wohnlichem Land;
Mit der du zerschmettert
Die Zwingburg der Völker;
Zwei-, dreimal und wieder
Und wieder zerschmettert;
Mit der du aus Elend
Aus tiefstem Verfalle,
Vom Sattel geworfen,
Dich immer wieder
Emporgerafft —
Die Kraft, mit der du
Das Kind deiner Wälder,
Die spröde, die rauhe,
Einfältige Sprache
Zur Königin schufest
Ob allen Sprachen,
Zum Ziele sie führend
Im Wettgang der Geister,
Zum Hochsitz der Schönheit,
Zum Thronsitz der Weisheit! —
Noch blühst du wie eh'dem,

Germanische Jugend;
Noch träu'n dir die Augen,
Die bläulichen, steten,
Noch prangen die Haare
Wie Gold und Flammen,
Und sturmfest raget
Dein stämmiger Wuchs.
Noch ehrst du der Gottheit
Hochheilig Geheimnis:
In Schauern des Waldes,
In der Stille der Höhen,
In Schauern des Herzens
Fühlst du sie nah.
Noch ehrst du die Frauen,
Die freudigen, frohen,
Noch ist der Göttin
Gepriesener Name,
Womit du sie nennest,
Kein seelloser Schall —
Und züchtiglich wandelt
Noch manche Bertha
Und Hulda und Hertha
In deutschen Gau'n;
Und heilend und helfend
Und schicksalbestimmend
In runischer Würde
Noch weben und walten
Manch weise Veleden
In deutschem Haus.
Noch liebst du die Freiheit,
Germanische Jugend,
Auf Halden und Höhen
Die einsame Siedlung!

Noch hältst du ihn aufrecht
Den Namen der Väter,
Auf donnernder Walstatt
Für Freiheit und Ehre,
Der Heimat zur Wehre
Noch stehst du in Lust:

Vom Gotte ergriffen,
Vom Sturmhauch des Geistes,
Des herzenbewegenden,
Volkskampf erregenden,
Richtenden, waltenden
Weltengeists!

Balthasar Hunold.

Ein Spaziergang in Tirol.

Zur Stephansbrücke.

Noch einmal wandernd durch das schöne Wippthal,
Wo man so leicht vergißt der Etikette,
Bewundern wir den stürmischwilden Sillbach;
Er tobt, als wollt' er springen aus dem Bette!

Mit keckem Ton zum Hof der Jesuiten
Schreit er hinauf: Ich laß' mich nicht belehren!
Frei will ich sein! sie werden mich nicht zwingen,
Und wenn sie ihrer Legionen wären! —

Sanftmüthiger sind wir vorbei geschritten
Am Hof, gleich fern vom Hassen und vom Lieben;
Sie sind dieselben, die sie immer waren,
Auch wir sind uns im Leben treu geblieben.

Kein hartes Wort an diesem schönen Tage!
Fern sei uns eines Menschenkinds Verhöhnung!
Denn menschlich ist das Irren — frei von Fehlern
Ist nur Natur! die mahnt uns zur Versöhnung!

Im Morgenstrahl der Felsen gold'ne Zinnen,
Des Landes Schmuck, die ewig grünen Fichten,
Das sind die Kanzeln, d'raus uns schallt die Lehre:
Ihr sollt euch lieben! doch ihr sollt nicht richten!

Glaubt an das Sonnenlicht, das euch beschieden!
Glaubt an die Blume, die euch blüht am Wege!
Glaubt an den Geist, der sich entschwingt dem Staube!
Glaubt an des Menschenherzens stolze Schläge!

Glaubt an der Schöpfung reine Harmonien!
Steht fest im Sturm, wenn sich das Schicksal wendet!
Kein Herz ist so verarmt und so verlassen,
Daß nicht ein Engel wieder Trost ihm spendet.

Seht diese Brücke! schmucklos, ohne Reize,
Wenn wir zum ersten Mal darüber schreiten,
Bedeckt mit Straßenstaub läßt sie nicht ahnen,
Daß sie den Menschen Freude kann bereiten.

Doch steigt ihr muthig nieder in die Tiefe,
Wie herrlich gegen Himmel fliegt der Bogen!
Den kühn des Menschen Geist vor unsern Augen,
Zu unsrer Lust durch's Ätherblau gezogen!

So trügt uns oft der Schein, wenn tief im Grunde
Die schönste Wahrheit schlummert noch verborgen;
An seinem Glücke soll kein Mensch verzweifeln!
Was heut verhüllt, das leuchtet strahlend morgen!

Noch lebt der Tag! und was wir heut durchwandelt,
Ist eines von den Erdenparadiesen,
Das einst entzückt der Menschheit Lehrer Goethe
Und tausend Andere nach ihm gepriesen.

So scheiden wir! den süßen Trost im Herzen,
Daß jedes Leben glücklich ist zu preisen,
Dem freundlichhold die ewig treuen Sterne
Natur und Kunst die sichern Pfade weisen.

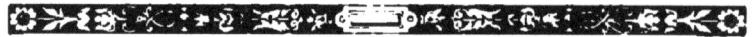

Christian Schueller.

Die Messe am steinernen Tische.

(Ötzthal 1718.)

Weh euch, des Thales Fluren, weh!
Stets höher wächst von einer Stunde
Zur andern aus dem tiefen Grunde
Der eisbedeckte Gletschersee:
Weh, wenn der Damm, der schwache, nicht
Die Wogen hemmt! Weh, wenn er
          bricht!

Zum Opfer fällt, was lebt, dem Siege
Der wilden Fluth, da bleibt kein Haus,
Da schwimmt in's Flachland weit hinaus
Das wimmernde Kind in seiner Wiege.
Die Menschen werden dort voll Grauen
Die Trümmer uns'res Glückes schauen;
Wer tritt für uns noch rettend ein?
Die Hilfe liegt bei Gott allein!"

So schallt durch's Ötzthal weit heraus
Von Dorf zu Dorf, von Haus zu Haus
Und eilt und fliegt von Munde zu Munde
Die düstre schreckensvolle Kunde.
Wie wenn von wetterharten Tannen
Die Stürme mit gewalt'gem Rütteln
Zerbroch'ne Gipfel niederschütteln,
So sinkt der Muth den stärksten Mannen.
Ein Feigling nur flieht auf die Höh'n
Und sieht die Heimat untergeh'n!
Es schließt sich bei dem tiefen Kummer
Kein Auge mehr in süßem Schlummer.

Vom Thurm der Kirche zu Sölden rufen
Um Mitternacht die Glocken laut,
Hin eilt zu des Altares Stufen
Das Volk, das fest auf Gott vertraut.

Voran das Kreuz! Es ordnet sich
Die Schar zum Zuge feierlich:
Wo auf dem Gletscherfeld der wilde
Furchtbare Schrecken herrscht, da soll
Umwandeln das Gebet in Milde
Der finstern Urgewalten Groll.
Zurück nur bleibt, auf wem der Jahre,
Der trägen, Last zu schwer schon ruht,
Doch mitten steht mit weißem Haare
Ein Priestergreis voll Jünglingsmuth
Im schmuckvoll festlichen Gewand,
Den gold'nen Meßkelch in der Hand.
Sie zieh'n auf nächtlich dunkeln Wegen
Dem noch so fernen Ziel entgegen;
Lang klingen hell die Glocken nach,
Bis sie verstummen. Zum Gebete
Rauscht noch der Wald, der sturmdurch-
          wehte,
Und braust in dunkler Schlucht der Bach.
Still glänzen her aus blauer Ferne
Des Frühlingshimmels lichte Sterne.

Laut betend wallt die Schar thalein,
Bald hin durch dunkle Waldesschluchten,
Bald über grüne Wiesenbuchten
Bei flimmernd hellem Sternenschein.
Ach, bald vielleicht braust überall
Entfesselt hier des Wassers Schwall,
Bedeckt mit Schutt die grünen Wiesen
Und bricht und stürzt des Waldes Riesen.
Horch! ist es nicht ein angstvoll Ächzen,
Was da heraus schallt aus der Kluft? —

Ein Uhu, der mit dumpfem Krächzen
Lichtscheu sein klanglos Nachtlied ruft! —
Horch! ist es nicht der Schall von Wogen,
Was näher, immer näher sauft?
Der Bach ist's, der in hohem Bogen
In tiefer Klamm vom Felsen braust! —
Zieht ruhig betend hin! Noch bricht
Der See aus seinem Bette nicht:
Den finstern Mächten hält zum Trutze
Euch Gott der Herr in seinem Schutze.

Am Himmel lischt der Sterne Glanz,
Es dämmert. Auf der Berge Spitzen
Sieht man in lichterreichem Kranz
Viel schöne gold'ne Kronen blitzen.
Im Wald auch regt sich Leben wieder,
Die Vögel singen Morgenlieder,
Eichhörnchen schüttelt ab den Traum
Und springt mit Lust von Baum zu Baum;
Begraben hat der heit're Morgen
Im Schoß der Nacht die düstern Sorgen.

Schon sind sie angelangt am Fuße
Des großen Gletschers, der in's Thal
Sich streckt und glänzt im Sonnenstrahl;
Entgegen sendet kalt zum Gruße
Der Winter statt der Blumendüfte
Des Frühlings ihnen rauhe Lüfte.
Da liegt der See der unheilvolle:
Er rauscht und wirft des Eises Schelle
In leckem Spiele hin und her.
Er will sich breiten wie ein Meer;
Zeitweilig stürzen in die Fluth
Eisblöcke von den Felsenhängen,
Als wollten sie zu größ'rer Wuth,
Zu wildem Toben noch ihn drängen.
Hoch braust empor der Wogen Schwall;
Genährt von vollen Fernerbächen
Will er in kühnem Ansturm brechen
Des vorgeschob'nen Gletschers Wall! —

Der Zug hält an: des Himmels Macht
Ruft an der Priester, daß sich sacht
Der Elemente Aufruhr lege.
Dann ungesäumt auf eis'gem Wege
Zieht weiter fort die fromme Schar.
Habt Acht der furchtbar tiefen Spalten
Bedeckt von Schnee, der trügend blinkt,
Daß hilflos ihr dem Tod, dem kalten,
Nicht in die starren Arme sinkt!
Kommt nicht zu nah der Felsenwand,
Damit nicht böser Geister Hand
Von dort Steintrümmer schleudere nieder,
Zermalmend eures Leibes Glieder!
Laßt pochen nur das Herz, das schwache,
Doch betet lauter ungestört:
Wohl euch, wenn euer Ohr nicht hört
Des zitternden Gletschers dumpf Gekrache!
Zum Himmel blickt, daß euch die Schrecken
Der Eiswelt Todesfurcht nicht wecken!

Hoch auf des Gletschers Eisgefilde
Ragt auf, dem Volke wohl bekannt,
Ein wundersames Felsgebilde,
Das ist der steinerne Tisch benannt.
Einst als hier, frei von Schneeesmassen,
Voll grüner Wunderherrlichkeit,
Mit Prachtpalästen, Marmorstraßen
Ein schönes Land sich dehnte weit,
Da spielten dort der Vorwelt Riesen
Mit Felsenwürfeln oft und lang
Und ruhten aus auf blumigen Wiesen
Bei Festmusik und Liederklang.
Doch gaben sie, von Wonne trunken,
Sich schnödem Übermuthe hin,
D'rum ist das Zauberland versunken,
Verloren aus der Menschen Sinn:
Es liegen unterm Eis zerbrochen
Die Würfel und der Riesen Knochen.

Still hält der frommen Pilger Schar,
Sie steht am Ziel zu dieser Stelle,

Und umgewandelt zum Altar
Wird eine Felsenplatte schnelle.
Der Priester stellt den Meßkelch nieder,
Das heil'ge Opfer nimmt den Lauf,
Zum Himmel klingen fromme Lieder
In schlicht gewohnten Weisen auf.
Auch der Altar ist schmucklos nicht;
Denn aufgeblüht im Frühlingslicht
Sind an den sonst so öden, bloßen
Felshängen prächt'ge Alpenrosen.
Aus Ritzen nickt das Edelweiß.
Als blüht' es Gott dem Herrn zu Preis.
Es würzen die so rauhen Lüfte
Der zarten Edelraute Düfte.
Ei nun, wer sah denn jemals hier
So wundervolle Blumenzier?
Die Andacht, die im Herzen glüht —
Sie ist als Wunder aufgeblüht!

Nicht schweigt der finstern Mächte
                              Grollen,
Noch sind entfesselt sie und frei,
Lawinen brechen, donnern, rollen,
In Lüften gellt des Adlers Schrei;
Unholde auch im Gletscher walten,
Er kracht und öffnet neue Spalten.
Doch weiter geht die heil'ge Handlung,
Hell klingt das Glöcklein schon zur Wand-
                              lung.
Die Hostie in den Lüften schwebt,
Den Kelch des Priesters Hand erhebt,
Indeß die Pilger tief sich neigen:
Ringsum — welch feierliches Schweigen!
Still Alles in dem weiten Thale,

Stumm wird der Dem, der Welten
                              schuf,
Lawinendonner, Adlerruf:
Noch schöner glüh'n im Sonnenstrahle,
Noch reicher blüh'n mit süßern Düften
Die Blumen in den Felsenklüften.

Die heil'ge Handlung ist vollbracht:
Es wendet sich zum Rückweg wieder
Die Schar und steigt vom Gletscher nieder
Wie Sieger nach der heißen Schlacht.
Bald steh'n sie wieder am unheilvollen,
Am tiefen See: wie friedlich liegt
Er jetzt vor ihnen da — wie wiegt
Er sanft in seinem Schoß die Schollen!
Die Sonne strahlt vom Himmel nieder
Und glänzt aus seinem Spiegel wieder,
Wohl muß sie gar so hell, so rein
Des Schöpfers Weltenauge sein!
Unholde ihr, im Gletscher waltend,
Zum Guten schuft ihr böse Werke,
Denn rührig schiebend, hebend, spaltend
Gabt ihr dem Eiswall volle Stärke;
Nun bringt dem Thal er nimmer Weh,
Nun liegt er festgebannt, der See!
Te Deum laudamus! Jubelnd schallt
Des Priesters Ruf und tönet wieder
In hundert Stimmen rings und hallt
Im Echo von den Felsen nieder.
Nun bringet heim die frohe Kunde
Und laßt sie geh'n von Mund zu Munde,
Nun athme frei, wen Sorge quält,
Nun schlummre, wem der Schlaf gefehlt!
Nachklingen wird in ferne Tage
Von diesem Zug die treue Sage.

Gottlieb Putz.

Rose, Wein und Liebe.

Wer sich ein Röslein pflücken will,
Der murret nicht, und trägt es still,
Wenn ihn ein Dorn des Rösleins sticht,
Er scheut die kleine Wunde nicht.
Begehrst du deiner Liebsten Herz,
So nimm es ganz, auch seinen Schmerz;
Denn Lieb' und Rosen sind sich gleich,
Sind beide hold, doch dornenreich!

Und trinkst du Wein, so trink' ihn rein.
Gieß' Wasser nie in ihn hinein;
Nur reiner Wein erlabt dich recht
Und giebt dir Freuden gut und echt,
Und wenn du liebst, die Sorge bann',
Daß Liebe je erkalten kann!
Denn Wein und Liebe sind sich gleich,
Nur rein, sind sie an Gnaden reich!

J. V. Zingerle.

Bei Klausen.

Wieder begrüßt dich mein Blick, du stolz aufragendes Säben,
    Das von gewaltiger Höh' mächtig beherrschet das Thal,
Dessen Gefilde bespült der melodisch rauschende Eisack,
    Dessen Gehänge bekränzt üppiges Rebengewind.
Dunkelnder Epheu schlingt sich um Schluchten und ragende Felsen,
    Und der Kastanienhain grüßet aus kühliger Bucht.
Weicher und lauer die Luft, die gemahnt an den sonnigen Süden,
    Doch noch steigt bis in's Thal duftendes Nadelgehölz.
Norden und Süden begrüßt sich an uralt heiliger Schwelle,
    Welche die Sage geschmückt und die Geschichte geweiht.
Droben auf ragender Höh' stund' einstens verschleiert die Göttin,
    Der der Isarke gebracht betend die heilige Frucht.
Krieger des ewigen Rom's erstürmten die heilige Feste,
    Und dem gewaltigen Mars wurde geweiht das Kastell.
Aber das starke Geschlecht, blondlockig und blauenden Auges,
    Zog vom Norden herein schwingend gewaltigen Speer,

Taglang währte der Kampf, und besiegt entflohen die Römer,
  Ließen unmäßigen Hort, ließen die Ehre zurück.
Deutsch blieb fürder das Thal und deutsche Könige zogen
  Mit der Ritter Gefolg an dir, Sabiona, vorbei;
Und es siegelte hier einst Friedrich, die Blüthe der Staufen,
  Während auf sonniger Burg Leutold's Harfe getönt.
Längst ist entschwunden die Pracht des einstigen, glänzenden Lebens
  Und es verstummte das Lied, welches der Minne geweiht.
Doch noch ragst du wie einst, gewaltige, heilige Feste,
  Und Isarkus, wie einst, rauscht noch die grünliche Fluth
Üppiges Leben wie einst, umspinnt die Schluchten und Felsen
  Und der Himmel verklärt Alles mit südlichem Duft.
Süß ist's im wonnigen Thal zu denken vergangener Tage,
  Süßer den heutigen Tag weisem Genusse zu weih'n.
Laßt im dunkelnden Grunde nur ruhen Isarlen und Schätze,
  Freut euch des goldenen Lichts, freut euch der wechselnden Lust!

Hans von Vintler.

Nebeltag.

Von der Erde bis zum Himmel
Über Stadt und Fluß und Au
Wie die Sintfluth schwillt der Nebel,
Blumen, Bäume, Berg und Blau,
Firngluth, Sonne, sie ertrinken
Alle in dem wüsten Grau.

Meine Seele regt die Schwingen
Ringend wie in bangem Traum . . .
Ach schon gießt die stumme Brandung
Auch um sie den trüben Schaum —
Keine Flucht! In's Grau begraben
Mit den Blumen mit dem Baum!

Vom Sommer zum Winter.

Wie goldig die Tage versprühten!
Die Blumen blühten, es jauchzte der Hain
Mein Herz ging hoch, die Liebste war mein
Ihre Augen und Küsse glühten.

Wie finster die Nebel jetzt weben
Die Welt ist stumm und leichenweiß,
Und Liebchens Blick wie blaues Eis
Mich schauert, mich friert bis in's Leben.

Ihr Pfaffen, schont eure Lungen!
Ihr wißt es schlecht, was den Ketzer trifft!
Ihr predigt, ich würd' in Gehennas Ge-
                klüft
Dereinst von Flammen umschlungen!

Ja, wenn dort Feuer quölle!
Ich sag' euch, dort unten eist es und schneit's
Und das Herz liegt starr und der Sinn
                ohne Reiz:
Kalt ist, ich fühl' es, die Hölle!

Angelica von Hörmann.

Juninacht.

O Mondnacht, satt von Düften!
Schwül weht die Luft im Grund,
Von Liebesglück zu träumen
Ist dies die rechte Stund.

Es faßt mein Herz wie Schläfern,
Wie süße Müdigkeit;

Was soll noch Schön'res kommen
Nach dieser Rosenzeit?

Beklagt mir nicht die Blumen,
Gemäht vom Wiesenschoß,
Vor Sonnenwende scheiden
Wär's nicht das beste Los?

Spätsommer.

Nun sind sie da, die blauen Tage,
Die Tage voll von Glanz und Duft;
Kein Wölklein schreibt als leise Frage
Ein Warnungszeichen in die Luft.
Nun droht kein Sturm mit Hochgewittern,
Du brauchst im Traume nicht zu zittern,
Daß dich ein Schlag in's Wachen ruft.

Noch fällt kein gelbes Blatt vom Baume,
Doch fruchtschwer neigt sich Ast zu Ast
Und vorwärts schwankt vom Feldessaume
Die hochgethürmte reife Last.

Rings sattes Grün und Farbenprangen,
Als ruhten Lenz und Herbst umfangen
In selig stummer Liebesrast.

Als hätt' das Pendel Halt gefunden,
Als wär' der ew'ge Kreislauf voll;
Das webt den Zauber dieser Stunden:
Du wähnst, befreit vom ird'schen Zoll
Könn' solchen Reiz kein Winter rauben —
Das Herz will ewig dauernd glauben,
Was völlig es beglücken soll!

Mädchenlieder.

I.

Seit du mein Liebster worden
Bin ich der Sorgen bar,
In's Buch des Herzens schreib' ich
Ein selig neues Jahr.
In hoher Lust erglüht mein Sinn,
Stolz meine Blicke gleiten.
Mir ist, als sollt' ich schreiten
Gleich einer Königin.

Wie fröhlich kann ich schaffen
So lang die Sonne blinkt,
Wie süß im Schatten ruhen,
Wenn spät sie niedersinkt!
Und schließt mein müdes Aug' sich sacht:
Das Kindlein in der Wiegen
Kann nicht so wohlig liegen,
Als ich die ganze Nacht.

II.

Wie lieb' ich sonst mit freiem Gang
Zu schweifen Wald und Feld entlang,
Wie pries ich stets auf's Neue
Den Mai mit Blüth' und Sonnenstrahl,
Nun hab' ich ihm mit einem Mal
Gekündigt alle Treue.

Käm' nur ein Sturm, der über Nacht
Verwehte all' die Farbenpracht
Und ließ die Flocken stieben!
Ich gäb' den ganzen Frühlingstraum
Für eine Stund' im Dämmerraum,
Geschmiegt an's Herz des Lieben.

III.

Mein Liebster hat sich aufgemacht
Und reist in fremde Gauen,
Nun schaut er wohl der Erde Pracht.
Viel Berge, Ström' und Auen
Und Dorf und Stadt mit stolzem Bau
Und hellem Fensterblinken
D'raus lacht, er ist ein schmucker Mann,
Ihn wohl manch' Märchenantlitz an
Mit freundlich holdem Winken!

Und ich, ich muß so ganz allein
Zu Hause schalten und walten,
Da will mir Alles Bote sein
Von meinem Glück, dem alten:
Die Laube bei dem Gartenzaun,
Wo er gepflückt mir Rosen,
Der Tisch, wo sonst sein Platz gedeckt,
Die Wanduhr, die uns oft geschreckt
Aus heimlich trautem Kosen.

Oft steh' ich Nachts am Fenstersaum
In heißem, tiefem Sehnen,
Ich seh die lieben Sterne kaum
Mit meinem Aug' voll Thränen;
So leer, so traurig ist die Welt,
Als sollt's an's Sterben gehen.
Erdrücken müßt' das Leid mich gar,
Wüßt' ich nicht, über Tag und Jahr
Darf ich ihn wiedersehen.

Ludwig von Hörmann.

Ermunterung.

Die Fenster auf, frische Luft herein!
Hinaus mit den nächtlichen Sorgen!
Wer knabenhaft schmollt und weint und
greint,
Wenn draußen die liebe Sonne scheint,
Verdient nicht den goldenen Morgen.

Schau froh in die Welt, wie das Vög-
lein schaut
Vom lustigen Fichtenthrone.
Gellt auch in den Lüften des Geiers Schrei
Es duckt sich, bis die Gefahr vorbei,
Dann singt's zum trotzigen Hohne.

Fährt kalt der Nord über's Lenzgefild,
Schließt Blüthe sich um Blüthe,
Und wenn man dein Liebstes verlachen
will,
Was ficht es dich an, bewahr' es still
Verborgen tief im Gemüthe.

Es kommt eine Zeit, es kommt ein Tag,
Der Sturm, nicht ewiglich währt er;
Dann lächelt herein das holde Glück
Und was du verloren, kehrt doppelt zurück,
Und schöner als einst und verklärter.

Asyl.

Fühlst du nicht auf deiner Stirne
Meine heißen Lippen brennen?
Und ich küß' dich und ich will dich
Meine liebe Seele nennen.

Sollst mir sein, was die nicht können
Mit den Mienen stolz verwegen;
Ihre Blicke säen Schlangen,
Deine Augen thauen Segen.

Wenn da d'rin die finstern Mächte
Rütteln sich auf ihren Thronen,
Schmieg' dich näher, reiner Engel,
Dann entfliehen die Dämonen.

Schmieg' dich näher, reiner Engel,
Laß in deinen treuen, süßen
Augen mich noch einmal weinend
Meiner Kindheit Himmel grüßen.

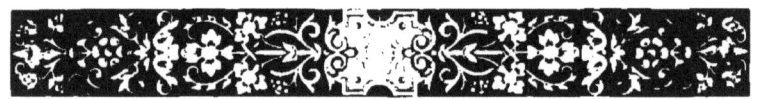

Robert Byr.

Die kleine Marie.

Die Mitternachtsglocke .. im Mondlicht
der Schnee ..
Dort huschen auch Schatten .. Ach Freund!
— wie eh'
Ich und die kleine Marie. —

Die Weihnachtsmette — 's ist lang her
— war aus,
Wir gingen d'rauf Arm in Arm nach
Haus,
Ich und die kleine Marie.

Ich schlüpfte zu ihr in's Stübchen hinein,
Wir setzten uns auf ihr weiß Bettelein,
Ich und die kleine Marie.

Mir pochte das Herz, mir lochte das Blut;
Wir waren einander so gut — so gut,
Ich und die kleine Marie.

Leis schüttelt den Kopf sie und lang,
lang sah
Sie mich an. Wir saßen einander so nah,
Ich und die kleine Marie.

„Was kamst du so spät, du liebster Mann;
Nichts hab' ich mehr, was ich dir schenken
kann!"
Sagt traurig die kleine Marie.

„Ein And'rer nahm mir gewaltsam die
Ehr',
Nun trag' ich sein Pfand." — Das Herz
ward schwer
Mir und der kleinen Marie.

Ich hörte ihr Schluchzen; ich sah, was
sie litt,
Und küßte sie nicht, und weinte nur mit,
Mit der armen kleinen Marie.

Da lehnten wir beide Wang' an Wang'
Und weinten uns müde, krank und bang,
Ich und die kleine Marie.

D'rauf ging ich von dannen. „Leb' wohl
mein Kind!"
Wir Beide uns nimmer begegnet sind,
Ich und die kleine Marie.

Dramatische Dichtungen
von
Ludwig Anzengruber
und
Franz Nissel.

Ludwig Anzengruber.

Aus der Tragödie: „Bertha von Frankreich".

Erster Akt.

Personen des ersten Akts:

Pietro Damiano, Kardinal.

Grimoald, Abt.

Guntram,

Diederich,

Reginfrid,

Siegebert,

} Edelleute.

Graf von Arles.

Constantia, dessen Tochter.

Ambrosius, Mönch.

Ein Laienbruder.

Ein Page.

Zwei Begleiterinnen Constantias.

Edelleute. Mönche.

Zeit der Handlung: 996.

Das Refektorium eines Klosters. Ein tiefer Saal im gothischen Stile mit Kreuzgewölben. An der rechten schmucklosen, nur von den Pfeilern, welche die Gewölbe tragen, unterbrochenen Wand steht, rings von Stühlen umgeben, eine lange Tafel. Die linke Seite ist zwischen je zwei Pfeilern von gothischen Fenstern durchbrochen. Eine Mittelthüre. Rechts und links in den ersten Koulissen Seitenthüren.

Erste Scene.

An der Tafel sitzt: Abt Grimoald und, stehend und vom Weine erhitzt, Edelleute, darunter Guntram (von großer, gedrungener Gestalt, derben Wesens). Diederich (älteres, kleines, hageres Männlein), Siegebert und Reginfrid. Ein Laienbruder, der sie bedient, geht mit Krügen ab und zu.

Abt.

Verhüte Gott, daß es so bleiben möge,
Doch bis zur Stunde hat der Franke noch
Mit seinen Herrschern wenig Glück erlebt!
Carolus Magnus schwang sich jäh empor,
Er führte Macht und Titel der Cäsaren,
Doch hier zu Land, der Wiege seines Glücks,
War seine Sippe rascher abgestanden,
Als Wasser an der Sonne. — Edle Herrn!
Und was erlebt Ihr jetzt an Capet's Sohn?

Obwohl die Kirche allen Blutsverwandten
Bis zu dem achten Grad' die Eh' versagt,
So nahm doch König Robert sich ein Weib,
Das vierten Grades ihm verwandt! Ihr wißt,
Er trotzte dem Befehl, den Bund zu lösen,
Er trotzt dem Bann, der ihn dafür getroffen.
Ihn bannet nicht der Kirche schweres Zürnen,
Wie jener Bertha buhlerischer Blick!

Guntram. Ein arger Christ! Warum er nicht die Frau
In's Kloster steckt und eine And're nimmt?!
Ein Sperling hat mehr Christenthum! Fürwahr,
Ich wünschte, — nur um frömmern Sinn zu zeigen, —
Daß ich verwandt mit meinem Weibe wär'!

Diederich. Wer kann dafür, daß edel Blut entartet?!
Der Hugo Capet war ein frommer Herr.

Guntram (halblaut). Und ward darum der uns're!

Siegbert.   Wohl, ich weiß!
Es war zu Rheims, wo nackten Fußes er
Vor allem Volk zur Schau den Kasten trug
Mit dem Gebein des heil'gen Riquier.
Dafür nun hat der Heilige ihm selbst
Die Krone zugesprochen.

Reginfrid.   Das ist wohl
Ein großer Heiliger, der Riquier?

Guntram. Gewiß, er selbst ist ein handgreiflich Wunder.
Ich hatte einstens mich verlobt nach Rheims,
Um dort vor seinem Schreine anzubeten,
Und auf dem Heimweg fand ich 'ne Abtei —
Ihr mögt Euch meinen frommen Schauer denken —
Da ruhte auch der heil'ge Riquier,
Mit keinem Knochen wen'ger, als zu Rheims.

Abt. Ihr gebt von einem großen Wunder Zeugnis.

Diederich. Ach, hätte der gewalt'ge Heil'ge doch,
Des frommen Vaters eingedenk, den Sohn
Vor also tiefem Fall bewahrt! Man kann
Doch dem Gebannten keine Treue halten,
Und wer ist denn nun Herr im Frankenlande?

Guntram. Nun, ich gesteh', dem frag' ich wenig nach,
Doch Euch bekümmert's, ich begreif's! Wer hofschranzt,
Der gleicht den dünnen Spinnen, welche hungernd
Am langen Faden auf- und niederrennen.
Ich aber sitze feist in meinem Netze,
Mein fester Herrensitz ist meine Welt,

Mir fällt nicht ein, darüber 'naus zu sorgen.
Es giebt nichts Wohliger's, als sich nach Last
Und Lust des Tages auf dem Pfühl zu recken,
Die Brücke auf, die Thürmer wachsam wissen
Und keiner Noth gedenkend auszuschauen
In's mondehelle Land, deß freie Straße
Und dunkler Forst der ritterlichen Übung
Jedwede Nothdurft beut! Das stärkt das Herz!
Was frage ich, welch' Einer weit im Lande
Sich meinen Herren nennt!

Abt. Die Frage auch,
Welch' Einer, dürft' in Bälde sich entscheiden:
Der Kardinal Pietro Damiano
Er bringt die Antwort uns von Rom!

Reginfrid. Bei Gott!
Ich wollte nur, er bracht' sie etwas schneller,
Da sitzen wir, vom Grafen Arles bestellt,
Schon an den dritten Tag in diesen Mauern,
Und wär' der Wein nicht so verteufelt gut,
Es wär' nicht zu verweilen!

Abt. Ei bedenkt
Der Zeiten Unruh und des Wetters Ungunst,
Die rings umher die Straßen fährlich machen,
Wohledle Herren, und geduldet Euch!
Behagt Euch unsre Gastlichkeit so wenig?

Guntram. Ehrwürd'ger Abt, wer möchte das verlauten?
Im Wein ist Wahrheit. Und Ihr hörtet ihn
Zuvor, mich dünkt, von schwerer Zunge loben!
Die Gastlichkeit in Ehren! Thut Bescheid!
Ihr Herrn! Ich bring's den würd'gen frommen Vätern!

(Sie trinken.)

Es mag der Kardinal wohl länger sich
Verweilen, weil er krumme Wege geht.

Abt. Bedenkt — bedenkt —

Guntram. Ehrwürdiger Herr Abt,
Es gilt hier kein Erkühnen, doch erlaubt,
Daß wir der gleichen Kunde von der Welt
Auf unsern Burgen uns berühmen, wie Ihr
In Euern Klostermauern. Saget selbst,
Ist's nicht gerader Weg allhier zu Lande,
Wenn nur der Thron ein wenig schüttert, daß
Der längste Arm nach Kron' und Scepter greift?!

Nicht anders hat Carol des Großen Vater
Den Merovingern einstens mitgespielt.
Wie Capet jüngst den Carolingern that —
Nun seht, wo bleibt der lange Arm denn jetzt?
Warum nicht rasch bei Seit' mit König Robert?
Wozu die Müh', ihm Seel' und Thron zu retten?
Ei, laßt doch seh'n! Der Graf von Arles giebt
Dem Kardinal das ritterlich Geleit
Nach des Gebannten königlichem Schloß;
Der Graf von Arles hat uns herbestellt
Und Keiner fand's gerathen, fern zu bleiben,
Und Keiner wird, was auch geschehen möge,
Dem Grafen Einspruch thun — i nun, ich glaub',
Der Graf von Arles hat den langen Arm!
Sein Kummer sind nur seine schwachen Lenden,
Er zeugte keinen Sohn und selbst zu alt,
Um dieses Thrones noch sich zu erfreu'n.
Vermählte gerne er sein einzig Kind,
Constantia, mit dem bußfert'gen Robert.
Das ist mir Alles klar, ich gönne ihm's,
Wenn er's zu dem erwünschten Ziele bringt.
Doch ist's der Langeweile schwerste Prüfung
Auf ein bewußtes Ende lange warten! —
Ihr Herren, thut Bescheid! Dem Saumthier
Des Kardinales flinkre Beine
Und ihm selbst festen Sitz im Sattel!

Reginfrid. Und Stachelsporen in die Ferfen!
Ja wohl, der Trinkspruch geht an's Herz!

Abt. O geht, Ihr setzt uns in Verlegenheit!

(Sie trinken.)

Guntram. So denkt ein Anderes und trinkt darauf,
Der Himmel mög's gewähren, edler Abt,
Ihr seid so höflich, als Ihr würdig seid.

(zu Diederich, der nicht mitgetrunken hat)

Ihr aber wollt beleidigen, so scheint es.
Von all' den edlen Herren hier hat Keiner
Bescheid zu thun sich geweigert, und
Ihr dünkt Euch doch nicht besser, als wie sie?
Besinnt Euch recht und sauft bei Zeiten aus!
Ei, habt Ihr diesen Blick bei Hof erlernt?
Den Höflingsblick, der jeden Besseren
Gern übersieht, den leg' ich Euch, geliebt's,

Mit diesem Trunk, den Ihr in Demuth thut.
Ich rathe Euch's! Dem Wein zu Liebe — sonst —
(mit Geberde, als wollte er den Pokal ihm in's Gesicht leeren)
Bei Gott! Gebraucht Ihr ihn als Augenwasser!

Diederich (auffahrend). Das mir!

Abt.   Wohledle Herren!

Guntram (erhebt sich gleichfalls).   Ihr verweigert's?!
(Andere erheben sich beschwichtigend.)

Diederich. Ihr suchet Streit. Ich trinke nicht mit Euch!
Ich trinke nicht mit Euch! Ihr wißt die Ursach'!
Und dankt es mir, wenn ich den Schimpf Euch spare,
Sie hier zu nennen.

Guntram.   Dank? Dir, Schuft? Wofür?
Du magst ja reden, wenn es dich gelüstet.

Diederich. Du hast 'nen Eid gebrochen, zeug' mir's Gott.
Den Einem meiner Sippe du geschworen,
Du hast 'nen Eid gebrochen!

Guntram.   Kröte, du!
Wohledle Herrn! Nicht diesem zu Gefallen, —
Von meinem Namen der Verleumdung Gift
Zu wehren! — rede ich und sage was
Der Schurk' gebroch'nen Eid zu nennen wagt!
Drei Jahre sind's, daß ich mit Einem seines
Berzweigten Stamms in Todfeindschaft gerieth.
Für solchen Schaden wächst kein Kraut, doch war
Die Sippe obenauf, man wollt's vergleichen
Und trug mir auf, ich sollte Urfehd' schwören.
Das war ein hart' Gebot, ich sollte schwören,
Was schon ein nächst' Begegnen brechen konnte!
Was war zu thun? Drei Tag', bevor es galt,
Da schickte ich von meinen Knechten den
Geriebensten Gesellen zur Abtei,
Die jenes Kästchen mit Reliquien
Besaß, worauf der Schwur zu leisten war.
Der kluge Schelm, vermummt als Bettler, wie
Von schmerzhaftem Gebrest gequälet, lag
Nun heulend Tag und Nacht vor jenem Schrein,
Als könnt' er sich vom Heiligthum nicht trennen. —
Man litt ihn dort, weil man ein Wunder hoffte. —
Und so gelang's, die Vorsicht einzuschläfern,
Die heiligen Gebeine zu entwenden —
Und auf das leere Kästchen schwur ich dreist!
Den Knecht, den büßte ich um seinen Arm,

     Der ungeweiht das Heiligthum berührte.
     Dasselbe aber gab ich ungesäumt
     Zurück in jener frommer Väter Obhut.
     Doch mein Gewissen blieb nun unbeschwert.

Siegebert (zu Diederich). Seid Ihr bei Trost? Solch ritterliche List
     Wird ab und zu im ganzen Land geübt!

Reginfrid. Den Ritter geb' ich wahrlich ganz verloren,
     Der hinter heiliges Gebein sich steckt,
     Wo doch nur ungehudelt bleibt, wer auf
     Die eig'nen Knochen sich verlassen kann!

Siegebert. Geht, Alter, thut den Trunk! Vertraget Euch!

Diederich (während). Ihr haltet All' zu ihm? Behagt Euch so
     Der Streich, der Keinen von den Euern traf?!
     Vertragen! Was vertragen? Nicht mit ihm,
     Noch sonst mit Einem Eurer Schelmenzunft
     Vertrag' ich mich!

Reginfrid (auffahrend).   Das zahlst du uns!

Siegebert.   Bei Gott ...

    (Die noch Sitzenden haben sich von den Stühlen erhoben.)

Abt. O, haltet Friede, edle Herren, hört ...

Guntram. Erlaubt, ich leg' dem alten Hahn das Kräh'n.

Diederich (schreiend). Er nennet sein Gewissen unbeschwert!
     Was wisset Ihr? Ihr wißt noch Alles nicht!
     Nicht sieben Tag' nach seinem Schwur vergingen,
     So lag mein Vetter in dem Erbbegräbnis,
     In das er meuchlings ihn hinabgesandt,
     Ich sage meuchlings!

Guntram (schlägt ihn vor die Brust). Würg' das Weitere
     In dich hinab! Du hast dein weites Maul
     Genug gebraucht, gebrauche nun dein Schwert!
     (drängt ihn zur Mittelthüre)
     Da tritt voran, du wirst ja nicht gemeuchelt,
     Wir wollen nur auf grünem Rasen die
     Wahrhafte Länge eines Narren messen!

Diederich (von Angst). Ehrwürd'ger Abt!

Guntram.   So kommt zu Euerm Vetter!
    (Stößt ihn hinaus. Einige Edelleute folgen.)

Abt (bleich und entsetzt). Ihr Herren — o Ihr Herren — —
     Mir lähmt der Schreck die Zunge.

Siegebert. Es lohnet nicht die Müh', daß Ihr Euch ängstigt,
     Eh' Ihr Euch noch erholt, ist's abgethan!

Abt. Um Gotteswillen! Helft, wohledle Herrn!
     Man denkt, geradezu ihn abzuschlachten!

O eilet, trennet doch die Rasenden!
Will Keiner?! Nun, so thue ich denn Kraft
Der geistlichen Gewalt hier Einsprach!
Man respektire unsern Klosterfrieden!

Siegebert. Das freilich muß gescheh'n! Ehrwürd'ger Abt!
Der Guntram soll den Schwätzer außer die
Gemarkung Eures Klosters führen!
(Rasch ab. Einige folgen.)

Abt *(hält Reginfrid, der mit den Übrigen folgen will, zurück).* Hört mich!
Ihr dürft sie überhaupt nicht kämpfen lassen!
Von Mittwoch Abend bis zum Montag Morgen
Verbeut des Gottes-Stillstands strenge Satzung,
Bei Straf der Kirchenbuße und des Bannes,
Gewalt zu thun!

Reginfrid. Ich eile, Guntram soll's
Auf einen der erlaubten Tage lassen!
(Ab mit allen Edelleuten.)

Abt *(blickt ihnen erschöpft nach, tritt dann zu dem Laienbruder).*
Mein Sohn! Für künftig bring' die ersten Krüge
Noch ungemischt, dann spar' das Wasser nicht!
(Ab durch die Mitte.)

Zweite Scene.

Laienbruder, dann Ambrosius (alter Mönch von unscheinbarem Äußern).

Laienbruder. O Herr! Die nennen sich auch Christenmenschen!

Ambrosius (eine Pergamentrolle in der linken Hand tragend, tritt von der Seite links auf).
Gelobt sei Jesu Christ!

Laienbruder. In Ewigkeit!
Ach, daß Ihr jetzt gekommen, frommer Bruder
Ambrosius, das ist des Himmels Gunst!
Ich dachte mir gerad', wenn Ihr nur kämet,
Daß ich's vermöcht' mit Euch allein zu reden,
Denn Euch vertraut man leicht sein ganzes Herz.
Ihr seid bescheiden und so hochgelahrt! *(neugierig)*
Was habt Ihr hier nur wieder für ein Buch?
Wohl eine auferbauliche Legende?
Ist's das vom heiligen Lucrez?

Ambrosius. Mein Söhnlein,
Den heiligen Lucrez — den kenn' ich nicht.

Laienbruder. Ist's nicht ein Kirchenvater? Hab' ich doch,
Als ich die Zelle Euch gelüftet, dort
Sein Büchlein liegen seh'n und buchstabirte
Den Titel mir: de rerum natura.

Ambrosius. Ei, ei, mein Söhnlein, was du Fürwitz hast!
Es sind gerad' nicht Alle Heilige,
Die Bücher schreiben, und Lucrez, der war
Ein blinder Heide nur.

Laienbruder. Ihr leset doch
Sein Buch und ohne Schaden Eurer Seelen?

Ambrosius. Zu Nutz und Lehre! Wundernd, wie der Herr,
Was Athem schöpfet, zu vergnügen weiß,
Für alle ird'schen Unvollkommenheiten
Gar mild Ersatz an and'rer Stelle beut!
Er hat den zagen Thieren eingepflanzt
Den Trieb, daß sie zu Herden sich gesellen,
Wo ihre Zahl der Feinde Kraft zersplittert,
Dem Raubthier aber gab er scharf' Gewaffen,
Weil einsam es auf Jagd und Fahrnis geht.
Er füllt in Milde das Beschränkte aus,
Und unsern Sinnen schmeichelt diese Welt:
So fanden blinde Heiden ihre Götter,
Da sie bei jedem Schritte Göttliches
Vermittelnd an den Dingen haften fanden.
Uns aber lehrt das Mittleramt des Herrn
Der Welt entsagend Gott im Geiste suchen!
Die Heiden hatten die Erleuchtung nicht,
Doch wie der Herr allüberall begnadet
Und ungeheischt allzeit das Rechte giebt,
So gab er ihnen auch aus seiner Fülle.
Es war ihr Leben eitel Freud' am Sein
Und all' ihr Denken heitere Vernunft!
Und lese ich in ihren klaren Büchern,
Ist mir's, als säß' ich fern — ein alter Mann,
In der Entsagung harter Schul' gereift, —
Und säbe frohbewegtem Treiben zu.
Wie Kindlein kommen mir die Heiden vor,
Von einer klugen Magd „Vernunft" betreut.
Von ihr auf eig'ne Füße hingestellt,
Von ihr auf allen Schritten treu gegängelt,
Nun meint das Menschlein wohl, es könne gehen,
Das giebt viel Muthwill und viel wundernd Schauen — —
Gar eine schöne Gottesgabe ist
Vernunft!

Laienbruder. Wir aber haben die Erleuchtung, . . .

Ambrosius. Ja, ja, wir haben die Erleuchtung! — Hm!
Es war mir doch, als hättest du, mein Söhnlein,

        Zu mir von Etwas sprechen wollen, ei,
        Vergaßen wir das ganz?

Laienbruder.   O frommer Bruder
        Ambrosius, ich bitt' Euch, steht mir bei.
        Denn seit ich hier die Edelleut' bediene
        Und gar viel weltlich Wesen hören muß
        Hat mancher Zweifel mich beschlichen! —

Ambrosius.   Ei, ei, mein Sohn, das thut so jung nicht gut.
        Der Mann mag sich des Zweifels überheben,
        Den Jüngling macht er alt, doch nicht zum Manne!

Laienbruder. O denket nicht, ich könnte Zweifel hegen
        An unsres Herrn und Meisters Wort und Lehr',
        An deren Milde ich mich stets erbaut,
        Nur an dem Glauben And'rer werd' ich irre:
        Gar wunderliche Dinge hört' ich sagen,
        Die ich im Herzen nicht zu reimen weiß!

Ambrosius (neugierig). So, so? Nun sprich, was setzt dein Herz in Unruh'?
        Ich mag wohl auch von arger Welt was hören —
        Wenn ich es dir zum Troste deuten soll.

Laienbruder. Es war die Rede vom gebannten König.
        Nicht Einer von den Rittern lobt, daß Robert
        Dem Banne trotzt, die Ehe aufrecht hält;
        Doch fordern sie die Unterwerfung nicht
        Von seiner Demuth, nein, von seiner Klugheit,
        Damit er Kron' und Scepter nicht verliere!

Ambrosius. Wir hoffen, daß der Herr ihm Demuth schenkt!

Laienbruder. Dann sprachen sie gar Vieles hin und wieder,
        Woher sich alles dieses Wirrsal schreibt.

Ambrosius. Ei, nun, woher? Das laß' mich wissen, Söhnlein.

Laienbruder. Als Robert's Vater, Hugo Capet, sich
        Des Thron's bemächtigt, fiel gewaffnet Karl,
        Der lotharing'sche Herzog, in das Land.
        Er soll nicht weit gekommen sein, doch ließ
        Sein Oheim Arnulph, Erzbischof zu Rheims,
        Ihn diese Stadt gewinnen — durch Verrath!

Ambrosius. Wie durch Verrath? Ein Bischof und Verrath!
        Mein Sohn, das glaub' ich nicht.

Laienbruder.   O frommer Bruder
        Ambrosius, es soll denn doch so sein!
        Zur Strafe wurde er des Erzbisthums
        Entsetzt, und Gerbert, Robert's Lehrer, ward

Damit belehnt. Seit dieser Stunde nun
Befeinden Arnulph sich und Gerbert bitter.

Ambrosius. Das glaub' ich nimmer, daß zwei Erzbischöfe
Sich nicht vertragen mögen.

Laienbruder. Frommer Bruder
Ambrosius, es soll denn doch so sein!
Von diesem Zwiste nun stammt Alles her.
Des Arnulph's Freunde mußten Capet hassen
Denn Gerbert war vor ihren Streichen sicher,
So lange ihn des Königs Anseh'n schützte.
Und darum ruhten Gerbert's Feinde nicht,
Bis zu des heil'gen Vaters Sitz es kam,
Wie König Capet ganz aus eig'ner Macht
Den beiden Erzbischöfen hat begegnet,
Den Einen hat bestraft, den Anderen
Erhöht. Darob erzürnte Rom sich sehr.

Ambrosius. Erzürnen, weil der Fürst in seinem Land
Sein Recht geübt?! Das glaub' ich nicht!

Laienbruder. O frommer
Ambrosius, es soll denn doch so sein!
Der Arm der Kirche konnte freilich nimmer
Den Capet treffen, welcher mittlerweile
Gestorben war, indeß er traf den Sohn; —
Ihr wißt, man will von dem Gemahl ihn trennen.
Nun seht, ehrwürdiger Ambrosius,
Vor Jahren ließ man Robert sich verbinden
Mit der verwandten Bertha, ohne daß
Ein Kirchenfürst nur Einsprach hätt' gethan.
Und hat der Herr nicht selbst als Sakrament
Die Eh' gefestigt, allen Seelen, welche
Sich hier in Liebe finden, als ein Trost,
Daß sie, durch Himmels Gunst verbunden, nimmer
Der Erde Macht und Bosheit trennen kann?!
Der König und die Königin, sie sollen
Sich gar getreulich lieben und ihr Herz
Durchfährt der Streich, der sie zu trennen sinnt!
Nun quält es mich zu wissen, ob das wohl auch
Nach Christi Lieb' und Milde sei gethan!?

Ambrosius. Ei, wie geschäftig ist der Böse doch,
Wie sucht er Theilnahm' für die Welt zu wecken
Und heischet Urtheil von befang'nen Sinnen!
Er gab in deinen Mund einfält'ge Frage
Und nahe legte er die Antwort mir.

Doch wer den Frieden in dem Herren sucht,
Der muß sich hier der Fragen ganz entbrechen.
Der muß in dieser Welt der Prüfung und
Des Scheins der Antwort sich getrösten. Sieh',
Es gleicht die Welt dem vielbewegten Meer,
Wie Öl so schwimmt der heil'ge Glaube d'rauf
Und sänftigt für Sankt Petri Schiff die Wogen.
Ein Eiland ragt der Friede in dem Herrn
Daraus empor, nach dem wir sehnend schau'n!
Wir haben uns dem Schifflein anvertraut,
Auf daß es uns nach jenem Eiland bringe,
Es würde aber nimmer uns geziemen,
Die wir der See doch ganz unkundig sind,
Der Steuermänner Thun und Lassen zu
Bekritteln! — Söhnlein, sieh', dich binden zwar
Die drei Gelübde nicht, doch zum Gehorsam
Verpflichtet hat auch dich dein Schwur. So merke,
Wir müssen immer, wie es kommt und fällt,
Demüthig denken: wir verstehen's nicht!
's ist besser, als wir meinen's zu verstehen.
Es mag auch schwer da draußen in der Welt
Nach Christi Lieb' und Milde handeln sein!
Wer weiß es? Söhnlein, wir verstehen's nicht!

Laienbruder. Wie habt Ihr mich erbaut! O, frommer Bruder
Ambrosius, ja, ja, es ist dem so.
Wie dank' ich Euch!
(Die Klosterglocke wird anhaltend geläutet.)
         Was giebt es da?

Ambrosius.   Das Zeichen,
Daß hier die Brüder sich versammeln sollen.
Das deutet wohl auf einen hohen Gast!

Laienbruder. Das ist gewiß der Kardinal! Kein And'rer!
Ich bin begierig, solchen Herrn zu seh'n!
(Inzwischen treten von der Seite links Mönche paarweise auf.)

Dritte Scene.

Ambrosius, Laienbruder, Mönche, dann die **Edelleute,** darunter **Guntram, Diederich, Siegebert**
und **Regintrud.** — Die Mönche stellen sich links, die Edelleute rechts auf. — Dann treten ein der
Kardinal (alter Mann von hoher Gestalt, etwas gebeugt, doch im Affekt sich gerade aufrichtend),
Grimoald, Graf von Arles und **Constantia** mit zwei Begleiterinnen, später ein **Page.**

Kardinal (schreitet, auf einen Stock sich leicht aufstützend, langsam an Seite des Abtes vor).
Ich sehe Eure Stirne noch geröthet,
Viel Unbild, merk' ich, schufen Euch die Gäste!
(Die Edelleute musternd, bei Seite.)

Bei Gott, mir ist die letzte Kutte lieber,
Die sich dem Zwecke eines Ganzen fügt,
Als sie, wo Jeder frei sich nennt, der darf,
Wie es der Bestie in ihm gelüstet!
(Läßt sich links auf einen Stuhl nieder.)

Guntram *(halblaut).* Genad' uns Gott, wie er uns mißt, es scheint
Der Kardinal, er traf noch nüchtern ein
Und sucht sich Einen unter uns zum Imbiß!

Kardinal. Wohledle Herren, seid uns denn gegrüßt!
Wir sind Euch wohl zu lange weggeblieben?

Guntram *(wie oben).* Weiß Gott!

Kardinal. Doch laßt mein Alter für mich sprechen,
Die schlimmen Wege und die alten Knochen
Versagten eindringlich den scharfen Ritt.
Doch kann uns ein Versäumniß nicht beschweren,
Die Dinge liegen anders nicht, als wir
Vor dreien Tagen sie getroffen hätten!
Doch will sich Einer unter Euch, Ihr Herren
Ob des Verlusts der Zeit beklagen, nun,
Der trete vor. Ich nehm' kein Wort ihm übel!
(Kleine Pause.)

(Halblaut:) Vorlaut und feig!

Graf Arles. Erlaubet, Kardinal!
Entlaßt die Herrn! Erholung thut Euch noth!
Page *(mit einem Becher Wein ist eingetreten).*

Kardinal. Ich weiß mein Amt, deß' laßt mich ruhig walten.
Page *(kredenzt dem Kardinal den Wein).*

Kardinal *(legt ihm die Hand auf das Haupt).*
Ei sieh', so frisch! Dir frommt das Wanderleben!
Das hat die großen Augen größer wohl
Gemacht? Der einz'ge Sinn, den wir in so
Beglückter Jugend üben, wo uns noch
An jedem Tag das Leben Neues bietet!
Nun, gieb und geh'.
Page *(tritt zurück, nimmt später den Becher wieder an sich).*

Kardinal *(nachdem er getrunken, nach Constantia blickend).* So ferne, edle Jungfrau?
Der Trunk galt Euch, dem Stern, der freundlich uns
Auf unsrer harten Reise hat begleitet.
Was zieht Ihr Euch zurück? O tretet nah'!
Bereut Ihr schon die Nachsicht, welche Ihr
Mit meinen Jahren hattet? Glaubt, wenn Euch
Mein Alter dauert, sind wir Eines Sinnes!

Constantia (nimmt Platz an seiner Seite). Mit Nichten, Kardinal, ich segne es,
Und dank' es ihm, daß es nur Ehrfurcht heischt,
Ich wünschte nicht, Euch jung gekannt zu haben.

Kardinal. Weil Ihr mit mir dann alt geworden wär't.
O Schall! — Gar herbstlich wird es im Gemüthe,
Wie welke Blätter schütteln sich zur Erd'
Der Jugend freundliche Erinnerungen,
Wenn statt des frohen Aufblicks uns begrüßt
Das ehrfurchtsvolle Neigen schöner Stirnen! — —
Ihr ziehet nach dem väterlichen Schloß,
Der Dinge neue Ordnung abzuwarten,
Erlaubet mir, Euch das Geleit zu geben,
Mein Weg nach des Gebannten Aufenthalt
Er führt vorbei! Mich dränget meine Sendung!
Ihr sollt mir auf dem Wege sagen, Jungfrau,
Was ich von Euch dem Robert sagen darf!

Constantia. Ihr wißt!

Kardinal. Ich weiß und will in Euch nicht dringen,
Wenn Euch nicht Laune selbst gesprächig macht.
Der thut nicht klug, der sich von schöner Lippe
Nicht gleich das erste Mal bedeuten läßt.
Die Frauen fühlen ihre Schwäche und
Sie wollen dessen nicht erinnert sein!
Doch möget mir vertrauen, edle Jungfrau,
Ich walte Eu'rer Ehr' und Eu'res Vortheils!

(Erhebt sich langsam. Zu den Edelleuten.)

Es ist wohl männiglich bekannt, weßhalb
Wir dieser Reis' Beschwer auf uns genommen!
Ein Ende soll das Wirrsal hier erreichen,
Das Reich, es soll des Herrschers länger nicht,
Noch seiner ordnenden Gewalt entbehren.
Wohledle Herren, Euch sei Ruh' gegönnt,
Da Ihr vom langen Warten hier ermüdet;
Wir aber eilen ohne Aufschub hin
Nach des gebannten Robert Capet' Schloß.
Er soll sich selbst erniedrigen, daß er
Erhöhet werde auf den alten Platz!

Guntram. (Gesetzt, er beugt sich nicht!

Kardinal (sich hoch aufrichtend). Er wird sich beugen!
Die Kirche will's! Ihr habt bei jedem Wollen
Sie auch ihr Können klug ermessen seh'n;
Was nimmt Euch Wunder diese Zuversicht?
Wenn sie dereinstens nach dem Mond verlangt,

So wie ein greinend Kind, dann sorgt um sie!
Vor ihr da liegt des Herren weite Schöpfung,
Wo Kraft 'gen Kraft gesetzt, daß keine sich
Der andern überheben mag und dies
Urew'ge Wiederspiel der Kräfte nennt
Der Mensch ehrfürchtig Ordnung und Gesetz!
In diesem Spiegel lernt sie prüfend sich
Beschau'n; beseelt von dieses Einblicks Größe.
Nun sag' ich Euch: nicht Kämpfen ist mein Amt
Und nur zu sorgen gilt es hier, daß sich
Der Unterliegende zu hart nicht bette;
Denn näher ist der Tag, als Ihr wohl denkt,
Der Frankreich seinen Herrscher wieder schenkt!

(Er wendet sich zum Gehen, Alles schlicht sich, Geleite gebend, an und während dieser allgemeinen
Bewegung fällt der Vorhang.)

Franz Nissel.

Aus dem Schauspiel: „Rudolf von Erlach".

Vierter Akt *).

In Bern. Offener Platz vor dem Rathhause.

Erste Scene.

Volksgruppen, größtentheils bewaffnet, erfüllen die Bühne. Darunter der Steinbrecher **Neunhaupt**, der Gerber **Ruß**, der Fleischer **Pfirt** und der Buchbändler **Bruggner**. Sobald der Vorhang sich erhebt, entsteht Lärm und Aufregung im Hintergrunde. **Landleute**, die eben hereingekommen sind, werden umdrängt.

Neunhaupt (hinzueilend). Was sagen sie?

Ruß.   In höchster Noth sei Laupen,
Vom Adelsheere hart bedrängt.

Neunhaupt.   Und wir
Da auf die Hellebarden faul gelehnt,
Statt in die Rippen sie dem Feind zu stoßen!
Die Köpfe schüttelnd über die Gefahr
Der Brüder, statt beherzt sie 'raus zu hauen!
Ertrag es, wer da mag! ich länger nicht.

Ruß. Noch ich!

Pfirt.   Noch irgend wer von uns!

Neunhaupt.   Hinaus —
Und drauf und dran!

Der ganze Hause.   Hinaus! und drauf und dran!

(Großer Lärm. Der Altschultheiß **Johannes von Aramburg** tritt aus dem Rathhause.)

Aramburg. Was für ein Lärm? Versammelt ist zu ernster
Berathung der Senat. Könnt ihr in Ruhe
Nicht der Entscheidung harren, schwärmt umher,
Füllt mit Geschrei die Luft, klirrt mit den Waffen,
Daß oben man sein eigen Wort nicht hört?
Ich will euch Sitte lehren und Geduld!

Ruß. Zum Henker die Geduld!

---

*) Der vorliegende Akt ist einem Schauspiel entnommen, welches die Bedrängnis der Berner durch den mächtigen Adel und die Errettung der Stadt durch Rudolf von Erlach (1339) schildert. Für den Abdruck an dieser Stelle hat der Dichter einige, auf Nebenhandlungen bezügliche Stellen weggelassen; das Fragment bedarf nun keiner weiteren Erläuterung.   T. H.

Neunhaupt.   Wie lang noch währt es,
Bis an der Kreuzgasse das Bärenbanner
Sich zeigt, der Sturm ergeht?

Pfirt.   Wann endlich bildet
Das freie Fußvolk seinen Harst?

Neunhaupt.   Wo sind
Die Benner, ihn zu führen? wo?

Aramburg.   Sie werden
Zur Stelle sein und ihres Amtes walten,
Sobald sie Auftrag haben.

Neunhaupt.   Unerträglich
Schon wird uns uns'rer jungen Ritter Spott,
Die draußen vor den Thoren halten und,
Mit Unmuth nur die muntern Rosse zügeln,
Auf uns ob uns'rer Trägheit weidlich schelten.
Sie drohen fortzusprengen und allein
Den Strauß vor Laupen auszufechten.

Rust.   Eh' wir
Das dulden, trennen wir mit scharfem Schnitt
Den Sattelgurt vom Leibe ihren Thieren.

Pfirt.   Wir reißen sie herab!

Aramburg.   Seid ruhig! Keiner
Soll sich vom Platze regen, eh' es Zeit.
Auf die Landleute deutend, die indessen auch weiter vor gekommen sind
Wer sind die Männer da?

Neunhaupt.   Landleute, Herr,
Von Laupen her gekommen.

Aramburg.   Nun begreif' ich!
O diese Hiobsboten, die uns immer
Dieselbe Mär doch bringen: wie vor Laupen
Die Fluth des Feindes unaufhörlich schwillt —
Von all' den tausend Helmen, die dort blinken,
Von Böden, Büffeln, pochend, daß es dröhnt,
An Thor und Mauern — von gewalt'gen Steinen,
Geschleudert aus den Blyden in die Burg —
Von Breschen und von Stürmen! Lauter's nicht so?
Hab' ich sie nicht im Kopf, die Litanei
Von Schreckensposten, die man vor uns leiert
Nun Tag für Tag? — Kleinmüth'ge! wüßten sie's,
Die dort so unerschütterlich den Feind
Besteh'n, daß ihr an ihnen schon verzagt —
O wahrlich, schamroth würden sie für euch.
Wozu denn zogen sie hinaus und schwuren,
Mit aufgehob'nen Händen: auszuhalten
Bis auf den letzten Mann? Wozu? Auf daß

Der Muth dem Bolt nicht finfe, noch es treibe
Zu übereilter That.

Run.   Wer gab das Borrecht,
Sich aufzuopfern ihnen?

Neunhaupt.   Pest! unbillig
War der Beschluß, daß von zwei Söhnen nur,
Zwei Brüderu einer auszieh'n dürfe. Ist
Es meine Schuld, daß ich nur Schwestern habe?

Run. Man durfte Reinem wehren, mitzugeh'n.

Aramburg. Habt ihr es gar so eilig denn, ihr Beiden,
Dahin zu streben, wo es Schläge setzt?

Run. Ich wollt', sie hagelten schon auf uns nieder.

Pstrt. Wir gäben sie zurück, verlaßt Euch drauf!

Neunhaupt. Wie lange stecken ihre Köpfe die
Da droben noch zusammen? Element!
Wozu noch Rath? Die Thore auf! und dahin
Gestürmt, wohin des Feindes Hörner rufen!
So war das Kriegen Berns bis nun. Warum
Nicht heute auch?

Alle (durch einander).   Ja! ja! so war's! Warum
Nicht heut'?

Aramburg.   Weil die Gefahr von heute die
Von sonst so mächtig überragt, wie euren
Verstand die Weisheit des Senats — das heißt:
Wie's Finsteraarhorn einen Maulwurfshügel.
Nicht vorschnell handeln dürfen wir, nicht eh'
Gesammelt unsre ganze Kraft, und dann —
Wollt ihr hinaus denn ziel- und führerlos?
Auch eines Feldherrn Wahl beschäftigt den
Senat. Drum nochmals, haltet Ruhe mir
Und faßt euch in Geduld.

Roß.   Ist eine schwere
Geburt da oben, scheint's.

Pstrt.   's gehn sonderbare
Gerüchte um.

Roß.   Es traue Reiner sich,
Feldhauptmann uns zu sein in diesem Kriege.
Herr Aramburg! redet: ist es, wie man hört,
Ist's nicht?

Aramburg (barbeitig). Und wär's! — — Ein Feind davon zwar bin ich,
Euch etwas an den dicken Kopf zu werfen,
D'ran, was vernünftig ist, so leicht zerschellt —
Doch mehr noch bin ich jeder Lüge Feind.
Nun ja denn — ja! und dreimal ja! In Sorge

Ist der Senat ob dieser Wahl. Und wahrlich,
Sie ist ihm rühmlich — Euch die volle Bürgschaft:
In gute Hand nur legt man euer Los. —
Im edlen Kreis da oben lächelt Keiner
Die Sorge sich hinweg. In ernster Miene
Trägt Jeder ausgeprägt ein tief Verständnis:
Daß so entscheidend groß wie der, so nun
Uns droht, noch nie ein Tag für Bern gekommen.
Da greift nicht Einer dünkelvoll und keck
Behende nach dem Feldherrnstab — da prüft
Sich Jeder lang und wohl, ob ihn zu führen
Ihm inne wohne auch die volle Kraft? —
Dafür auch seid gewiß: wenn endlich einer
Aufsteht und sagt: „Ich unternehm's!" — dann ist's
Der rechte Mann auch, der's zum Heile führt.

Neunhaupt. Herr Kramburg! Hört — wie wär's, wenn Ihr versuchtet —

Kramburg. Ich! — was?

Neunhaupt. Feldhauptmann uns zu sein.
(Kramburg sieht ihn verblüfft an.)

Pfirt. Bei Gott!
Kein schlechter Einfall das! Ich stimme zu.

Kuß. Ich auch.

Mehrere. Wir Alle!

Kramburg. Seid ihr toll?

Neunhaupt. Hoch lebe
Der Kramburg! unser Führer!

Der ganze Hause. Hoch!

Kramburg. Ob ihr
Gleich schweigen wollt! Seh't ihr nicht silberweiß
Vom halb schon kahlen Schädel Bart und Locke
Mir blinken?

Neunhaupt. Ei was thut's? Alter ist Weisheit!
Und daß auch muntrer Geist, daß Jugendmuth
Noch in Euch spukt, das schäumt von Euren Lippen
Wie unterm Eis hervor die Gletschermilch.

Kramburg. Ich euer Feldherr! Hahaha! ein Anblick,
Das Herz dem Feinde zu erheitern, säh er
An eurer Spitze auf den Stock gestützt
Mich hergehumpelt kommen. Ja, könnt' ich
Auf's Roß mich schwingen noch!

Neunhaupt. Laßt Euch drauf binden.
Nicht Eure Reiterkünste brauchen wir,
Nur Eure Kriegserfahrung. Seid Ihr einer

       Der Letzten nicht, die unsern größten Kampf
       Am Donnerbüh'l noch mitgefochten?

Aramburg.   Still!
       Und mahnt mich daran nicht! Ich könnte sonst
       Der Jahre Last vergessend, wirklich noch
       Hinaus mich wagen, es den Rüstigsten,
       Den Jüngsten gleich thun wollen. Einen Tag
       Wie den am Donnerbühel wünsch' ich euch —
       Und einen Feldherrn auch wie den, der damals
       Uns siegen lehrte gegen Übermacht.
       O daß du heut' noch lebtest, wackrer Held!

Brugger (ein älterer Bürger, vortretend).
       Beim Himmel, ja! das war ein Mann, der Ulrich
       Von Erlach!

Aramburg.   Doch was faß'l ich? Lebst du nicht
       In deinem Sohne fort, der von der ersten
       Zur letzten jede deiner Tugenden
       Von dir geerbt? — O daß ich schmerzlich ihn
       Vermissen muß im Kreis der Edlen Berns
       In seiner schwersten Stunde!

Brugger.   Mit Verlaub!
       Vermißt Ihr ihn, dann hat er keine von
       Des Vaters Tugenden. Der hat sein Alles
       Gesetzt an unsre Noth. Der Sohn hält lichtscheu
       Sich irgend wo verborgen oder zeigt
       Vielleicht noch gar sich in des Feindes Lager.

Arunhaupt.   Kein solches Wort mehr! Schmäht mir nicht den Erlach!
       Im Feindeslager — er?

Brugger.   Nun — in dem unser'n
       Verweilt er n i c h t!

Arunhaupt.   Geduld! Er kommt auch noch!
       Habt Ihr es nicht gehört, wie er von Ridau
       Zur Stunde aufgebrochen, da sie dort
       Sich wider uns verschwuren?

Brugger.   Geht mir, geht!
       Seit er den Hengst zum Thore da so hitzig
       Hinausgespornt hat, hätte hundertmal
       Ein Hinkefuß am Stabe Bern erreicht.
       Doch er, wo blieb er? Weib und Kind nur hat er
       In's Nest gebracht auf Richenbach — er selbst
       Verschwindet plötzlich aus der Welt, und zwar
       Gerade da der Feind im Feld sich zeigt —
       Verschwindet — hört Ihr? — weiß kein Mensch, wohin?

Pfirt. Höchſt ſeltſam, in der That!

Brugger. Die Sorge freilich
Um manch' ein Schlößlein, manch' ein ſchönes Gut,
Das er vom Ridauer zu Lehen trägt,
Geht über die um's Vaterland!

Neunhaupt. Das wäre
Unwürdig ſeines großen Sinnes.

Pfirt. Nein!
Das wäre ſchlecht.

Viele Stimmen. Ja, ſchlecht!

Brugger. Das iſt die Frucht
Der dicken Freundſchaft zu dem ſtolzen Herrn!

Neunhaupt. Herr Kramburg! kommt mir doch zu Hilf'! Sprecht Ihr!

Kramburg (in großer, hämeriſcher Bewegung).
Was ſoll ich ſagen, da ich's ſelbſt nicht faſſe!
Vergeblich ſelbſt mir ſage: daß er anders
Nicht könne, daß die Lehenspflicht ihn hind're,
Mit uns zu ſteh'n in dieſem Streite, daß
Ihn vorſchnell zu verdammen, ſündlich Wagnis —
Ihn, den ſo oft gerecht und groß geſinnt
Erprobten! Ob auch dies mein treues Herz
Mir wehrt, an ihm zu zweifeln, mir verbürgent:
Was er auch möge thun, ſei wohlgethan —
Mein ſtörrig alt Gehirn — nein, auch mein Herz,
Mein thöricht ſchwankend Herz läßt es nicht gelten —
Und meint, wie groß, wie heilig auch die Pflicht,
Die an den Freund ihn knüpft, es müßte doch
Gott Vater ſelbſt herunter aus den Wolken
Ihm zugerufen haben: „Ich enthebe
Dich ihrer — ſteh' zu Bern und ſeinen Bürgern!
Hau' zu für's Vaterland — und ſäheſt du
Dir gegenüber unter Feindesbannern
Auch meine Engelſcharen und mich ſelbſt
An ihrer Spitze — haue zu und frag' nicht,
Wohin es trifft!" O Erlach! deinetwegen
Möcht' ich mit dem da oben hadern, daß
Er ſo nicht ſprach in deiner Bruſt. O Erlach,
Entweiht, geſchmäht, von Haß getroffen geht
Dein edler Name auf die Nachwelt über,
Die, wenig prüfend, nur der Sage horcht,
Die traurig mit gebrochner Bürgertreue
Auf immer ihn verknüpft. O Erlach! Erlach!
Dagegen ſchriee ich vergebens mir

Die Lunge wund! Es muß, wer dich geliebt,
Fortan, wenn er dich nennen hört, vorüber
Sich schleichen schweigend und gesenkten Blicks.

(Kurze Pause, dann großer Lärm und Freudengeschrei hinter der Scene.)

Kramburg (auffahrend). Was giebt's? Was dort?

Neunhaupt. Auf! laßt uns seh'n.

(Er eilt mit Andern nach der Richtung des Tumults.)

Rust. Das strömt
Vom Thore her.

Brugger. Seht über dem Gedräng
Die vielen Federbüsche schwanken.

Pfirt. Das
Sind unsre jungen Ritter, die zur Stadt
Zurückgekehrt sind.

Kramburg. Element! Wer hieß sie
Absitzen und von ihren Posten weichen?

Brugger. Wer ist der Mann zu Pferd, den sie umringen
Und mit so argem Lärm begrüßen?

Rust. Kaum
Erwehrt er ihrer sich. Es scheint, sie wollen
Ihn aus dem Sattel heben.

Kramburg. Altes Auge!
Was gaukelst du mir vor? Mir ist, als soll' ich
Des Mannes Haltung und Geberde kennen.

Rust. Nun springt er ab und bricht sich Bahn, doch schließt
Sich hinter ihm die Fluth und rollt ihm nach.

Stürmischer Ruf hinter der Scene:

Hoch Erlach! Erlach hoch! der Sohn des Siegers
Am Donnerbühl'.

Rust. Hört Ihr den Ruf?

Kramburg. Gott! jetzt nur
Laß nicht verrückt mich werden.

Neunhaupt (der athemlos zurückgelaufen kommt). Hollaho!
Gesellen! Brüder! auf! und stimmt die Kehlen
Zum Jubelruf — Herr Kramburg! lebt den Herrn
Und bittet ihm die Rüstung ab. Er ist's!

(zu Brugger)

Wer lacht zuletzt, wer lacht am besten nun?

Kramburg. Der lacht — und ich — ich altes Weib! — was soll das?
Ich glaube gar, ich weine.

Alle. Hoch! Erlach! hoch!

Kramburg. Von Herzen hoch!

Zwölfte Scene.

Vorige. Erlach ist im Hintergrunde erschienen. **Junge Ritter** und andere **Volkshaufen** drängen ihm nach und stimmen in den Hochruf ein.

Erlach.
Was thut ihr? Freunde! Bürger! gönnt mir, daß
Ich Athem hole. Wollt ihr mich erdrücken?
Wer bin ich, daß ihr so mich grüßt? — Kein Götze,
Beim Himmel! Und ihr sollt auch keinen haben.
Geht, geht! und zwinget mich nicht zu erröthen
Zum ersten Male vor mir selbst und euch.

Kramburg.
Laßt sie gewähren, laßt! Wie sollten sie
Sich fassen und beherrschen. Bin ich selbst
Wie trunken doch vor Freude Euch zu sehen,
Den wir verloren schon geglaubt!

Erlach.
                          Was hör ich?
Man hat an mir gezweifelt. O zu tiefst
Bin ich gekränkt im selben Augenblick
Da man so thöricht mich vergöttert, weil
Ich thue, was ich muß. O ist es dahin
Gekommen, daß man Einen Mann so schwer
Vermißt, so rasch verdammt, und stellt er ein
Sich endlich, ihm den Saum des Kleides küßt?
So hoch gestiegen ist, so schmerzlich wird
Empfunden unsre Noth?

Kramburg.
                          Ein Erlach wird
Vermißt zu jeder Zeit. Doch scheltet nur!
Weil Ihr nur da seid, wir Euch wieder haben!
Lauf' Einer doch und meld' es dem Senat.

Krunhaupt (der während der letzten Reden mit den Andern geflüstert hat).
Herr Kramburg, hört! — mich dünkt, mit Rath und Wahl
Sollt es nunmehr zu Ende sein. Wir haben
Gewählt schon, wir, das Volk! — Hier unser Mann.
So sagt es dem Senat: den Erlach wollen
Wir zum Feldhauptmann, keinen sonst.

Alle.
                          Den Erlach!
Ja, keinen sonst! den Erlach!

Ein junger Ritter (auf Krunhaupt zutretend). Kecker Bursch',
Der du das Wort mir von den Lippen nimmst!
Ihr edlen Freunde! redet — war's nicht das,
Was Alle uns durchzuckt bei seinem Anblick?
Sah'n wir nicht schon im Geist, von ihm geschwungen,
Das Bärenbanner wehen?

Rust.
                          Sucht es, schleppt es

Herbei, daß wir es in die Hand ihm drücken.
Hoch Erlach, unser Feldherr!

Alle (ihn umringend).   Hoch!

Erlach (die Hand am Schwert).   Zurück!
Bei meinem Zorn! den Ersten, der mir naht,
Schmettr' ich zu Boden mit des Schwertes Knauf.
O Schmach und Gräuel! find' ich so mein Volk
In dieser Zeit voll Ernst? Der Ordnung Bande
Zerfetzt! der wilde Haufe Herr und Meister!
Auf offnem Markt, durch wüst Geschrei erkoren
Der Führer, in des Augenblickes Laune!
Ohnmächtig das Gesetz! O armes Bern!
Erlebst du dies, dann lege Trauer an,
Nicht Waffen — unabwendbar ist dein Fall! —
Gebt Raum! die Männer such' ich auf, die sonst
Mit Kraft euch zu gebieten wußten. Fänd'
Ich die auch schwachen Sinns, wie diesen Greis,
Der, solchen Unfugs Zeuge, lächelnd in
Die Hände klatscht — bei Gott! nicht ich ergriffe
Die Zügel, euch zu lenken — nein — von dannen
Zög' ich zur Stunde wieder, meinen Schmerz
Und mich auf immer zu verbergen.

Aramburg.   Mann
Von Gold! mißacht' mich nicht, ich kann nicht anders,
Ob ich auch weiß, ich fehle. Wie auch soll' ich
Sie schelten, da die Lust mich stark befällt,
Sie Alle zu umhalsen? Braves Volk!
Die Zunge beiß ich gleich mir ab, wofern
Sie dich noch einmal dumm und vorschnell schmäht.

Dritte Scene.

Erlach eilt, Unmuth kund gebend, an Aramburg vorüber auf das Rathhaus zu. In eben dem
Momente tritt aus demselben der Schultheiß **Johannes von Bubenberg** mit den Herren des
Senats.

Aramburg (Erlach zurufend).
Verweilt! denn seht nur, seht — sie kommen Euch
Entgegen: unser würd'ger Schultheiß selbst
An des Senates Spitze.

Johannes von Bubenberg.   Hoch willkommen
In unsern Mauern, Erlach, denen nie
Ein Mann genaht wie Ihr zur rechten Stunde!
Wir kommen, Euch zu grüßen, Euch zu künden:
Des Volkes Wahl bestätigt der Senat.

(Erlach weicht betroffen ein paar Schritte zurück.)

Und so bekleid' ich feierlich vor Allen
Mit des Feldhauptmanns Würde Euch und lege
Vertrauend Berns Geschick in Eure Hand.

Alle. Hoch unser Schultheiß und Senat! hoch! hoch!

Erlach. Bei Allem, was Euch heilig, haltet ein! —

Bubenberg. Ihr könntet uns verweigern —

Erlach.   Was denn mehr,
Als viele Bessere vor mir versagten
In des Gewissens Angst?

Kramburg.   Wollt Ihr es damit
Beladen, daß durch Eure Schuld uns Allen
Der Muth entsinke? Denn, was Erlach nicht
Gewagt, wagt Keiner mehr — und ohne Haupt
Bleibt Bern in der Gefahr.

Bubenberg (mit kraftvoller Würde).   Ich aber sage:
Das Haupt, das Bern sich giebt, es darf nicht fehlen.
Kein Zaudern trägt die Stunde mehr. Es ruft
Das Vaterland, gebieten kann es Euch.

Erlach. Befiehlt es mir, dann darf ich mich nicht sträuben.
Dann will ich euer Hauptmann sein, doch so
Wie ich mich beuge eurem Machtgebote —
So müßt auch ihr euch mir nun unterwerfen
Von heut' bis ganz der Feind zu Boden liegt.
Gebrochne Ordnung ist verlorner Sieg.
Nur der bewahrt der Freiheit heilig Gut.
Der zu gehorchen weiß zur rechten Stunde
Und wenn er soll. Bin ich der Mann, dem ihr
Vertraut, daß er Vertrauen nie mißbrauche —
Dann fordr' ich auch uneingeschränkte, volle
Gewalt von euch.

Bubenberg.   Der billigen Bedingung
Beug' ich der Erste mich. Blind handelnden
Gehorsam schwör' ich Euch.

Kramburg.   So thu auch ich!

Ein Senator. So thun wir Alle.

Der junge Ritter.   Nicht dem Alter weicht
Die edle Jugend Berne. Gebt uns das Zeichen
Und in den Schlund der Hölle stürzen wir.

Krunhaupt. Das können wir Plebejer auch.

Pfirt.   Wir schwören
Gehorsam Euch bis in den Tod.

Allgemeiner Ruf.   Gehorsam
        Bis in den Tod.
(Max hat indeſſen das Banner Berns gebracht. Rabenberg reicht es Erlach hin.)

Erlach (es faſſend und ſchwingend).   Wohlan! So will ich denn
    Mit Gott und euch den Streit beſteh'n. Hier Bern!
    Hier Erlach! ſteht zu mir!
(Von einem plötzlichen Gedanken ergriffen, nach oben blickend.)
                                Geiſt meines Vaters!
    O ſieh herab. Groß iſt und rein mein Wollen,
    Wie reins. Gieb reinen Segeu meiner Kraſt.
(Zum Volke gewendet.)
    Ihr aber, ſehet zu, daß ihr euch werth
    Der Ahnen zeigt, die einſtens ihm gefolgt! —
(Zu den jungen Rittern.)
    Horcht auf, ihr Jünglinge! Nehmt euch zuſammen!
    Des unbefleckten Namens denkt, der Thaten,
    Bon denen euer Wappenſchild erzählt —
(Zu den jungen Bürgern.)
    Und ihr ſodann, Geſellen dort vom Handwerk!
    Die ihr ſo trotzig blickt, ſo hurtig ſeid
    Zur Hand, wo immer es ein Schaugepräng,
    Ein tolles Spiel, ein wüſtes Treiben giebt,
    Wo Becher klirren, Würfel rollen, Dirnen
    Im Kreis ſich dreh'n — ich will euch dahin führen,
    Wo's anders klirrt und rollt, euch tanzen lehren,
    Bon anderm Schweiß benetzt, auf glüh'ndem Boden
    Nach meines hochgeſchwungnen Schwertes Takt.
    Ihr Unruhſtifter, die ihr gern den Frieden
    Des frommen Bürgers ſtört in ſtiller Nacht —
    Euch Helden dünkt, wenn ihr am ſtrupp'gen Bart
    Den Juden zerrt, den heulenden — daß euch
    Geheul des Feindes minder nicht gefalle! —
    Aus euch bild' ich die Schar, die ich voran
    Den andern ſende oder in Perſon
    Zum letzten Sturme der Entſcheidung führe.
(Mit kraftvoller Weihe.)
    Ich aber — höret meinen Eid —: So wie ich
    Dies Banner ſchwinge, will ich hoch es halten,
    Mit ſtarkem Arme, hoch, bis er gebrochen
    Mir niederſinkt — es tragen hoch und ſchwingen
    Am Tag der Siegesfeier auch — wo nicht,
    Nur drein gehüllt als Leiche wiederkehren.
    Sieg oder Untergang! iſt meine Loſung.

Alle (begeistert). Sieg oder Untergang!

(Während Alle die Hände wie zum Schwur gegen den Himmel erheben, entsteht im tiefsten Hintergrund unruhige Bewegung. Zugleich vernimmt man, doch noch undeutlich, fernen Gesang.)

Erlach (aufhorchend). Was hör ich? Still!

Aramburg. Was habt Ihr?

Erlach. Horchet auf! Vernehmt Ihr?

Aramburg. Was?

Erlach. Wie fernher tönenden Gesang.

Bubenberg. Ja, ja!
Nun hör' ich's deutlich auch.

Aramburg. Und zwischen durch
Ein seltsam rauher Klang, lang hingezogen
Und schwer verhallend.

Bubenberg. Eines Hornes Ruf!

Aramburg. Seht, wie die Menge in Bewegung kommt!

Bubenberg. Was ist?

Neunhaupt. Da kommen Bursche athemlos
Hereingelaufen. Wollen an der Straße,
Die längs der Aar vom Thunersee herab
Sich senkt, auf einen Haufen fremden Volks
Gestoßen sein, der wohlbewaffnet näher
Und näher zieht.

Aramburg. Der Feind?

Bubenberg. Von daher?

(Unruhe im Volke.)

Erlach (gebieterisch die Hand ausstreckend). Ruhe!
Ein jeder Laut verstumme, daß wir hören!

(Man hört den früher nur schwach vernehmbaren Gesang schon viel deutlicher, ebenso das Horn.)

Bubenberg. Derselbe Hornruf wieder, nur verstärkt.

Erlach (freudig). Ja, ja! sie sind's! Das ist das Horn von Uri.
Nicht Feinde, Freunde nahen.

Aramburg. Wie? Das Horn
Von Uri? Sagt —

Erlach. So höret und erfahrt,
Warum zu kommen ich so lang gesäumt.
Erdrückt von schwerer Sorge, wie ich Hilfe
Euch brächte, mächt'gere als diesen Arm,
Sah ich im Geiste plötzlich sie vor mir —
Und statt zum Schwert, greif' ich zum Wanderstabe.
Auf rauhen Pfaden übersteig ich das
Gebirg, nach Sarnen komm' ich und zur Bucht
Von Alpnach an den See. Von Waldstatt eil' ich
Zu Waldstatt hin, von leichtem Kahn getragen.
Das Volk der Eidgenossen ruf ich auf,

Uns beizusteh'n, auf daß auch ihm dereinst
In seiner Noth nicht Freundesbeistand fehle.
Und wie ein Feuerbrand fällt meine Rede
In ihre Seelen, hoch auf lodern sie.
Ich fühle ihrer schwiel'gen Hände Druck,
Vernehme tief bewegt ihr Wort: „Zieht hin
Getrost nach Bern! noch eh' den Staub Ihr von
Den Schuhen schütteln könnt, sind da auch wir." —
Und horch! mir auf den Fersen folgen sie.
Schon sind sie da. Weit auf die Thore! Heil
Und Segen ihrem Einzug!

Alle.   Heil und Segen!

Vierte Scene.

*Alles drängt nach dem Hintergrunde. Man hört ganz deutlich und nah den
Schlachtgesang der Eidgenossen:*

Das Landbanner wehet —   Es gilt unsre Freiheit!
Des Hornes Getön   Greift Jeder zur Wehr.
Erwecket das Echo,   Der Feind sie bedrohet,
Es lauschen die Höh'n.   Schon zieht er einher.

Es kommt von den Triften   Am Morgartner Walde
Der Hirte voll Muth,   Da bricht er herein.
Läßt grasen die Herden   Im Morgartner Felde —
In himmlischer Hut.   Da bleicht sein Gebein.

Vom Fels auch der Jäger,   Des Tages Gedächtnis,
Er steigt in's Gefild,   Es stähl' euch den Arm,
Läßt fort noch sich freuen   Wer immer euch drohe
Des Lebens das Wild.   Mit Knechtschaft und Harm!

Der Fischer, der schaukelt   Seid einig und standhaft,
Auf flüssiger Bahn,   Seid stark und bereit,
Auch er hört den Hornruf,   Zu wahren die Freiheit
Läßt Netze und Kahn.   An's Ende der Zeit.

*(Unter diesem Gesange rücken die Eidgenossen in den Hintergrund der Bühne ein und dann allmählich,
vom Berner Volk umdrängt, bis in die Mitte vor.)*

Stürmischer Jubelruf des Berner Volks:

       Heil! Segen eurem Einzug! Seid willkommen!
       Ein Hoch den Eidgenossen!

Ruf der Eidgenossen: Gott mit Bern!

*(Der Schultheiß Johannes von Bubenberg eilt auf den Führer der Eidgenossen zu, reicht ihm die
Hand und fällt ihm, von unwillkürlicher Bewegung übermannt, in die Arme. Bei diesem Anblick entsteht allgemeine Verbrüderung. Alle drücken sich die Hände, werfen sich einander an die Brust.)*

Erlach (in die Mitte der Bühne vortretend, in hoher Begeisterung).

O sieh herab und segne diese Stunde
Und lächle diesem Schauspiel, Gott! — — Hervor
Aus dem Gebirge bringt der Strom der Freiheit
Und rauscht zu Thal, befruchtend ihre Saaten.
Treuherzig reicht der Hirt die Hand dem Bürger,
Der Edle, seines Stolzes sich begebend,
Will nichts als einer mehr der Ihren sein.
So halten sie als Brüder sich umschlungen,
Vereint zu steh'n im Sturm. O löse nichts,
Auch nicht des Glückes, nicht des Friedens Sonne
Den Bund, den Großmuth mit der Noth geschlossen! —
Gieb deinen Segen ihm, o Herr, auf daß
Ein Volk erstehe, ganz dir wohlgefällig:
Wie einst dein auserwähltes, keinen Herrn
Erkennend außer dir, doch immerdar
Mit weiser Mäßigung sich selbst beherrschend —
Nicht namenlos verloren in der Menge
Der blind gehorchenden, doch nie genannt
Mit jenen, die auf ewig blut'gen Pfaden
Sich nichts erkämpft, als eitlen Ruhmesglanz —
Ein Volk, gering an Macht, das nimmer Macht
Begehrt, in stiller Freiheit seine Würde,
In stiller Freiheit findet all sein Glück. —
Ein harmlos Volk, in Waffen dennoch furchtbar,
Doch nur, sich selbst zu schirmen vor Gefahren,
Nie mit Gewalt bedrohend fremdes Recht.
O schwört, dies Volk zu werden, schwört! Dies Volk —
O Herr! gewiß, du willst, daß es erstehe —
Du kannst nicht wollen, daß es untergeht.
Darum getrost zum Kampf in deinem Namen!

(Er steht, das Banner hoch erhebend, den Blick nach oben, aufgerichtet da. Ein Theil des Volkes kniet, der andre steht in andachtsvollen Gruppen, abendröthe. Die Eidgenossen stimmen die letzte Strophe ihres Gesanges wieder an. Der Vorhang fällt.)

Aus

Böhmen und Mähren.

Alfred Meißner.

Versäumt.

Ueber rücken schwarzen Flechten
Den betreßten, spitzen Hut,
Stand vor mir das Kind der Berge,
Schlank und schön, ein junges Blut.

Unter scharfgeschwung'nen Bogen
Braune Augen, abgrundtief —
Doch ein Strich ist auch gezogen
Wo schon manche Thräne lief . . . .

Eine Ros' im Mieder trug sie
Und ich scherzte, wie beglückt
Sei der Bursch, mit dessen Gabe
Sie die holde Brust geschmückt.

Nichts erwiedernd blieb sie stehen,
Ernsthaft redend, wie zuvor —

In dies junge Herz zu sehen
Was verlangst du, alter Thor?

Als es endlich kam zum Scheiden
Sagt sie kurz zu mir gewandt:
„Möchten Sie das Roserl haben?"
Spricht's und legt's in meine Hand.

Meure sind seitdem verflossen,
Weiter zog ich meine Bahn,
Aus dem Wanderskizzenbuche
Schaut mich noch das Blümlein an.

Und im Herzen, halb begraben,
Regt sich wilde Schwärmerei:
Dort konnt ich ein Roserl haben,
Und ich zog daran vorbei.

Ritter, Tod und Teufel.

Auf dem alten Blatt des Dürer
Seh'n wir einen Mann in Stahl,
Einen ernsten Reiterführer
Traben durch ein schaurig Thal.

Hier im Felsenthal, im wilden,
Das ihn rechts und links beengt,
Ward von finstren Spukgebilden
Er umlagert und bedrängt.

12*

Ein Phantom auf dürrem Rosse
Reitet neben ihm der Tod,
Während ihm des Tod's Genosse
Mit dem Schlangenrüssel droht.

Wurzeln von Alraunen mischen
Sich mit grausigem Gerbier,
Gift'ge Pilze wachsen zwischen
Feuchten Wänden von Porphyr.

Hund und Roß des Reiters scheuen
In der Fratzen tollem Bann,
Doch den Muth des wackren, treuen
Mann's im Harnisch sieht's nicht an.

Schuld hat nie sein Herz belastet,
Fürchten hat er nie erlernt.

Und die Burg, in der er rastet,
Ist nicht mehr gar weit entfernt.

Diese Burg auf mäß'ger Höhe,
Von der Mauern Rund umspannt.
Wenn ich sie im Bilde sehe —
Wie erscheint sie mir bekannt!

In gespenst'ger Fratzen Mitten
Hab' auch ich so manchen Tag
Ein Gehennah-Thal durchritten,
Dran ich nicht gedenken mag.

Bis ich in der Burg Bereiche
Trat und dort die Herrin fand,
Deren Aug', das sonnengleiche,
Alles Grau'n der Nacht gebannt!

Kargehan.

Der Nordlandküste Schrecken war
Kargehan, der Pirat;
Der Schloßbof brennt, der Lehnsherr fällt,
Wo er das Land betrat.

Des Sengens satt, stand wider ihn
Des Schiffes Mannschaft auf,
Er hat es in den Grund gebohrt
Mitten im schnellsten Lauf.

Wohl vierzig Klafter unter der See
Das Wrack des Schiffes bleicht,

Mit Tonnen, Tau'n und Takelwerk,
Durch das der Krake streicht.

Doch kommt ein Sturm und pflügt das
Meer,
Hebt sich des Schiffes Last,
Der Nebel bläht als Segel sich
Schwerwuchtig vor dem Mast.

Entsetzen faßt den Schiffer, dem
Das Geisterschiff sich naht —
Am Helme steht, wie ehedem,
Kargehan, der Pirat.

König Poltys.

Poltys, Fürst im Thrakerlande,
Sieht mit Kummer, sieht mit Leid,
Wie der Krieg am Nachbarstrande
Einst Befreundete entzweit.

Hie Trojaner! Hie Achaier!
Und nun fällt der Götter Schar,
Mars voran, der tolle Schreier,
Selbst einander in das Haar.

„Paris," lautet Poltys' Rede,
„Weil das Gastrecht er verletzt,
Ist der Stifter dieser Fehde,
Die den Himmel selbst entsetzt!

Dennoch kann ich ihn entschuldigen —
Er ist jung und sie ist schön,
Und der Macht der Schönheit huldigen
Götter selbst auf Ida's Höh'n.

Aber darf er sie behalten?
Die gebrochen sonder Scheu
Schwüre, die dem Gatten galten,
Bleibt dem Buhlen auch nicht treu.

Wieder ist nicht zu begehren
Vom Atriden Menelaus,
Nachsicht Jener zu gewähren,
Die so schnöd verließ das Haus.

Müßte ich den Fall entscheiden —
Ich erkenn' ihn ganz genau —
Sollte keinem dieser Beiden
Mehr gehören jene Frau.

Aber beide glüh'n und brennen,
Stürzen sich in Kampf und Schlacht —
Sie zu sänftigen, zu trennen,
Hab' ein Mittel ich erdacht!

Unter meinen hundert Frauen
Hab' ich zwei noch nicht berührt,
Beide lieblich anzuschauen,
Werth, daß sie ein Gott erkürt.

Paris, meinem jungen Vetter,
Führ' ich gern die eine zu,
Und die andre, Freund der Götter,
Menelaus, erhieltest du!

So beseitigt wäre diese
Kriegsnoth, so die Welt entflammt,
Und die fernste Nachwelt priese
Poltys und sein Mittleramt!"

Also spricht der gute König
Doch sein Antrag wird verlacht.
Höchste Weisheit gilt nur wenig
Wo die Leidenschaft entfacht.

Alfred Klaar.

Der Tod.

Großvater war zur Ruh' gebettet worden.
Nun saßen sie daheim in ernstem Schweigen.
Der Vater und sein Knabe, der sechs Lenze
Und einen Todten erst geseh'n im Leben.
Ein Neues hat im Zeitraum von zwei Tagen
Sich vorbereitet im Gemüth des Kindes,
Seit es Bewußtsein hatte, war's gewohnt,
Von jedem Laut den Wiederhall zu hören.

Ein Ruf genügte und die Antwort kam,
Und kam sie nicht, so ward der Ruf verstärkt,
Dann aber war ein Wort, ein Kuß, ein Lächeln,
Zuweilen auch Geberde strenger Mahnung
Dem Knaben sicher. Von den Kindeslippen
War noch kein Wort getönt, das öd' verhallte.

So war's bisher; doch heute kam es anders —
Im Prachtgemache lag der Großpapa,
Auf seltsam schmalem Bette hingestreckt,
Von großer Kerzen Schimmer rings beleuchtet.
Am Arm des Vaters festgeklammert durfte
Der Knabe öfter, als es sonst geschah,
An diesem Tage das Gemach betreten.
Da fügt es sich, daß er für Augenblicke
Allein verblieb in drückend schwerer Stille.
Ihm war, wie nie — aus der beengten Brust
Ringt sich ein Ruf der hellen Kinderstimme:
„Großvater! Wach' doch endlich einmal auf!
So lang wie diesmal hast du nie geschlafen!
Zwei Tage und zwei Nächte! Wach' doch auf!
Ich sag' dir was in's Ohr — nur dir allein —.“
Kein Ton, kein Laut! Ein Lächeln, ruhig mild
Auf dem vertrauten Antlitz — doch kein Laut!
Unsäglich wird die Angst; das Kind schreit auf.
Der Vater eilt herbei und ihn empfängt
Ein Jammerruf des angstgequälten Knaben:
„Um Gotteswillen: weck' den Großpapa —
Mich hört er nicht, mir giebt er keine Antwort.“
In seine Arme schließt der Schwergebeugte
Das Kind und herzt es still und eine Thräne,
Die erste dieser starren Leidenstage,
Bricht' aus dem Aug' hervor und endlich spricht er:
„Das ist die ew'ge Ruh', das ist der Tod.“
„Der Tod? der Tod?“ so tönt's von ros'gen Lippen,
„O Vater, das ist wohl der böse Feind?“
„Kein Feind, mein Kind, ein Schutz vor allen Feinden,
Dein Freund, dein Führer, Lehrer ist der Tod,
Kalt ist und fremd uns das Unendliche, —

Der Raum, die Zeit, der Himmel und das Meer —
Worein wir uns verlieren, wenn wir's ahnen —
Wir finden uns, wo Halt und Grenze ist.
Wild bleibt, was nicht sein Ende kommen sieht —
Es lebt und lebt doch nicht, dem Wand'rer gleich,
Der keinen Weg schätzt, weil kein Ziel er kennt.
Der Tod ist Wall und Mauer, macht das Leben
Zu deiner Burg, in der du dich befestigst.
Er baut dein Haus, er webt dein Kleid und legt,
Dich insgeheim bewegend, festen Grund
Zu Allem, was dir Heimat ist und heimlich.
Ein Ende giebt's; drum heißt's: bedenk das Ende
Im Höchsten, Letzten, zwischen Mensch und Mensch!
Nicht in dem Glauben an ein endlos Leben,
Wo Lust und Leiden, Berg und Thal der Wogen,
In ew'gem Wechsel fluthen, Schuld und Sühne
In einer ewigen Kette sich verlieren,
Nein, in dem festen, ird'schen Grund, der Leben
Vor deinen Augen zeugt, vor deinen Augen
Für immer zudeckt und verschließt, entkeimt
Der edle Sinn, die gute That des Menschen. —
Denn was bestritte Leben nicht dem Leben?
Der Tod, den du im Leben siehst, bezähmt
Mit sanfter Hand den Haß und das Begehren.
Im Unbegrenzten tobt der wilde Trieb —
Das Leben härtet; doch der Tod macht weich —
Aus seiner dunklen Quelle sanft entströmt
Die zarte Sorge und die milde Schonung.
Vor Andern schützt dein Tod — der Tod der Andern
Dich vor dir selbst in jeder schweren Stunde.
Dem Zorne fällt er in den Arm, verscheucht
Das kühle Lächeln von des Spötters Lippen,
Lenkt den gezückten Stahl zurück zur Scheide,
Das frevle Wort in die erregte Brust.
Ein Lichtschein, der aus Dämmerungen dringt,
Vergoldet er das schwächste, ärmste Leben.
Was sterben kann, das ist der Seele werth,
Und was dich tödten kann, das kann dich lieben.
Der Tod ist Liebe, wenn er Augen schließt,
Die unverändert in die Seele leuchten,

Der Tod ist Liebe, wenn er Augen feuchtet,
In denen das Entschwundne sich verklärt,
Der Tod ist Liebe und er lehrt uns lieben."

— — —

Der Vater spricht's zu sich mehr als zum Kinde.
Die Augen weit geöffnet, lauscht der Knabe,
Der Sinn ist fremd; doch der vertraute Klang
Greift mächtig an das weiche Herz des Kindes.
Die Arme schließt es um des Vaters Haupt
Und küßt es stürmisch: „Nein, du stirbst mir nicht!
Nicht wahr? Du nicht! Du kannst nicht sterben, Vater!"
Dann, sich besänftigend, zwischen warmem Leben
Und mildem Tod die Blicke theilend, spricht es
Des Vaters letzte Worte leise nach:
„Der Tod ist Liebe und er lehrt uns lieben."

Heinrich Teweles.

Einst und Jetzt.

In alten Heften blättr' ich hin und wieder,
　　Verwundert les' ich, was ich einst geschrieben:
　　Der Jugendliebe Schmerz und Wonnelieder.

Wo ist das Leid, wo ist das Glück geblieben?
　　Wohin verflogen meine Leidenschaften,
　　Die mich zum Himmel, mich zur Hölle trieben?

Vernarbten Wunden, die unheilbar klafften?
　　War, was ich fühlte, eitler Selbstbetrug?
　　Kaum blieb mir etwas im Gedächtnis haften,

Was durch die Brust in Fiebergluthen schlug! —
　　Und weil ich nun kein stürmisch Sehnen hege,
　　Kein Liebesleid — ist das schon Glücks genug?

Und bin ich glücklich, weil auf breitem Wege
Ich ruhig nähern Zielen schreite zu,
Weil nun das Blut mir fließt bequemlich träge.

Du weißt es, armes Herz! O könntest du
Durchleben noch einmal die süßen Qualen —
Du würdest gerne sie mit deiner Ruh,

Und allem Glück, das dir noch winkt, bezahlen!

Elegie.

Preiset die schöne Natur, rühmt lachende Fluren und Thäler,
Starrende Gletscher und Seen, Spiegel des himmlischen Blau's,
Urwalddunkel und leuchtende Gluth der italischen Sonne,
Heitere Ufer des Rheins und das unendliche Meer —
Ich, ich suche und preise Natur in des Weibes Vollendung,
Hügel entzücken mich, schneeig und glühend zugleich.
Schöner spiegelt sich mir der Himmel im Aug' der Geliebten,
Und hellsonniges Licht strahlt mir von ihrem Gesicht.
Röthe der scheidenden Sonne erbleicht vor meiner Geliebten
Leisem Erröthen, das mir kündet die herrlichste Nacht.

Josef Bendel.

Waldlied.

Mittagsschwüle, Mittagsruh!
Käfer nur und Fliegen schwirren
Durch des Waldes stillen Raum
Und der Sonne Strahlen irren
Durch's Gebüsch von Baum zu Baum,
Leise murmelt eine Quelle
Und das tiefste Thal wird helle.

Kindheitsträume, Märchenpracht,
Ziehen durch die Seele wieder
Süßes Sehnen kehrt zurück
Süße Ruhe thaut hernieder
Und der ersten Liebe Glück
Frisch und klar wie jene Quelle
Und das tiefste Herz wird helle.

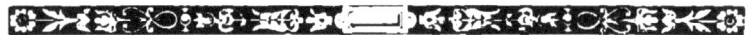

Anton Ohorn.

Eva von Schlick.

(1620.)

Das Frühroth glänzt im Osten. Noch schläft das stolze Prag.
Die Moldau dampft, vom Teyne ruft dumpfer Glockenschlag,
Da schreitet auf der Brücke ein graugelockter Mann,
Die Harfe in der Linken, zum Altstadt-Thor heran.
Er geht mit müdem Schritte, ihm ist so trüb zu Muth,
Das Morgenroth, es kündet heut' einen Tag voll Blut!

Das war am weißen Berge die kurze, heiße Schlacht,
Die wie ein Sturm verwehte des Winterkönigs Macht,
Die Böhmens Recht und Glauben gab in des Kaisers Hand:
Vor seinem Zorn erzittert das tiefgebeugte Land.
Glückselig, wer gefallen im Streit auf blut'gem Feld!
In dunklem Kerker schmachtet noch mancher edle Held,
Der treu für Tod und Leben an Luther's Lehre glaubt:
Eh' heut der Tag sich neiget, fällt manch' geächtet' Haupt.

Den Harfner beugt vor Allem des theuern Herrn Geschick.
„Laßt mich noch einmal sprechen den Grafen Georg Schlick!"
So heischt er an dem Rathhaus; der Landsknecht läßt ihn ein.
Durch schmale Gitterfenster bricht grauer Dämmerschein
In eine düstre Halle; hier hat die letzte Nacht,
Zum Tode sich bereitend, Herr Georg Schlick gewacht.

Der Alte senkt die Stirne, er küßt des Herrn Gewand,
Der hebt ihn auf voll Rührung und drücket ihm die Hand:
„Nicht also, Jakob! Nützen laß uns die Spanne Zeit!
Bald stehet meine Seele am Thor der Ewigkeit,
Drum höre noch, was sterbend mein Herz und Mund erfleht,
Auf daß nicht bange Sorge mit mir zum Richtplatz geht.
Mein Kind entfloh — du weißt es — mit Keſi von Herisacht,
Sie hat des Vaters Glauben verleugnet und verlacht;
Such' sie durch alle Lande, nicht rasten soll dein Fuß,
Und wenn du sie gefunden, bring' ihr den letzten Gruß,
Reiß' von des Römlings Seite sie fort, aus falschem Glück,
Führ' sie, gilt's auch das Leben, zu Luther's Wort zurück!"
„Ich schwör's bei Christi Wunden!" der treue Alte spricht;
Da glänzt von milder Freude des Grafen Angesicht:

„Nun greife in die Saiten und sing' zum letzten Mal
Mein Lied, das oft erleichtert die bange Seelenqual!" —
Nun hallt es durch den Kerker von weichem Harfenklang,
Und wie auf Engelschwingen hebt sich der schlichte Sang:

Bleib' treu dem Herrn auf schweren Wegen,
Wo dir des Unheils Flügel naht,
Auch Leid und Trübsal ist sein Segen,
Sein Wort dein Licht auf dunklem Pfad.

Und weh'n um dich des Todes Schauer,
Stirb ohne Furcht, dem Feind zum Spott!
In Jubel kehrt sich deine Trauer:
Eine feste Burg ist unser Gott.

Wie strahlt des Grafen Auge, das an dem Sänger hing!
Der Harfenklang verhallte, der treue Alte ging. — —

Es kam die dunkle Stunde. Den Blick empor gewandt,
Der Graf auf hohem Richtplatz in Marktes Mitten stand.
Kein Schatten trübt sein Auge, ist bleich auch sein Gesicht,
Stolz beugt er seinen Nacken zum blutigen Gericht.
Und wackre Männer starben, fast dreißig an der Zahl,
Für ihres Glaubens Rechte in herber Todesqual,
Der Henker selbst, der harte, ward von dem Morden matt:
Das war der blut'ge Landtag in Böhmens Königsstadt. —

Des Abends auf der Brücke saß still der greise Mann,
Da kam des Wegs ein Landsknecht, der trat an ihn heran:
„Komm, Jakob, laß' uns flüchten aus dem verruchten Land,
Wo man die Besten mordet durch rohe Henkershand!
Zum Mannsfeld laß uns wandern, er zahlt uns hohen Sold
Und lohnt wohl auch dem Sänger sein Lied mit blankem Gold."
Der Alte schüttelt trübe das Haupt: „Ich gehe nicht,
Mich hält an diesem Boden noch eine heil'ge Pflicht." — —
Er hält am Grab des Grafen noch treu die Todtenwacht
Und wie ein Schwur ertönet das Lied durch düstre Nacht:

Und weh'n um dich des Todes Schauer,
Stirb ohne Furcht, dem Feind zum Spott,
In Jubel kehrt sich deine Trauer:
Eine feste Burg ist unser Gott! . . . . .

Nun geht der treue Sänger bergab, bergauf das Land,
Gebleicht ist seine Locke, verschossen sein Gewand,
Bei jedem Herrenschlosse macht hoffnungsvoll er Rast

Und singt das Lied vom Glauben, der bleiche, ernste Gast, —
Wo tief im Böhmerwalde sich Berg an Berge drängt
Und schäumend sich die Moldau durch steile Ufer zwängt,
Da schaut von wald'ger Höhe ein weißes Schloß in's Thal;
Hier lehnt' er eines Tages am gothischen Portal.
Lustwandelnd schritt im Garten ein jugendliches Paar,
Umringt von edler Damen und stolzer Junker Schar;
Da sah die Frau den Harfner, der still in Träumen stand
Und winkte, freundlich lächelnd, ihm zu mit weißer Hand:
„Tritt ein in uns're Halle, du fremder Sängersmann,
Und laß' uns froh genießen, was deine Kunst ersann!" —
Der Alte schrickt zusammen, er kennt der Stimme Klang:
„Nun hab' ich sie gefunden, dem Herren Lob und Dank!" — —

Es strahlt von hellem Glanze der weite Marmorsaal,
Auf reicher Tafel blinket der festliche Pokal,
Und in der Gäste Mitte thront stolz das junge Weib,
Geschmückt mit Sammt und Seiden und Gold den schönen Leib.
Da naht der alte Sänger, er neigt zum Gruß sich tief,
Durch seiner Harfe Saiten ein seltsam Rauschen lief
Wie bange Geisterklänge, dann hob den Sang er an
Und auf der weiten Halle liegt tiefer Stille Bann.

Er singt von einem Grafen das schwermuthbange Lied,
Den um des Buhlen willen das eigne Kind verrieth,
Das einst in nächt'ger Stunde entfloh mit dem Galan,
Das, Lieb' und Glauben brechend, dem Vater Schimpf gethan.
Und grollend wie Gewitter erklingt der Harfenschlag;
Es singt der alte Harfner von einem düstern Tag:
Im Juni war's, die Sonne erglühte blutigroth,
Da litt für seinen Glauben manch' edler Held den Tod.
Vor Allen aber Einer geht stolz die letzte Bahn,
Aus altem Grafenhause ein hoher, bleicher Mann,
Doch eh' im Todesstreiche ihm Herz und Auge bricht,
Hebt flehend er zum Himmel empor sein Angesicht;
Es gilt sein letztes Beten, der Sehnsucht letztes Wort
Dem heißgeliebten Kinde, das fern vom Heimatsort:
„Laß mich umsonst nicht sterben, du warst mein größtes Glück,
O komm, gält's auch dein Leben, zum Väterglauben zurück — —"

Da gellet durch die Halle ein schriller Wehschrei,
Als bräch' in heißem Kampfe ein müdes Herz entzwei,
Und vor dem grauen Sänger steht marmorblaß das Weib,
Wie von gewalt'gem Schauer erbebt der junge Leib,

Sie reißt mit wilden Händen jäh in das Prunkgewand
Und faßt dann, fest umklammernd, des Alten hagre Hand:
„Bei Gottes Huld — Erbarmen! Halt' ein mit deinem Sang.
Du ahnest nicht, wie schmerzlich mein armes Herz schon rang!
Ja, mit dir will ich wandern durch's Land bergan, bergab
Und was ich fehlte, sühnen an meines Vaters Grab!" —

Entsetzen faßt die Gäste, wild schäumt der Wirth empor:
„Den Frevel sollst du büßen, ket'rischer, alter Thor!"
Er greift nach seiner Wehre, zückt sie in starker Faust,
Er wirft sie nach dem Sänger, das blanke Eisen saust —
Doch aufrecht steht der Alte, emporgereckt den Leib
Und bleich liegt ihm zu Füßen des Mörders eig'nes Weib.
Es quillt aus tiefer Wunde ihr Blut so purpurroth,
Sie theilt, den Sänger rettend, des Vaters Martyrtod. — — —

Erstarrt vor Graus und Schrecken steh'n Alle um sie her,
Die blassen Lippen schweigen, sie athmen tief und schwer . . .
Und in die dumpfe Stille bebt leiser Saitenklang,
Es tönt aus nächtiger Ferne des alten Harfners Sang:

> Und weh'n um dich des Todes Schauer,
> Stirb ohne Furcht, dem Feind zum Spott,
> In Jubel kehrt sich deine Trauer:
> Eine feste Burg ist unser Gott!

Hermann Bachmann.

Deutschland 1882.

Wie zagend der Sinn, wie trübe der Muth nach all' den herrlichen Tagen!
Die Herzen wie bang, die in heiliger Gluth so stolz und freudig geschlagen!
Was unf'res Volkes die Besten erstrebt, wofür sie gekämpft und gesungen,
Wofür die edelsten Herzen gebebt, wir haben es endlich errungen;
Doch Eines noch, ein Herrliches fehlt: Wohl seh' ich die Eiche ragen,
Den stolzen Wipfel den Wolken vermählt, die Wurzeln in Felsen geschlagen;
In ihren Zweigen horstet der Aar, den Blick der Sonne entgegen,
Kampffroh bereit in Noth und Gefahr die mächtigen Schwingen zu regen.
Doch rings kein froher, jubelnder Klang, wie einst in des Sieges Tagen.
Die Eiche nur rauscht dumpf und bang, es klingt wie Todtenklagen —
Denn soll sich erfüllen der köstliche Traum, soll weichen das düstere Schweigen,
Werd' auch für die Lerche der Freiheit Raum in der Eiche sprossenden Zweigen!

Emil Claar.

Du schläfst.

Von Sonnenhauch umronnen schließt du ein,
Und schläfst und schläfst — so fest, so tief, so lange!
Ich aber säume still und harre dein —
Nach deinem off'nen Auge ist mir bange!

Verstummen lagert auf dem Garten rings,
Zuweilen flüstern nur die Reben-Ranken
Zum leisen Fluge eines Schmetterlings —
Und du bist fern mit Sinnen und Gedanken!

Ich bin mit dir und doch in Einsamkeit.
Verschweigst du mir ein Weh zu dieser Stunde?
Wie unerträglich schleicht dahin die Zeit —
Wie lechz' ich schon nach deinem wachen Munde!

Mir ist, als säh' ich eine fremde Welt
Sich schattenhaft um deine Wimpern legen,
Bist du noch mein? — Ein Zittern mich befällt,
Ob böse Träume nicht dein Herz bewegen!

O könnt' ich doch gebieten deinem Traum,
Daß er durch keine Sorge dich erschrecke!
Mir ist, als rührte dich mit dunklem Saum
Des Todes Schleier, wenn ich dich nicht wecke. —

→÷←

Ach wie es kam. . . .

Ach, wie es kam,
Und wie es so ganz mich gefangen nahm,
Ich weiß es nicht!
Es kam der Lenz mit verwirrendem Licht
Und warmem Hauch
Und mit ihm, da kamen die Blätter auch,
Und auf den Blättern, da stand's ge-
                                schrieben.

Daß ich dich sollte unsäglich lieben.
— So wird es wohl gekommen sein.
Ich mag mich nicht mehr in Gedanken
                                versenken
Und ohne zu denken,
Bin ich nun dein!
Und wie es kam,
Daß es auch dich gefangen nahm.

Weißt du es noch?
Erst warst du so angstvoll, erst warst
        du so scheu;
Im Innern doch
Schon warst du mir eigen, schon warst
        du mir treu.
Aber dich schreckten auf allen Schritten
Rücksicht und Sitten.
Doch plötzlich, da schautest du drein,
Ach mit so liebeentschlossenen Mienen,
Und was dir so schrecklich, so groß geschienen,
Es wurde so winzig klein —
Und ohne Rücksicht, so wie ich dein,
Bist du nun mein!

Und da wir nun eins geworden sind,
Da schwatzt es jedes Kind.
An jeder Ecke verweht es der Wind.
Es staunen und zischeln und lästern
Die Strickstrumpf-Schwestern,
Und wenn sie dich seh'n
Glücklich vorübergehn,
Seh'n, wie dein ganzes Wesen blüht,
Wie dein schönes Antlitz glüht.
Sie raunen,
Das sei von meinen Küssen. —
Laß sie nur raunen, laß sie nur staunen,
Werden sich dran gewöhnen müssen.

Sigmund Kolisch.

Echtes Glück.

Viel Glanz hab' ich im Leben
Und schimmernde Pracht geseh'n
Doch sah ich hart daneben
Verborgenen Jammer steh'n.

Ich sah bei flammenden Kerzen
Wenn laut der Reigen erscholl,
Die stolz gehobnen Herzen
Des tiefsten Jammers voll.

Ich sah von lachenden Reben
Das Weinen der Seele verdeckt
Und wie sich im blühenden Eden
Die züngelnde Schlange versteckt.

Drum mag ich das Glück nur beneiden,
Das ohne Prunk und Pracht
Im Herzen still bescheiden
Sich birgt, wie Gold im Schacht.

Geschick.

In seinem Zorn hat mir die Lebens-
        stunden
Ein finst'rer Gott vergiftet und verflucht:
Was ich gesucht, das hab' ich nicht ge-
        funden,
Was ich gefunden, hab' ich nicht gesucht.

Ermunterung.

Ist das ein rastlos Drängen und Treiben
Zum Leben und zum frohen Genuß:
Auf allen Blüthen Frühlingskuß
Gesang auf jedem Schritt und Tritt —
Mein Herz, was willst du ruhig bleiben:
Genieße, blühe und singe mit!

Ludwig Goldhann.

Palingenesie.

Es war das Licht auf goldnen Strahlenwogen
Hoch aus des Himmels unbewölktem Blau
Dort nach dem Strauch im Gartenhag gezogen,
Es weckt und formt der Blume Wunderbau.

Und sieh', die zarte Biene kommt geflogen.
Sie summt und sucht und nippt in duft'ger Au —
Drauf wölbt sie rastlos Bogen sich an Bogen
Zum Prachtpalast aus Blumenstaub und Thau.

Da naht der Mensch mit kluggewandten Händen:
Er raubt den Schatz und schont des Hauses nicht,
Ein Werk der Kunst aus Trümmern zu vollenden.

Und wo der Priester Gottesworte spricht,
Siehst heilgen Schimmer du die Kerzen spenden —
Und was aus Licht geworden, ward zu Licht.

Heinrich Falkland.

In der Heimat.

Lautschmetternder Lerchenschlag! —
Der jubelnde Morgengruß,
Den die Erde sendet dem jungen
            Tag,
Der noch frei von Wolken und Staub,
Noch thaufrisch glänzt
Auf Saatenwogen und Waldeslaub.

Wie lang hab' ich dich nicht gehört! —
Hab' ich doch Jahre verbracht
Zwischen grauen gethürmten Massen,
Wo nur Wagengerassel den Schlummer
            stört,
Das rastlos tönt in hallenden Gassen
Bei Tag und Nacht.

Und nun ich die Heimaterde erschaut
Wieder nach langen Jahren,
Da grüßest du mich als erster Laut!
Ein Heimatgruß so wonnig und traut,
Daß jäh durch die Seele mir fahren
Die Bilder aus jener seligen Zeit
Als würde sie wieder Wirklichkeit.

Als würde wieder Wirklichkeit
Der heitere Lebensmorgen,
Der noch frei von Wolken und Staub,
Noch ungetrübt von Lügen und Sorgen!

Ich sehe die Mutter, die liebevolle,
Ich gehe auf frischgebrochener Scholle
Mit dem Vater über's Feld,
Das seinen Duft strömt in die Welt, —
Die schöne Welt, die grün und blau,
Voll Blumen, Sang und blitzendem
      Thau,
Als Märchen spielt vor unsrem Geist,
Dem sie nur Wunder und Wonnen weist!

Dann kam auch mir die andere Zeit,
Und mit ihr andere Lieder.
Die Nachtigall klagte und jubelte laut.
Im Herzen hallte es wieder.

Ich hielt in den Armen die schönste Braut
Und sang ihr trunkene Lieder.
Und wenn wir Schwüre und Küsse ge-
      tauscht,
Die Böglein haben nur gelauscht;
Es beugte sich blühend der Flieder
Blau sah der Himmel hernieder. —

Nun Lerche stumm und Nachtigall
Der Tag wird trüb und trüber
Betäubend zieht der Alltagsschwall
Dem Müden oft vorüber.
Die Sorge und der Kummer kam
Und herber markverzehrender Gram,
Die Jugend ist verblühet.

Und doch — genossen hab' ich mein
      Theil
Am Schimmer und Duft des Lebens!
Und widerfahren ist mir Heil:
Ich mühe mich nicht vergebens,
So lange mir erhalten bleibt,
Was frische Knospen um mich treibt.
Die eig'ne Jugend kehrt zurück,
Der holde Traum, das reine Glück;
Ich seh' sie wieder sich erneu'n
In Denen, die mein Herz erfreu'n! —

Karl Marquard Sauer.

Idyll.

Durch's Fenster lugt der Abendschein,
Es wiegt die Rebe sich im Winde.
Großmutter sitzt und Schwesterlein
Still an der Wiege bei dem Kinde.

Der Abendglocke Läuten nur
Klingt ferne her, verhallend leise,
Und über'm Bett die alte Uhr
Pickt ruhig fort nach alter Weise.

Die Schwester spricht: „Großmutter, sieh
Wie sanft sie lächelt in dem Traume!
So lieblich sah ich sie noch nie!
Gewiß, sie träumt vom Weihnachtsbaume!"
Großmutter aber kreuzt sich fromm;
Zur Wiege beugt sie sich und betet.
Dann spricht sie leis: „Knie nieder, komm'!
Ein Engel hat mit ihr geredet!"

„Ein Engel, sagst du? Ach! Ich hab'
Den schönen Engel nicht gesehen!
Großmutter, sag', wer rief ihn ab?
Ich sah ihn nicht von hinnen gehen!"
— „Den Engel, Kind, erblickst du nicht,
Der sorgsam wacht bei jedem Kinde,
Hörst auch das Wort nicht, das er spricht;
Es gleicht dem Hauch der Abendwinde.

Vernimm! Um jeden Menschen schwebt
Von Gott gesandt ein Engel immer!
Er weilt bei ihm so lang er lebt,
Wohin er geht, er läßt ihn nimmer.
Er küßt des Kindes ros'gen Mund,
Bewahrt der Jungfrau rein die Seele;
Er stärkt den Mann in schwerer Stund',
Daß ihm zum Kampf der Muth nicht fehle.

Wenn fromm du wandelst deinen Pfad,
Wird er unsichtbar stets dich schirmen;
Und wenn sich die Versuchung naht,
Fühlst du in deiner Brust ihn stürmen.
Doch wenn nicht widerstehen kann
Dein Herz dem freveluden Beginnen,
Sein Haupt verhüllet weinend dann
Dein Engel, ach! und weicht von hinnen!

Erst wenn im Tod das Auge bricht,
Wenn dumpf die Sinne dir vergehen,
Dann wird's in deiner Seele Licht,
Du siehst ihn wieder vor dir stehen.
Und um die bleichen Lippen schwebt
Das sel'ge Kindeslächeln wieder,
Mit einem heil'gen Kusse hebt
Er dich empor! die Welt sinkt nieder!

Hinauf, hinauf zum Vater trägt
Die Seele er auf gold'nen Schwingen,
Denn die ihm Gott an's Herz gelegt
Muß er getreu ihm wieder bringen.
Und flehend dann der Engel spricht:
Herr, nimm sie auf mit Vaterarmen!
Die schuld'ge Seele richte nicht!
Mit deinem Kinde hab' Erbarmen!"

Otto von Leixner.

Lieder eines Proletariers.

Die Armen vom Geiste.

Ein Proletar! Wie scheucht das Wort
Euch eure schönen Träume fort!
Ihr denkt an Blut und Feuerbrände
An arbeitsrauhe rohe Hände;

Ihr denkt an Mienen grimm und blaß,
Mit Augen hell von wildem Haß,
An Fäuste, die in Zorneswettern
Euch Glanz und Glück zu Boden schmettern;

Ihr denkt der trotzig wilden Schar
Der nie das Heilige heilig war,
Der Schatten, die mit hungerbleichen
Gesichtern durch die Straßen schleichen.

O seid getrost! Ich denk' der Armen,
Die Niemand flehen um Erbarmen
Und fest hinein in's tiefste Herz
Verrammeln ihren heißen Schmerz,

Auf daß nicht seine wilden Wellen
Aus ihrem Aug' als Thränen quellen,
Auf daß ihr Kalten niemals seht,
Wie hier ein Geist zu Grunde geht!

Ein Geist, der nur nach Wahrheit strebte,
Nur seinen Idealen lebte,
Und der die Erde nur verlor,
Weil er den Himmel sich erkor.

Er schwang sich auf, ein junger Aar,
Entfaltend weit das Flügelpaar —
Dem Stolzen nach mit Windeseile
Sich schwangen auf des Schicksals Pfeile,

Daß blutend er und sterbenskrank
Zur dunklen Erde niedersank.
Wohl lebt er noch, doch angeschmiedet
Mit Ketten, Ring an Ring gegliedet,

So stark und fest, wie blankes Erz,
So hart wie der Beglückten Herz,
So kalt wie Nordens Sturmestoben,
Wie Gletscher auf den Alpen oben.

Ich schau' sie oft vorüberschreiten
Und stille durch die Menge gleiten:
Manch einen Greis im Silberhaar,
Der einst so hoffnungsfreudig war,

Und nun am schweren Bettlerstabe
Entgegenwankt der Ruh' im Grabe.
Manch einen Mann, den Blick gedämpft,
Der wild um seine Tage kämpft.

Und er und jener, innen reich
An Lebensglück dem Ärmsten gleich.
Ich kenne sie, die da mit bleichen
Gesichtern durch die Menge schleichen!

Im Walde.

Wie neid' ich dir die starken Arme
Und deine kraftgeschwellte Hand,
Das Angesicht, das farbenarme,
So tief gebräunt vom Sonnenbrand.

Du schwingst die Art mit sich'ren Händen,
Daß sie zum Mark des Baumes dringt,
Und hell der Schlag zu den Geländen
Der Halde weit hinüber klingt.

Und ruft die Glocke her vom Thale,
Dann pflegst du stiller Mittagsruh
Und Vögel sehen deinem Mahle,
Mit klugen heitren Augen zu.

Du kannst die reinen Lüfte trinken,
Und wenn der letzte Schlag verhallt,
Siehst du die Sonne niedersinken,
In Gluthen flammend Flur und Wald.

Uns ist nicht Sonnenglanz gegeben —
Rings thürmt sich auf ein Wall von Stein,
In unser dunkles banges Leben,
Blickt selbst die Sonne trüb herein.

Von Kohlenqualm und Dampf umnachtet
Ist über uns das Himmelszelt,
Ein bleiches Röschen, halb verschmachtet,
Ist unsre ganze Gotteswelt!

Sprüche.

Ein ungestörtes Glück verlangen,
Heißt Mondeslicht mit Netzen fangen,

Den Sonnenstrahl mit Ketten fesseln
Und Rosen fordern von den Nesseln.

Wenn ich gefehlt in Haß, in Lieben
Bin oft ich ungestraft geblieben,
Und wo ich selber nichts verschuldet,

Dort hab' ich bittres Leid geduldet.
So gleicht sich auf der Erdenbühne
Die Rechnung aus von Schuld und Sühne.

Paul Kirsch.

Der Mutter.

Aus meiner Kindheit längst entschwund'nen Tagen
Lebt mir im Herzen tief ein holdes Bild:
Ich sehe eine schöne, blasse Frau,
Sie führt an ihrer Hand ein zartes Knäblein,
Auf ihrem Antlitz liegen düst're Schatten:
Die bange Sorge um des Kindes Wohl.
Gestorben ist der Vater und ihr Kind
Ist krank. In stummem Weh blickt sie empor:
„Willst Himmel du mir auch mein Einz'ges rauben?"
Dann schaut sie wieder in des Knaben Aug'
Und alle Wolken flieh'n vom Angesichte,
Und drückt ihn treu an's mütterliche Herz,
Dem helle sich der Jubelruf entringt:
„Ich hab' dich noch, mein Kind, ich hab' dich noch
Und herrlich glänzt mein Tag, weil ich dich habe!"
    O Mutter! —

Der Himmel hat erhört der Wittwe Fleh'n:
Der böse Tod ging an dem Kind vorüber,
Und eine Weile durftest du dich freu'n,
Daß du es hast, dann ward's dir doch genommen:
Das böf're Leben hat es dir geraubt!
Nur selten durft' der Sohn bei dir verweilen

Und endlich ach! ließ er dich ganz allein,
Er zog hinüber in die laute Stadt,
Und ſucht den Stern, der ſeinem Leben leuchte.
Und rings um ihn wogt laut des Lebens Welle,
Du aber denkeſt traurig jener Zeit,
Da nichts für ihn beſtand, nur du, nur du!
    O Mutter!

Und ich hab' dich verloren, wie du mich:
Mit banger Qual ſeh' ich dein graues Haar
Und ſeh' die Runzeln deines Angeſichtes.
Doch nein! noch biſt du mein und ewig jung,
Ich ſehe dich im Schimmer einer Schöne,
Die nimmer bleichen, nimmer welken kann
Und wie mich auch umtobt die wilde Fluth
Unruhig haſtend mit gewalt'gem Drange,
Gelingt es mir, mich an den Strand zu retten
Und darf die Seele ihres Beſten denken,
Dann denk ich' dein — mein Auge feuchtet ſich —
    O Mutter!

Ernſt Rudolf Neubauer.

Vergänglichkeit.

Wenn du beklagſt den Flügelſchlag der
        Zeit.
Dann mach'ſt du dir die Welt zum
        Jammerthale,
Und ſchütteſt Wermuthstropfen in die Schale
Des Lebenstrankes, den dir Gott geweiht.

Ob auch die Wandlung ewig werkbereit:
Sie taſtet dir nicht an die Ideale;
Aus ihr erſtehſt du ſelbſt im Himmelsſtrahle
Und Blüthen treibt dir nur Vergäng-
        lichkeit. —

Die Wandlung iſt dein Letztes und dein
        Nächſtes,
Durch ſie nur ſiegſt du über Zeit und
        Noth,
Sie iſt dir Lieb' und Hoffnung, iſt dein
        Leben!

Und Leben iſt der Erdengüter höchſtes,
Denn ohne Wandlung wär' dein Leib
        dem Tod'
In weſenloſer Starrheit preisgegeben.

Heinrich Penn.

Deutsch-Oesterreich.

Kennt ihr das Lied, das freie Lied,
Das brausend uns zu Häupten zieht?
Bald tönt's, wie Sang der Nachtigall
Bald dröhnt's wie mächt'ger Glocken Hall,
Es nahm als Lerchenlied den Lauf
Die Siegsraketen flogen auf,
Da kam der Tag, das Dunkel schwand
Der Freiheit Frühling brach in's Land,
Sein Herold wurde donnergleich
Das deutsche Lied in Oesterreich!

Kennt ihr den Geist, den deutschen Geist?
Sein Banner fliegt und prangt und gleißt,
Er war der Heimat Halt und Stab,
Der ihr die deutsche Seele gab,
War unsrer Väter Schirm und Hort

Erschuf das freie deutsche Wort,
Das, wenn auch Alles schweigt und zagt,
Gut deutsch und treu die Wahrheit sagt,
So bindet, hält und schützt das Reich
Der deutsche Geist in Oesterreich!

Für Freiheit, Recht und Vaterland!
Das ist der Spruch, der uns verband
Ob Jener wälsch, ob slavisch der
Deutsch ist das Herz von Alters her,
Des Reiches Herz, das deutsche Herz;
So treu wie Gold, so stark wie Erz,
O deutsches Lied, erklinge fort
O deutscher Geist, sei unser Hort!
Dann blühet ewig voll und reich
Die deutsche Kraft in Oesterreich!

Leo Smolle.

Oktober.

Der Sommer will schon mählich scheiden,
Der Sonne Schein wird matt und fahl,
Das Laub fällt von den grauen Weiden
Und Nebel senken sich zu Thal.
Nicht mehr durchschallt die grünen Wälder
Der Böglein helles Morgenlied,
Nur über ährenlose Felder
Ein kreischend Heer von Dohlen zieht.

Doch wenn ich dir in's Auge blicke,
Da leuchtet noch in heißer Pracht
Der Sommer und er ruft zurücke,
Das Glück der lauen Juninacht.
Und ist auch fahl so Wald wie Haide,
Ich trage Lied und Blumenzier.
Ich trage alle Sommerfreude,
In meiner Brust, geliebt von dir!

Todtengarten.

Karl Egon von Ebert.

Das Reich des Hasses.

Gefallen war das prächtige Byzanz.
Auf dem ersiegten Thron, in blut'gem Glanz
Wie ein Komet, ein Schreckensbot' der Welt,
Saß Sultan Machmet, der gewalt'ge Held.

Noch deckt' ihn ganz sein ehern Schlachtgewand,
Noch hielt den krummen Säbel seine Hand,
Sein Auge sah, von Kampfgier noch erfüllt
Zur Stadt herab, dem grausen Jammerbild.

Dort rauchten Trümmer noch im Flammenschein,
Dort scholl Gewimmer noch und Hilfeschrei'n,
Dort klirrten Ketten, scholl verworr'ner Ruf,
Und Fluch und Drohwort, Schildhall, Pferdehuf.

Doch im Palast war's öde, still und leer,
Still um den Thronsitz stand die Menge her
In Helm und Harnisch, Turban und Talar,
Der Krieger und der Priester bunte Schar.

Vom Thron erhob hochauf sich Mahomet:
„Gelobt sei Allah uns und sein Prophet!
In meiner Hand gewettert hat ihr Blitz
Und unser ward der Griechen alter Sitz!

„Durch Ströme Blutes drangen wir heran,
Doch lohnend ist das Ziel der rauhen Bahn,
Die ganze Erde lacht in gold'nem Schein,
Europa's stolze Pforte, sie ist mein!

„Was ich ersiegt, ich halt' es fest und stark;
Dies eitle Volk, entnervt und ohne Mark,
Klein soll es werden, wie es eh'mals groß,
Tod oder Knechtschaft sei des Griechen Loos.

„Zu opfern, was im Kaiserschlosse lebt,
Das war mein Schwur; die Lösung ist erstrebt;
Was hier geathmet, hat das Schwert erfaßt,
Kein Griechenhauch verpestet den Palast.

„So will ich schalten, bis, in's Joch gebeugt,
Der Christensklav' sich vor dem Halbmond neigt,
Wer nicht an Allah und an Mahom glaubt,
Ihm vor die Füße rollt sein blutig Haupt.

„Auf Gräbern so ersteh' ein neu' Geschlecht,
Ein Volk voll Kraft und Muth; sein Schwert sein Recht,
Sein Glück der Kampf, sein Pfühl das Waffenfeld,
Sein Heil der Sieg, sein Ziel: die halbe Welt!

„Und ist die halbe Welt in uns'rem Joch
Winkt zum Gewinn die zweite Hälfte noch.
Nicht ruhe Roß und Säbel, Pfeil und Speer
Bis uns die Erde dient von Meer zu Meer!"

Er ruft es und des Beifalls wild Gebraus
Begeistert Jauchzen füllt das weite Haus —
„Führ' uns, du Bürge sichern Völkerfalls,
Führ' uns von Sieg zu Siege, Licht des Alls!"

Noch tost der wilde Jubel in den Reih'n
Da tritt ein Zug von Muselmännern ein,
In ihrer Mitt', in Schleier dicht gehüllt,
Gar hoch und schlank, ein stolzes Frauenbild.

„Als eine Thür ich im Palast erbrach,
Fand ich dies Weib, verborgen im Gemach,
Hier stell' ich sie, o Herr, vor deinen Thron!"
Ein Krieger spricht's mit ehrfurchtsvollem Ton.

Der Sultan staunt, vom Sitz steigt er herab,
Den Schleier nimmt er der Gefang'nen ab,
Doch wie gebannt, bezaubert bleibt er steh'n
Als er der Jungfrau Angesicht erseh'n.

Gebannt auf sie ist rings auch jeder Blick,
Die Jugend wünscht der Greis sich jetzt zurück,
Der Männer Brauen wölben sich hinauf,
Ihr Mund, ihr dunkles Auge lächelt auf.

So hohe Schönheit ward noch nie geschaut,
Hier scheint der Schöpfung Meisterstück erbaut,
In Antlitz, Busen, Nacken, Hand und Fuß
Liegt eine Welt voll Liebreiz und Genuß.

Noch steht der Sultan mit gehob'ner Brust,
Sein südlich Herz erfüllt von glüh'nder Lust —
„Das ist der Houri's Eine," ruft er aus,
„Herabgestiegen in ein Menschenhaus!

„Dies Mondes-Antlitz, dieser duft'ge Leib
Ist nicht zu eigen einem ird'schen Weib;
Sprich, himmlisch Wesen, bist aus höh'rem Land
Du mir als Lohn des Sieges zugesandt?"

„Ich bin Treue, Griechin, Jungfrau, stolz
Wie Christ zu enden auf dem Marterholz,
Führt mich hinaus; was ich geliebt, ist hin,
Das Leben leer und schneller Tod Gewinn!"

Sie spricht's, doch Machmet, innerst angeregt
In tiefster Seele, ruft, von Grau'n bewegt:
„Du sterben? Du, so frisch und lebensroth?
Dann ist die Schönheit in der Schöpfung todt!

„Nein, leben sollst du als des Siegers Preis,
Des Helden Glück! Erfüllet mein Geheiß
Ihr Diener, eilt, man kleide mir zuhand
Die Jungfrau in der Sultanin Gewand!

„Schmückt sie als eure Herrin, prachtvoll, reich,
Der zweiten Sonn' am blauen Himmel gleich.
Abschwören muß sie ihren Gott, und mein,
Und meines neuen Thron's Genossin sein."

Er ruft's und stürmt hinaus und eilt hinauf
Zur Zinne des Palasts in hast'gem Lauf;
Dort auf und ab — Byzanz liegt unter ihm
Er sieht es kaum vor innerm Ungestüm.

Schon hüllen Frauen, ihrem Dienst geweiht
Irenen in ein demantschimmernd Kleid;
Voll Perlen glänzt ihr Haar; sie sieht dazu
Wie eine Leiche, die man schmückt zur Truh'.

Doch in der Priester und der Krieger Rund'
Geht zornig Murren dreist von Mund zu Mund,
Der Schönheit Anblick fesselt sie nicht mehr,
Sie seh'n erwacht und nüchtern um sich her.

„Wie?" tönt es brausend, „das des Sultans Wort?
Den hohen Sinn haucht eine Sklavin fort?
Die Welt erobern will er, und vermag
Sich selbst zu zügeln nicht am Siegestag?"

„Ha, bricht er zwiefach nicht den heil'gen Eid,
Und schont ein Weib ob eitler Lieblichkeit?
Die Griechin Sultanin? wir dulden's nicht,
Und mahnen streng ihn an des Herrschers Pflicht."

Sie rufen's, doch verstummen allzumal,
Da Machmet wieder eintritt in den Saal,
Sein Gang ist langsam, seine Stirne kraus,
Und düster, wie im Schlachtfeld, sieht er aus.

Mit abgewandtem Antlitz, trüb' und scheu,
Geht schweigend an Irenen er vorbei.
Und schweigend weiter, nicht zum Thron empor,
Nein, mitten in der finst'ren Priester Chor.

„Ich stand dort oben," spricht er dumpfen Tons,
„Auf des Palastes Zinnen und des Lohns
Der Heldenthat und meiner Tapferkeit
Hat sich mein Herz, bei Allah, nicht erfreut.

„Ich sah vor mir das neu besiegte Land,
Das ich beherrschen muß mit eh'rner Hand,
Und rings, verhüllt in Nebel, ruhte still
Der Erdenkreis, den ich bezwingen will.

„Da drang erneut zu mir der stolze Ruf,
Der mich zu des Propheten Kämpfer schuf,
Da trat zu mir der hohe Schwur heran,
Laut vor den Thoren von Byzanz gethan!

„Ihn hörte Allah, hört' ein ganzes Heer,
Ihn hörte Erd' und Himmel, Luft und Meer.
Den Sieger bindet nun die heil'ge Pflicht,
Er darf gewinnen, doch genießen nicht!

„Hinweg denn, Hoffnung eines ird'schen Glücks,
Du Täuschung eines kurzen Augenblicks,
Der gold'ne Nebel weicht von meinem Sinn,
Und schrecklich fühl' ich, daß ich Machmet bin!

„Irene, himmlisch Wesen, göttlich Weib,
Nur einmal fest umschlingen deinen Leib,
Berauschen mich an einem süßen Kuß,
Dann, Traum, vergeh', für immer stirb, Genuß!" —

Er reißt die Schöne flugs in seinen Arm,
Sie widerstrebt, doch er umschlingt sie warm,
Er drückt ihr Küss' auf Lippe, Wang' und Brust
Und kos't und schwelgt in stürmisch wilder Lust.

Doch plötzlich gellt ein Schrei, und in die Reih'n
Der Krieger fällt ein blut'ger Dolch hinein,
Und auf des Thrones Stufen, sacht und mild
Legt Machmet das erblich'ne Frauenbild.

Dann aber springt er auf, dem Tiger gleich —
„Den Schwur, ihr ew'gen Mächte, hielt ich euch,
Nun habt ihr mich, wie ihr mich haben wollt,
Nun will ich walten, daß ihr staunen sollt.

„Nun wahrt, Ungläub'ge, euch vor meinem Stahl,
Nun schützt euch, Völker, vor der Knechtschaft Qual,
Welt, zittre, bebe! Moslim, beb' auch du,
Denn allem Mitleid schloß mein Herz; ich zu!"

Erschreckt, halb voll Bewunderung, halb voll Grau'n
Die finstern Männer nach dem Herrscher schau'n,
Der stumm jetzt vor der Leiche niedersinkt,
Und stolz gebietend weg die Seinen winkt.

Fort wollen Alle, doch mit einem Mal
Erstarrt ihr Fuß; — Irene, leichenfahl
Gleich einem Geiste, hebt sich halb empor,
Und dieses Wort haucht leis' ihr Mund hervor:

„Dank, Machmet, dir, du löstest meine Pein,
Nicht wollt' ich leben freundlos und allein.
Doch wehe dir! mit deiner grausen That
Ist dir auch deines Reiches Fluch genaht.

„Gegründet hast mit mörderischem Streich
Ein Reich des Hasses du, ein Schreckensreich,
Genießen wirst du in der Jahre Flucht
Der eig'nen Pflanzung giftig bittre Frucht.

„Laß ausgeh'n nur dein fürchterliches Heer
Mit Ketten rings umgürte Land und Meer,
Der Haß wird's sein, der deine Kräfte bricht,
Die Weltenherrschaft, du erreichst sie nicht!

„Nicht du, noch deiner spät'sten Enkel Sohn,
Der sitzen wird auf diesem blut'gen Thron,
Umlagern wird der Mord ihn früh' und spät,
Bis er, gestürzt, in morsche Trümmer geht.

„Und unser Volk, nun Sklav' in deinem Bann,
Es züchtigt grimmig einst den Muselmann,
Und tausendfältig an dem Dränger rächt
Der Christ sein tief entwürdigtes Geschlecht.

„Das wird das Zeichen sein zu Eurem Fall,
Der Halbmond sinkt, es herrscht das Kreuz im All —
So ist's beschlossen in des Himmel's Höh'n,
Der Haß muß weichen, Liebe wird besteh'n!"

Sie sagt's und sinkt zurück. In Machmet's Haupt
Sitzt fest, was er gehört, und doch nicht glaubt,
Vergessen nie kann er Irenen's Wort
Es traf als Fluch und wirkt noch heute fort.

Hermann von Gilm.

Raphaele.

Wohin, o Mensch! Woher bist du gekommen?
Das sind die metaphysisch dunklen Fragen,
Die manches edle Menschenherz bewegen,
Von sternenloser Zweifelsnacht beklommen.

Was dich in unser Erdenthal getragen,
Dein Dichter weiß's! Aus deinen himmlisch frommen
Und schönen Augen hat er es genommen,
Die kindlich plaudernd das Geheimnis sagen.

Und seine Pflicht ist's, daß er's nacherzähle:
Du warst die einz'ge Frauenengelseele,
Daß auch im Himmel Weiblichkeit regiere.

Doch nicht nur herrschen wollte Raphaele —
Da wies der Schöpfer ängstlich ihr die Thüre,
Daß sie ihm seine Engel nicht verführe.

---- ➔+← ----

Die Jesuiten.

I.

Das Wort ist todt, das freie Lied getödtet!
Des Mittelalters unheilvolle Nacht
Hat mit der Völker Morgenstern gewettet,
Daß ihr in diesem Lande bleib' die Macht.
Und sie gewinnt, die Hoffnung liegt im Sterben;
Was rufst du nach dem Tage, kühner Mann;
Sie werden um dich buhlen, um dich werben —
Sie schmeicheln, wo ihr Blitz nicht treffen kann.

Sie wissen, daß die Berge heimlich grollen,
Sie aber fürchten ihre Donner nicht;

Sie wissen, daß die Wälder sie nicht wollen,
Doch keine Angst entheitert ihr Gesicht;
Sie wissen, daß in mancher freien Seele
Der Haß erstarkt an ihrem Übermuth;
Sie ändern keinen Ton in ihrer Kehle
Und schneiden keinen Zoll von ihrem Hut.

Wenn sie dich sehen — ihre bleichen Wangen,
Sie werden bleicher werden, fahl wie Lehm,
Dein Aug' ist Licht — wo Lichter aufgegangen,
Da flüstern sie ihr heimlich Anathem;
Drum hassen sie die Blumen und den Morgen
Und jede offne Menschenstirn, warum?
Sie glauben ihre Feinde drin verborgen,
Wie einstens in dem Roß von Ilium.

Wo waren sie, als aus der Schützen Röhren
Das Feuer blitzte, als die Kugel pfiff,
Als unser Adler, satt des Grüns der Föhren
Nach einem Kranz der deutschen Eiche griff.
Tiroler Adler! wärst du nicht vom Glanze
Des Gletschers roth, vom Wein und Feindesblut,
Du würdest roth aus Scham, daß mit dem Kranze
Du tragen mußt den Jesuitenhut.

Als aus der Heimat seiner grünen Berge
Der Zillerthaler schied, verhöhnt, verbannt,
Und er nach ihnen, draußen sind nur Zwerge,
Zum letzten Male grüßend hob die Hand —
Da schlich's herein — ein Paar nur — sanft die Augen
Nichts gattet sich so schnell, mehrt sich so stark
Als Ungeziefer! — Seht! jetzt Scharen saugen!
Am Weiberherzen und am Männermark!

Seid klug wie sie, noch müßt ihr Masken tragen;
Es taugt die Nacht zum Mummenschanz; zu früh
Ist's noch zu offnem Kampf; es will nicht tagen!
Der Freiheit süße Braut, die Poesie,
Ist noch ein Kind, laßt sie erst Jungfrau werden!
Wenn diese Jungfrau aus den Wäldern tritt
Und Lieder singt vom Himmelreich auf Erden,
Stirbt in Tirol der letzte Jesuit.

II.

(Grundsteinlegung des Jesuiten-Kollegiums in Innsbruck 1843.)

Ihr habt im Herzen längst die Scham getödtet,
Aus Millionen Augen schaut auf euch
Der Morgen, der selbst Gletschereis umröthet;
Doch ihr steht unverändert, schwarz und bleich.
Thut was ihr wollt in eurer finstren Zelle,
Was wir nicht wissen, tadeln wir auch nicht;
Doch heute geht mit Hammer und mit Kelle
Im großen Pruuk ihr an das Tageslicht.

Wen trifft die Schmach, daß ihr ohn' alle Sorgen,
Ohn' alle Angst, als gält' es unser Wohl,
Hinaus euch wagt in einen Frühlingsmorgen?
Ihr wißt, daß in den Bergen von Tirol
Das Lied verstummt; die Blumen sind geduldig,
Die Vögel jetzt verliebt, und selbst der Sill
Vorlaute kecke Reden sind unschuldig.
Und diese kahlen Felsen bleiben still.

Doch mag die Erde, mag der Himmel schweigen,
Ich schweige nicht! Ergreift den ersten Stein,
Senkt ihn hinab, laßt Weihrauch drüber steigen
Und spritzt ihn mit geweihtem Wasser ein!
Du Fürst der Kirche, nimm die Maurerkelle
Nunmehr zur Hand, gieb auf das Handwerk Acht,
Und wirf den Mörtel kunstrecht an die Stelle,
Und sag' lateinisch nun, was du gemacht!

Ein Meisterstück! Weißt du, was du begraben?
Des Landes Jugend und des Landes Wohl,
Die Seligkeit von tausend unsrer Knaben,
Die Hoffnung und den Frühling von Tirol.
Da liegt der Duft von dunklen Föhrenwäldern,
Die Heimathütte, nah dem Wasserfall,
Der Jubel und die Lieder auf den Feldern,
Ein Rosenbusch und eine Nachtigall.

Verweile noch! noch einmal nimm die Kelle!
Ich weiß, ihr haßt den Dichter und das Lied.
Nehmt mich und legt mich zu des Grundsteins Stelle,
Der Abend naht, ich bin des Lebens müd'.
Wenn diese Mauern fallen, und wenn wieder
Ein Morgensturm euch fegt aus diesem Land,
Wenn neu Tirol erwacht, dann sind die Lieder
Des todten Freiheitssängers ihm zur Hand.

Otto Prechtler.

Wann wieder?

Wann wieder nehm' ich dein liebes Haupt
An's Herz in traulicher Stunde?
Wann küß' ich die Seele, die du mir geraubt,
Dir wieder lächelnd vom Munde?
   Im Lenze meint
   Die Liebste und weint!
      Doch ach! wann blühet der Flieder?
      Wann wieder?

Wann wieder rücken wir kindlich-froh
Im einsamen Stübchen zusammen?
Wann wieder in traulicher Nacht und wo
Steh'n unsere Herzen in Flammen?
   Wann rollet leis
   Meine Thräne heiß
      Auf deine Stirne nieder?
      Wann wieder?

Wann wieder lüftest du, Lille mild
Von deiner Schönheit den Schleier?
Wann schau' ich wieder der Anmuth Bild
Durchlodert von keuschem Feuer?
   O ruf' es ihr zu
   Mein Herz ohne Ruh! —
      O frage sie, Lied meiner Lieder:
      Wann wieder?

Franz von Hermannsthal.

Ghafelen.

Märzveilchen im November.

Was willst du nur, du armes Kind, Märzveilchen im November?
Verduftest ja doch so geschwind, Märzveilchen im November!
Vertrauensselig folgtest du der täuschenden Verlockung,
Die dir erklang so schmeichelnd lind, Märzveilchen im November!
Noch küßt ein Zephyr deinen Kelch, schon aber hör' ich brausen,
In dem du stirbst, den eis'gen Wind, Märzveilchen im November!
Doch was beklag' ich dich? Du lebst und freust dich deines Tages,
Für seine Kürze glücklich blind, Märzveilchen im November!
Was ist auch kurz? Was ist auch lang? O habt den Muth zur Freude!
Sind wir doch Alle, die wir sind, Märzveilchen im November!

Den Reaktionären.

Ihr meint zur Macht, worin der Ahn geboren,
Sei sein Geschlecht für ewig auserloren?!
Und da die Zeit gewagt, es zu verneinen,
Habt gegen sie den Trutzbund ihr beschworen!
Ich will euch, gut gemeint, ein Wörtlein sagen,
Mich kümmert's nicht, verhallt's vor tauben Ohren.
Ihr wollt, auf's Heut soll folgen, statt des Morgen,
Das Gestern mit den eingesargten Horen?!
Wohlan! wenn Eins, bewirkt auch das Andre:
Und werdet selbst aus alten junge Thoren.
Kann euer Kahlkopf Lockenhaupt nicht werden,
Sind eu're andern Künste auch verloren!

Bismarck.

Heil dir, in deiner Kraft als geistiger Leu erkannt,
Der du „der Große" nicht, doch „groß" mit Recht genannt!
Es bringt dies Heil! dir ein gut oesterreichisch Herz,
Das wahrhaft Hohem stets sich huldigend zugewandt,

Dir, den's den Edelsten vollebenbürtig preist,
Die je der Genius der Menschheit ausgesandt.
Du sprachst: „Was Eins soll sein und doch zerrissen ist,
Es werde Eins!" Es ward's und bleibt's wohl unverwandt;
Die in Verblendung stark dagegen angekämpft,
Bewußte Stärke hat sie allerorts entmannt.
Es hat dein Zauberstab dem übermüth'gen Feind
Den Pfad zum Siege wohl für immerdar verrannt.
So stehst beschwörend du den Sturm, der braust und braust,
Kein himmelstürmender, ein schaffender Gigant.
Der Genius halte dir und deinem Werk den Arm,
Dräut irgend je Gefahr, treu schirmend ausgespannt!

Emil Kuh.

„Ich war nur Wunsch in deiner Nähe".

Ich war nur Wunsch in deiner Nähe,
Doch als ich von dir ging,
Da löste sich der Wunsch in Wehe,
Das mich gelind umfing.

Verschwunden war das tolle Sehnen
Nach einem schönsten Glück —

Die Seele wanderte mit Thränen
Des Nachts zu dir zurück.

Und wär' ich selber mitgekommen,
Ich hätte nichts gesagt
Als: nimm das Herz, das du genommen,
Und schütz' es, bis es tagt.

Frühling.

„Grün nur bin ich!" sagt die Wiese,
Halme drängend sonder Zahl,
Und dieselbe Wiese hauchet
Frische Düfte durch das Thal.

Nicht die Blumen nur der Wiese,
Selbst die Gräser allzumal,

Auch die Furchen, auch die Wurzeln
Athmen duftend durch das Thal.

Solchen Wohlgeruch der Wiese
Weckt allein der Frühlingsstrahl;
Rosen blühen auch im Winter
Unter Gärtnerhand in Thal.

Die Stunden.

Zuweilen leg' ich Kleider an den Stunden,
Die mich beglückt, die mich gemartert haben,
Doch nie noch ward die rechte Tracht gefunden.

Der heißen Stunde geb' ich dunkle Nelken
In's faltige Kleid, sie aber scheint zu sagen:
Im Kelche glüht's, doch meine Ränder welken.

Der kalten Stunde leih' ich blasse Schleifen
Und Flittergold auf einem weißen Mantel,
Sie aber fragt: wo blieb mein Purpurstreifen?

Von Espenlaub ein Gürtel soll dich schmücken!
So sprach ich zu der zaghaft stillen Stunde —
Doch Rosen in der Hand hält sie am Rücken.

Ein här'nes Kleid bot ich der bängsten Stunde —
Sie bittet sänftlich um die blaue Blume,
Denn trostreich war zuletzt doch die Sekunde.

Zur heit'ren Stunde will der Flor sich schicken
Und Rebenblätter — sie doch sucht ein Tüchlein
Weil sie geweint vor wenig Augenbliden.

Du, finstre Stunde, hast mir Tod beschieden,
Da nimm das weiße Lailich — sie doch murmelt:
Vergiß die Palme nicht, ich brachte Frieden!

-------➤❘➤L——

Goethe.

Einziger Tröster!
Du kamst vom Main, Frau Rath hieß deine Mutter,
Man weiht dir keine Kirchen, keine Klöster!

Das Letzte hast du nie gesprochen —
Vom Eheletzten hast du nichts verschwiegen:
Du führst uns an die Thür, wir müssen pochen.

Du hast der Schönheit Qual auf dich genommen!
In deinen Leiden netzte sich ihr Flügel,
Aus deinem Irrthum selbst ist Licht entglommen!

„Geheilt will ich nicht sein!"
Das trotz'ge Wort des Faust, es ist dein eignes,
Es zieht die Grenze zwischen Groß und Klein.

Des Menschen Stunde
Sie mag zuweilen dir den Rücken lehren,
Doch nimmt sein Jahr das Wort von deinem Munde.

Moritz Rappaport.

Der ewige Jude.
(1847.)

Der ewige Jude wandert ohne Rasten
Ermüdet fort,
Er schleppt der Jahre, schleppt des Jammers Lasten
Von Ort zu Ort.
Und trifft sein Volk auf allen seinen Pfaden
Den Hohn erdrückt, mit bitt'rem Haß beladen,
Da tönt's von seiner Lippe bang und schwer:
„Du gleichest mir, du selbst bist Ahasver!

„Mein armes Volk, bist wirklich das erwählte
Volk Gottes du?
Ich sollte meinen, du bist das gequälte
Volk ohne Ruh!
Erwählt bist du, zu leiden und zu dulden
Und achtzehnhundert Jahre alte Schulden
So schwer bezahlt! — und doch verlangt man mehr!
O Israel, du armer Ahasver!"

„Was willst du, Fremdling?!' schallt es dir entgegen,
Was suchst du hier!

Willst du der Heimat, des Gesetzes Segen,
So zahl' dafür!
Ein Judenzoll, das beste wär's der Bande,
Du lernst im Zahlen Liebe zu dem Lande,
Und lernst du's nicht, so droht dir Hohn und Speer.
O Israel, du armer Ahasver!

„Nur Undank ist's,' so schallt es dir entgegen,
,Sprichst du von Recht!
Ist nicht genug schon unsrer Gnade Segen
Für dein Geschlecht?
Du darfst ja athmen, darfst auch lieben, hassen,
Am liebsten freilich in beschränkten Gassen,
Du bleibe fern, dein Geld darf näher her!'
O Israel, du armer Ahasver!

„Wie Sage klingt die Kunde nun der Zeiten
Der Barbarei,
Und deiner Brust muß heute noch entgleiten
Ein Jammerschrei!
O füg zum Haß nicht auch den Hohn der Lüge!

Des Geiſtes und der Bildung hohe
    Siege
Sie löſten deine Feſſeln nimmermehr,
O Iſrael, du armer Ahasver!

„Und Lüge iſt ein gar geſchmeidig Eiſen,
Bequem und ſcharf,

Man formt die Kette in verſchiednen Weiſen
Ie nach Bedarf,
Und feſt und freudig ward ſie dir ge-
    ſchmiedet,
Es war die Welt im Hämmern unermüdet,
In unſ'ren Tagen, wie von Alters her,
Du gleicheſt mir, du ſelbſt biſt Ahasver!"

Heimweh.

Zur Ferne führte ihn ſein Drang,
Da wird's dem Wand'rer plötzlich bang.
Ihn faßt das Heimweh trüb und ſchwer
Erinnerung wird zum ſcharfen Speer.
Scheint allwärts auch die Sonne licht,
Wie in der Heimat wärmt ſie nicht!
Der fremde Lenz, an Blüthen reich

Ihr Duft iſt matt, die Farbe bleich!
Dich will, o Seele, dies Gefühl
Verlaſſen nicht im Weltgewühl!
Was auch das Leben bieten will
Du achteſt's nicht und trauerſt ſtill,
Und trauerſt ſtill und zagſt und ringſt,
Bis du dich einſt zur Heimat ſchwingſt!

Heinrich von Levitschnigg.

Stimmt nicht.
1854.

Petrus ſteht am Himmelsthor,
Kommen tauſend Britten,
Haben jüngſt am Gangesfluß
Martyrtod gelitten.

„Richtig." ſpricht er, „nach der ‚Times'
Tauſend ſind gefallen.
Raſt iſt drum im Himmel hier
Auch verſtattet Allen."

Petrus ſteht am Himmelsthor,
Kommen tauſend Franken.
Die in Algier für das Kreuz,
Für den Adler ſanken.

Petrus prüft den ‚Moniteur'.
„Tauſend Brave ſtarben,
Alſo ew'ge Seligkeit
Tauſend auch erwarben."

Petrus ſteht am Himmelsthor,
Kommen angeſchritten
Tauſend Ruſſen, die den Tod
In der Krim erlitten.

Sind mit Wunden überdeckt,
Breiten, blutig rothen.
Petrus langt nach dem Bericht
Im ‚Regierungsboten'.

„Falsch," so spricht er, „ist die Zahl,
Zähl' ich noch so fleißig,
Find' ich angegeben hier
Doch nur dreiunddreißig.

Dreiunddreißig tretet ein,
Ruht vom blutigen Wandern;
Euer ist die Seligkeit —
Marsch! Rechts um die Andern!"

Karl Ziegler (Carlopago).

Unter der Tanne.

Unter diesem Tannenbaum
Streck' ich in das Moos mich nieder,
Tanne, rausche deine Lieder,
Seele, träume deinen Traum.

Spinne golden dein Gedicht
Um dich her als lichten Schleier,
Hier in einsamstiller Feier!
Sei getrost und bange nicht!

Was dir Dunkles auch gebracht
Dieser Erde rasche Stunden,
Wirf es hin als überwunden
Zum Vergang'nen in die Nacht.

Horch! die Tanne rauscht so kühn,
Ob sich schwarz auch Wetter thürmen,
Schlagbereit herabzustürmen
In des Bergthals neues Grün.

Rauscht so kühn und weiß doch nicht,
Ob nicht bald von Blitzesflammen
Sie getroffen bricht zusammen,
Und verglüht im jähen Licht —

Dusterfüllt ist aller Raum;
Frühling ist's auf Erden wieder,
Tanne rausche deine Lieder!
Seele träume deinen Traum.

Hoffnung.

Und hat die Hoffnung mich betrogen,
O liebliche Betrügerin,
Die schmeichelnd mich empor gelogen,
Zur blauen Himmelsferne hin.

Und hat die Hoffnung mich betrogen,
Wie war so herrlich ihr Betrug,
Der mich zu lichter Höh' gezogen,
Daß ich entzückt die Flügel schlug!

Und hat die Hoffnung mich betrogen,
Schwand tief doch unter mir das Grab,

Und Lebensrosen schimmernd bogen
Aus all' den Sternen sich herab.

Und hat die Hoffnung mich betrogen,
Ich segne sie und fluche nicht.
Ich habe dort mich vollgesogen
An meinem Lieblingstraul dem Licht!

Und hat die Hoffnung mich betrogen,
Gern bin und bleib' ich ihr Genoß!
Glückselig, wer mit ihr geflogen
Auf goldbeschwingtem Zauberroß!

Josef Winter.

Weltflucht.

Liebe Seele, tauche
In des Äthers Fluth.
Frisch die Schwingen brauche
Und in Lieder hauche
Lenzesglanz und Gluth.

Was sich draußen mühet,
Laß vergessen sein.
Nur was heilig glühet,
Nur was ewig blühet,
Athme fort allein.

Wie in gold'ner Helle
Sich die Lerche wiegt,
Wie des Bergsee's Welle
An der Firnen Schwelle
Keusch und still sich schmiegt:

Also freudig träume
Dich durch's dunkle Sein:
Inn're Flamme säume
Deines Kerkers Räume
Mit dem hellsten Schein.

Was dein Herze will.

Weißt du denn, was dein Herze will
In seiner dunklen Klause?
Vor deinen Sinnen kreist die Welt
Mit fröhlichem Gebrause.
Erstaunet stehst du blöder Thor
Mit deinem Pfennigschatz davor,
Beguckst den bunten Haufen
Und möchtest Alles kaufen.

Was du verlangst, wird dir gereicht.
Darfst nach den Sächlein greifen.
Du nimmst und lässest nimmersatt
Den Blick noch weiter schweifen.
So haschest du nach Frucht und Blüth',
Bis daß du wirst des Nehmens müd,
Stehst da in Sammt und Seiden
Und fluchest allen Beiden.

In deinem stillen Kämmerlein,
Die Fenster wohl verhangen,
Da weinst du deine Armuth aus,
Dein namenloses Bangen.
Und merkst, daß nach Trug und Tand
Du nur gestreckt hast deine Hand,
Daß just vom Allerbesten
Nichts liegt in deinen Kästen.

Weißt du denn was dein Herze will
In seiner dunklen Klause?
Nicht Flitterglanz, noch Rauschegold
Frommt dir im Erdenhause!
Nicht was da üppig prunkt und prangt,
Das suche, was dein Herz verlangt,
Auf daß in Liebesfülle
Das All sich dir enthülle.

Spätsommer.

Wie sich die Wipfel traumhaft neigen,
Vom Abendwinde sanft bewegt,
Als staunten sie in tiefem Schweigen
Den Zauber an, der hier sich regt.

Der durch die Gräser leise schwebet,
Der in den bunten Blumen glüht
Und der in tausend Lichtern bebet,
Wo nur ein Sonnenstäubchen sprüht.

Bald wird die Sonne niedertauchen,
Auf schwarzen Schwingen nah'n die Nacht,
Bald wird im Herbstessturm verhauchen,
Was heut' noch prunkt in holder Pracht.

Mir aber blüht in voller Schöne
Der largen Stunde Zauber fort.
In's Herz mir goß ihn die Kamöne
Und unvergänglich lebt er dort.

Sonnenschein.

O Sonnenschein! Du goldner Wein,
Der meine Seele tränket,
Wie ist vor deiner holden Pracht
Der Lieder bunte Schar erwacht,
Die tief in Schlaf versenket!

Noch strahlt die Flur im Lichte nur,
Noch schläft verträumt die Erde.
Bald aber treibt's in Busch und Strauch,
Und wundersamer Lebenshauch
Ersteht vor deinem: Werde!

In's nächt'ge Grab gelegt ich hab',
Was mir die Seele mühte.
Und wenn des Frühlings Herold ruft,
Dann hebt sich aus der dunklen Gruft
Der Freude Wunderblüthe.

Waldrast.

Ich lieg' im grünen Moos allhier,
Im kühlen Schatten der Bäume.
Mein' Weisheit wahrlich ist nicht groß,
Ich lieg' nur da und träume.

Und was ich sonsten noch gewußt,
Ist mir nicht viel geblieben.
Ich mein', ich hätte allezeit
Mein' Sach' so leicht getrieben.

Der Himmel blitzet durch's Gezweig,
O wie die Tage verrinnen!

Drum laß mich genießen das gold'ne Heut'
Mit allen meinen Sinnen.

Spätsommer mit dem Ährenkranz
Ist schon in's Land gegangen.
Wenn dieses Laub zu Boden fällt,
Längst bin ich eingefangen.

Drum schmieg' ich mich in's grüne Moos
Und will's nicht besser haben,
Und aller Duft und Glanz und Schein
Muß heut' das Herz mir laben.

Im Rheingau.

Bei Sievring wächst ein Bauernwein,
Bedenklich herb und sauer.
Die Sage ist zu Wien im Schwang,
Wenn klaffend eine Fuge sprang,
Der klemmt die stärkste Mauer.

Nun trink' ich Wein vom rheinischen Gau,
Und dennoch, dürft mir's glauben,
Es lechzt und dürstet mir der Mund
Nach jenem Krätzer aus dem Grund,
Nach heimisch sauern Trauben.

Am Donaustrom du alte Stadt
Voll schwellend grüner Triebe,
Und hätt' ich's früher nicht gewußt,
Nun fühl' ich's jubelnd in der Brust,
Daß ich dich ewig liebe.

Trabe, mein Rößlein!

Über die Haide im Morgengraun
Trabe, mein Rößlein, trabe!
Weinen macht die Augen roth,
Doch ich lache aller Noth,
Weil ich dich noch habe.

Hinter uns in trüber Nacht, —
Trabe, mein Rößlein, trabe.
Dorret nun die alte Zeit;
Welke Lust und welkes Leid
Liegen beid' im Grabe.

Thor und Fenster waren zu, —
Trabe, mein Rößlein, trabe,
Als wir hielten vor dem Haus;
Keine Seele sah heraus,
Mägdlein nicht noch Knabe.

Anders hab ich mir's gedacht, —
Trabe, mein Rößlein, trabe.
Meint' es gut und macht' es schlecht.
„Narre, es geschah dir Recht,"
Kreischt dort oben der Rabe.

Abend im Prater.

Des Sommerabends feurig Glüh'n
Lag auf der Praterauen Grün.
Ein frischer Wind von der Alpen Saum
Wob in dem dämmerrothen Baum,
Warf bald der Wipfel rauschende Flammen
Mit seinem muntern Weh'n zusammen,
Oder vergaß das Rascheln und Rauschen,
Selber den Weisen von drüben zu lauschen,
Wo in den dunkelnden Abend hinaus
Wiegend erklang ein Walzer von Strauß.

Sinnend lag ich im duftigen Gras, —
Gar nicht übel gefiel mir das.
Fühlte mich so fröhlich und frank,
Wahrlich, dem Schicksal wußt' ich's Dank,
Daß es an dieser Stätte traut
Mir das Haus der Kindheit erbaut,
Breit mir die Bühne der Welt entfaltet,
Lebensfreudig den Sinn mir gestaltet,
Daß es im Wechsel von Welken und Sprießen
Mich gelehrt, des Tags zu genießen,
Mich des Schätzleins, der lieben Getreu'n
Und des klingenden Liedes zu freu'n.

Gar mancher Lenz ist hold ersprossen,
Seit mir der Garten des Lebens erschlossen,
Und ob in Nebel dem werdenden Mann
Manch Traumgespinst des Jünglings zerrann,
Stets hob sich aus dem graulichen Flor
Siegreich und schöner der Tag empor,
Der Seele Dämmer rosig erhellend,
Mit Lebensodem den Busen schwellend.

Dem Einen bin ich hingegeben:
Dies Leben voll und ganz zu leben,
Mit der Welle zu wandern, zu jagen im Wind,
Der ewigen Mutter lebendiges Kind,
Im Sonnenglanz ein strahlender Ritter,
Geduckt und still im Ungewitter.
Mein ist die Sonne, die Rose am Rain
Und die funkelnden Sterne der Nacht sind mein,
Will daheim mich fühlen im Erdenhaus,
Das ist mein Recht, das üb' ich aus . . . .

Müd war der Tag hinabgesunken.
An den Wolkensäumen die letzten Funken,
Des Sonnenfeuers verkühlender Glast
Waren zu grauer Asche verblaßt,
Und ich verließ die dunkleren Auen,
Drüben das Boll der Phäaken zu schauen.

Da dröhnte das Ohr vor Trommeln und Blasen,
Der Teufel erschlug den geduldigen Hasen,
Nach der Orgel liefen die hölzernen Pferde
Und jauchzende Tänzer stampften die Erde;
Gesang dazwischen und Büchsenknall, —
Phäakensonntag überall.

Das ist das neue Paradies,
Das Keinen von seiner Schwelle wies;
Und wär's der traurigste Geselle,
Hier wiegt ihn sanft des Frohsinns Welle.
Inmitten dieses Volks von Kindern
Fühlt er die Adamslast sich mindern,
Und kräftiger als alle Lethe
Heilt ihn des Wurstels Holztrompete . . . .

Mich aber drängte sehnsuchtgeschwellt
Mein Herz, zu rasten am Herzen der Welt.
Zu schlummernden Auen, vom Monde verklärt,
Bin ich auf verlass'nen Pfaden gekehrt,
Saß unter den Eichen nieder, den alten,
Und hab' mit den Sternen Zwiesprach gehalten.

———— ◆·§·◆ ————

Schatten.

Der Nacht, der dunklen Königin
Ist alles Sein zu eigen,
Rückfluthend schwillt in ihren Schoß
Der müde Lebensreigen.

Und daß der staubgeborne Wahn
Sich nie in's Lichtreich rette,

Hat sie an unsern Fuß gehängt
Des Schattens Sklavenkette.

Es mahnt, wenn uns die Träumereien
Vom Sonnensieg bethören,
Das Stückchen Nacht an unserm Fuß,
Daß wir hinab gehören!

Läuterung.

Es hat geweht ein starker Wind
Durch meine dumpfe Kammer,
Hat meine Sorgen fortgefegt
Und meinen bleichen Jammer.

Durch's Fenster kam der Lenz herein
Und lärmet nun herinnen,

Ich aber hab' das Haupt gesenkt
Und muß mich gut besinnen.

Wer lang die stille Nacht geliebt,
Den schreckt die laute Wonne,
Und zagend nur schreit' ich hinaus
In's gold'ne Reich der Sonne.

Frieden.

Wenn ich meinen Jammer warf in's Meer,
Taucht' er auf und eilte zu mir her.

Grub ich in die Erd' ihn mit Bedacht,
Schoß er auf als Unkraut über Nacht.

Schob ich in den Ofen ihn hinein,
Gleich erloschen war der Flamme Schein.

Aber wenn ich in die Luft ihn warf,
Niederfallend traf mein Haupt er scharf.

Also ward ich mürbe mit der Zeit
Und die besten Freunde sind wir heut.

Menschenlos.

Wie rein auch die Flamme
Des Herzens dir lod're,
Wie laut auch des Gottes
Ruf in dir lebe;
Im dumpfen Gedränge
Der eisernen Menge,

Im Weben und Schalten
Verwirrter Gewalten
Bleibst du allein.

Mag glühen im treuesten
Busen des Freundes

Dieselbe ewige
Göttliche Liebe;
Sein Arm wird dich tragen,
Sein Herz dir schlagen,
Und dennoch dem Wurme
Gleicht er im Sturme,
Läßt dich allein.

In's Weite zu wirken
Ist Wesen der Kräfte,
Ein Bett sich zu wühlen
Und neidvoll zu wachsen.
Drum kämpfet das Sollen,
Das Können, das Wollen,
Drum ringt ohne Rasten
Mit Schmerzen und Lasten
Das Menschengeschlecht.

Wir ackern des Morgens
Und müh'n uns des Abends,
Wir suchen und sehnen
Und forschen und fragen.
Was eifern die Kräfte,
Was kreisen die Säfte! —

In Irrthum verloren
Taumeln wir Thoren
Und haben kein Ziel.

Die Nacht ist die Sonne,
Nach welcher wir streben,
Das Grab die Beute,
Die blutend wir greifen.
Und Haß ist der echte
Odem der Knechte,
Noth und Beschwerde
Ist dieser Erde
Muttergeschenk.

Hast du verstanden
Die Wipfel des Waldes,
Weißt du der Wogen
Wehvolle Weisheit?
Fließen und fallen,
Wellen und wallen,
Wie Laub der Bäume,
Wie Wellenschäume
Ist Menschenlos.

Walküren.

Die Mannen zechten tief in die Nacht.
Wenn der Morgen sich röthet, sie zieh'n
zur Schlacht.

Da trat in der Starken mannlichen Kreis
Auf den Speer gestützet ein morscher Greis.

„Dem eklen Strohtod biet' ich Hohn.
Ich stehe zu dir, mein blühender Sohn."

Walküren donnern über's Thal,
Sie küren die Helden, sie reiten zur Wal.

Ein Stein auf's Haupt den Alten traf,
Er wähnte gekommen den letzten Schlaf.

Der Nachtwind weckte den greisen Mann,
Der griff an sein müdes Haupt und sann.

Er athmete noch, ein Wahn war der Tod.
Nun saß er wieder in Siechthum und Noth.

Dort aber lag, die Stirne zerspellt,
Auf dem Schilde sein Sohn, der herr-
liche Held.

Richard Kralik.

Tarantella.

Ricciolella wollte tanzen.
„Will denn Niemand mit mir tanzen?
Ach ich arme Ricciolella!
Tanzte gern die Tarantella,
Aber doch nicht gern allein,
Freute mich so gern zu zwei'n.
Kommt ihr Mädchen, kommt ihr Knaben!
Wollt ihr mich zum Tanze haben?"

Ricciolella wollte tanzen.
Niemand wollte mit ihr tanzen.
Arme, arme Ricciolella!
Niemand tanzt die Tarantella.
„O wie träg seid ihr geschaffen!
Wollt nicht tanzen, wollt nur gaffen,
Greift nie zu, seid nie dabei.
Doch ich will tanzen, mit wem's auch sei."

Ricciolella lief hinaus,
Traurig auf das Feld hinaus,
Fand dort ihre weißen Schäflein.
„Tanzt mit mir doch, liebe Schäflein!"
Doch die Schäflein blieben stumm,
Sahen gar nicht nach ihr um,
Fragten nichts, wohin sie geh',
Fraßen fort an ihrem Klee.

Ricciolella rief den Böglein:
„Tanzt mit mir doch, liebe Böglein!
Seid ihr schon müde, die Flügel zu heben,
Über die Erde zu flattern, zu schweben?"
„Schilt nicht, schilt nicht, Ricciolella!
Tanz für dich die Tarantella.
Tanzten schon den ganzen Tag,
Daß es uns nimmer freuen mag."

Ricciolella rief den Bäumen:
„Wachet auf aus euren Träumen!
Laßt vom Wind euch wiegend neigen,
Tanzt mit mir den lustigen Reigen."
Durch die Bäume ging ein Rauschen;
Ricciolella mußte lauschen:
„Stille, stille, Ricciolella!
Weck' uns nicht zur Tarantella."

„Nun so komm, du lieber Wind,
Spiel' um meine Haare geschwind.
Bist doch ein lustiger Tanzgesell,
Drehst dich im wechselnden Wirbel so
            schnell."
Und der Wind über die Haide schnob,
Blies ihr g'rad in's Gesicht so grob:
„Ha, ich bin ein freier Mann!
Fang' dein Spiel mit Andern an."

Ricciolella nahm die Flucht,
Floh bis hin zur Bergesschlucht.
„Berg, komm' doch herab zur Wiese,
Lerne tanzen, plumper Riese!"
Zornig begann der Berg sich zu rütteln,
Drohend mit dem Kopf zu schütteln;
Grollte grimmig fort noch lange.
Ricciolella wurde bange.

Ricciolella kam zum Meere,
Ob ihm Lust zum Tanze wäre.
„Meer, du kräuselst Well' auf Welle;
Tanz mit mir die Tarantelle!"
Nichts drauf sagt das alte Meer,
Athmet tief und athmet schwer,

Schüttelt im Traum die Locken dann,
Fängt im Schlaf zu stöhnen an.

Ricciolella rief die Sterne:
„Bleibt so spröd nicht in der Ferne!
Könnt euch so schön im Reigen drehn;
Wollt ihr nicht auch mit mir gehn?"
Doch die Sterne höhnisch blinken,
Wollen gar zu hoch sich dünken
Für die arme Ricciolella;
Tanzen nicht die Tarantella.

„Englein, saget ihr auch nein,
Liebe, liebe Engelein?
Was habt ihr zu thun, ihr vielen,
Als mit uns, den Menschen, zu spielen?"
„Ach wie so gerne tanzten wir wieder,
Möchten zur lieblichen Erde hernieder!
Doch wir stehn in strenger Zucht
Und der Meister wehrt die Flucht."

Ricciolella findet Keinen.
Soll sie zanken? soll sie weinen?
Arme, arme Ricciolella,
Keiner tanzt die Tarantella;
Haben Alle Zweifel, Bangen,
Keiner wagt es anzufangen,
Keiner wagt's, auf dich zu hören.
All' umsonst ist dein Beschwören.

Ricciolella jäh ergrimmt
Fest ihr Herz zusammennimmt.
„Wollt ihr denn nicht mit mir tanzen,
Will ich mit mir selber tanzen.
Brauche nicht nach euch zu sehen,
Kann mich selbst im Tanze drehen.
Fügt ihr euch nicht meinem Sinn
Fahrt in Gottes Zorn dahin!

Ricciolella maß die Schritte,
Setzte nach dem Takt die Tritte,
Nach dem Takt der Kastagnetten
Schlang sie ihre Zauberketten.

Vorwärts, rückwärts, in die Weite,
Rechts und links nach jeder Seite,
Stehend, drehend nun im Kreise
Kunstvoll nach der rechten Weise.

Ricciolella, Ricciolella,
Hei, du launst die Tarantella!
Hei, wie die Kastagnetten knattern!
Hei, wie die Haare im Schwunge flattern!
Böglein, auf aus eurem Nest!
Wachet auf! Hört ihr das Fest? —
Wie sie staunen, wie sie schauen!
Wie sie kaum den Augen trauen.

Sieh, der Mond wollt' untergehn.
Aber g'rad bleibt er noch stehn,
Will sie noch ein Weilchen sehn,
Möchte gar noch rückwärts gehn.
Und die Sterne, die da schleichen
Ihre Ziele zu erreichen,
Thäten fast vom Wege weichen,
Müßten nun vor Neid erbleichen.

Und der Wind, der wilde Mann,
Ha! er hält den Athem an.
Und die Schafe schauen auf,
Hören gar zu kauen auf.
Und die Bäume schütteln sich.
Denken still: Wie wunderlich.
Und das Meer hört auf zu rauschen,
Hebt das Haupt um auch zu lauschen.

Ricciolella, Ricciolella,
Königin der Tarantella!
Stolz magst du nun um dich sehen;
Sieh wie Alle nach dir spähen.
Stolz magst du dein Haupt erheben;
Sieh wie Alle um dich streben.
Wie sie kommen, wie sie drängen,
Wie an deinen Schritten hängen.

Doch auf nichts sieht Ricciolella,
Tanzt für sich die Tarantella,

Tanzt mit Ernst und meisterlich,
Sieht nicht vor, nicht neben sich.
Doch die Andern aller Enden
Können nicht den Blick mehr wenden,
Können nicht mehr sich bezwingen,
Müssen mit im Tanze springen.

Wer sprang zuerst in den Tanz hinein?
Das war ein ganz kleines Sternelein.
Zuerst zwar fiel's aus dem Takt heraus,
Doch stand's wieder auf und macht' sich
                 nichts draus.
Da dies die Engelein erblicken,
Fangen sie an sich zum Tanze zu schicken.
Ach, sie tanzen ja so gerne!
Drauf beginnen alle Sterne.

Anfangs traut der Mond sich nicht.
Wieget dann langsam sein rundes Gesicht.
Artig kommt der Wind ganz leise,
Dreht sich sanft um die Schöne im Kreise.
Dann beginnt's in den rauschenden
                 Bäumen,
Und das Meer braust auf mit Schäumen.
Auf und nieder wogt die Welle
Nach dem Takt der Tarantelle.

Immer größer wird der Reigen,
Die Böglein schaukeln sich auf den Zweigen
Und die Schafe springen darunter.
Werden nicht bald die Berge munter?
Ja sie wackeln, ja sie humpeln.
Wie sie stapfen, wie sie rumpeln!
Tanzen gar die Tarantella!
Sieh, da lächelt Ricciolella.

Ricciolella das Haupt erhebt,
Königlich einher sie schwebt.
Schneller schlägt sie die Kastagnetten,
Will sie mit dem Winde wetten?

Ihre Augen glühend blitzen,
Will sie die Sterne überglitzen?
Listig lächeln ihre Wangen,
Will sie gar die Engel fangen?

Ihre Haare läßt sie fliegen;
Eile Wind, willst du sie kriegen.
Stolz erhoben schwebt sie her,
Wie die Cypresse schlank und hehr.
Über die Wiese fliegt sie hinweg,
Wie ein Böglein leicht und keck.
Lieblich wallet ihre Brust;
Und das Meer jauchzt auf vor Lust.

Alles im kreisenden Wirbel sich dreht.
Ricciolella plötzlich steht,
Wirft triumphirend mit Herrscherblick
Ihre Haare in's Genick.
Ha, nun schwillt ihr Herz in Wonnen,
Einen Tanz hat sie begonnen,
Der faßt die Erde in ihren Gründen,
Muß die Welt in Lust entzünden.

Ricciolella, sieh nur hin!
Du bist doch die Meisterin!
Mit dem Blick den Tanz sie lenkt,
Auf der Brust die Arme verschränkt,
Stampft die Erde mit dem Fuß,
Daß im Takt sie bleiben muß,
Wirft die Arme nun auf zum Himmel,
Ruft hinein in das tolle Getümmel:

„Heia hei, heia hei!
All' zusammen, all' herbei!
Tanzt ihr auch die Welt entzwei.
Immer weiter! Heia hei!"
Immer wilder jagt der Chor —
Sieh, da hebt sich die Sonne empor,
Über die Welt hin strahlt ihr Glanz
Und zerstoben ist der Tanz.

Marie Janitschek.

„Wer ist wie ich?!"

Jehova saß in lichter Morgenröthe
Umgeben von des Himmels stolzen Fürsten,
Die, diamantenen Pfeilern gleich, den Thron
Des Ewigen auf ihren Schultern trugen.
Sein Haupt umzuckt' der Blitze Prachtgefieder,
Der Donner sang ihm seinen mächtigen Psalm,
Zu seinen Füßen sproß ein Frühling auf
Von glanzgezeugten, schöpfungsfrischen Welten.
In seinem Blicke lag ein Sonnenaufgang.
Und gnädig senkte er das weite Auge
Auf eine Erdenknospe, seine jüngste
Erschaffungsthat.

      Und wie im Nu entglomm
Auf diesen Blick der neuen Weltenblume
Die erste Morgenröthe, und wie langsam,
Jungfräulich schüchtern sie das Auge aufschlug
In dem die junge Seele „Licht" entbrannte,
Und wie das Leben ihre Adern schwellte
Und selige Gestalten jauchzend sprangen
Aus ihrem keuschen Schoße, Erben einer
Glückreichen Zukunft; da durchmaß Jehova
Mit siegesmächtigem Blick den hohen Himmel
Und sprach mit einer Stimme, die vom Aufgang
Zum Niedergang erscholl, indeß die Sonnen
Still lauschend hielten auf den Wandelbahnen:

„Wer ist wie ich?! Von meiner Augenwimper
Borgt sich die Schöpfung Licht, mein Hauch zerschmettert
Des Weltalls Rund, mein aufgeschlagen Aug'
Entzündet Welten und verascht sie wieder."

Und groß durchmißt der machtgewaltige Blick
Die bangen Himmel, ringsum stumm geworden
Sind aller seligen Geister Jubelchöre,
Gelähmt die Seraphsflügel, schauernd neigen
Sich Stern und Engel, selbst das Licht erblaßt
Zu fahler Dämmerung. — „Wer ist wie ich?!“

Es wankt von diesem Wort der Ost und scheu
Verkriecht der Sturm in eine Falte sich
Von Jahve's Mantel. Aber der Gewaltige
Der Sonnenlenker, majestätisch steht er
Inmitten seiner hingeworfenen Engel,
Inmitten banger, athemloser Stille.

Da drängt sich, kühn der Seligen Schar durchbrechend,
Ein Jüngling vor, von Antlitz schön gleich Jenen,
Die frevler Stolz einst aus dem Himmel stürzte.
Sein gleißend Schlangenaug' strömt Zauber aus,
Geheimnisvoll verwirrend, auf die Geister,
Triumph scheint seine Sprache. Und der Jüngling
Tritt an die Stufen der der Gottheit Thron.

„Wer ist wie ich, frugst du? Ich bin wie du!“
Ertönt die mächtige Stimme durch die Himmel
Indeß sich grau'nhaft dehnt des Leibes Maß.
Gigantisch wachsend und mit seinem Schatten
Jehova deckend. „Ich, ich bin wie du!
Denn du bist nur der Schöpfer deiner Welten.
Ich, ihr Erhalter; ohne mich könnt' nimmer
Besteh'n dein Werk! Es packte wilder Wahnsinn
Die Weltgeschlechter und sie rissen schauernd
Die Keime sich aus ihren eig'nen Leibern,
Wenn ich nicht wär', der gnädig ihre Augen
Bedeckte mit der Täuschung lichtem Schleier,
Der ihre Sinne reizte, ihnen kündend
Unsterblichkeit, so daß sie voll von Sehnsucht
Nach Ewigem, die Schwäche weiterpflanzen,
Ich werbe für dich Seelen, ohne mich
Gäb's keinen gnadenvollen Gott für sie

Und keinen Himmel, keine Kraft zu tragen
Des Daseins dumpfe Qual, ich heiße Wahn,
Mit deiner ersten Schöpfung schufst du mich
Und gleich dir bin ich e w i g! ..."

———→‖←———

Johannes.

Johannes kehrte aus der Wüste heim,
Er war's, der ernste Held mit tiefem Blick,
In dem Jehova's Blitz zu ruhen schien,
Der strenge Mahner einer sündigen Menschheit,
Aus dessen Wort der Zorn des Himmels grollte.
Er war's, der weiser noch, als Sokrates,
Und sternvertrauter, als Pythagoras,
Der Welt verkündete den nahen Aufgang
Des hellen Morgensterns, der Liebesgnade.

Tiefsinnend schreitet er am Stabe hin,
Auf seiner Stirne thronet heiliger Glanz.
Denn zu Jehova's Tempel wandelt er;
Um dort zu opfern, kam er aus der Wüste.
Was Wunder, wenn die Welt um ihn versinkt,
Das Auge ungemess'ne Ewigkeiten
Durchfliegend, erdenfremd den Himmel sucht,
Der Fuß auf Wolken schreitend, sich verirrt
Im Labyrinthe staubig heißer Gassen?

Johannes wandelt gottverloren weiter,
Da weckt den Andachtstrunk'nen selt'ne Schau:
Ein Zug von wilderregten Menschen schleppt
Ein blasses Weib heran. Verwirrte Locken
Umflattern ihre schleierbare Stirne,
Von Thränen überfluthet ist ihr Antlitz,
Der schönen Brüste heiliges Geheimnis
Zeigt sich enthüllt dem frechen Aug' der Menge.
Um die entblößten Schultern hängt in Fetzen
Des Mantels bunt' Gewebe, aber finster

Gleich Rachegeistern aus der Unterwelt —
Begleiten sie des Volkes ernste Greise
Und unter ihnen einer, dessen Auge
So oft es trifft des bleichen Weibes Antlitz
Mit seinem starren, flammenheißen Blick
Auf ihre Stirne ruft den Scharlachstrom
Der Scham. Und rings um sie hinfluthen wild
Des Volks erzürnte Scharen, rachedrohend.

Johannes will zurück, jedoch die Menge
Zwingt ihn in ihre Reihen, vorwärtsdrängend
Dem Richtplatz zu, wohin die schöne Judith,
Des Simon ungetreues Weib, man schleppt
Zur Steinigung. Die Abendsonne wirft
Auf dieses Schauspiel ihren blutigen Schleier.

So ward Simon gerächt. Gemach verrauschen
Der stürmischen Erregung laute Wogen
Beim Anblick der Entseelten. Da durchfliegt
Die Menge neues Staunen. Durch das Thor
Naht glänzend sich ein prächtiger Festeszug
Von Frauen, Männern, hochzeitlich geschmückt.
Voran im golddurchwirkten Prunkgewande
Auf stolzem Zelter eine junge Frau
So üppig schön, mit holdgeneigter Stirne
Und Wangen, die im Widerscheine leuchten
Der innern Gluth. An ihrer Seite aber
Geleitet sie ein Mann, deß heißer Blick
Begierig trinkt des schönen Leibes Formen.
Mit ihnen zieht vorüber eine Wolke
Von süßem Duft und Wollust, Glanz und Leben.

„Wer war die Frau?" ruft Einer. Drauf sein Nachbar:
„Des Markus Wittwe, die ein zweiter Gatte
Zu holen kam, in ihre neue Heimat."

Johannes stand in Sinnen tief versunken;
Lang folgte jenem Hochzeitszug sein Auge.
Dann aber wandt' er sich zum Volk und sprach:
„Was glaubt ihr, wer von diesen beiden Frauen
Die größere Sünderin ist, die Todte hier,

Die einem Manne log, der noch im Lichte
Des Lebens wandelt, stark, vergeltungsmächtig
Mit Strenge ausgerüstet oder Jene,
Die strahlend hinzog, hochzeitlich geschmückt
Dem neuen Gatten folgend? Wahrlich Brüder,
Die Schuld liegt schwerer auf der Letztern Haupt.
Die Treue brechen einem Lebenden
Gleicht schnödem Diebstahl, doch der Schimpf gethan
Dem Todten, dies ist mehr, ist frevler Raub
Berükt an einem Wehr- und Waffenlosen!"

A. Just.

Getrost!

Stamm und Wurzeln liegen bange
Ewig in des Schattens Armen,
Doch die Gipfel glänzen lange
Strahlend fort im Sonnenlicht.

Schreckhaft hält die Nacht umwoben
Was den Baum erhält und nähret
Während stolz die Krone oben
Ragt im Silberschein des Monds.

Also armes Volk tief unten
Ewig bleibst auch du umdunkelt
Wenn, was oben sprießt im bunten
Glast des Lebens sich erfreut.

Alles Glück der Erde Jenen,
Aber dir in deinen Mühen,
Aber dir in Nacht und Thränen
Schimmert kaum des Mitleids Stern.

Doch getrost nur! Einst erklingen
Jubelfrohe Morgenlieder
Und der Sonne Strahlen dringen
Auch in eures Elends Nacht!

Aufwärts strebt ihr dann in's frohe
Reich des Tags, dem Glück entgegen;
Alle küßt die heil'ge Lohe
Und allmächtig herrscht das Licht!

Paul Pape.

An der Wiege.

Er schlang seine Arme um meinen Leib:
„O löse den Riegel, du wirst ja mein Weib!
Was zitterst du, Kind, was glüht dein Gesicht?
Vertraue der Liebe und kränke sie nicht!"
                Die Mutter schlief.

Es klopfte so leise, es klopfte so lang,
Er schwur so innig, er flehte so bang —
Da schauerte kalt durch die Thüre der Wind —
Ach Mutter, ach Mutter, so schütze dein Kind!
                Die Mutter schlief.

So schlief doch die Mutter nicht allezeit.
„Nun fahr' ich zur Grube mit Herzeleid!"
Sie hat geflucht und gesegnet nachher;
Der Segen war leicht und der Fluch war schwer.
                Die Mutter schläft.

Sie schläft in dem stillen, dem hölzernen Haus,
Und er ging weit in das Land hinaus,
Hinweg von Liebe und Eid und Ehr',
Der Segen war leicht und der Fluch war schwer.
                Die Mutter schläft.

Die Mutter schläft; ach, schlief ich bei ihr!
Wer aber, wer pflegte dich, Engelein, hier?
Wer tränke dich treulich und sänge dich ein,
Wenn ach, du Armes, im finsteren Schrein
                    Die Mutter schläft?

Was lachst du mich an, du schelmischer Wicht?
Du hast ja sein falsches, sein liebes Gesicht.
Drück' zu die Äuglein, und schlumm're sacht,
Es geben die Engel, die Brüderlein Acht.
                 Und die Mutter wacht!

J. J. David.

Die Elbe rauscht.

Wo mir der Fels den Weg verengt,
Hab' ich mich kämpfend durchgezwängt,
Und stürz' in wilder Hast zu Thal:
Raum für mein Strömen!

Ich komm' von Felsen steil und kahl:
Gesichter sah ich kummerfahl,
Ein ganzes Volk von Noth bedrängt,
Deutsche in Böhmen!

Wo ich im Meer beschließ' den Lauf,
Dort nahmt den Kampf ihr einstens auf,
Das Recht zu schützen galt es dort:
Blut floß in Strömen!

In Böhmen gilt's denselben Hort.
Wehrt eurer edlen Sprache Mord,
Daß stets ich grüß' in meinem Lauf
Deutsche in Böhmen!

Der Mutter.

Sie mußten dich zur Ruhe legen,
Eh' mich dein bleicher Mund geküßt!
O Mutter, deinen letzten Segen
Auf meinen traußen, wirren Wegen
Wie hab' ich schmerzlich ihn vermißt!

Ich bin allein seit manchen Jahren
Und trag' es klaglos, wie ich muß!
Nur hätt' ich gerne doch erfahren
Wie lind auf früh ergrauten Haaren
Liegt einer Mutter Scheidekuß.

Und weiter geh' ich, ach alleine!
Und dunkel ist's, wohin ich seh' —
Und wenn ich klage nicht, noch weine,
Mein ganzes Leben ist ja eine
Tiefbange Klage und ein Weh!

Edmund Wengraf.

Waldeinsamkeit.

Es steht auf blumiger Halde,
Umrahmt vom grünen Walde,
Das alte, verfallene Haus.
Es will der Wald es hüten,
Er schüttet seine Blüthen
Fürsorglich d'rüber aus.

Die Linden rauschen leise,
Und schütteln die Häupter weise,
Andächtig lauscht die Au,
Da horch, welch Schmettern und Klingen!
Die Nachtigallen singen
Das Lied von der schönsten Frau.

Sie wohnt in stiller Klause,
Im alten, verfallenen Hause,
Und wenn der Frühwind weht,
Da tritt sie aus dunklem Gemäuer,
Als wie durch Wolkenschleier
Der lichte Vollmond geht.

Ein Quell entspringt im Moose,
Es lockt der Wellen Gekose
Das minnigliche Weib,
Sie beugt die schlanken Glieder
Zur kühlen Fluth hernieder
Und badet den keuschen Leib.

Dann wandelt sie in Träumen
Wohl unter den Lindenbäumen,
Weit schimmert ihr weißes Kleid,
Es geht ein sanfter Schauer
Von Seligkeit und Trauer
Durch die Waldeinsamkeit.

Und kehrt sie heim im Dunkeln,
Wenn golden die Sterne funkeln
Im nächtig tiefen Blau,
Da rauschen die Wipfel leise,
Im Busch verklingt die Weise
Von der allerschönsten Frau.

—»⚬«—

Die Wacht an der Donau.

1882.

Das ist ein frisches Regen
In dieser Zeiten Drang,
Es schmettert allerwegen
Hellfroher Hörnerklang.
Schon steht in Stahl und Eisen
Die Donauwacht gehüllt,
Und kühne Schlachtenweisen
Durchbrausen das Gefild.

Vom grünen Elbestrande
Bis an die wälsche See,
Vom fernen Sachsenlande
Bis an die Glocknerhöh',
So weit in deutschen Liedern
Das Volk die Heimat preist,
Ersteht ein Heer von Brüdern,
Erwacht ein neuer Geist.

Und wo vom alten Stamme
Auch nur ein Zweiglein blüht,
Von deutscher Geistesflamme
Auch nur ein Funke sprüht,
Da reichen sich die Hände
Die Männer fest und treu:
Wie Gott es immer wende,
Wir bleiben deutsch und frei.

Das Heil, das uns verkündet
Der deutschen Muse Sang,
Das Licht das uns entzündet,
Der deutsche Wissensdrang,
Dies Heil, an das wir glauben,
Dies Licht so mild und schön
Soll keine Nacht uns rauben,
Kein Sturm in nichts verwehn.

Und bricht von allen Seiten
Der Feinde Schwall herein,
Und geht zu grimmem Streiten
Der Ruf durch unsre Reih'n,
Wir wollen nimmer zagen,
Das Banner sei entrollt,
Und herrlich soll es ragen,
Das alte Schwarz-roth-gold.

Wir wollen nimmer weichen
Und kämpfen früh und spät,
So lang dies hehre Zeichen
Im Schlachtgewühle steht.
Und wird das Feld der Ehre
Zum Feld des Todes gleich,
Das Recht ist unsre Wehre,
Und unser bleibt das Reich.

Anton Reitler.

Wie ferne!

Das war meines Lebens schönste Zeit,
Als ich durch des Waldes Einsamkeit
Mit dir, Geliebte, gegangen;
Wir sah'n durch die Bäume die Wolken
zieh'n,
Es rauschten die Wipfel, die Sonne schien
Auf deinen jungrosigen Wangen.
Vergangen! Vergangen!

Dann saßen wir wieder am Waldesrand,
Und blickten hinein in das weite Land,
In Freuden die Herzen verbunden —
Wie sehnend dich mein Arm umschlang,

Wie glücklich dein Wort und dein Lachen
erklang:
So lebten wir selige Stunden.
Entschwunden! Entschwunden!

Nun hab' ich gekostet des Lebens Leid;
Da denk' ich an jene herzwonnige Zeit,
An dich und dein Küssen so gerne;
Schon kommt auf leisen Flügeln die
Nacht,
Am Himmel werden die Leuchten entfacht —
Doch du und die ewigen Sterne:
Wie ferne! Wie ferne! —

Friedrich Adler.

Blüthenregen.

Welch frohes Wallen,
Welch bunter Gruß!
Die Blüthen fallen
Vor deinen Fuß.

Doch was dies Bluten,
Hast du's bedacht?
Ein seufzend Sinken
In Todesnacht.

Frühlingsgebet.

Wieder wallen die süßen Lüfte
Und den farbigen Brautkranz
Flicht die Erde, die ewig junge,
Wieder in's perlenglitzernde Haar;
Aufleuchtend erglüht
Zu neuer Freude das Auge
Das zum Staube sich trüb gesenkt;
Hoffend wendet das Herz sich
Der Zukunft zu.
Die sich golden aufthut,
Und auf die Lippen drängt,
Innig geflüstert,
Sich das tiefste Gebet der Seele.

Selten in mein Herz
Ist der fröhliche Lenz gekehrt
Und meine Blüthen
Hast du mit Schauer umweht und Frost
Finster waltendes Schicksal;
Hast mich früh hinausgedrängt,
Mit dem Leben zu kämpfen,
Und strenge Nothwendigkeit
Verscheuchte die süßen Bilder

Welche die Dichtung spinnt
Die sorgenlose, die ewig
Heitere Göttin.

Gabst du den Kampf, ich habe gekämpft!
Wirst du die Sonne mir verhüllen,
Im Dunkel werd' ich suchen den Weg —
Eins nur begehr' ich.
Laß mir die Seele frei von Bitterniß,
Daß mir immer traut und verständlich
Die Sprache sei,
Die der Mai spricht,
Daß keine Rose vergebens
Den köstlichen Hauch mir entgegenwehe,
Mein Lied,
Das freier Kehle wirbelnd entsteigt
Ungehört an das Ohr mir schlage ...

Laß mir die Seele frei von Neid,
Laß mich glücklichere Lippen
Schlürfen sehn der Freude Labetrunk,
Und dann ruhig zurückkehren
Unter die Last der Arbeit,
In den eisernen Dienst der Pflicht.

Die deutsche Sprache.

Die Sonne ist ein wenig schlafen gangen,
Und an dem dunkelgrauen Himmel steigen
Die Sterne und der Mond herauf im Reigen
Und jubeln laut und rühmen stolz ihr Prangen.

„Wir brauchen jetzt kein Licht mehr zu empfangen,
Wir wollen vor der Sonne uns nicht neigen.
Den Meister wollen wir der Thörin zeigen,
Und überstrahlt soll schweigen sie und bangen."

So jubeln sie. Doch hehr von Angesichte
Steigt auf die Sonne, sorglos um die Fehde
Und all der Glanz der Schwachen wird zu nichte.

So steigst auch du empor, und bleich wird jede
Der kleinen Flammen, feindlich deinem Lichte,
Du strahlend hohe, starke deutsche Rede!

Die vier Gesellen.

Nichts im Sack und nichts im Krug
Saßen vier Gesellen
Und der Hunger ließ den Flug
Ihrer Seelen schwellen.

Sprach der Eine: „Würde, ach,
Dieser Fels ein Schweinchen.
Gelbe Gerste dieser Bach
Mit den hellen Steinchen!"

Sprach der Zweite: „Auf mein Wort!
Köstlich wär's zu schauen;
Schweinchen briete ich sofort,
Gerste würd' ich brauen!"

Sprach der Dritte: „Prost das Mahl,
Welch ein herrlich Essen!
Und dazu nach eigner Wahl
Sich den Trank zu messen!"

Und der Vierte? Bitterlich
Fing er an zu weinen:
„Labt euch nur, denkt nicht an mich —
Ihr wollt Freunde scheinen?!"

Jüngst im Oriente fand
Ich dies kleine Märchen —
Auch vielleicht im Vaterland,
Paßt es auf ein Härchen!

Non scholae, sed vitae.

Streng und ernst war Karl der Große; sah, daß Echtes sich entfalte
Daß im Großen wie im Kleinen nur Verdienst den Preis erhalte.
Und Poeten rühmen gerne, wie er's in der Schule probte
Wie er schalt die trägen Reichen und die braven Armen lobte.

Aber Keiner singt wie weinend nach dem schimpflichen Examen
Die geschmähten kleinen Junker in das Haus der Eltern kamen,
Wie die Thränen mild getrocknet dann der Vater seinem Söhnchen,
Und mit Lächeln Trost gespendet dem verzweifelten Baröuchen:

„Mußt dich, liebes Kind, nicht grämen über einen solchen Tadel;
Schreibst und liest du minder trefflich, ist drum schlechter nicht dein Adel,
War der Kaiser übler Laune, nun — man muß es schon verwinden —
Eine Laune geht vorüber und es wird sich Alles finden!"

Aus den Knaben wurden Männer. Hochamt is's und mit Gepränge
Wandelt Karl, der große Kaiser, durch die ehrfurchtsvolle Menge;
An der Thür die hagern Schreiber beugen stumm ihr Haupt der Krone,
Hinter ihm, hinein zur Kirche, schreiten prunkend — die Barone.

———»✝«———

Chosru.

Der König Chosru — sei der Herr ihm mild —
War seines Volkes Freude und sein Schild,
Und hochbegnadet d'rum sah im Palast
Er Chiser, den Propheten, oft als Gast.
Da sprach der König einst an trübem Tag:
„Des Menschen Thun ist in das Meer ein Schlag;
Glückselig, wer nur Allah dient allein,
Nur er wird einst des Segens theilhaft sein."

Und er verläßt den Thron und baut im Wald
Die Hütte sich zu stillem Aufenthalt,
Thut Buße dort und betet andachtsvoll
Und harrt des Segens, der ihm kommen soll.

Allein vergebens Tag um Tage fliehn,
Die Ruhe, die ersehnte, meidet ihn.

Und Thiser, der zum König kam im Glanz,
Verschmäht das Haus des frommen Siedlers ganz.

Der König sieht: „Hingab ich Stolz und Macht;
Genügt die Buße nicht, die ich vollbracht?"

Und Thiser stand vor ihm in hellem Strahl:
„Du fragst? Vernimm denn: schlecht war deine Wahl.
Unweise thut, wer bleibt den Menschen fern;
Wer dient der Welt, der hat gedient dem Herrn.
Die Mühe, die du trugst um Andrer Heil,
Giebt dir von ihrem Glück den schönsten Theil,
Die Thräne, die du Andrer Leid gezollt
Umflicht dein eigen Herz wie Frühthau hold,
Und warbst du eine Brust zu treuem Bund,
Wird auf der Erde Himmelslust dir kund."

Der König hört's; er kehrt zum Thron zurück,
Und wieder sinnt er seines Volkes Glück;
Der Segen sprießt, wohin sein Athem weht —
Und Farsistan verehrt ihn im Gebet.

Pythagoras.

Gebreitet liegt auf Berg und Auen
Das schattende Gewand der Nacht,
Auf alle Augen niederthauen
Des Traumes Bilder, süß und sacht;
Nur mich allein will's nicht umschlingen,
Dies selige Sinken in das Nichts:
Ich will erkennen, will erringen,
Erringen einen Strahl des Lichts.

Durchforscht umsonst hab' ich die Rollen,
Die uns der Väter Weisheit schrieb,
Umsonst gesucht im Lieben, Grollen
Des Menschenherzens tiefsten Trieb,
Umsonst Natur und ihrem Sprossen
Bin ich gefolgt mit Stab und Maß, —
Die Thür zum Räthsel blieb verschlossen,
Und wirre Schrift war, was ich las.

Und was ich jung mit leden Sinnen,
Mit meinem Herzen stolz und heiß
Im Fluge dachte zu gewinnen,
Ich fand's nicht und mein Haar ist weiß,
Nicht lang mehr wird der Faden währen,
Den hastig mir die Moira webt, —
Nun lausch' ich ängstlich nach den Sphären,
Doch ach, kein Ton, der niederschwebt.

Und doch, es muß! Ich darf nicht irren!
Dies Treiben, dieses Lebens Schwall,
Der wilde Streit, die bösen Wirren,
Des Scheines Truggespenster all,
Dies tolle Lachen, bittre Weinen,
Dies Glück, das falsch die Lose theilt:
Es muß zu einem Klang sich einen
Dort oben, wo mein Sehnen weilt.

Zu einem Klange voll und prächtig,
Der hell den Himmelsraum durchdringt,
Und alles Ungefüge mächtig
In seinen hohen Zauber zwingt,
Zu einem Klang, der Alles kündet,
Was hier der müde Geist verlor,
D'rin Rauh und Lieblich sich verbündet,
Zu füllen das entzückte Ohr.

Dort oben! Seit mir die Gedanken
Zum ersten Mal im Hirn gereift,
Ließ ich hinan die Hoffnung ranken
Zum Sternenchor, der oben schweift;
Von oben sollt' es niedertönen,
Mein unbefriedigt Herz durchglüh'n,
Und mir im Strahl des ewig Schönen
Der Erde Leben neu erblüh'n.

Was ich geliebt, ich hab's vergessen,
Was ich begehrt, ich ließ es lang.
Nur Sehnsucht füllt mich unermessen
Nach diesem einen hohen Klang.
Vorüber laß ich Alles rauschen,
Ein Wunsch allein, der in mir wohnt —
O, einmal hören, einmal lauschen,
Und all mein Streben wär' gelohnt!

Umsonst, umsonst. Die Sphären schweigen,
Mein Aug' wird matt, mein Ohr wird
stumpf,
Fremd schau' ich auf der Erde Reigen,
Der sinnlos mich umdrängt und dumpf.
Wie leer die Stunden hin sich dehnen!
Du böse, Moira, meine Last;
Von meinem Denken, meinem Sehnen
Gieb in der Urne süße Rast!

Ein Steinwurf

oder:

Opfer um Opfer.

Ein musikalisches Drama

von

Friedrich Hebbel.

16*

Ein Steinwurf

oder:

Opfer um Opfer.

Ein musikalisches Drama *) in drei Akten.

Personen.

Mathias, König von Böhmen.	Wolf ⎱ ein Geschwisterpaar.
Die Herzogin Libussa.	Anna ⎰
Ludmilla, ihre Zofe.	Ein Kerkermeister.
Rabbi Löw.	Die Frauen der Libussa.
Joel, ein jüdischer Hochzeitsnarr.	Volk und Soldaten.

(Die Handlung ereignet sich in Prag.)

Erster Akt.

Hradschin. Die Kathedrale. Viel Volk und Soldaten, gesonderte Gruppen bildend.

Chor der Bürger.

Erschienen ist der frohe Tag,
Wo Böhmen einmal jubeln mag,
Weil das Geschmetter gleich ertönt,
Bei dem man seinen König krönt.

Chor der Soldaten.

Die Krone schmückt den König sehr,
Doch er die Krone noch viel mehr,
Er trägt ein stolzes Heldenschwert,
Und Eisen steht, wie Gold, im Werth.

Bürger und Soldaten.

Was grolle ich? Was haderst du?
Erfreu'n wir uns des Glücks in Ruh!
Wer ruft nicht mit an seinen Theil:
Mathias, unser'm König, Heil!

Wolf
(tritt aus der Menge der Bürger heraus, von Anna
zurückgehalten).

Anna.

Bleib' zu Haus!

---

*) Diese Dichtung, 1855 für Anton Rubinstein zur Komposition verfaßt, ist dessen ausschließliches Eigenthum. Die Veröffentlichung an dieser Stelle, zu welcher er seine freundliche Genehmigung gegeben, erfolgt unter ausdrücklicher Wahrung seiner diesbezüglich vom Dichter erworbenen Rechte.   D. H.

Volf.
Nein, hinaus!

Anna.
Thu's der Schwester doch zu lieb!

Volf.
Welche selbst nicht drinnen blieb.

Anna (deutet auf seine Verkleidung).
Dies Gewand —

Volf.
Ist bekannt!

Anna.
Ja, das ist ein Judenkleid!

Volf.
Auch dem Christen nicht zu weit!

Anna.
Mich erschreckt,
Daß dich's deckt.

Volf.
Geh' hinein, wenn dich so graut!
Giltst noch sonst als Judenbraut.

Anna.
Ich will den König sehen!

Volf.
Das will ich selber auch.

Anna.
So bleibst du bei mir stehen?

Volf.
Dies war noch nie mein Brauch.

Anna.
Du willst doch nicht stehlen und rauben
Und mummst zum Verbrecher dich ein?

Volf.
Verrückte, wie kannst du nur glauben?

Anna.
Du liebst das Spiel und den Wein!
O bleib', ich fleh' dich brünstig,
Der Ehre treu und hold!

Volf.
Ist mir das Glück nur günstig,
So regnet's morgen Gold.

Anna.
Du redest vermessen!

Volf (bückt sich und hebt einen Stein auf).
Den hatt' ich vergessen!

Anna.
Was soll dir der Stein?

Volf.
Jetzt laß mich allein!
(Springt unter die Menge.)

Anna.
Ich kann sie nicht dämpfen,
Die Angst und den Schmerz,
Und muß sie bekämpfen:
Zerspringe nicht, Herz!
Zwar hat er verloren
Sein Hab' und sein Gut,
Wie sehr ich beschworen
Den frevelnden Muth.
Die bösen Gewalten,
Die thaten's ihm an,
Er war nicht zu halten,
Nun ist er im Bann!
Die Pforte ist offen,
Zur Hölle zu geh'n,
Doch will ich noch hoffen!
Er bleibt wohl noch steh'n!
Und fehlt mir zum Essen
Auch bald das Gewand:
Ich will es vergessen,
Wie's ehedem stand,
Denn fügt er dem Jammer
Nur Schmach nicht hinzu:
In heimlicher Kammer
Verschmerz' ich's mit Ruh'.
(Der Rabbi tritt während dessen mit Joel auf.)

Rabbi.
Wagen wir uns auch in das Gedränge?

Joel.

Frag' dich wohl, du heil'ger Mann!
Staunte dich schon längst die Menge
Als den größten Zaub'rer an!
Ich bin Narr und wo so viele Narren
Sich versammeln, stell' auch ich mich ein,
Aber unter uns zu harren,
Muß dem Weisen lästig sein!

Rabbi.

Freilich komm' ich nicht, den Blick zu weiden,
An des neuen Salomonis Pracht,
Doch mich will's nicht in der Zelle leiden,
Die mich sonst so glücklich macht.
Gestern Abend blitzte in den Sternen
Ein geheimnisvolles Wort,
Doch ich konnt' es nicht erlernen
Und die Unruh' trieb mich fort!

Joel.

Nun so bleib' in unsrer Mitte,
Doch versäume nicht die Bitte,
Daß kein Unheil möge nah'n,
Denn das hättest du gethan!

Rabbi (macht eine Bewegung der Verwunderung).

Joel.

Wenn der König seine Krone
Auf dem Weg vom Dom zum Throne,
Weil er strauchelt, fallen läßt,
Störtest du das frohe Fest!
Ja, wenn Einer niesen sollte,
Welcher Vivat rufen wollte,
Schlägt man dich als Bösewicht
Leicht dafür in's Angesicht!
Denn du bist und bleibst der Meister
Aller ungezog'nen Geister,
Und wie ich für meinen Bund,
Stehst du ein für ihren Bund!

Rabbi
(wendet sich und erblickt Tibussa auf ihrem Balkon).
(Trompeten. Glocken. Orgel.)

Chor der Bürger.

Jetzt reicht man ihm Scepter und Krone!

Chor der Soldaten.

Dem Tapfern zum würdigen Lohne.

Bürger.

Jetzt braus't das Tedeum vom Chor!

Soldaten.

Jetzt schreitet der Herold hervor!

Joel
(zu dem in sich versunkenen Rabbi, der dem Krönungszug den Rücken zugekehrt hat).
Willst du nicht seh'n, du weiser Mann?

Rabbi.

Ich sehe, was man sehen kann.

Joel.

Doch geht die Sonne hinten auf.

Rabbi.

Was kümmert mich der Sternen-Lauf!

Joel.

Ich mein' des Königs Herrlichkeit.

Rabbi.

Und ich der Schönheit Seligkeit.

Joel.

Du starrst nach jenem Frauenbild?

Rabbi.

Ist sie nicht stolz und dennoch mild?

Joel.

Sie merkt es endlich auch und lacht.

Rabbi.

Was sie nur doppelt reizend macht.

Joel.

Sie sieht, daß du ein Jude bist.

Rabbi.

Ich frag' nicht, ob sie Christin ist.

Joel.

Du sahst sie nie? Du kennst sie nicht?

Rabbi.

Ein Engel nach dem Angesicht.

Joel.

Du weißt nicht, wem sie angehört?

Rabbi.

Ich weiß nur, daß mich's wenig stört.

Joel (auf den Krönungszug deutend).

Dein Nebenbuhler naht sich hier.

Rabbi.

Der König!

Joel.

Rabbi, merk es dir!

(National-Hymne. Zug des Königs. Vivatrufe.)

König.

Ich dank' euch diesen Jubel, der mir entgegen klingt
Und der, ich fühl' es, glühend aus euren Herzen dringt,
Und eure laute Freude erweckt in meiner Brust,
Die stürmisch ebbt und fluthet, die stille Opferlust.
Aus tausend Wunden blutet dies arme Böhmerland,
Drum nehm' ich jetzt die Waage in meine rechte Hand.
Und halte mit der linken zu ihrem Schutz das Schwert,
Das sich in hundert Kämpfen als stark genug bewährt.

(Während dessen hat Wolf, der von Zeit zu Zeit sichtbar geworden und wieder verschwunden ist, seinen Stein nach dem König geworfen.)

König (fährt mit der Hand nach der Brust).

Doch was ist das?
Schleichender Haß?
Wirft man mit Steinen?
Her denn die Meinen!
Schwerter heraus!

Joel (zum Rabbi).

Geh'n wir nach Haus!

Soldaten (scharen sich um ihren König).

Wir sind bereit
Das Schwert ist blank,
Und wenn du winkst
So sagt es Dank!

Libussa

(stürzt herein Ludmilla und ihre anderen Frauen folgen).

Was seh' ich! Was hör' ich!
Was hat sich begeben?
Mein Fürst, ich beschwör' dich
Es gilt wohl dein Leben?

König.

Sei ruhig, Geliebte,
Denn Nichts ist gescheh'n,
Doch, wer dich betrübte,
Der möge vergeh'n.

Libussa.

O Gott, ich will mich fassen
Ich seh' kein Blut an dir
Doch werd' ich selbst erblassen,
Die Sinne schwinden mir!

(Sie sinkt in Ohnmacht und wird von ihren Frauen aufgefangen.)

Ludmilla.

Weh' uns! Sie wird erblassen,
Die Sinne schwinden ihr.

Chor der Frauen.

O weh! Sie wird erblassen
Die Sinne schwinden ihr.

König.

Stellt mir den Thäter!
Greift den Verräther!
Marter und Tod!
So mein Gebot!

Stimmen.

Ein Jud'! Ein Jud'! Ein Jude hat's gethan!

König.

So fangt ihn ein! Greift alle auf dem Plan.

Anna (drängt durch die Menge).

O nein! o nein!

Stimmen.

Man hat's gesehn!

Anna.

Es kann nicht sein!

Stimme.

Es ist gescheh'n!

König (um Libussa beschäftigt).

Sie erwacht! Die Wangen färben
Sich schon halb mit neuem Roth.
Nein, du darfst nicht vor mir sterben,
Denn das wär' mir mehr als Tod.

Libussa.

So entgingst du dem Verderben,
Das im Finstern dich bedroht!
Nein, du darfst nicht vor mir sterben,
Denn das wär' mir mehr, als Tod.

Beide.

Nein, du darfst nicht vor mir sterben,
Denn das wär' mir mehr als Tod.

König.

Und der Jude soll verderben,
Der so tückisch uns bedroht!

Volk (im Hintergrunde, noch nicht sichtbar).

Nieder die Juden,
Fort aus dem Land!
Plündert die Buden,
Steckt sie in Brand!

Soldaten und Bürger zusammen.

Packt sie, würgt sie, schlagt sie nieder,
Brecht in ihren Ghetto ein!

Volk (tritt hervor in christlicher Kleidung).

Lustige Zeiten kehren wieder,
Perlen, Gold und Edelstein.

Alle.

Lustige Zeiten kehren wieder,
Perlen, Gold und Edelstein!

Volk.

Kommt, ich zeige euch den Weg,
Denn ich ging ihn oft genug,
Wenn ich meiner Mutter Schmuck
Zu dem finstern Aaron trug.

Stimmen.

O, wir finden ihn von selbst,
Er ist uns bekannt genug.
(Sie wollen fort.)

König.

Halt! Sie Alle stehen ein,
Doch nur Einer kann es sein!
(Joel sucht den Rabbi fortzuziehen. Man umringt
Beide.)

Stimmen.

Dieser ist es!

Anna.

Dieser! Nein!

Volk.

Kennst du denn den Rechten?

Anna (heimlich).

Ja!

Volk.

Kannst du's schwören?

Anna (schweigt).

Volk (lacht).

Ha, Ha, Ha!

Anna (laut).

Diesem Manne war ich nah,
Als die Missethat geschah,
Und er stand weit ruhiger da,
Als ich meinen Bruder sah!

Volk.

O, es will nicht viel bedeuten,
Wenn man diesen ruhig sieht.
Soll die Feuerglocke läuten,
Wünscht er's bloß und es geschieht.
Das ist ja der Magicus,
Dem der Tod sich beugen muß.

Stimmen.

Dies der Juden Stolz und Zier!

Rabbi (zu Anna).

Gutes Kind, ich danke dir!

Alle.

Rabbi, und was willst du hier?

König (indem der Zug weiter geht).

Mag, wer will, der Thäter sein:
Alle Juden steh'n mir ein!

Alle (tumultuarisch durch einander).

Alle Juden steh'n uns ein!
Warum soll's nur Einer sein?

Zweiter Akt.

Die Zelle des Rabbi. Ein Laboratorium mit brennendem Feuer, über welchem ein Tiegel steht, nach dem er zuweilen sieht.

Rabbi.

Nein, ich kann, ich kann sie nicht vergessen,
Immer schwebt ihr süßes Bild mir vor,
Scheint die Kluft mir selbst auch uner-
messen,
Wie der Weg von hier zum Sternen-
Thor.
Ich zerbräche Salomonis Siegel,
Würde sie mir dafür treu und hold,
Ich zerschlüge meinen Wundertiegel,
Kocht' ich auch das reinste Gold!
(Pause.)
Darfst du es wagen?
Ziemen dir Klagen,
Die du ersticktest im zwanzigsten Jahr?
Trägst du vergebens
Ewigen Lebens
Leuchtende Kronen im bleicheren Haar?
Sind dir zum Hohne,
Doch nicht zum Lohne,
Himmel und Erde, wie Wenigen, klar?
Willst du erschmachten,
Statt zu verachten,
Was schon in Eden das Eitelste war?
Nimm dich zusammen,
Lösche die Flammen,
Stelle als Held und als Sieger dich dar!
(Pause.)
David selbst, der heilige Sänger,
Aller Sphärenklänge voll,
Horchte ihrem Lied nicht länger
Als Bathseba's Laut erscholl!
Zu der Erde Töchtern stiegen
Selbst die Engel still herab,
Und ich dürfte nicht erliegen
Auf dem Weg zum dunklen Grab?
(Es pocht.)
Wer pocht in dieser Stunde?

Joel.

Macht auf! Mich drängt die Noth.

Rabbi (öffnet).

Was bringst du denn für Kunde?

Joel.

Verbannung oder Tod!
Ich komme nicht zu dir als Lustigmacher,
Zerstoben ist die heit're Schar der Lacher,
Und rettest du uns nicht noch Ruh' und
Glück,
So treibt man uns nach Babylon zurück.
Wir sollen heute noch den Frevler bringen,
Und wird es deiner Weisheit nicht ge-
lingen,
So jagt man uns schon morgen aus dem
Land —
Und wer nicht eilt, den trifft des Henkers
Hand.
(Man hört Trompeten.)
Du hörst von fern das schallende Ge-
schmetter,
Das ist der erste Donner vor dem Wetter,
Der Herold ruft's auf allen Märkten aus
Und jubelnd stürzt der Pöbel aus dem
Haus.
So rett' uns, so nenn' ihn,
So zögere nicht mehr!

Rabbi.

So meinst du, ich kenn' ihn?
Da irrst du dich sehr.

Joel.

Nun so frage deine Geister!

Rabbi.

Ich bin nur des eigenen Meister
Und der sagt mir, wie die Sonne kreist,
Aber nicht, wie dieser Frevler heißt.

Joel.

Alle deine Zaubersprüche —

Rabbi.

Zaubersprüche kenn' ich nicht!

Joel.

Und in dieser schwarzen Küche —

Rabbi (brütet auf's Feuer).

Brennt ein ganz natürlich Licht!

Joel.

Doch du liesest in den Sternen —

Rabbi.

Was der Herr geschrieben hat!
Seine Chiffern kann man lernen,
Doch nicht ändern seinen Rath.
(für sich)
O, wären Zauberkräfte mein,
So wollt' ich noch in dieser Stunde
An ihrem Hals, an ihrem Munde
Der Seligste der Seligen sein!

(Immer zunehmender Lärm, dann durch die Fenster der Widerschein von Flammen, endlich Toben an der Thür, die zuletzt aufspringt.)

Joel.

Horch! wie Alles lärmt und rennt!
Weh' uns! Weh'! Man sengt und brennt.

Rabbi (sinnend).

Dieses stand am Firmament!

Joel.

Nun, so ruf ihn doch, den Bleichen
Der in einem Winkel lauert
Und die Rotte zu erreichen,
Ganz gewiß schon grimmig lauert!
Ruf den Golem her zur Stunde,
Der, den heil'gen Schem im Munde,
Nimmer faul und nimmer matt,
Mehr erschlägt, als Goliath.

(Die Thür wird aufgesprengt, man erblickt Wolf an der Spitze der Rotte, aber Niemand wagt, einzutreten.)

Joel.

Ruf ihn, was säumst du?

Rabbi.

Schäm' dich, was träumst du!
Auf! zum Gebet!
Das nur geräth!

Beide.

Der du die Sonne erschufst und den Mond,
Welcher als Zwilling zur Seite ihr thront,
Schütze dein Volk vor dem Wüther!
Der du die Erde gegründet mit Macht
Und sie geschmückt mit unendlicher Pracht,
Send' uns die ewigen Hüter!
Der du mit Noah erneuert den Bund,
Thu' auch in Gnaden den Enkeln dich kund,
Stärke die schwachen Gemüther!

Volk (der allein eingedrungen ist).

Nun, was starrt ihr, voll Entsetzen?
Muthig! hier wird Gold gemacht!

Chor des Volkes (von außen).

Uns gelüstet nicht nach Schätzen,
Die der Teufel selbst bewacht.

Volk.

Feige, jämmerliche Wichte,
Droht euch hier ein Knecht von Thon?

Chor des Volkes.

Freund, er zeigt sich nicht im Lichte
Und er pflegt nicht erst zu droh'n.

(Alle entfernen sich. Wolf folgt. Anna, die nach ihm schüchtern herein geschlichen ist, bleibt und stimmt mit in den Psalm ein.)

Rabbi, Joel und Anna.

Der du mit Noah erneuert den Bund,
Thu' auch in Gnaden den Enkeln dich kund,
Dank dir, du ältester Hüter!

Rabbi.

Du frommes Kind, das mich beschützt,
Was treibt dich her zu mir?

Anna (reicht ihm einen Schmuck).

Da ungerechtes Gut nicht nützt,
So bring ich es zu dir.

Rabbi.

Ein gold'nes Kreuz, mit manchem Stein
Vom Künstler reich besetzt!

Anna.

Es stammt von meinem Mütterlein,
Die hat es hoch geschätzt.

Rabbi.
Wie kommt es denn in meine Hand?
Es macht gewiß kein Glück.

Anna.
Mein Bruder gab es weg als Pfand
Und bringt mir's jetzt zurück.

Rabbi.
So nimm es von mir selber an,
Ich zahle gern den Werth.

Anna.
Ich wußt' es wohl: dies ist ein Mann,
Den edler Sinn verklärt!
(Sie hängt sich das Kreuz um.)

Joel.
Nun aber folg' den Deinen,
Es könnte sonst so scheinen,
Als hielten wir dich hier,
Um dich am Passah-Feste
Zu schlachten für die Gäste
Als beste Tafel-Zier.

Anna.
O, dürst' ich weilen,
Da würd' ich heilen
Von manchem Schmerz!

Joel (zum Rabbi).
Das ist die Liebe,
In süßem Triebe
Erglüht ihr Herz.

Rabbi.
Kennt' ich das Wesen
Und fühl' nur Schrecken
Und bittern Schmerz?
(zu Anna)
Vergiß nicht, Kind, du bist hier bei dem
Juden,
Den deine Väter so mit Schmach be-
luden,
Daß schon sein Odem eine Lilie trübt.

Anna.
Ich bin hier bei dem warmen Freund
der Kranken,

Dem Hunderte ihr Leben schon verdanken
Und der an Jedem sein Erbarmen übt!

Rabbi.
Geh' mein Kind, mich packt ein Grausen,
Lamm und Tiger können hausen,
Aber Christ und Jude nicht.

Anna.
O, wie dies das Herz mir bricht!

Joel.
Wenn die Wilden und Bethörten
Neu ergrimmend wiederkehrten
Und dich träfen —

Anna.
Halt nur ein,
Ich will nicht sein Unglück sein!
(Ab.)

Joel.
Und was nun?

Rabbi.
Ich werde gehn und flehen
An des neuen Königs Thron.
Einen Engel hab' ich dort gesehen
Und der gnadenvolle hilft mir schon.
O gewiß, gewiß, so wird's geschehen,
Dem Vertrauen wird der schönste Lohn
Und, wie Esther, wird Libussa stehen,
Zwischen uns und ihres Volkes Hohn!

Joel und Rabbi.
O gewiß, gewiß, so wird's geschehen,
Dem Vertrauen wird der schönste Lohn,
Und wie Esther wird Libussa stehen,
Zwischen uns und ihres Volkes Hohn!
(Beide ab.)

Königliche Burg
(Gemächer der Herzogin Libussa).

Ludmilla.
Wilder Streit in allen Gassen
Und man schlägt die Juden todt.

Libussa.
Wollen sie den Frevler denn nicht lassen,
Wie der König doch so streng gebot?

Ludmilla.

Nun, er wird sich selbst gewiß nicht nennen,
Und zum Forschen ist zu kurz die Frist.

Libussa.

Ei, ihr Rabbi muß ihn kennen,
Da ihm Nichts verborgen ist.

Ludmilla.

Glaubst du, daß der Mensch mit seiner
Kunst
Je gelangte zur Allwissenheit?

Libussa.

Ja! doch einzig durch des Teufels Gunst
Um den Preis der Seligkeit.

Ludmilla.

Nun, so bringt er noch vor Nacht den
Thäter
Und beschwört die äußerste Gefahr.

Libussa.

Ganz gewiß, er stellt uns den Berräther,
Wenn er selbst nicht der Berräther war,
Staune nicht, dies ist des Königs Meinung
Und des Zauber's plötzliche Erscheinung
Auf dem Markte war auch wunderbar.

Ludmilla
(der während dem ein Page etwas in's Ohr gesagt hat).
Er kommt!

Libussa.

Der Rabbi kommt! Ihr Himmelsmächte,
Ich fürchte ihn! Wenn er sich rächte!
Ich habe über ihn gelacht,
Als ich ihn sah.

Ludmilla.

Es ist, wie du gedacht.

Rabbi.

O Schönheit! Welch ein Glanz!

Ludmilla.

Du siehst, er zagt.

Libussa.

Noch faß' ich mich nicht ganz.

Ludmilla.

Was willst du? Sprich!

Libussa.

Ja, sprich!

Rabbi.

Nur einen Blick!

Libussa.

Bermeßner, schweig'!

Rabbi.

O, zieh dich nicht zurück!
Nur Einen Blick auf meines Volkes
Qualen!

Libussa.

Wer frevelt, muß dafür bezahlen.

Rabbi.

Sprich nicht so hart und sieh' mich gütig an,
Damit mein Herz sich dir erschließen kann!

Libussa.

Dein Herz!

Ludmilla.

Er scheint verliebt.

Libussa.

Ich fühl' mich schon befleckt,
Und weh' ihm, wenn er sich entdeckt!

Rabbi.

Ja, mein Herz, das alle Leiden
Meines Volkes doppelt fühlt!
Bon der Heimat soll es scheiden
Und das Angewohnte meiden,
Wenn ein Engel
Ohne Mängel
Nicht den Zorn des Königs kühlt.

Libussa.

Sein Wort ist fromm, doch seine Blicke
kühn!

Rabbi.

Wie himmlisch ihre Wangen glüh'n.
Und wie die dunklen Augen Flammen
sprüh'n!
(Er wirft sich vor ihr nieder.)

So werfen die Weiber und Kinder
In mir sich vor dir hin!
Erbarme dich ihrer nicht minder,
Weil ich ihr Sprecher bin.

Libussa.
Erst ein Bekenntnis,
Erst ein Geständnis!

Rabbi.
Ein Bekenntnis! Ein Geständnis!
Wirst du's aber auch verzeihn?

Libussa.
Ich?!

Ludmilla.
Da hast du sein Bekenntnis!
Hol' ihn aus und fang ihn ein.

Libussa.
Freche, was räthst du mir?

Ludmilla.
Thu's nur!

Libussa.
Und folgt' ich dir?

Ludmilla.
Nun, da hast du bald zu wählen,
Ob du seinen Kopf verlangst
Oder Gold und ew'ge Jugend,
Da du doch vor'm Alter bangst!

Libussa.
Rabbi, sprich, doch sprich mir endlich
              Wahrheit,
Denn bis jetzt hast du dich nur verstellt,
Zeige mir in unverhüllter Klarheit,
Was so mächtig dir den Busen schwellt.
All' die Blicke hab' ich wohl gesehen,
Die du gestern heftetest auf mich:
Kamst du nur, um für dein Volk zu flehen;
Oder hast du einen Wunsch für dich?

Rabbi
Welche Milde spricht aus deinen Zügen!
Endlich steht der Engel vor mir da,
Den ich längst — wie konnt' ich mich
              auch trügen —

Himmlisch auf mich niederlächeln sah!
Für mein Volk zwar sank ich dir zu Füßen:
Wende du sein Schicksal, hold erweicht.
Doch mich selber laß die Hand dir küssen,
Welche ihm die Friedenspalme reicht!

Libussa.
Und als erstes Angebinde schenkst du
      mir das Gold-Recept?

Rabbi.
Wenn ich's hätte, würd' ich zaudern?
      Aber ich bin nicht Adept!

Libussa.
Nun, so bringst du mir den Becher, draus
      man ew'ge Jugend trinkt.

Rabbi.
Diesen würd' ich für dich rauben, wüßt'
      ich selbst nur, wo er blinkt.

Libussa.
Und was kannst du mir denn bieten?

Rabbi.
Lieb' um Liebe, Herz um Herz!

Libussa.
Merk' dir jedes Wort, Ludmilla, denn ich
      ende gleich den Scherz!

Rabbi.
Liebe mich! So werd ich finden,
Was noch Keiner fand bis jetzt:
Gold, die Stirn dir zu umwinden
Mit der reichsten aller Binden,
Und Unsterblichkeit zuletzt.

Libussa.
Hast du's vernommen? — Nun soll er
      erbeben!
Liebe, Verworfener, willst du von mir?
Pfui, wie sollt' ich dem Juden sie geben,
Aber ich schenke vielleicht dir dein Leben,
Bringst du den Trunk und die goldene Zier
Heute zur Stelle noch mir!

Rabbi (entsetzt).
Ist es möglich!

Libussa.

Ruft Trabanten!

Rabbi.

Muß ich's glauben?

Ludmilla.

Rette dich!

Rabbi.

Diese Züge!

Ludmilla.

Eile! Eile!

Rabbi.

Ew'ge Schande über mich!

Libussa.

Dein Leben ist verfallen.
Du gehst aus diesen Hallen
Sogleich in deine Gruft!

Rabbi.

Mein Leben ist verfallen.
Ich hör' die Stimme schallen
Die mich zum Tode ruft.

(zum Himmel, betend)

Herr, ich hatte dich verloren,
Doch vergieb dem schwachen Thoren.
Denn er kehrt beschämt zurück,
Und um seine Schuld zu büßen,
Legt er dir sein Herz zu Füßen
Als ein Opfer für des Volkes Glück.

(zu Libussa)

Nun, wo bleiben die Trabanten?

(öffnet die Thüre)

Auf, Soldaten, tretet ein!
Laßt von meinen Stamms-Verwandten,
Denn ich selber warf den Stein!

Dritter Akt.

Ein unterirdischer Kerker.

Joel (tritt ein und tastet herum).

Ist es möglich, daß du, wie ein Bube,
Hier den Tod erwarten mußt!

Rabbi.

Daniel saß in der Löwengrube
Und er war sich keiner Schuld bewußt.

Joel.

Haßt denn du dich immer zu verklagen?
Keiner glaubt, daß du den Wurf gethan!

Rabbi.

Dennoch kann ich nur mit Grau'n und
Zagen
Adonais Thron mich nah'n!
Alles, was mein Volk verbrochen,
Als es nach der Heiden Brauch
Vor dem gold'nen Kalb gekrochen,
Alles das verbrach ich auch!
Ja, ich habe angebetet,
Was der Herr aus Lehm geknetet, —

Und zum wohlverdienten Lohn
Ward mir nichts dafür als Spott und
Hohn!

Joel.

Und um diese Schuld zu zahlen?

Rabbi.

Nein, wohl eher, um den Qualen
Der Verzweiflung zu entgeh'n.
Nahm ich auf mich, was gescheh'n.

Joel.

Nimm zurück denn dein Geständnis!

Rabbi.

Du mißdeutest mein Bekenntnis!
Gestern trieb mich nur der Schmerz,
Aber heute ist's das Herz!
Ja, durch diese Todesweihe
Fühl' ich mich, wie schon verklärt,
Ob mir nun das Feuer dräue,
Oder bloß das milde Schwert.

Mit der Erde selbst verschwindet,
Auch der Erde schönstes Bild
Und die Gluthen, die's entzündet,
Sie verlöschen ungestillt.

Joel.

Doch uns Alle packt ein Grauen
Und wir zögen lieber fort
Aus der Heimat stillen Auen,
Als wir dulden deinen Mord.
Ja, ich hoffe, der Verräther
Stellt sich noch zur Sühne ein;
Thut er's nicht, so kann der Thäter
Nimmermehr ein Jude sein!

(gegen das Publikum)

Hat ein Bübchen sich verlaufen,
Welches ging, um Obst zu kaufen,
Nun, so fing's der Jude ein
Für die blutige Osterpein.
Wenn noch vor der Morgenröthe
Eine melancholische Kröte
Sich in einen Brunnen stürzt,
Hat der Jud' den Trunk gewürzt.
Denn er ist der Prügelknabe,
Den man zu besond'rer Labe
Statt des bösen Dämons schlägt,
Welcher all' die Tücken hegt.

(zum Rabbi)

Vergieb dem Hochzeitsnarren seinen Spaß,
Er schämt sich selbst, daß er sich so vergaß,
Doch trag' ihm darum keinen Haß,
Das Auge ist ihm dennoch naß.

Rabbi.

Ich hörte immer gern auf deine Possen,
Wie sollt' es heut' wohl anders sein?
Doch jetzt begieb dich zu den Stamm-
genossen
Und lade sie zum Tempel ein.
Ich werde gleich vor das Gericht berufen
Und muß noch heut zum Tore gehn,
Ihr aber sollt an des Altares Stufen
Zum Herrn für mich um Gnade flehn!

Kerkermeister

(tritt ein; man sieht einen Hauptmann mit Soldaten im Hintergrunde).

Errichtet sind die Schranken!

Rabbi.

Ich folge ohne Wanken!

Joel.

Und ich geleite dich.

Rabbi.

Du wirst mich gleich verlassen!

Joel.

So kannst du mich nicht hassen!

Kerkermeister.

Schnell! Man erwartet mich.

Rabbi.

Du liebst und ehrst mich wenig!

Kerkermeister.

Auf, auf! Es harrt der König!

Joel.

Ich bitte flehentlich!

(Alle ab.)

Großer Kalbshaus-Markt.

*(Volk und Soldaten, wie im Anfang. Gerichtsschran-
ken. Zurüstungen zu einem Scheiterhaufen werden
gemacht.)*

Chor der Bürger.

Auf offnem Markt, da ist's geschehn,
Dort soll man auch die Strafe sehn,
Der König selbst hält hier Gericht,
Es ist ihm Ernst mit seiner Pflicht.

Chor der Soldaten.

Zu viel der Ehr' für diesen Hund
Das Feuer angemacht zur Stund!
Er fliegt, wer fühlt's denn nicht voraus,
Ja doch davon als Fledermaus!

Chor der Bürger.

Mich ärgert's, daß er sich genannt,
Es ist ein Fluch für Volk und Land,
Jetzt werden wir den Einen bloß,
Sonst würden wir sie Alle los.

Chor der Soldaten.
Ihr Bürger bleibt doch ewig dumm,
Wer haut den Apfelbaum denn um?
Man schüttelt ihn von Zeit zu Zeit
Und läßt ihn steh'n in Ewigkeit.

Chor der Bürger.
Nun, dies Mal war er voll genug.
(Sie zeigen Gold und Schmuck, womit sie zum Theil
behangen sind und was sie zum Theil erst hervorziehen.)

Chor der Soldaten.
Und ihr im Sammeln mehr als klug!
(Sie zeigen gleichfalls ihre Schätze.)

Chor der Bürger.
Ihr ließt uns nur nicht lange Ruh.

Chor der Soldaten.
Und schlugen doch nicht einmal zu!

Voß (tritt hervor).
Nun, wer hält?!
(Er klappert mit Würfeln.)

Einzelne Bürger und Soldaten.
Hast du Geld?

Voß.
Heißt es: Taschen umgelehrt?
Der Kumpan ist Hängens werth.

Bürger und Soldaten.
Junger Wicht,
Schimpf' uns nicht!

Voß.
Ich allein beschenkte euch,
Früher war't ihr Bettlern gleich!

Bürger und Soldaten.
Bist du toll
Oder voll?
(zu Anna, die mit ihrem Bruder aus der Menge her-
vorgetreten ist)
Schafft den Narren doch zu Haus,
Warum ließt Ihr ihn hinaus?

Voß (zu Anna).
Her das Kreuz!
Mich gereut's

Daß ich's gab, ich will's zurück,
Denn es war vielleicht mein Glück.

Anna.
Bruder, denk' doch an die Hölle,
Denk' doch, welch ein Spruch erschölle,
Ging' es heut zum Weltgericht!
Kannst du selbst dich frech entschließen,
Blut der Unschuld zu vergießen,
Deine Schwester duldet's nicht.
Nein, ich will den Rabbi retten
Und dich los vom Teufel ketten,
Daß er dich nicht ganz umstrickt.

Voß.
Wie, du wolltest mich verklagen?
Sei's darum, was kannst du sagen?
Nichts, denn Nichts hast du geseh'n.
Magst du für den Juden sprechen,
Man wird doch den Stab ihm brechen.
Könnt' er ohne Schuld gestehn?
Endlich sind es zwei gewesen
Und am Stein ist nicht zu lesen,
Wer ihn warf, drum laß' es geh'n!

Anna.
Wenn ich auch den Thäter kenne,
Zittre nicht, daß ich ihn nenne,
Nein, da kannst du ruhig sein.
Doch mir wird das Recht zum Schweigen
Einzig durch ein Opfer eigen
Und ich bring' es ganz allein.
Rett' ich Jenen vom Verderben,
Sollst du selbst darum nicht sterben,
Nein, ein Lamm tritt für dich ein!
(Der Rabbi erscheint.)

Stimmen.
Er kommt, er kommt! Und ohne Ketten?

Andere Stimmen.
Man wird ihn noch auf Daunen betten!

Noch Andere.
Das Lager wird ihm schon gemacht.

Wieder Andere.
Nur gut das Feuer angefacht!

Stimmen.

Schaut hin! Der König und die Herzogin!

Andere.

Sie nur zu sehen, scheint mir schon Gewinn.
*(Der König mit Gefolge. Libussa mit ihrem Frauen
vor dem König wird das böhmische Schwert herge-
tragen.)*

König.

Gerne hab' ich alle Schwerter,
Meines wird mir täglich werther,
Dies allein ist mir verhaßt.
Lauter Palmen möcht' ich streuen
Und des neuen Glück's mich freuen,
Doch mir bleibt nicht Ruh' und Rast.
(Er nimmt Platz auf dem Throne.)

Joel.

Rabbi, laß dich noch erflehen,
Mag, was immer will, geschehen,
Sprich: ich hab' es nicht gethan!
Müßten wir auch wieder wandern
Von dem einen Land zum andern:
Endlich seh'n wir Kanaan.

Rabbi *(gegen Libussa).*

Mit dem Henkerbeil in Händen
Kannst du mich nicht länger blenden:
Feierlich sag' ich dir ab!
(gegen den König)
König, ja, ich bin der Thäter,
Schicke nun den Hochverräther
Gleich in's offne Flammengrab!

Libussa.

O weh mir Armen!
Ich fühl' Erbarmen
Mit seinem Blut!
Statt zu verzagen
Und feig zu klagen:
Welch hoher Muth!

König.

Ich habe mich für zwei Verbrechen
An dir zu rächen!

Rabbi.

Doch ich ein einziges Leben nur!

König.

Das erste kennst du, und das zweite
Besteht darin, daß du schon heute
Mich zwingst, zu geh'n auf blutiger Spur!
So nehmt ihn hin! Ich muß verdammen,
Doch löscht die widerwärtigen Flammen,
Sie geh'n mir wider die Natur:
Ein Schwert genügt, man quält ihn nur!

Rabbi.

Ich danke dir, o König, diese Gnade,
Du schenkst mir einen milden Tod!
Der Herr erleuchte alle deine Pfade
Und mach' dich frei von aller Noth.
(zu Joel)
Leb' wohl, mein Freund, und bringe auch
          den Meinen
Den letzten Gruß, das letzte Wort!
Die schwere Prüfung mußte uns erscheinen,
Mir selbst als Liebe und als Haß den
          Meinen,
Doch meine Buße nimmt sie wieder fort.
Was weinst du noch um dies mein armes
          Leben?
Sei stark, wie ich, ich bin bereit!
Mir nimmt's der Herr, mir hat's der
          Herr gegeben,
Gelobt der Herr in Ewigkeit.

Rabbi und Joel *(zusammen).*

Mir (ihm) nimmt's der Herr, mir (dir)
          hat's der Herr gegeben,
Hallelujah in Ewigkeit!
*(Sie wenden sich gegen den Henker, der ihm mit seinem
Knechten vom Scheiterhaufen her entgegengetritt.)*

Anna *(wirft sich dazwischen).*

Halt ein! Halt ein!

Stimmen *(durch einander).*

Was kann das sein!

Anna *(zu den Henkern).*

Wagt nicht, diesem Mann zu nah'n!
(gegen den König)
Denn ich hab' es selbst gethan.

König. Rabbi. Joel.

Die!

Sie!   Libussa. Ludmilla.

Anna.

Ich!

Noll.

Der Teufel hole dich!

König.

Welch Räthsel! Statt des Einen ist's
ein Paar!

Josef.

Ich schwöre, daß es nicht der Rabbi war.

König.

Warum denn hat er sich zur That bekannt?

Josef.

Sonst hättest du das ganze Volk verbannt!

König (zum Rabbi).

So gingst du ohne Schuld in deinen Tod!

Rabbi.

Nicht ohne Schuld, nur nicht auf dein
Gebot.

König (zu Anna).

Und du mit Taubenaugen, tritt heran!

Anna.

Ich fleh' dich, Herr, entlaß' den frommen
Mann.

König.

Erst thu' mir kund, was haßtest du an mir?

Anna.

Gar Nichts, o Herr, der Steinwurf galt
nicht dir!

König.

Er galt mir nicht? Er traf mich aber doch.

Anna.

Das sollt' er auch und ich bekenn' es noch.

König.

Warum? Es muß ein Grund vorhan-
den sein!

Anna.

Hab' nur Geduld! Er fällt mir wohl
noch ein.

Josef.

Es galt gewiß die Juden-Plünderung.

Anna.

So war es, Herr, ich bin so schlecht
als jung!

König.

Du warst auf Raub, auf Mord und
Brand erpicht?

Anna.

Was fragst du noch? Ich leugn' es dir
ja nicht.

König.

Ist's möglich! Wie ein Engel sieht sie aus.

Josef.

Oft wohnt der Satan in dem schönsten
Haus.

König (zu dem Henker).

So nehmt denn die!

(zum Rabbi)

Du aber, geh' nur fort!

Rabbi.

Mit nichten, Herr, ich weiß, es wär'
ein Mord.

(zu Anna)

Gutes Mädchen, deine Seele
Ist so rein, wie deine Hand,
Eher tödtet Philomele,
Als du schürtest diesen Brand!

Josef.

Zögere nicht, mich packt ein Grauen,
Mach' mir keinen neuen Schmerz:
Kannst du Alles auch durchschauen,
Dunkel bleibt das Christenherz.

Anna.

Lamm und Tiger können hausen
Aber Christ und Jude nicht!
Kann es mir vor'm Tode grausen,
Der mein Herz nur einmal bricht?

Rabbi (zu Josef).

Du siehst, sie stürzt sich in's Verderben,
Um mir aus Liebe beizustehn,

17*

Doch eher will ich selber sterben,
Als dieses Mädchen sterben sehn!

Anna (zum Rabbi).

Was säumst du? Geh' von hinnen,
Und wenn du willst, so denke mein!

Rabbi.

Du wirst mich nicht gewinnen,
Ich müßt' ein Schächer sein!

König.

So stritten sich wohl nie noch Jud' und
Christ.

(zu Anna)

Tritt her und schwör's, daß du's gewesen bist.

Anna.

Erlaß mir diesen Schwur,
Die Leugner schwören nur,
Ich habe frei bekannt
Und steh' in Henkers Hand.

König.

Schwör's bei dem Kreuz, das dir am
Halse hängt.

Anna.

Du ewiger Gott, wie werd' ich jetzt bedrängt.

König.

Du steckst? Du stellst als Lügnerin dich dar?

Anna (deutet auf den Rabbi).

Ich kann dir schwören, daß es der nicht war!

König.

So kennt sie den Rechten,
Den Schlecht'sten der Schlechten,
Nicht, weil er's gethan, nur, weil er noch
schweigt,
Wo sie, wie ein Engel, sich zeigt.

Joel.

Nun, ich glaub' ihn auch zu kennen,
Doch als Jude wag' ich nicht,
Vor des Königs Angesicht
Ohne Zeugen ihn zu nennen!

Bürger und Soldaten
(drohen Wolf mit Gewalt hervor).

Muthig, Jud', wir stimmen mit dir ein,
Dieser nur, ihr Bruder, kann es sein!

Wolf.

Ich! Sie hat mich nicht verklagt!

Anna (stürzt sich dem Wolf zu Füßen).

Herr, erbarm' dich deiner Magd.

König.

Ist er's?

Libussa.

Thu' ihr nicht mehr weh!
Laß mich dies als Gunst erbitten,
Dieses Kind hat mehr gelitten,
Als ihr Bruder sündigte!

Ludmilla und die Frauen.

König, thu' ihr nicht mehr weh,
Laß uns dies als Gunst erbitten,
Dieses Kind hat mehr gelitten,
Als ihr Bruder sündigte!

König.

Nun, in diesem edlen Streite
Will ich nicht der Letzte sein;
Geht denn Alle frei von dannen
Denn er galt nicht mir, der Stein!

Chor von Allen.

Hoch der König, hoch für immer,
Der für seiner Größe Schimmer
Durch die Gnade zahlt den Preis,
Ihm ein ewiges Lorbeer-Reis!

Wiener Poeten.

II.

Hieronymus Lorm.

Nach dem Tode der Geliebten.

Nun ist die Rose mir genommen,
Die mir nur weihte Duft und Blatt!
Nun ist der holde Stern verglommen,
Der mir allein geleuchtet hat!

Im Grabe schlossen sich die Augen,
Die Keinen je wie mich beglückt;
Zu meinem Heil wird nimmer taugen
Der Reiz, womit das All geschmückt.

Ist nur ein Erdending erblichen,
Wie's immer ist, wie's tausend giebt?
Nein! ewig ist von mir gewichen,
Was einzig war, weil ich's geliebt.

Wie Jeder einsam steht auf Erden,
Im Tiefsten keinem Andern gleich,
Muß ihm ein einsam Gut auch werden
Für ihn allein im Weltenreich.

Für ihn allein, mit ihm zusammen —
So schließt sich Herz an Herz zum Ring,
Zum Ring der Ewigkeit, in Flammen
Geschmiedet, wie kein Erdending.

Drum scheint zu ewigem Glück erkoren
Das Menschenherz — und dennoch bricht's!
Es ward nur aus dem Nichts geboren,
Den Schmerz zu fühlen — daß es Nichts.

Irdische Rose.

Von Mondesstrahlen beleuchtet
Liegt auf den Kissen dein Haupt,
Die Wangen von Thränen befeuchtet,
Das Haar noch von Rosen umlaubt.

Gezwungen, dich zu verloben!
Du faßtest den Jammer kaum!
Nun schläfst du, den Busen gehoben
Von einem schmerzlichen Traum.

Die Thränen trocknen, die Rosen
Verwelken, der Traum zerfließt,
Und du wirst bei irdischen Losen
Vergessen, daß einst du geliebt.

Ernte.

Wie lebt' ich vereinsamt und still und verlassen
Die lange, schöne Sommerzeit,
Vom Erker des Schlosses beschaut' ich die Straßen,
Das Dorf in seinem grünen Kleid.

Und drüben — wie wogten die Felder voll Ähren!
Das war ein üppig golden Reich,
Für stille Gedanken ein heimlich Ernähren,
Sie reisten mit dem Korn zugleich.

In schlummernder Nacht, wenn bei ruhigen Lüften
Der Halme fröhlich Wogen stockt,
Dann sucht auch bei ihnen der Mond nach den Düften,
Die er dem Blumenreich entlockt.

Vergebens doch wirft er die silbernen Strahlen
Als Netz der gelben Schar um's Haupt!
Verstreut sie statt Segen denn Fluch nur und Qualen,
Daß ihr der süße Duft geraubt?

So trug ich, schon leise von Schlummer umsponnen;
Bald schritt durch's weite Feld mein Traum,
Da waren die goldenen Ähren zerronnen,
Ein ander Volk erfüllt' den Raum.

Doch immer noch gab es ein rauschendes Wogen
Von dichten Massen, enggesellt,
Und Einzelne lagen noch immer gebogen,
Vom Sturm gebrochen, auf dem Feld.

Nur waren es wimmelnde Menschen, nicht Ähren,
Doch gelb auch war ihr Angesicht,
So gelb, wie das Gold, das mit Angst und mit Zähren
Sie suchen, bis das Auge bricht.

Der Kampf war's um's Brot, um den trockenen Bissen!
Er führt die große Lebensschlacht,
Ihm opfert der Leib sich, der Geist, das Gewissen,
Sein ist der Tag, sein ist die Nacht.

O fröhliche Halme, wie seid ihr entschwunden!
Das Grauen wuchs aus euch empor! —
Mich aber erweckten die frühesten Stunden,
Gesänge schlugen mir an's Ohr.

Da wogten noch drüben die Felder voll Ähren!
Die Sichelschwinger zogen aus,
Mit jubelnden Liedern ihr Werk zu verklären,
Das Erntesegen bringt in's Haus.

Ich kenne den Segen, ich kenne den fahlen
Goldschimmer um der Ähre Haupt;
Ich weiß, es sind Flüche, unendliche Qualen,
Was ihr den süßen Duft geraubt.

Buddhistische Weltanschauung.

In meiner Brust will stets ein schmerzlich Staunen rufen,
Warum die Götter sich die Welt des Jammers schufen!

Der Kampf mit Haß und Neid der Menschen heißt Erfahrung
Und jede Stunde reicht der Trauer herb're Nahrung.

Verlust des irdischen Gut's ist kein so tiefes Leiden,
Wie, daß der Anblick nicht des Bösen zu vermeiden.

Die Qual der Kreatur, ihr Ringen nach dem Glücke
Erfüllt ihr das Gemüth mit Groll und finst'rer Tücke.

Und wenn den Menschen wir verdammten und verstießen,
Sein Unglück zwäng' uns doch, ihn an das Herz zu schließen.

So muß den Guten hier der Widerspruch durchschauern,
Daß mit dem Abscheu ringt sein liebevoll Bedauern.

Und morgen wird sie sein, die Welt, wie heut' und gestern!
Hätt' sie ein Gott erzeugt? Ihn glauben hieß: ihn lästern.

Ihn aber leugnen, nur vergeblich Mühen bliebe,
Denn göttlich ist mein Schmerz, mein Mitleid, meine Liebe.

So oft die Fabel auch der Völker Gott verkünde:
Sie läßt ihn schuldig sein der Welterschaffungssünde.

So könnt' ein Gott dies All umschließen als Verbrecher,
Wie Mörderhand umschließt den giftgefüllten Becher?

Nur teuflisch Wollen, nur unseliges Begehren
Entstieg dem seligen Nichts und schuf die Welt der Zähren?

Doch kann des Teufels Macht als hehrer Geist erscheinen,
Der das Geschöpf bewegt, Geschaff'ne zu beweinen?

Der dunkle Widerstreit wird immer neu entbrennen;
Was ihn versöhnt, erkennt auf Erden kein Erkennen.

Und dies Entbehren hat das Herz der Welt zerrissen,
Selbst ihre Schönheit weckt ein sehnsuchtsvoll Vermissen.

Unzulänglich.

Genüsse, Kronen, Ehren, Ruhm und Wonnen
Hat dieser kleine Erdball zu verschenken!
Gefällt's dem Geist, ihr Wesen zu bedenken,
Ist all' die Lust in eitel Nichts zerronnen.

So lang die Hoffnung ihren Traum gesponnen,
Ward Leidenschaft nicht müd', drauf hinzulenken;
Doch durft' Erfüllung sich vom Himmel senken,
Hat mit Besitz Enttäuschung auch begonnen.

Und ob sich heiße Wünsche neu entfachten —
Vergebens bleibt das nimmer müde Trachten
Nach einem Gut, beglückend, unvergänglich.

Nicht enden kann ein sehnsuchtsvolles Schmachten
Die Seele ist für ewigen Schmerz empfänglich,
Doch ewiges Glück zu fühlen unzulänglich.

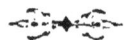

Philosophen.

Ihr knacktet wohl die Nuß: Welträthsel — viele Male,
Doch leider blieb der Kern stets wieder eine Schale.

Ludwig Anzengruber.

Volksweise.

Wie vieler deiner Freuden
Hab' ich umsonst geharrt,
Wie wenig deiner Leiden
Hast du mir, Welt, erspart!

Die Einen wie die Andern
Ich hätt' sie gern gemißt,
Weil doch ein planlos Wandern
Das arme Leben ist.

Und ruhen wir am Ziele
Im tiefen Erdenschoß,

Dann gleichen ihre Spiele,
Wer darbte, wer genoß.

Verderbet nicht den Einen
Der Freuden frohen Schein
Und seht ihr And're weinen,
Verschärfet nicht die Pein.

Daß keine wehmuthreiche
Erinn'rung euch betrübt,
Und man an euch die gleiche
Geduld und Treue übt!

Müller aus Guttenbrunn.

„Bitt' um ein Vaterunser!"

Am Wege nach meinem Heimatsort,
Da ragt ein Stein aus entschwundener Zeit,
Den man einem armen Sünder geweiht;
Drauf schrieben sie gläubigen Sinn's das
Wort:
„Bitt' um ein Vaterunser!"

Einst hat das Wort auf dem alten Stein
Niemals vergebens zum Knaben gefleht,
Und ging wer vorbei und sprach kein
Gebet.
Da schnitt es mir stets in's Herz hinein:
Der hat kein Vaterunser!

Ich zog in die Welt. Heut' setz' den Fuß
Auf Heimatserde ich wieder als Mann,
Und denkend der Kindheit, die längst zer-
rann,
Trifft hier mich der Heimat erster Gruß:
Bitt' um ein Vaterunser!

Mein Herz erbebt und es trübt mein Blick
Sich bei dem Anblick der mahnenden Schrift!
Den Glauben zerfraß mir des Zweifels
Gift,
Treulos verließ mich der Kindheit Glück —
Ich hab kein Vaterunser . . . . .

Albert Weltner.

Rath.

Fragt wohl der Lenz die Erde,
Ob sie ihn lieben will.
Mit bittender Geberde,
Demüthig, scheu und still?

Es kommt der Held, der frohe,
Reißt sie an seine Brust.
Aus der in mächtiger Lohe
Flammt seiner Liebe Lust.

Drum, wenn du, lieber Junge
Ein Mädchen lieben magst,
Umarme es im Sprunge
Eh schüchtern du es fragst.

Die Liebste muß gewähren.
Was kühn du dir geraubt!
O laß vom Lenz dich lehren:
Das Küssen ist erlaubt!

Marie von Najmajer.

Stromaufwärts.

Die Wolken zieh'n zum Thale,
Es eilt dahin die Fluth,
Von wo im Morgenstrahle
Ich schied mit trübem Muth.

Mit Wolken möcht' ich fliehen,
Und mit des Stromes Lauf,
Und muß doch vorwärts ziehen,
Den steilen Berg hinauf.

Die Lüfte treibt's, die Wogen,
Nach einem Ziel allein,
Und ewige Mächte zogen
Die Bahnen ihrem Sein.

Ach! gegen sein Verlangen,
Und gegen Strom und Wind,
Das Herz voll Sehnsuchtsbangen,
Zieht nur das Menschenkind!

Josephine Freiin von Knorr.

Lebenstrank.

Arzneien gab's vor alten Zeiten
Aus Perlen, Gold und Edelstein,
Die Zaubertränke der Gefeiten
Und Elixir und Lebenswein.

Was ist uns von der Kunst geblieben,
Die man geheimnisvoll entdeckt?
Hat sie die Krankheit wohl vertrieben?
Und mich der Tod zurück erschreckt?

Hat sie bewährt sich? Süß und schaurig
Und märchenhaft faßt es uns an,
Wir zweifeln und wir lächeln traurig
Ob uns'rer Väter blindem Wahn —

Und doch! Und doch! Der Wein des Lebens,
Der Lippen netzt und Stirnen kühlt
Im Durst des Tags, im Drang des
    Strebens,
Der jede Menschenbrust durchwühlt:

Wir müssen sorgsam ihn bereiten
Aus einer Mischung wunderbar,
Aus vielen Stoffen und zu Zeiten
Die nur dem Kundigen offenbar.

Des Glaubens Erz, das Gold der Liebe,
In jedem Tropfen der gebraut,
Der Hoffnung immer grüne Triebe
Und der Erfahrung bitt'res Kraut.

Zu diesem Trank, im Kampf des Lebens,
Zermalmen wir den Kern, den Stein
Und träufeln Edles nicht vergebens
In unser räthselhaftes Sein.

Es bleibt die Heilung ungefunden,
Doch bis das Glas vom Munde sinkt
Besteh'n wir nur des Daseins Stunden
Durch diesen Wein, den Jeder trinkt!

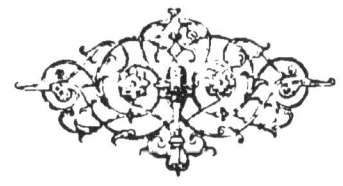

August Silberstein.

Brautstunde.

So bist du jetzt mit mir allein,
Kein Schlag des Herzens, der nicht mein —
Die ganze Welt entschwindet dir,
Und einzig eigen bist du mir!

Laß' deinen Mund vom Kusse weih'n,
Den zweiten auf die Stirne reih'n —

Auch, daß ein Zeichen sich erfüll',
Halt' ihm die beiden Augen still.

Du schließest sie! Schlägst du sie auf:
Verändert scheint der Weltenlauf —
Und was du fürder leuchten siehst,
Ist Licht, das meiner Lieb' entsprießt!

Frauen.

Engel haben mich zu Frauen
Oft gelenkt in meinen Tagen,
Und des Lebens Nacht und Grauen
Hab' ich nur durch sie ertragen.
Senkte Kummer mir die Brauen
Und das Haupt zu stillem Klagen,
Ihrer Augen mildes Schauen
Gab mir Trost und neu' Behagen.

Griff der Schmerz mit wilden Klauen
Mir in's Herz bis zum Verzagen —
Heilung brachten und Vertrauen
Ihre Worte — nicht zum Sagen!
Wie des Himmels lieblich Blauen
Lenkt, die Blicke aufzuschlagen,
Geben Frauen Auferbauen.
Allem Guten frisches Wagen!

Wolkenzug.

Ich blick' am stillen Abend
Beim Sonnenuntergang.
Mein Herz so wonnig labend,
Nach glühen Wolken lang.

Und noch entzückt im Traume
Mußt' ich das Bild ersehn.

Im Gold und Purpursaume
Die Wolken herrlich gehn.

Da wollt' ich denn auch fragen:
O lustige, rustige Schar,
Was ließ zur Stund' euch tragen
Solch Festkleid wunderbar?

„Ein Wölllein galt's umringen,
Dem ward ein Los so schön:
In's Menschenherz zu dringen
Als eine Freudenthrän'!

Nun ziehen wir bescheiden
Zu dem, was uns bestimmt —
Doch selig, wer an Freuden
Der Andern Antheil nimmt!

Das Kornweib.

Glühgolden die Ähren im Frühroth stehn,
Helljauchzend die Schnitter zur Ernte gehn.
Am wirthlichen Hofe, beim stattlichen Haus,
Da halten die Eigner und grüßen hinaus.
„Komm' Weibchen, nun winde die Blumen zum Kranz,
Mußt laden als Hausfrau zum festlichen Tanz!"
„Ach Gatte, mich freut nicht die Gottesgab',
Ein Jahr ist's, da senkten das Kind wir in's Grab!"
„Laß ruhen die Todten in himmlischer Hand,
Gewahrt ist das Leben, gesegnet das Land!" —
Sie gingen zur Ernte, den Kranz nun sie hielt,
Hört' nicht die Vöglein, sah trüb in's Gefild.
„Ach Gatte, was regt sich im Halmengewog',
Und sahst du, was wandelnd die Furchen durchzog?"
„Mein Weibchen, die Halme stehn hoch und dicht,
Dich täuschet die Thräne im Angesicht!"
„Blaublumige Augen, goldlockiges Haar,
Dort spielet ein Kindlein, wie unseres war!"
„O Mutter, kein Kindlein, ein Elbengebild,
Des Kornweibs Zauber im Erntegefild!
Entziehe dem Trugbild den irrenden Blick,
Sieh aufwärts zum Himmel, versöhn' das Geschick!"
„O Vater, es lächelt, den Kranz um das Haupt,
Mein Kind ist's, mein Kind, das todt ich geglaubt!
Und käm' selbst aus Höllen ein gaukelnder Gruß,
Ich tausche um's Leben den einzigen Kuß!"
„Halt' ein! halt ein!" Doch das Trugbild sie faßt,
Ein Kuß und ein Schrei, und sie lag verblaßt!
Nicht zogen die Schnitter zum fröhlichen Tanz,
Sie weihten der Todten mit Thränen den Kranz!

Eduard Mautner.

Des Künstlers Braut.

„O laß mich diese Götterformen
Nachbilden mit des Künstlers Hand,
Sie sollen als der Schönheit Normen
Den Ewigleiten halten Stand;
O lüfte diese neidischen Schleier,
Durch die der Schönheit Marmor blinkt,
Den Gürtel, der zur Hochzeitsfeier
Vor mir beglücktem Gatten sinkt!“

„Was einst der Meister als Sixtina
Verklärt in jenem Meer von Licht,
War es nicht seiner Fornarina
Geliebtes, schönes Angesicht?
Und von Jahrhundert zu Jahrhundert,
Umwogt von der Begeist'rung Strom,
Wird es gepriesen und bewundert,
Das holde Bäderkind von Rom!“

„Es drängte nimmer mich zu meißeln
Die hohe Himmelskönigin,
Nicht Christum blutend unter Geißeln;
Zum heit'ren Hellas zog's mich hin:
Sieh hier die Göttin schaumgeboren,
Umsaukelt von der Wogen Sprüh'n,
In ihrem eig'nen Reiz verloren,
Aus diesem Blocke hell erblüh'n!“

„Ob Andern auch mein Werk genügen,
Vollendet Andern gelten mag,
Ich kann mich nimmer selbst betrügen:
Mir fehlt der letzte Meißelschlag,
Mir fehlt das Höchste, fehlt das Eine,
Das erst den todten Stein belebt:
Die keusche, unberührte Reine
Der Göttin, die der Fluth entschwebt.“

„So mache du mir dieses Leibes
Geheimniß leuchtend offenbar,
Des reinen, jungfräulichen Weibes
Verwirrend süßes Räthsel klar:
O lasse diese Hüllen fallen,
Und wär's nur für Atome Zeit,
Und du, mein Werk und ich, wir wallen
Vereint dann zur Unsterblichkeit!“

Sie schweigt! Es schießt in dunklen Gluthen
In bleiche Wangen heiße Scham,
Dann bricht in wilden Thränenfluthen
Aus ihren Augen bitt'rer Gram.
Er sieht, wie Fieberschauer rütteln
Die holden Glieder zart und rein,
Und lange, gold'ne Locken schütteln
Ein banges, vorwurfsvolles: „Nein!“

Da braust er auf in wildem Hohne:
„Du bist ein Weib, wie alle sind:
Ob mir der Lorbeer wird zum Lohne —
Was gilt es dir, du blödes Kind?
Ob unvollendet auch verderbe
Aus blankem Marmor mein Gedicht,
Ob ich darob vor Kummer sterbe,
Was kümmert's dich, du liebst mich nicht!“

Sie blickt ihn an, so fest und lange,
Mit einem Blick, vor dem ihm graut,
Dann löst sie schweigend Band und Spange,
Die schöne, bleiche, stumme Braut!
Bald steht sie, ledig jeder Hülle,
Als Venus — doch Urania —
In ungeahnter Schönheit Fülle,
Ein Bild aus lichtem Marmor da.

Erst starrt er hin, wie glanzgeblendet,
Dann faßt er sich, der Meißel fliegt:
„Triumph! Mein Werk es ist vollendet!
Die Kunst, die Liebe hat gesiegt!
Verhülle diese Götterglieder,
Die züchtig du der Kunst entblößt,
Bis daß die Hand des Gatten wieder
Der Jungfrau keuschen Gürtel löst!"

Es zuckt ihr Mund in wildem Leide,
Ihr Auge blitzt in Todeslust:
Sie stößt des Meißels scharfe Schneide
Sich tief in ihre nackte Brust;
Es springt empor die heiße Quelle,
Sie wankt und sinkt, ihr Auge bricht,
Und ihres Blutes Purpurwelle
Hüllt sie in Schleier keusch und dicht.

Theodor Graf Heusenstamm.

Sinnsprüche.

Der Kluge bleibt der Mehrzahl gern gesellt,
Doch nie dem Haufen;
Und wenn er fürder mit der Welt
Nicht Schritt mehr hält,
Läßt er sie laufen.

Memento mori — dieser Blödsinnsfluch
Erstickte unter seinem Leichentuch
Millionen froher Leben, reicher Triebe!
„Gedenk' zu leben!" heißt der Spruch
Der ewigen, allwirkend heiligen Liebe!

Wo Licht erglomm, bringt's fort in allen Fernen;
Doch schriebe Weisheit auch ihr Wort mit Sternen,
Was frommt es Jenen, die nie lesen lernen?

Das Leben ist so schwer nicht zu begreifen,
Du mußt es nur durchleben, nicht durchschweifen.

Die Weisheit füllt mit edlem Schatz dein Haus,
Doch Liebe schmückt's zum Paradiese aus.

„Der Krug geht schöpfen, bis er bricht",
D'rum hältst du fern ihn vom Verkehr;

Nun freilich, so zerbricht er nicht,
Doch bleibt er dir auch leer.

Ada Christen.

Frühlingsstürme.

(Aus einer Novelle.)

Im Frühling hab ich einstens dich gesehen
Zum ersten Mal ... Es war ein Maientag,
Die Welt im hellen Sonnenscheine lag
Und durch die Lüfte ging ein lustig Wehen.
Bei einem Feste war's, geputzte Frauen
Und Männer saßen da, nur du allein
Warst schlicht, doch glänzte rother edler Wein
In deinem Glas. Mit hochgezogenen Brauen
Sah froh dein Auge fort in blaue Weiten.
Den Hut nachlässig aus der Stirn gerückt,
Die braune Faust leicht an den Tisch gedrückt,
So steht dein Bild vor mir aus jenen Zeiten.
Musik erklang, ich hörte leise pfeifen
Und singen dich; ich habe aufgelacht
Ob dieser Fröhlichkeit und nichts gedacht.
Da fühlt' ich plötzlich deinen Blick mich streifen.
Was war in diesen großen, dunklen Augen
Die gleichsam spöttisch hingen an dem Putz,
Der mich umwogt', als läge darauf Schmutz,
Und fragen: Was mag dieses Weib wohl taugen?...
Dann aber rasch mit neugiervollen Sinnen
Hinglitten nach dem welken kleinen Mann,
Der neben mir saß, gähnend dann und wann
Sich streckte, um dem Schlummer zu entrinnen.
Zuerst Erstaunen, mählich Widerwillen
Las ich auf deinem braunen Angesicht;
Der neben mir saß, regte sich erst nicht,
Dann nahm er lässig seine nordischen Brillen
Und starrte nun, den Fremden einzuschüchtern,
Ihn gleichfalls an, vermeintlich überllug,

Und doch nur mit dem halbverschwommnen Zug,
Der Trunknen eigen ist, die sich ernüchtern.
Dir aber irrte um den Mund ein Lachen . . .
Doch bald gelangweilt wandtest du den Kopf.
Ich hörte halblaut hingeworfen: „Tropf!" . . .
Doch wußt ich nicht, weß' Lippen solches sprachen.
Wie war ich thöricht! . . . Aus dem Feld geschlagen
Schienst du mir damals durch den kühlen Muth
Des Mannes, dem nach meiner Art ich gut,
Da ich sein Weib war fast seit Kindertagen.
Mein Mann! so unbelehrt und vielerfahren . . .
Gleich mir ein Kind der lustigen alten Stadt,
Hübsch, gut und reich, der Freuden übersatt
Ein Greis und doch ein Mann kaum nach den Jahren.
Als schautest du tief auf den Grund der Seele,
So mitleidsvoll lag jäh dein Blick auf mir —
Beleidigt aufgeweint hätt' ich nun schier . . .
Da frug mein Mann verwundert, was mir fehle.
Etwas wie Nerven ist es doch gewesen,
Ein unbestimmtes, zornig-feiges Weh,
Unklare Furcht, daß ich dich wiederseh,
Und wieder denken müsse, weiterlesen
In deiner Art, in deinen stolzen Zügen . . .
Ich scherzte, sang und plauderte so gern.
Mein Mann hielt alles Denken von mir fern,
Als „dummes Zeug" konnt' jeden Ernst er rügen
An all das dacht' ich, als ich kreischen hörte . . .
Hier liefen Frauen fort, dort fiel ein Kind.
Nun stiebte aus einander das Gesind,
Und alle schrieen plötzlich wie Bethörte —
Zwei große Doggen setzten durch die Wiesen
Und deutlich sah man bei dem tollen Lauf
Sie spürten, suchten doch nur Einen auf.
Du warst's, vor dem sie bald sich niederließen.
Du zanktest, dich erhebend, mit den Hunden
Und schrittest fort, als sie mit täppischer Lust
Dir kläffend sprangen an die breite Brust,
Bald warst du im Gewühle mir entschwunden . . .
    Ich aber habe später dich gefunden —
War es zum Heile mir, war es zum Fluch?

Lang ist es her . . . doch in dem kleinen Buch
Stehn aufgezeichnet all die dunklen Stunden,
Die allgemach in unser Leben kamen,
Die nur erleuchtet oft ein jäher Blitz . . .
Es ist was Blutiges in dem Menschenwitz,
Der uns in Ehren niemals ließ zusammen.
Wir suchten nicht nach henchlerischen Namen
Für das, was haltlos zu einand' uns zog,
Nicht unser Mund, noch unsere Seele log . . .
Ich sagte: „Ja . . ." Du sagtest leise: „Amen . . ."

Ferdinand Groß.

Genrebild.

Des Erdgeschosses Fenster sind geöffnet,
Das weite Zimmer strahlt in vollem Lichte;
In nächtigem Düster aber liegt die Straße,
Die Häuser schweigen rings, als ob sie schlummern.
Vereinzelt taucht von Zeit zu Zeit ein Wand'rer,
Der nach dem Heim die Schritte lenket, auf,
Wirft einen raschen Blick nach dem Gemach,
Wo sich ein froher Kreis versammelt hat,
Und zieht dahin, in's Dunkel sich verlierend.
Gesang, vermengt mit hellem Saitenklang,
Ertönt, und mit des Lichtmeer's Wellen fluthen
Hinaus die Melodien in die Nacht . . .
Nun kommt ein Spätling seines Weg's gegangen,
Gebeugten Haupt's, gehüllt in einen Mantel;
Er scheint des Grames schwere Last zu tragen,
Sein Gang ist träg' wie eines Mannes Gang,
Der Niemandem zu Lieb zu eilen braucht . . .
Er hält nun still. Doch lange nicht. Er will
Schon weiter, da erklingt ein neues Lied,
Das zauberisch ihn an die Stelle bannt,
Ein heit'res Lied, in dem die Fröhlichkeit

Auf Lerchenflügeln sich zum Äther schwingt.
Er lehnt sich gegenüber an ein Haus,
Er weiß, daß man von drinn' ihn nicht gewahrt,
Denn wer im Lichte glücklich lebt und wandelt,
Bemerkt den Bruder nicht, den Nacht umfängt.
Der Wand'rer horcht, er hält den Athem an,
Und spricht, als hab' er Einen, der ihn hört:
„Das sangst auch du, Marie, du sangst es schöner.
Aus einem Grabe tönt dies Lied mir nun;
Die ganze Welt ist mir zur Gruft geworden,
Seitdem man dich in einen Sarg gelegt.
Und ich beneide einzig und allein
Die Erde, die in ihren Schoß dich nahm ...
Das sangst auch du, Marie, du sangst es schöner."
Verklungen ist das Lied. Der Beifall rauscht,
Die Sängerin zu lohnen, durch den Raum.
Der Lauscher wendet sich von seinem Platze,
Und leisen Schritt's geht langsam er vorüber.

Ludwig Weißel.

Amor im Händchen.

Ist dein Händchen auch klein, so ist doch kleiner noch Amor,
Sieh! er setzte sich drauf, barg in den Fingern sich wohl;
Fassen wollt' ich die Hand, da spannte der Kleine den Bogen,
Los ihn drückend, entschied also der Schall mir das Los.

Die gute Schenke.

Da draußen auf der Haide
Steht eine Schenke gut,
Bin oft dort eingekehret
Gar froh und wohlgemuth.

Wirthstöchterlein kredenzte
Mir von dem besten Wein,
Ihr helles Auge glänzte
Wie Morgensonnenschein.

Jetzt führt ihr strenger Gatte
Die Wirthschaft in dem Haus,
Seitdem blieb aus der Schenke
Ich armer Teufel aus.

Nur Abends, wenn vom Fenster
Die Wirthin niederblickt',
Hab' wie ein Dieb ich leise
Mich dort vorbeigedrückt.

Entsagen.

Entsagen, dulden — Tugend wird's genannt;
Durch solches Lob sucht Schwäche sich zu lehnen,
Der echte Mann strebt nicht nach Märtyrkronen,
Für ihn ist Tugend Kampf und Widerstand.

Alfred Koenigsberg.

Lenau's Grab.

Abend seine Träume webt
Um des Dichters Grabeshügel,
Ein Gewitter fern verbebt
Und es senkt der Blitz die Flügel.

Berge strecken ihren Arm,
Treue Hüter, in die Lüfte,
Nachtigall klagt ihren Harm,
Wälder spenden ihre Düfte.

Gut ist's, allem Leid entrückt,
Liegen der Natur im Schoße;

Erde dich mit Blumen schmückt,
Himmel deckt dich zu, der große.

Es verlor die Furchtbarkeit
Hier der Tod und lächelt milde;
Heilige Stille herrschet weit,
Seliger Frieden im Gefilde.

Ferne nur die Donau zieht
Mit dem ewigen Wellenschlage,
Wie des Dichters ewiges Lied
Tönt bis in die fernsten Tage.

Fieber in Hellas.

I.

Laß ab, dein nahes Ende zu beklagen,
Das nirgends besseren Ort gefunden hätte,
Als hier, wo schönheitstrunken um die Wette
Die großen Meister durften Alles wagen,

Wo jetzt noch ihre Marmorsäulen ragen.
Gleicht Hellas nicht dem schönsten Toten-
bette,
Umschwebt von allen Geistern? Jede Stätte
Ist heiliger Grund, wo sie zu Grab dich
tragen.

Wo Götter stürzten, noch in Trümmern
hehr.
Wo ganze Völker starben, fällt's dir schwer?
Du findest fern vom Schnee der Heimat
Frieden.

Ein glücklich Los! Vermischt dem Helden-
staub.
Vom Ölbaum überdeckt und Lorbeerlaub,
Im Land Homer's zu ruhn ist dir beschieden.

II.

Es liegen Einst und Jetzt im Streite immer.
Das Jetzt heißt Fieber! Von dem Hel-
denstaube
In Luft und Wasser schluck ich, wie ich
glaube,
Zu viel; drum fesselt mich das Kranken-
zimmer.

Nur in der Phantasie lebt Hellas'
Schimmer.
Doch darf sie nicht dem Fieber sein zum
Raube,
Sonst ist's die Hölle ohne Wald und Laube,
Wo die Verdammten brennen mit Ge-
wimmer.

Hippokrates, laß hier mich nicht erliegen
Und an den Ärzten sterben! seh' ich
stündlich.
Nur rasche Flucht aus Hellas heilt mich
gründlich.

Ach hier gedeihen Schafe nur und Ziegen.
In Deutschland könnt' ich mich an Ochsen
laben
Und im Homer an Vossen's Hand ver-
graben

Chios.

Verborg'ner Frauenstimme Zaubermacht
Weckt unsre Neigung oft mit Blitzes-
schnelle.
Daß wir der fernen Sängerin zur Stelle
Des Geists und Körpers Schönheit zu-
gedacht.

So hast du, Chios, mich in tiefster Nacht
Bezaubert, als mein Schiff durch deine
Welle,

Vorüberfuhr, nicht Stern, noch Mondeshelle
Enthüllte je mir deiner Formen Pracht.

Doch bist nur du das Eiland meiner Wahl,
Denn dir entstieg berückend süßer Duft
Von deinen Mastixwäldern ohne Zahl.

Ein überirdisch Duften! Meer und Luft
Berauschten sich an deinem Athemzug.
Anhielt der Sturm selbst im Vorüberflug.

Victor von Umlauff.

Der schönste Platz.

Es tönt ein Zwitschern durch die Äste,
Es tönt so heimlich traut:
Die Drossel, die am neuen Neste
Gar emsig schafft und baut.

Nun hat sie fröhlich es beendet
Im Abendsonnenlicht,
Und zu dem Eheliebsten wendet
Das Köpfchen sie und spricht.

„Ein schön'rer Platz ist nicht zu finden,
Und flögst du noch so weit:

Die Buchen strecken und die Linden
Das Zweigwerk dicht und breit.

„Wie lieblich ruht's sich hier am Aste
Im letzten Abendstrahl,
Von Würmern wimmelt es im Baste,
Von Raupen ohne Zahl!

„Nach solcher Einsamkeit gelüstet
Hat's mich schon manches Jahr.
Gott Lob, im ganzen Walde nistet
Kein zweites Drosselpaar!"

Alfred Friedmann.

Der Einen.

Ich weiß, es kann nicht Frühling werden,
So lange du nicht lächeln magst;
Kein neuer Morgen blüht auf Erden,
So bald nicht du, o Sonne, tagst!

Von dir, Geliebte, hat sein Klingen
Das Lied und jeder holde Sang;
Du leihst den Sternen Glanz und
                              Schwingen,
Die stille gehn die Nacht entlang.

Du giebst der Blume ihre Düfte,
Jed' Wunder ist durch dich gescheh'n,
Der Anhauch milder Junilüfte
Ist deines Athems leises Weh'n.

Dein Auge giebt dem Äther Bläue,
Von dir kommt rother Rosen Zier,
Und ihren Namen hat die Treue,
Du Treuestliebende, von dir!

Schnee im August.

Verschleiernde Wolken auf felsigen Höhn,
 Ich sehe sie flattern und jagen!
Und näher braust aus den Gletschern der Föhn,
 Und mein sehnendes Herz will verzagen!
  Der Regen strömt allenthalben,
  An der Erde streifen die Schwalben.

In bärtigen Halmen stand schnittreif die Saat
 Und wogte so lustig im Winde.
Sie winkte die Schnitter herbei zu der Mahd,
 Und daß man zu Garben sie binde!
  Am Boden liegt sie zerschlagen,
  Und es hallt durch die Lüfte wie Klagen!

Sonst wär' es jetzt fröhliche Sommerszeit,
 Der Himmel sollt' glänzen in Bläue —
Und es steh'n um den See die Alpen verschneit,
 Und mein Liebchen vergaß der Treue!
  Der Regen strömt allenthalben,
  An der Erde streifen die Schwalben!

Hochsommer des Lebens, nun wäre dein Tag,
 Und die Zeit, zu bergen die Garben!
Meine Halme des Glücks traf ein Wetterschlag,
 Meine Blumen im Korne verdarben!
  Meine Nacht, sie bleibt ohne Sterne,
  Und am Tag war die Sonne so ferne!

Und ich ahne den Herbst und kein Sommer war mein,
 Bald färben sich rothbraun die Gipfel!
Und leise, ganz leise beginnt es zu schnei'n,
 Ein Bahrtuch deckt traurig die Wipfel!
  Bald fallen die Blätter, die falben —
  An der Erde streifen die Schwalben!

Londoner Nachtvision.

Nach Nebeljagd und Stürmen
Nun Mondlicht auf den Thürmen,
Der Himmel hell und rein!
Wie muß es jetzt am Meere,
Das ich so lang entbehre,
O Nacht, so herrlich sein!

Verhärmte Volksgesichter
Und rothe Lampenlichter,
Sie starren trüb mich an.
O daß, wo Grabesschweigen,
Und dennoch Lebensreigen,
Ich jetzt nicht wandeln kann!

O dürft' ich selig träumen
Vor deinen Silberräumen,
Du mondbeglänztes Meer!
Hier muß die Liebe lügen,
Erkauft wird das Vergnügen,
Das Herz bleibt ewig leer!

Ich aber weiß: am Meere
Bevölkert sich die Leere,
Da spielt der Nymphen Schar.
Sie winden Algenkränze
Und schlingen wilde Tänze,
Es fliegt im Wind ihr Haar.

Doch sieh', wie in den Fernen
Des Himmels zwischen Sternen
Der Vollmond wallt empor,
So taucht nun aus den Wellen,
Die wie in Sehnsucht schwellen,
Das schönste Weib hervor!

Im Meer ein Felsenbogen
Von grüner Fluth durchzogen,
Ragt nah dem Dünensand.
Dort thronet still die Bleiche,
Den Fuß im Heimatreiche
Und vor der Brust die Hand.

Sie seufzet tief und windet,
Indeß der Mond verschwindet,
Die Flechten blond und breit.
So scheint sie in dem Rahmen
Ein Bildnis ohne Namen
Aus sagenreicher Zeit.

Wie zittert auf der Welle
Des Mondes letzte Helle,
So zittert ihre Brust:
Vor Gram, der nie gestört wird,
Vor Leid, das nie gehört wird,
Verwandelt nie in Lust!

Sie klagt: „In's Werdeleben
Ward mir der Spruch gegeben:
‚Sei einsam in der Fluth,
Bis wer von Erdensöhnen
Sich dir will zugewöhnen,
Dir bleiben treu und gut.'

Verglühn der Sonne Gluthen,
So tauch' ich aus den Fluthen
Allnächtlich schön und licht!
Doch mit den Alltagsaugen
Mein Wunder einzusaugen,
Versteh'n die Menschen nicht.

Legt' meinen Leib, den schlanken,
Ich vor sie, in Gedanken
Sie schritten drüber hin!
Ich bin wie jene Sagen,
Aus Menschenkindheitstagen
Entschwunden ihrem Sinn.

Nun dünken sie sich weise,
Und wahrlich, sie sind Greise,
Doch weise sind sie nicht!
Sonst flöchten sie durch's Leben
Die ewig grünen Reben,
Wie sie die Dichtung flicht.

Nur Einer ist gekommen,
Deß Seufzer ich vernommen
Nach Schönheit, Märchenlicht!
Schon hielt ich ihn umfangen,
Doch ist auch er gegangen,
Doch rief auch ihn die Pflicht!

Die Nacht erbleicht vor'm Tage
Warum verschmäht der Zage
Des schönsten Glück's Gewinn?!
Im Wellenschoß nun wieder
Berg' ich die weißen Glieder,
Bis ich entzaubert bin!" —

Der Mond ist ob den Dächern
Und leuchtet schon mit schwächern
Lichtstrahlen in die Stadt.
Sie liegt gespenstisch traurig
Und mitternächtig schaurig,
Wie öden Daseins satt!

Mein Herz, so reich an Hoffen,
Du allem Schönen offen,
Bist elend und allein!
Du fühlst des Lebens Leere —
Wie muß es nun am Meere,
O Nacht, so lieblich sein!

Friedrich Gustav Triesch.

Schicksal.

Wenn wild des Herbstes Stürme, brau-
    send,
Am stolzen Bau des Waldes rütteln,
Und durch die hohen Wipfel sausend
Die Samenkörner niederschütteln —
Wer wüßte je vorher zu sagen,
Wohin sie nun die Lüfte tragen!

Wie wenige, die der Zufall rettet
Vor der Vernichtung bitterm Lose;
Wie wenige, die er sorgsam bettet
In treuer Erde warmem Schoße,
Von wo sie kraftvoll aufwärts streben
Zu Luft und Licht, zu Glanz und Leben.

In Sümpfen, in des Wildbachs Welle
In Bergesklüften, Felsenschlünden,
In feindlich starrendem Gerölle,
Ihr stummes Grab die Andern finden.
Es hat der Tod sie schon bezwungen
Bevor ihr Lebenskeim entsprungen.

Und wenn sie doch an's Licht sich ringen —
Indessen Jene glücklich wohnen
Auf festem Grund und aufwärts dringen
Und mächtgen Riesen ähnlich thronen,
In stolzer Kraft und Fülle schimmern, —
Heißt Jener bittres Los: verkümmern!

Ludwig August Frankl.

Seerosen.

Lautlos lauscht die Mitternacht
Über Wald und Wellen,
Und die Weiden wehen sacht
An den Uferstellen.

Leiser Lichtschein zittert auf,
Dämmerhaftes Fließen,
Und es zieht der Mond herauf,
Schimmer auszugießen.

Silberstrahlen in den See
Senkt er, in das Dunkel,
Es erwacht die Wasserfee
Von dem Lichtgefunkel.

Eine fremde Melodie
Weht durch Wind und Wellen —

Singt die Nixe, singen sie
Tiefverborg'ne Quellen?

Das geheimnisvolle Weib
Wiegt die weißen Glieder,
In die Tiefe taucht ihr Leib
Und erhebt sich wieder.

Mondenstrahlen fängt sie auf,
Ballt nur bläst sie leise
In die helle Nacht hinauf
Durch die Wellenkreise —

Morgens schwimmen auf dem See,
Von der Fluth gehoben,
Tausend Rosen, weiß wie Schnee
Mondenglanz-gewoben.

Flammenweihe.

In dem Land der Pharaonen,
Unter Geißelhieb und Qual,
Muß das Volk der Juden frohnen
In der Wüstensonne Strahl.

Aus der Zeichendeuter Munde
Und der Zaubrer Spruch jedoch,
Wurde Pharao die Kunde:
Bald zerbricht ihr Sklavenjoch.

In der Nacht geheimem Schleier,
Nah der Pyramide Bau,

Hat geboren den Befreier
Eines Sklaven junge Frau.

Pharao im Herrscherzorne,
Sendet seine Schergen aus:
„Tödtet alles Neugeborne,
Streng durchforschend Haus um Haus!"

Auf dem Teppich, bleich die Wangen,
Ruht des Sklaven schönes Weib,
Hält ein Knäblein warm umfangen,
Fest geschmiegt an ihren Leib.

Plötzlich kommen Schritte näher
Und aus süßem Traum geschreckt.
Hört sie die entsandten Späher,
Die ihr Mutterglück entdeckt.

Und sie legt, in Todesschrecken,
Ihr bedrohtes, holdes Kind
In des Herdes finstres Becken,
Deckt es zitternd zu geschwind.

Und die Häscher haben alle
Räume schon im Haus durchspäht,
Und sie nähern sich der Halle,
Wo der Herd des Hauses steht.

Wie sie ab den Deckel heben,
Schlagen Flammen hell empor.

„In den Gluthen ist kein Leben!"
Murrend gehn sie aus dem Thor.

Mit verzweifelter Geberde
Eilt die Mutter aus dem Flur,
Sammeln will sie in dem Herde
Ihres Kindes Asche nur.

Sieh', das lächelt ihr entgegen
Aus dem finstern, kalten Herd,
Händchen hebend, wie zum Segen,
Heiter blickend, unversehrt.

Funken sprühten, Flammen wehten,
Machten die Verfolger blind.
Zum Befreier, zum Propheten
Wuchs heran der Sklavin Kind.

Die Ehebrecherin.

In dem Tempel beim Altare
Vor dem jugendlichen Priester
Steht, gelöst die langen Haare,
Tief verhüllt, ein zitternd Weib.

Tief verschleiert, ihre Wangen,
Ihre Augen zu verbergen;
Werth nicht, daß der Sonne Prangen
Sie bescheine, steht sie da.

Daß er Gottesurtheil künde,
Wird zum ersten Mal der Priester
Über dieses Weibes Sünde
Heute walten seines Amts.

Früh bestimmt durch Elternwille,
Wuchs heran der Tempelknabe,
In der gottgeweihten Stille
Dienend fromm, den Seinen fern.

Des Altares Flamme lodert,
Er erfaßt die Opferschale;

Wie der heil'ge Brauch es fodert,
Geht er schweigend an sein Werk.

Von dem Tempelgrunde Erde
Legt er in die Kupferschale,
Asche von dem Opferherde
Streut bedächtig er hinzu.

Daß sich Erd' und Asche mische
Zu verhängnißvollem Tranke,
Schöpft vom Tempelquell er frische
Fluth und gießt sie in's Gefäß.

Dann von pergamentner Rolle
Liest er Flüche, Flammensprüche,
Wie auf Leichen Scholl' auf Scholle,
Dröhnen sie auf's Haupt dem Weib:

„Weil du Schande deinem Gatten,
Deiner Sippe Schmach bereitet
Und durch deine That ein Schatten
Auf das Volk Jehova's fällt,

Mußt du sühnen das Verderben,
Das der Ehbruch schafft im Lande,
Trinken wirst du und wirst sterben,
Fressend Feuer löscht dein Trunk!"

Drauf den aufgerollten Bogen
Zieht er durch der Schale Wasser,
Bis es, löschend, eingesogen
Hat die Schrift des finstern Fluchs.

Und dem Weibe näher tretend,
Daß sie aus der Schale trinke,
Reißt der junge Priester betend
Ihr den Schleier von dem Haupt.

Wie von einem Wetterstreiche
Todtgetroffen stürzt er nieder —
In der eignen Mutter bleiche
Züge hat geschaut der Sohn.

Madonna im See.

Ein Jäger aus entferntem Thal
Hat im Gebirge sich verstiegen
Und sieht im heißen Sonnenstrahl
Zu Füßen einen Waldsee liegen.

Des Wanderns müde, auszuruh'n
Streckt er am Ufer hin die Glieder,
Um einen kühlen Trunk zu thun
Neigt er zur klaren Fluth sich nieder.

Da leuchtet ihm aus tiefem Grund
Der Mutter Gottes Bild entgegen,
Erschroden netzt er nicht den Mund:
Er sieht das holde Bild sich regen.

Im blau und purpurnem Gewand,
Um's holde Haupt ein Strahlenbogen,
Den milden Blick emporgewandt,
So leuchtet's aus den klaren Wogen.

Er taucht, ob ihn nicht täuscht sein Blick,
Den Alpenstock zur Welle nieder —
Doch kehrt das holde Bild zurück,
Da sich der Spiegel ebnet wieder. —

Des Thals Bewohner ruft er auf
Und führt sie zu der Wunderstelle:

Es leuchtet von dem Grund herauf
Die holde Jungfrau aus der Welle.

In blau und purpurnem Gewand,
Um's Haupt den goldnen Strahlenbogen,
Den milden Blick emporgewandt,
Von feucht verklärtem Glanz umflogen.

Sie wissen endlich guten Rath
Das Seegewässer abzulassen,
Das Bild in seiner goldnen Staat
Wird just in ihre Kirche passen.

Der See fließt ab, die Menge lauscht,
Steht hoffnungsfreudig in der Runde,
Doch wie die Fluth ist abgerauscht,
Es liegt kein Bildnis in dem Grunde.

Und wie von Berggewässern klar
Sich wieder füllt des Sees Beden,
Stellt leuchtend sich das Bildnis dar,
Zu der Bewohner freudigem Schreden.

Es sieht die Himmelskönigin
Herab zum frommen Lande gerne.
Sie spiegelt in dem See sich d'rin —,
Und ringsum Sonne, Mond und Sterne.

W. Constant.

Sprüche.

Vor manchem kleinen Übel dieser Welt
Wird manches große Gute übersehen,
Wie vor dem bischen Mohn das Wei-
zenfeld,
In dem die reichsten goldnen Ähren
stehen.

————

Den großen Geistern geht's hienieden
(Gar häufig, wie das Gleichnis spricht:
Die Müden läßt der Leu zufrieden,
Den Leuen doch die Müden nicht!

————

Denk' immer, daß die Dinge dieser Welt
Nach ehernen Gesetzen sich gestalten:
Wer Alles für ein Werk des Satans hält,
Darf auch sich selbst für keinen Engel
halten!

————

Wer froh sein will für jeden Fall,
Dem singt die Krähe als Nachtigall.

————

Wenn eine Gunst das Geschick dir weigert,
Geschah's, daß es dein Begehren steigert

Und dies Begehren stählt deine Kraft,
Die das Verlor'ne selbst sich schafft!

————

Das eben ist des Dummkopfs Eigenheit
Und du erkennst daran ihn jederzeit:
Sprach er ein kluges Wort einmal in
Wochen,
Dann fürchtet er, daß Dummes er ge-
sprochen.

————

Respekt vor dem Genie! Zum Hausge-
brauch
Thut es hausbackener Verstand wohl auch;
Im Kleinverkehre nützt ein Goldstück wenig,
Da braucht vor Allem man Centime
und Pfennig.

————

Daß sich das Weib viel um die Mode
kümm're,
Das giebt uns Männern noch kein
Recht zu schelten:
Denn unsre Moden sind bei Weitem
schlimm're,
Da sie dem Reiche der Gedanken gelten.

Alfred von Wurzbach.

Die Birke.

Einer Birke habe ich
Tief in's Mark geschnitten,
Daß es einem Herzen glich,
Mit dem Dolch inmitten.

Silberklar und perlenhell
Floß es aus der Wunde;

Den berauschend süßen Quell
Schlürft' ich mit lechzendem Munde.

Fühlte einen seligen Traum
Um die Sinne fluthen —
Du mein wundersüßer Baum
Wirst dich wohl verbluten ...

Johannes Nordmann.

An der Tamina.
Aus meinem Wanderbuche.

Erst seit wenigen Tagen hatt' ich die Quellen des Rheinstroms
  Hinter mir, und ich sah, wie sie gebrochen die Bahn
Sich gewaltsam durch Felsenwände unbändigen Dranges,
  Tief ihren stürmischen Gang nahmen in schäumender Wuth.
Fast noch unbändiger, toller erschien mir der Gang der Tamina,
  Die als entfesselter Strom stürmt aus dem Thale hervor,
Über die schwarzen Blöcke hinwegsetzt brausend und sausend,
  Die sie als Spielzeug sich heftig gerissen in's Bett,
Rüttelnd und schüttelnd und rollend sie, als wollte der Wildfang
  Sie mit titanischer Kraft schleudern zum Himmel empor.
Wochenlang am Morgen beging ich das Thal der Tamina,
  Denn ihr wildes Geräusch schien mir die rechte Musik
Zu dem Buch, das ich las; es war der Ulrich von Hutten,
  Gleichsam den Kommentar gab die Tamina dazu.

Stürmiſch und übermüthig wie ſie, gewaltig und prächtig
    Brach der Hutten in's Land, Alles zermalmend, was faul,
Niederreißend, was ſtarr ſich entgegenſtemmte der Freiheit,
    Wie ein zündender Blitz fahrend durch ſchwarzes Gewölk.
Das, ein Leichentuch, bedeckt das verrathene Deutſchland,
    Bis er „die Würfel gerollt", rufend: „ich hab' es gewagt!"
Solches Wagnis verdammten freilich die Ängſtlichen, Halben,
    Und der ganze Mann ſtörte das friedliche Spiel,
Das ſie mit Fürſten und Pfaffen entzweit nicht, und bei dem Volke,
    Das auf den Grund nicht ſah, ihnen den Ruhm nicht verdarb.
Namen zu nennen, verdürbe vor tüchtigen Männern die Ehrfurcht,
    Die von der Schulbank uns tief in die Seele gepflanzt;
Minder human erſchiene vor unſeren Augen Erasmus,
    Welcher der Humanität leuchtendes Beiſpiel doch war.
Als nach Baſel der kranke und flüchtige Hutten gekommen,
    Wies von der Thüre er ihn, um mit den Gönnern es nicht,
Denen ein Dorn der vielfach Geächtete war, zu verderben,
    Und verleugnete ihn dreimal, wie Petrus gethan.
Meiſter, das ſteckt als häßlicher Makel auf deinem Gedächtnis,
    Dieſe verwerfliche That löſcht nicht dein gleißendes Wort.
Rauſche und brauſe du nur da unten, wilde Tumina,
    Du betäubſt nicht den Zorn, der mich mit Ekel erfaßt
Über die Niedertracht der Halben, die Hutten erfahren,
    Als er, ein ſterbender Mann, Zuflucht bei ihnen geſucht.

Fauſt Pachler.

Seltſame Bitte.

Herr, den ich glaube! Laß mich einmal ſchlecht ſein,
Laß mir das Schlechte gut, das Unrecht recht ſein!
Ich will nicht fürder mich verſpotten laſſen
Und meiner Tugend, meines Stolzes Knecht ſein.
Hier meine Ehre! Gieb dafür mir Ehren!
Hier mein Gewiſſen! Ich will glückbezecht ſein;

Nicht mehr um edle Güter dieses Lebens
Nur um gemeine will ich im Gefecht sein;
Will nicht mehr so ganz anders, als die Andren
Von dieser Zeiten scheußlichem Geschlecht sein! — —
Du lächelst, Herr, ob meiner tollen Bitte?
Ich wußt' es ja, du würdest mir gerecht sein,
Wir glauben nicht, noch minder mich erhören;
Es müßte sonst das Heiligste nicht echt sein!

⊷⊱⊰⊷

Eine Grabschrift.

Sich aufzuschwingen hat er nie vermocht
Als eine Kraft, die Andre unterjocht;
Kein Werk vollbracht und keine That gethau.
Ob der um seine Stirn sich Lorbeer flocht;
Hat keinen Freund erworben, der mit Stolz
Je sein Talent und sein Verdienst verfocht.
Er war, wie in der Kirche heiligem Raum
Des ewigen Lichtes stillverglüh'nder Docht,
Vor dessen Flämmlein nur der kleinsten
Schar
Von Gläubigen das Herz in Andacht pocht.

⊷⊱⊰⊷

Triolette.

1.

Das Schönste mag dein Aug', dein Ohr
entzücken,
Viel edler ist, o Mensch, das geistig Schöne.
Nicht, daß ich drum dich als geschmacklos höhne —
Das Schönste mag dein Aug', dein Ohr
entzücken!
Doch niedrig stehn die Farben und die
Töne,
Die einzig nur durch Sinnenreiz beglücken.
Das Schönste mag dein Aug', dein Ohr
entzücken,
Viel edler ist, o Mensch, das geistig
Schöne.

2.

Beginn' das Große, mag's dir auch
mißlingen,
Beginn' es nur; der Anfang schon belohnt,
Weil nur in ihm auch schon das Ende
wohnt.
Beginn' das Große, mag's dir auch
mißlingen.
Denn besser ist, es nie zum Abschluß
bringen,
Als daß dein Geist ihm nur im Traume
frohnt.
Beginn' das Große, mag's dir auch
mißlingen,
Beginn' es nur; der Anfang schon belohnt.

— ⊷⊱⊰⊷

Sand.

Ein Kasten Bausand hält vor dem Haus,
Auf einem Karren geschoben;
Sie schmückten die Ecken mit Reisig aus,
Feldblumen zieren ihn oben.

Da denk' ich nun gar tiefbeschämt,
Hätt' längst es mir denken sollen:
Das trockenste Leben erlaubt noch Zier,
Nur müssen wir's schmücken wollen.

→※←

Anahid.

Arabiens schönste Sommernacht
Entfaltet ihre Zauberpracht.
Die Lüfte, die so schwülen,
Beginnen sich zu kühlen;
Der Thau behängt mit Perlen Baum
und Strauch,
Der goldne Vollmond strahlt im reinsten
Scheine,
Die Rose grüßt mit würzig süßem Hauch,
Der Sprosser singt im stillen Palmen-
haine.
Und schwermuthsvoller tritt bei seinem Lied
Aus ihres Gatten Hause Anahid.
Sie faltet zum Gebet die schlanken Hände
Und fleht, daß Gott jed' Unheil von ihr
wende.

Der, den sie liebt, trug ja den Stab
Nach Mekka zum Prophetengrab
Und ihre Augensterne
Sehn traurig in die Ferne.
In Sehnsucht löst sich auf ihr ganzes Herz
Und hier, wo er von ihr sich losgewunden,
Wo scheidend er ihr that den ersten Schmerz,
Hier harrt sie sein zu vielen, vielen
Stunden.
Ihr fließen Thränen über das Gesicht,
Sie aber fühlt und merkt es nicht;

Sie schaut, sie lauscht, jetzt hoffend, jetzt
beklommen —
Dort ist der Weg; von dorther muß er
kommen.

Da, heller als vom Vollmondschein,
Strahlt's plötzlich auf im Palmenhain
Und immer wächst und immer
Der wunderbare Schimmer.
In dieser licht- und glanzerfüllten Luft
Verwandelt sich des Waldes Säulenhalle
Durchwürzt wie von dem feinsten Am-
braduft
Zu einem Laubgang funkelnder Krystalle.
Und Arm in Arm auf einem Silberpfad
Kommt rasch ein Jünglingspaar genaht,
So schön, so reich von Anmuth überflossen
Wie Keiner, der von Menschen ist ent-
sprossen.

Das Weib mit gastlich heiterm Sinn
Tritt ganz bescheiden vor sie hin.
„Ihr seid nach dem Gewande
Wohl fremd in diesem Lande;
O geht vorüber nicht an meinem Haus.
Was nur erquickt, nach diesem will ich
sehen,
Hier stärkt euch, edle Gäste, hier ruht aus,

19*

Hier soll euch, so mir Gott hilft, wohl-
geschehen.
Ich selbst bereit' euch ein willkommnes
Mahl,
Füll' euch des Gatten Festpokal,
Und will, um süße Träume euch zu
bringen,
Manch schönes Lied, manch lieblich Mär-
chen singen."

Die beiden Wandrer dankten ihr.
„Arot und Marot heißen wir.
Uns sandte Gott zur Erde,
Daß kund sein Wille werde.
Gleichviel, ob er die Sterblichen belohne,
Ob er, wie jetzt, die Menschheit strafen
muß,
Uns, die als Engel stehn an seinem
Throne,
Nur uns vertraut er jeglichen Entschluß.
Die Gräu'l der Sünder schrei'n zu
Gottes Ohr
Wie Spott auf Gottes Macht empor;
Nun sollen wir die ganze Welt durch-
wandern,
Vergelten Einigen und droh'n den An-
dern."

So redend treten sie in's Haus;
Die Holde aber schwebt voraus
Gleichwie des Morgens Wonne,
Das Frühroth, vor der Sonne.
„Allah's Gesandte kehrten bei mir ein!"
Sie ruft's, und freudigen Stolz in allen
Mienen
Wäscht sie der Wandrer Fuß mit Spe-
zerei'n
Und läßt nicht ab, sie freundlich zu bedienen.
Von ihren Lippen, bei der Laute Klang,
Fließt weicher, schmelzender Gesang;

Dann tanzt sie, wie von sanftem West
geschaukelt
Ein Blumenblättchen auf der Welle gaukelt.

Die Wange, wie sie purpurn blüht!
Das Auge, wie es Feuer sprüht!
Von heißem Hauch umfächelt
Das Mündchen, wie es lächelt!
Wie sinnberückend hebt sich Arm und Fuß,
Wie hold des Busens schwellende Be-
wegung!
Die Becher nähern sich als wie zum Kuß,
Denn selbst der Boden zittert vor Erregung.
Schon reißt der Kranz, der den Pokal
umflicht,
Und in der Ampel bebt das Licht.
Doch sie, voll Unschuld klatscht sie mit
den Händen,
Entzückend selbst im Schatten an den
Wänden.

Arot und Marot aber schau'n
Starr auf die herrlichste der Frau'n.
Sie stehn wie anblickstrunken
In all' den Reiz versunken.
„Wie? Solchen Reichthum hat ein Erden-
kind,
Und wir, die Engel, müssen ihn ent-
behren?
Uns Hohe, die doch mehr als Menschen
sind,
Uns soll die Mißgunst, soll der Neid
verzehren?"
Sie weinen jetzt, und bis zum Überschwang
Sich steigernd, wird ihr Wunsch zum Drang;
Ihr Blick, ihr Hauch, die Seele glüht,
sie lieben —
Nach wilder Menschen Art, mit wilden
Trieben.

Des Auftrags wird nicht mehr gedacht,
Der sie zur Erde heut gebracht;
Sie betteln, sie beschwören,
Ihr Flehen zu erhören.
Mit frechem Blick und frecher Rede kniet
Das Paar vor ihr im sündigsten Ver-
langen,
Und jeder Engel bittet Anahid
Ihn, Gluth mit Gluth erwiedernd, zu
umfangen,
Und als sie erst nur schaudernd staunt,
dann still
Sich auf die Flucht begeben will,
Wird sie gefaßt, gehalten, und von
Beiden
Droht ihr Gewalt — sie muß sich rasch
entscheiden.

„Wohl," stammelt sie erbleichend, „sei's!
Allein ich fordre einen Preis.
Lehrt mich zuvor die Worte,
Die aufthun Gottes Pforte.
Ihr nennt euch Engel? Wohl! Beweist
es mir!
Wenn ihr mich wahrhaft liebt, müßt ihr
mir's gönnen,
Daß ich nicht kleiner sei an Macht
als ihr;

Was ihr vermögt, das will ich gleichfalls können."
Da flüstern ihr sie das Geheimnis zu.
„Vor Gottes Thron stehst dann auch
du!"
Sie aber spricht voll Glück: „Ich will's
erproben!"
Und ruft, und fliegt, wie sie's ersehnt,
nach oben.

Weit öffnet sich des Himmels Blau,
Zu Gottes Thron gelangt die Frau
Und wirft sich vor ihm nieder;
Noch zittern ihr die Glieder. —
Der Herr betrachtet sie und spricht mit
Huld:
„Sei unbesorgt! An Strafe zugemessen
Wird ihnen ganz genau nach ihrer
Schuld.
Sie haben, was sie dich gelehrt, ver-
gessen
Und finden's nimmermehr, das heilige
Wort.
Doch du, der Reinheit Stern und Hort,
Du sei hinfort als Morgenstern bewundert,
Hell glänzend von Jahrhundert zu Jahr-
hundert."

Emmerich Ranzoni.

Welträthsel.

Wenn dir tausend Dasein geschenkt vom
Schicksal —
Andre haben vor dir gelebt und Andre
Leben nach dir; unaufhaltsam und endlos
Wandern die Tage!

Berge thürme geschäftig auf Berge, reihe
Stern an Stern und Sonnensystem an
Sonnen,
Schwing dich kühn von Gipfel zu Gipfel,
nimmer
Kommst du zum Ausgang!

Endlos, ewig! Selbst der Gedanke, der doch
Tausendäugig Welten durchblickt und Jahre
Durchfliegt in des Augenblicks flüchtiger
Kürze,
Fasset das All nicht!

Taucht des Menschen Geist in's unendliche
Lichtmeer —
Dann erbleicht sein Schimmer und auf-
gesogen
Von den ewig leuchtenden Fluthen ver-
liert sich
Träumend die Seele!

Epische Dichtungen.

Johannes Nordmann.

Jacob Balde.

Eine Weingeschichte.

Vergessen bleibt für alle Zeit,
Was Fürsten und was Helden
Vollbracht, soferne nicht bereit
Chronisten sind, zu melden
Von ihren Thaten, sie im Buch
Als Kleinod zu verwahren:
Es bringt der Schriftgelehrten Spruch
Sie erst zu hohen Jahren.

Das wußte Alexander schon,
Den man den „Großen" nannte,
Der unversäumt den höchsten Lohn
Den Männern zuerkannte,
Die, was vollbracht er mit dem Schwert,
Durch ihren Griffel ehrten,
Mit ihrem Lob erst seinen Werth
Erklärten und vermehrten.

Und Eines mußte stets und schwer
Er missen und beklagen,
Daß ihm nicht huldig ein Homer,
Zu singen und zu sagen

Mit Lied und Wort, die fort den Ruhm
Von seinen Siegeszügen
Hinauf in das Emporium
Der Nachwelt klingend trügen.

Dem Alexander glichen nicht
Die kleinen Baiernfürsten,
Doch waren gleichfalls sie erpicht,
Dieweil nach Ruhm sie dürsten,
Daß, was gescheh'n in ihrem Land,
Die kundige Hand beschriebe,
Weil, was einmal in Lettern stand,
Auch unverloren bliebe.

Der Welser und der Aventin,
Im Ruch von guten Christen,
Bekamen ihren Lohn dahin
Als Stadt- und Hofchronisten;
Sie schrieben sich die Finger lahm
Und steif sich Hals und Rücken,
Zusammen trugen sie den Kram
Aus weit verstreuten Stücken.

Zu Folianten wuchs sich aus,
Was sie zusammengetragen,
Doch tönte nicht der Geist heraus
Wie lustig Amselschlagen
Beim Frühlingsgang im grünen Wald;
Wie mühsam auch gesponnen
Das Zeug, es war verschlissen bald
Und nichts damit gewonnen.

Es hatten keine Freude d'ran
Die Baiernfürsten; ehrlich
War die Geschichte abgethan,
Doch war sie nicht begehrlich.
Da hielten Umfrag' sie im Land,
Ob Einer umzudichten
Den tiefgelehrten Kram verstand
Und schmackhaft herzurichten.

Der Balde wär' der rechte Mann,
Der Jesuit und Dichter,
Der setzt, sofern es Einer kann,
Am richtigen Fleck die Lichter.
Es nimmt der Kurfürst ihn in Sold
Zu schreiben die Historie.
Er spart mit Ehren nicht und Gold
Zu seiner Väter Glorie.

Dem Balde fehlt es nicht an Schwung;
Um den noch zu beschwingen,
Zu heizen die Begeisterung,
Soll man ihm täglich bringen
Den vollsten Krug vom besten Wein,
Tief aus dem Fürstenkeller,
An jedem Festtag obendrein
Ein Krüglein Muskateller.

Der Balde ließ das größte Buch
Sich auf das Schreibpult legen;
Erbat mit einem frommen Spruch
Zur Arbeit sich den Segen;

Der Titel nur das Frontispiz
Des Spruches in Gewinden
Sind aufgebaut, es wird der Witz
Zum Andern wohl sich finden.

Nicht durfte überschreiten mehr
Ein Bruder seine Schwelle,
Seit er an seinem Werke schwer
Sich mühte in der Zelle;
Er leitet aus der Bücherei
Dazu noch manche Quelle,
Auf daß es unbestreitbar sei
Und klar in jeder Stelle.

Die beste Quelle war der Wein,
Den man ihm täglich brachte;
Es war die Arbeit gar nicht klein,
War gut, daß man entfachte
Den Muth dazu mit einem Krug,
Der noch den Eifer schüre;
Des Fürsten Kellermeister trug
Ihn selber vor die Thüre.

Das zeigt er stets dem Pater an
Und fragt mit leisem Pochen:
„Ist Eure Arbeit schon gethan,
Und ist sie schon im Kochen?
Neugierig ist der Kurfürst schon
Und lüstern, wie ich merke." —
„So melde ihm getrost, mein Sohn,
Ich schaffe an dem Werke."

Es fielen und es sproßten neu
Die Blätter in dem Walde:
In seiner Zelle saß getreu
Am Buch der Jacob Balde
Und schrieb, doch ein Geheimnis blieb,
Die Welt zu überraschen,
Sein Werk, nur durfte ihm kein Dieb
Vorweg vom Inhalt naschen.

Ein Jahr um's andre ging in's Land,
Und ungestüm begehrt schon
Der Fürst, der in dem Keller fand
Gar manches Faß geleert schon,
Für den gewissenhaften Trank
Von Balde, dem Chronisten,
Rechtschaffen den geschriebnen Dank
Und nicht ein Überlisten.

Den Balde trifft der Vorwurf schwer
Und seines Fürsten Klage,
Es munbet ihm der Wein nicht mehr,
Wie sonst, von diesem Tage —
Und eines Morgens stand der Krug
Geleert nicht auf der Schwelle,
Der Kellermeister sah's und trug
Besorgt ihn von der Stelle.

„Das hat nicht Art mehr und Geziem!
Was weigert er die Gabe,
Nachdem ich doch das Beste ihm
Vom Faß gehoben habe?" —
Es trifft die kleinste Schuld ihn nicht,
Der Wein war nicht verdorben,
Wie immer würzig, golden licht —
Der Balde war gestorben!

Des Fürsten erste Sorge war
Nach dieser Trauerkunde:
Es werde nun ihm offenbar
Schon in der nächsten Stunde,
Wie der Chronist behandelt fein
Die Stadt- und Hofgeschichten,
Um so für viel genoss'nen Wein
Den Dank ihm auszurichten.

Im Buch, das man ihm brachte, sind
Zwei Bogen kaum beschrieben,
Die andern wie ein Faßgebind,
Ein ungefülltes, blieben;
Verstreut auf mancher Seite fand
Man Verse und Gedanken,
Hier eingelegt ein Seidenband,
Dort welke Blüthenranken.

Nicht lohnte, was vollbracht in Jahr
Und Tag zu Baierns Ruhme
Der Balde, all den Wein, so klar
So würzig in der Blume.
Den Fürsten brauchten And're nit
Daran zu mahnen später,
Er murmelt oftmals: „Jesuit!"
Und setzt hinzu: „Verräther!"

Marie von Ebner-Eschenbach.

Die Erdbeerfrau.

„A loati's Erber'-Jahr, natürli, gel'?
Am Benno-Tag, der Frost, der hat's derwischt!" —
Sprach sie mich an, und lächelte dazu
Mit welkem Mund und wasserblauen Augen,
So harmlos wie ein Kind, die dürre Alte.

„Recht schlimm für uns, und schlimmer noch für Euch"
Erwiedert' ich. „Ihr kommt um den Verdienst,
Den besten wohl im Sommer."

„I? No wiss'ns,
Geit's ihrer weni', wer'ns halt besser zahlt,
Die Erber', gar die schöni aus'm G'stoan,
Wie ebba selli da!"

Sie rückt' hinweg
Den Deckel ihres Korbs, und drinnen lagen
Auf Tannenreislein und auf frischen Blättern
Erdbeeren duftend und so purpurroth,
Daß schon ihr Anblick eine Labung war.

Der Alten bot er wahren Hochgenuß:
„Die wachsn auf'n Staufn, in die Schluchtn,"
Sagt sie, und hebt voll Finderstolz ihr Körbchen.

Ich hätte seinen Inhalt gern erworben,
Er war verkauft. Vom Berge kam die Frau,
Nach langem Tagewerk, war hungrig jetzt,
Ein wenig müd, und sehnte sich nach Hause.

„Es warten Eure Kinder," meinte ich,
„Und Enkel dort auf Euch."

„Auf mi' wart' koa's,
I bin alloa," gab sie zerstreut zurück,
Und mit der Rechten ihre Augen deckend,
Sah in die Sonne sie, die goldig fluthend
So eben hinter Bergeshöh'n versank.

„Da schaug'ns hin, zum Zwifl schaug'ns hin.
Da bin i morg'n um die Zeit scho' gwest.

Von Ab'nd hoaßt's zur Alm no auffitrabn,
In Heubüh' drobn schlaft ma woltern guat
Und fruh um zwoa geht's ani scho in d' Staubn."
  Und wieder lag auf ihrem greisen Antlitz
Das Kinderlächeln, das mich gleich bezwang,
Als sie nun sprach von ihren Wanderungen
Im Morgendämmer und beim Sonnenaufgang,
Durch Waldesdunkel, durch das Felsgeklüft,
Und drob so Müdigkeit vergaß wie Hunger.
Ein Jäger nur erzählt mit solcher Freude
Von seinen Abenteuern auf der Birsch,
Wie von den ihren sie beim „Erber-Brocken".
  Mit stillem Reide horcht' ich. Aus der Noth
Nicht eine Tugend nur, auch Glück zu machen,
Das ist die allerhöchste Lebenskunst.
Ihr freilich mag sie leicht geworden sein,
Der schlichten alten Freundin der Natur,
In diesem Dasein, halb im Traum geführt,
Dem Kampf der Welt entrückt, von Leiden frei.
  „G'sund bin i, Gott sei Dank!" schloß sie vergnügt,
Und zwinkert' nach den gluthumsäumten Bergen
Voll Liebe hin, „und hon aa' koani Sorg'n."
  „Im Sommer, doch wie sieht's im Winter aus?"
  „Mit Gottes Gnad, an diem, a bißl wiescht,
Ma hofft halt immer daß bal' Frühling wird.
An Daschids bringt ihm scho so kloanweis furt."
  „Das ist der Trost der Einsamen," sagt' ich,
„Wie Ihr es seid, vielleicht von jeher wart?"
  Gutmüthig heit'ren Spott's zuckt sie die Achseln
Ob meines Irrthums. „Na, von jeher nit.
I hon amal a schön's A'wes'n g'heit,
An braven Mo', fünf Kinder — ja amal!"
  „Fünf Kinder? Hab und Gut? Und steht allein
Und arm jetzt in der Welt? ... Wie ging das zu?"
  „No, schiefri ebba. 's Unglück hat uns hoamg'sucht,
Verbrunnen san mer aa'" gab sie zur Antwort
Und schien zu denken: Ei, was kümmert's dich?
Doch mählich eines Bessern sich besinnend,
Hob leise seufzend sie von Neuem an:
  „Vor dreizehn Jahren, — wartens — ua, vor achtzehn,

Ja wirkli, achtzehn, — wie die Zeit vergeht!
Da is bei uns das großi Feuer g'west.
In d' Tenna ei'g'schlag'n hat der Blitz von Himmi —
Und voll mit Troad wie's war, so is verbrunnen,
Und aa der Mo', der Küh', zwoa Kinder, all's
Verbrunna."
　　　　　　　　„Wie? Verbraunt?!"
　　　　　　　　　　　　„Ja, ja, verbrennt.
Mi selba hat der Nachber no a'n Zopf
Der damal armselig war — wer möcht dees glaub'n? —
Herauszerrt aus die licht'r loh'n Flammen.
Die Gloadiger hon si' den Grund biholten,
Und wiar i gang'n, wiar i g'stand'n bin,
So bin i von der Brandg'stätt weiterzog'n."
　　　　„Mit Euren Kindern?"
　　　　　　　　　　　„Jo, mit denen drei,
Die übri blieb'n san, zwoa Dienblu und
Au kloan'n Bueb'n," entgegnet sie gelassen.
　　　„Und dann? Wie habt Ihr dann Euch fortgeholfen?"
　　　Sie hob den Kopf empor: „No, ehrli halt.
Viel g'arbeit, viel, und aa' a biß'l bet',
A bißl nur, denn damaln, wissens, Frau,
Da war i bös mit unsern lieben Herrgott,
Und bin's aa' blieben no a lange Weil',
Denn oans vo meini Dieneln is schlecht g'rath'n
Und seit da drauß'n vor der Kirchhofmau'r,
I mach en Umweg, mueß i dort vorbi."
　　　„Die Zweite aber? — die?"
　　　　　　　　　　　　　„Die hat an Bauern.
In Hammerau, an reich'n, is versorgt."
　　　„Und sorgt für ihre Mutter, will ich hoffen."
　　　„Für mi? Was denken's denn? Sie hat den Mo',
Hat ihm ins Haus koan rothi Heller bracht
Und wird aa' koanen 'naustrag'n — dees hoff' i!"
　　　„Und Euer Sohn?"
　　　　　　　　　　„Soldat war'r, Schandarm...
I sag, er war, jetzunder is er todt,
Erschoss'n von die Pascher an der Grenz'.
In letzn Birglcht hon i die Nachricht kriegt."
　　　Sie sprach es langsam, leise, unbewegt,

Sann nach ein Weilchen; wie ein Lichtstrahl flog's
Erhellend freudig über ihr Gesicht.
„Der is mit mir gar oft in d' Erber' ganga
Wier er a Bua no war und später aa',
Der hat die Berg so guat gekennt wiar i.“

Sie blickte in die Weite, ganz verklärt
Vom sanften Glück des lieblichsten Erinnerns,
Und wandt' zum Gehen sich mit stillem Gruß.
Doch plötzlich hielt sie an. Die lichten Augen
Erglänzten wild und stoben Zornesfunken.
An uns vorbei geschritten kam ein Knabe,
Der in der Hand ein Schüßlein voll mit Beeren,
Armseligen, halbgereiften trug. — „Du Lump,“
Rief ihm die Alte zu, „konst's nit derwart'n,
Daaß d' Erber roth wer'n, muaßt di greani rupf'n?“

Mit hoch erhobner Faust bedroht sie ihn,
Und ein gewaltig Fluchwort flog ihm nach,
Als schleunig er und still die Flucht ergriff.
Dann aber ganz erregt vor Schmerz und Grimm
Sprach sie: „Dees is mei' allerirgster Kumma,
Wenn's d' Erber' brockn u'reif und kloanleizi
Ma mirkt's ja deutli, 's thuat der Pflanzen weh.
Sie wehrt si drum, was sie nur ko', di Armi,
Just wier a Muatta um ihr liebis Kind.
Do' wenn die Frucht erst zeiti wor'n is,
Geits 's geduldi her; no jo, sie hat
Das ihre redli' tho', und denkt ihm halt:
Jetz' werst der endli aa dein Frieden gunna.“

Da stockte sie und sah mich fragend an,
Bestürzt beinah ob dieser Worte Sinn,
Der dämmernd nur ihr zum Bewußtsein kam.
„Wo wohnen's?“ sprach sie haftig.
                                „In Sankt Zeno“
„Da kimm i lei' an nächstn Sunnta hin,
Und Erber' bring' i ihua, solchi habus
No niemal koane gsegn. Bhüth' Ihna Gott!“ *)

*) Worterklärung. loabl: leibig. gel': gelt. dawischt: erwischt. ebba felli: etwa diese. gon: gegen. aufifikrabin: hinaufklettern. woltern: wohl. an diem: zuweilen. Dasbilds: einzelnes Wesen. Mo: Mann. Troad: Getreide. Soldat: Soldat. Hirgscht: Herbst. Kloankelzi: kleinwinzig.

Karl von Thaler.

Alexandermärchen.

Als Alexander's Siegesflug
Sein Heer zum fernsten Osten trug,
Als Persiens Krone, kaum dem Haupt
Des Überwundenen geraubt,
Kaum Wochen alt, bereits für ihn,
Weil schon erworben, werthlos schien; —
Da drang der Makedoner Schar,
Der Heimat fern seit manchem Jahr,
Durch Felsgebirg und Wüstensand
In der fünf Ströme reiches Land.
Es athmete mit froher Lust
Der alten Krieger breite Brust
Des nahen Indien warme Luft
Durchwürzt von fremdem Balsamduft.
Sie staunten ob des Mondes Pracht
In lauer träumerischer Nacht
Und priesen ihres Königs Stern:
„Wir zieh'n mit ihm, wär's noch so fern,
Der Sonne zu, des Ostens Gauen!"
Das Wunderland wollt' Jeder schauen,
Wo auf des Ganges heiliger Fluth
Die Lotosblume träumend ruht;
Wo hohe Göttertempel steh'n,
Und die Brahmanen sinnend geh'n,
Wo stumm die Fächerpalme nickt
Und hoch vom Ast der Sittich blickt.

Dem Osten zu! Und vorwärts drangen
Die makedonischen Phalangen
Mit Siegerschritt und Flüchtlingshast.
Sie hielten stets nur kurze Rast,
Bis daß der Abenteurerzug
Am Hyphasis sein Lager schlug,
Dort auszuruhen, weil vor Allen
Die Stätte ihnen wohlgefallen.
Hoch wölbte an dem breiten Strom
Sich rechts und links des Waldes Dom
Und spendete den kühlsten Schatten
Den blumenreichen Wiesenmatten.
Nur dämmernd brach der Sonne Schein
Durch's grüne Blätterdach hinein,
Das schirmend überm Grunde lag;
Ein Riesenzelt bei Nacht und Tag,
Gestützt von Stämmen, hoch und schlank,
Von denen sich ein dicht Gerank
Herabschwang durch den duftigen Raum,
Von Ast zu Ast, von Baum zu Baum,
Das zitternd schwankt im Windeshauch
Vom Wipfel hangend bis zum Strauch.

Hier wollte ruh'n das müde Heer,
Vergessend alle Kriegsbeschwer,
Bis neue Kraft und neues Leben

Die würzigen Wälder ihm gegeben.
Was Alexander auch vollbracht,
Noch schien zu klein ihm seine Macht!
So lang von dieser Welt ein Theil
Dem Schwert noch des Erob'rers feil,
So lang fand Arbeit er zu thun
Und wollte dann erst müßig ruh'n,
Wenn sich sein Heer zur Umkehr wende
An der bewohnten Erde Ende.

Das Lager stand in kurzer Zeit
Und dehnte sich am Ufer weit.
Dem Lauf entlang der grünen Wellen
Sah man die weißen Zelte schwellen,
Von reichem Blätterschmuck umkränzt
Und gegen Mitternacht begrenzt
Durch eines steilen Hügels Rand,
Von dem zum Strom sich niederwand
Und plätschernd durch des Waldes Fläche
Hinfloß der lauterste der Bäche.
Hier schöpfte frischen Tranks genug
Der durstige Krieger mit dem Krug,
Und täglich labte, rein und hell,
Das ganze Heer der muntre Quell.

So kam denn eines Morgens auch
Wie sonst die Schar mit Krug und Schlauch
Und lagerte am Uferhang
Mit frohen Scherzen und Gesang:
„Den Göttern Preis, die uns gegeben
Solch' ein vergnügtes Lagerleben!"
„Beim Zeus!" sprach da ein Krieger, „fast
Wird mir dies Einerlei verhaßt.
Was sitzt ihr stets an dieser Quelle?
So geht doch einmal von der Stelle!
Kommt Freunde, klimmt mit mir bergauf
Des klaren Baches Schlängellauf
Entlang, damit hinab wir schauen
Vom Hügelkamm auf Wald und Auen."
»Evoë!« klang's. Gesagt, gethan

Die ganze Schar steigt rasch hinan,
Die steile Höhe zu gewinnen.
Nicht allzuleicht war ihr Beginnen;
Der Gipfel schien sich zu entfernen,
Und Mancher mußte strauchelnd lernen,
Wie rauh der Weg und ungebahnt,
Der Menschentritte nie geahnt.
Doch weckt die Mühsal ihre Lust
Und leuchtend aus der müden Brust
Erreichen sie den Höhensaum —
Und was sie sehen, scheint ein Traum.
Tief unter ihnen lag ein Thal
Im hellen Morgensonnenstrahl,
Auf dessen weitgestreckter Flur
Ein seltsam Wunder der Natur
Reizvoll den Schauenden entzückt,
Verwirrend seinen Sinn berückt:
Viel Blumen wuchsen, hoch und groß,
Im bergumhegten Thalesschoß.
Mit reicher Knospenfülle prangend
Und schwer vom Stengel niederhangend.
Aus jedes Blüthenkelches Duft
Sah in die milde, weiche Luft
Ein holdes Mädchenangesicht,
Mit Augen, wie der Himmel licht,
Woraus der Liebe Feuer sprüht
Und lockende Verheißung glüht.
Fast von den Blättern zugedeckt,
Im Kelche schüchtern noch versteckt,
Erblühten voll sie nach und nach,
Bis auch die letzte Knospe brach
Und rings die schönen Köpfchen nickten,
Die nach den Kriegern schmachtend blickten.
Doch diese, von des Zaubers Banden
Gefesselt, stumm und staunend standen
Und neigten lauschend dann ihr Ohr;
Denn nun im leisen, süßen Chor,
Wie Windesflüstern rauscht im Ried,
Erklang vom Thal herauf ein Lied,
Von heißer Sehnsucht und Verlangen.

Das all' die Märchenblumen sangen.
Das Lied erklang, die Weise schwoll,
Und mehr und mehr dem Kelch entquoll
Der weißen Schultern zarte Fülle,
Des Busens Knospe ohne Hülle,
Die runden Arme wurden frei
Und winkten schmeichelnd: Kommt herbei!
Jetzt tönte machtvoll der Gesang
Mit sinnbethörend hellem Klang.
Und aus der Kelche süßen Düften
Erhoben schwellend sich die Hüften,
Daß Jenen, die bewundernd staunten,
Die Sinne fast im Schauen schwanden.
Hinunter eilen sie in Hast,
Von wildem Liebesweh erfaßt,
An einen rothen Mund zu sinken
Und durstig Kuß um Kuß zu trinken.
Ein kurzes, feuriges Bewerben
Ließ bald der Märchen Lied ersterben
Und als der letzte Ton verklungen,
Da hielten innig sich umschlungen
Die Paare in des Thales Rund
Mit Brust an Brust und Mund an Mund,
Gepreßt von liebestarken Armen,
In stillem, seligem Umarmen.

Die Sonne stieg zum Mittag auf,
Den Abend bracht' der Stunden Lauf:
Der Krieger keiner lehrte mehr
Mit Wasser heim zum durstigen Heer.
Es stickte rings mit Silbersternen
Die Nacht des Himmels blaue Fernen
Und in den Thalgrund sah herein
Der Mondesscheibe gold'ner Schein:
Dort in der Märchenblumen Hut
Die Schar der Griechen träumend ruht,
Als ob vergessen sie getrunken
Aus Lethe's Fluth und hingesunken.
Doch als nach kurzer Sommernacht
Der junge Morgen neu erwacht,

Da lachte frisches Liebesglück
Und Keiner fand den Weg zurück.

Vom Lager kam, als Tag es war,
Zur Quelle nun die zweite Schar;
Sie forschte nach der ersten, bald
Die Spur verfolgend durch den Wald;
Sie wandelte, wo jene ging,
Betrat den gleichen Zauberring.
Sie sah im Thal der Liebe Spiel
Und jauchzte: „Hier sind wir am Ziel!"
Und immer wieder And're kamen,
Die stets den Weg zum Hügel nahmen.
Das Heer, das noch im Lager stand
Von Stund' zu Stund' zusammenschwand.
Kein Bote, der das Wunder künde,
Verließ der Märchenblumen Gründe,
Und bald verbarg das stille Thal
Der Griechenkrieger größte Zahl.
Der Blumen sproßten immer mehr,
Und wie auch wuchs das Männerheer,
Für Jeden eine weiche Hand,
Ein holder Mund zum Kuß sich fand;
Für Jeden war ein reizend Weib
Erblüht mit üppig schönem Leib.

Die Kunde kam in's Königszelt,
Dem jungen Herrn der halben Welt,
Daß Keiner, den man ausgesandt,
Zum Heimweg sich zurückgewandt:
Daß ganze Scharen an der Quelle
Verschwänden wie des Baches Welle.
Der König sann nicht lange nach,
Als solches Wort man zu ihm sprach;
Er warf sich rasch auf's hohe Roß,
Ließ ferne des Gefolges Troß
Und ritt allein dem Bache zu.
Dort angelangt, hatt' er nicht Ruh;
Er stieg vom Pferd am Ufersaum,
Band selbst das Thier an einen Baum

Und klomm den Hügel dann hinan,
Wie seine Krieger auch gethan.
Zum ersten Mal war Alexandern
Die Lust gekommen, frei zu wandern.
Der Krone Stolz und Eitelkeit
Vergaß er ganz für kurze Zeit
Und fühlte rein und menschlich nur,
Wie schön und prächtig die Natur.

Als er, im Herzen froh und leicht,
Des Hügels steilen Kamm erreicht
Und niederschaut' zum Zauberthal,
Da konnt' er zürnen nicht einmal;
Er fühlte selbst ein heiß' Verlangen,
Der Mädchen Eines zu umfangen.
Wie er so stand und sann, da sproß
Ein neuer schlanker Blumenschoß
Empor, die andern überragend,
Die schwerste, größte Knospe tragend.
Ein Augenblick — und sie zersprang;
Aus ihrer Blätterfülle rang
Das schönste Weib sich los, geschmückt
Mit Reiz, der einen Gott entzückt.
Von ihrem Haupte blitzt die Krone,
Zum Zeichen, daß nur Philipp's Sohne
Ihr wunderholder Leib beschert
Und jedem Anderen verwehrt.
Und liebeathmend winkte ihn
Zu sich die Blumenkönigin.
Vergebens wollt' er widersteh'n
Der dunklen Augen süßem Fleh'n;
Es riß ihn hin mit Allgewalt
Die Liebe zu der Lichtgestalt.
Bis er umfaßt sie hielt und küßte.
Der Krieger Jubelruf begrüßte
Den König, wie sie ihn ersah'n,
Sie drängten sich zu ihm heran ...
Da wuchsen jäh an allen Ecken
Gestachelter Gewächse Hecken
Und schlossen rings den König ein

Mit seiner Schönen ganz allein.
Der hohen Büsche grünes Dach
Wölbt' über Beiden sich gemach,
Um Alexander's Liebeswonne
Zu bergen vor dem Strahl der Sonne.

So schwanden Tage. Wochen schwanden
Dem Heere in der Liebe Banden,
Vor Eros, dem gewalt'gen Krieger,
Erlagen machtlos all' die Sieger.
Vergessen war die Heimat fern,
Vergessen auch des Ostens Stern.
Selbst Alexander's Heldengeist
Erlahmte, fort und fort umkreist
Von solches holden Zaubers Schwingen,
In seinem kühnen Vorwärtsdringen.

Indessen trägen Müßigganges
Das Heer, das erst am heiligen Ganges
Zu halten sich vermessen, pflag,
Verwelkten langsam Tag für Tag
Die wundersamen Mädchenblüthen.
Die Augen wurden matt und glühten
Nicht mehr im Feuer junger Liebe.
Es keimten keine neuen Triebe;
Die Blätter welkten um das Haupt,
Das farbenreich sie erst umlaubt;
Zur Erde neigten schlaff sich nieder
Die früher üppig-schönen Glieder;
Der Zauber wich, der Reiz entschwand.
So rasch es einst in Blüthe stand,
So plötzlich sollte auch entschweben
Der Mädchen kurzes Blumenleben:
Verdorrt, vertrocknet, starr und todt
Fand einmal sie das Morgenroth.
In Alexander's Armen starb
Die Königin, die er erwarb;
Das Leben floh, der Liebe Glück,
Und nur Erinn'rung blieb zurück.

Verlassen, einsam, öd' und kahl
Lag nun das weite Zauberthal;
Verhallt war Scherz und Liebeswort.
Die Griechen zogen eilig fort.
Doch war gebrochen ihre Kraft,
Ihr Sinn betrübt, ihr Leib erschlafft,
Kein Thatendrang im ganzen Heer,
Nach Schlacht und Sieg kein Streben mehr.
Die Lust zu kämpfen war vorbei
Und Indiens Lande blieben frei.
Vergebens bat und droht' der Held,
Vergebens bot er Gut und Geld
Den Kriegern, die nicht vorwärts wollten
Und finster ihrem König grollten.
Schon zeigt' sich der Empörung Keim;
Da sprach er trüb: „Wir kehren heim!"

Doch schuf als Markstein seiner Pfade
Dort an des Hyphasis Gestade
Den Göttern er ein Heiligthum,
Ein Denkmal für den eig'nen Ruhm.
Am Strome ließ er in den Auen
Zwei mächtige Altäre bauen
Und flehte opfernd Zeus daran
Um Schutz und gute Heimkehr an.
Dann gab mit schmerzerfüllter Seele
Er seinem Heere die Befehle,
Gen Westen wieder heimzuziehen.
Ihm war's vom Schicksal nicht verliehen,
Des fernsten Ostens Wunderpracht
Zu unterwerfen seiner Macht; —
Und bald darauf schlug Philipp's Sohn
Der grimme Tod in Babylon.

Siegfried Lipiner.

Aus der epischen Dichtung: „Bruder Rausch".

Erster Gesang.
Die Lilie.

Zu Korvei, in der Reichsabtei,
War nun die letzte Hora vorbei;
Der friedliche Tag war hingeschieden:
Es kam die Nacht mit ihrem Frieden.
Gleich wie ein Vater leis und leicht
Das schlummernde Kind der Mutter reicht:
So glitt die blumige Erde sacht
Vom Arm des Tags an's Herz der Nacht.
Still waren die Höhen und still die Tiefen,
Die Wipfel schwiegen, die Vögel schliefen;
Mond und Sterne lustwandelten oben —
Und unten, in des Teiches Grund
Erstrahlt' ein Himmel, lichtumwoben:
Der Bogen drunten, der Bogen droben
Geschlossen zu Einem Himmelsrund.

Da nun das Pensum canonicum
Vollendet war in Frömmigkeit,
Saßen, an langem Tisch gereiht,
Die Brüder im Refektorium.
Das Herz voll Ruh, das Haupt voll Licht,
Waren sie fröhlich und sorgten nicht;
Vor Jedem stand ein grünes Glas,
Und wacker tranken sie, doch mit Maß.

Denn dort am Tisch sitzt obenan
Der alte Vater Kolumban,
Der kunstgeübte Kellermeister:
Er füllt die Gläser, er zähmt die Geister;
Aus dumpfiger Versunkenheit

Weckt er die Brüder zu Lust und Helle, —
Er hält sie fest auf schmaler Schwelle
Dicht an der Pforte der Trunkenheit.

Er selber war ein starker Geist:
Wie viel er trank, war nicht zu ergründen;
Doch wahr ist, was die Brüder verkünden,
Und was die Sage an ihm preist:
Wie viel er trank, er konnte noch mehr —
Und nie ward ihm die Zunge schwer,
Nie sah man seine Kniee wanken,
Nie wirren ihm sich die Gedanken.
Sonst schleicht er durch den Klosterraum,
Schweigend und nickend, wie im Traum —
Nun aber perlt der gold'ne Saft:
Da tönt ihm das Herz, da schwillt ihm
          die Kraft;
Als säh' er die Welt zum ersten Mal,
So blickt er sich überall blinzelnd um
Im weiten Refektorium —
Und Becher leert er ohne Zahl.
Langsamen Zugs, mit lächelndem Mund,
In Zwischenräumen wohlbedacht;
Denn tiefe Künste sind ihm kund,
Wie Einer klar bleibt und gesund,
Und tränk' er auch die ganze Nacht.
Nur spricht er und spricht — wird immer
          beredter,
Er predigt, wie die Kirchenväter,

Und halbvergessenes Latein
Erwacht ihm neu im heiligen Wein.

Wildheit und Unmaß sind ihm verhaßt:
Hätt' einen Bruder der Wein erfaßt,
Er trüge sich's bis zum Tode nach,
Als seines Stiftes Schand' und Schmach.
Und gilt es sein Korvei, und nennt man
    sein Stift:
Da wissen sie, daß es in's Herz ihn trifft.
Auch folgen ihm alle Brüder gern,
Zuerst: als des Weines Meister und Herrn,
Und weil auch sie sich heilig und hehr
In Korvei's Glanz erschau'n, wie er.

— . —

Stift Korvei war im deutschen Land
Von Alters her mit Ruhm genannt.
Da Karl die große Fehde geendigt,
Der Sachsen wälfische Kraft gebändigt,
Sind stille Männer, dem Glauben zu
    frommen,
Hieher an's Ufer der Weser gekommen;
Der Welt entfloh'n, bar allen Guts,
Doch voll der Liebe und voll des Muthes,
Wollten sie nach dem blutigen Ringen
Trost und Heil und Erleuchtung bringen.
Da lag vor ihnen das Thalgefild,
Ein Thal des Friedens, ein blumig Ge-
    bild.
Der Strom, in weiter Windung ge-
    schwungen,
Hielt es mit liebendem Arm umschlungen;
Die Sonne schied, in wolliger Hülle
Halbumschleiert zur Tiefe gleitend:
Die Wolken durchbrach der Strahlen Fülle,
Hellschimmernde Pfade, zum Himmel ge-
    leitend.
Jenseits, am östlichen Ufersaum,
Dunkelte schon der grüne Raum, —
Dort rauschte der Sollinger Eichenwald;

Riesengestalt an Riesengestalt,
So standen die Eichen — und sahen
    dem Licht
Voll Ernst in's sinkende Angesicht.

Den Männern auch ward's ernst im Sinn:
Ostwärts und westwärts sahen sie hin —
Gleich wie der Erde rauschende Pracht,
Gleich wie die Welt, die sie verließen:
So sahen sie dort in Eine Nacht
Die strozenden Eichen zusammenfließen.
Und droben der einsamen Sonne Tod,
In Gold geschmückt und rosiges Roth:
So wollten auch sie, nach heiligem Müh'n,
Einsam in ihrem Himmel verglüh'n.

Da sanken die Wolken — und feurig ruht'
Das Aug' des Himmels auf der Fluth, —
Die Wellen erglänzten eine Weile
In langer, schmaler, goldner Zeile;
Sie glänzten, sie bebten, ein wallendes
    Band
Von einem zum andern Uferrand;
Als ob ein Engel mit leichtem Fuß
Über die freudigen Fluthen glitte
Und träte kaum in der Männer Mitte
Und grüßte sie mit segnendem Gruß.

Und Adelhard, ihr Führer, sprach:
„Nun, liebe Brüder, thut mir's nach!"
Und mit dem Spaten in seiner Hand
Stach er in's Erdreich, wo er stand. —
So bauten sie Korvei, im stillen Thal;
Da lebten sie nun, in treuem Bund,
Schlicht war das Haus und karg das Mahl,
Müh'n und Beschwerden ohne Zahl,
Doch waren sie fröhlich von Herzensgrund.
Denn ihrer war des Glaubens Stärke,
Ihrer die Liebe, die Alles erquickt —
Es einte sie zu fruchtbarem Werke
Die Regel des heiligen Benedikt.

Sie bauten das Feld; sie zogen durch's Land
Und schufen Äcker aus Steinen und Sand;
Wohin die wackern Brüder traten,
Dort griff man fröhlich zu Hacke und
        Spaten
Und legte den Grund und steckte die
        Pfeiler:
Es ward ein Hof, es ward ein Weiler.
Und in die Hütten traten sie ein,
Und lehrten und führten Groß und Klein
Mit göttlichen Wortes Glaubenskraft,
Mit weltlicher Kund' und Wissenschaft.
Da kam das Volk von nah' und fern;
Viel ward verlangt — sie gaben gern:
Gaben dem Kranken ein heilsam Kraut, —
Denn manches Wissen war ihnen ver-
        traut —
Dem Nackten ein Kleid, dem Armen ein
        Brot,
Und Hilf' und Rath in jeglicher Noth,
Und Allen Tröstung und freudige Kunde
In der letzten, der furchtbaren Stunde.

Und Kerwei wuchs und wurde groß.
Einst war's ein Holzbau, nackt und bloß;
Nun hatt' es Thürme und starke Mauern,
Im Sturm der Zeiten auszudauern;
Freiheiten und verbriefte Rechte,
Vasallen, Hintersassen und Knechte,
Hutweiden, Jagdrevier und Felder,
Weinberge, Gärten und weite Wälder;
Und freilich wohnte noch sein Stolz
Einstmals, im schlichten Bau von Holz;
Jetzt ward es anders: um Nichtigkeiten,
Um irdisches Eigen mochten sie streiten;
Sie wurden reicher, sie wurden feister,
Erhoben die Stirne dreist und dreister;
Und wenn der Abt von seiner Zinne
Am Sommermorgen, im Sonnenglanz,
Hinsah auf seiner Länder Kranz:

Dünkt' er sich freilich groß im Sinne,
Und meint': im heiligen römischen Reich
Käm' er doch jedem Herzog gleich.

Doch ruht' ein Segen auf dem Stift:
Unwürdiger Verderbnis Gift
Fraß vielen Klöstern schon im Mark:
Sie blieben würdig, ernst und stark.
Auch waren sie gelehrte Männer,
Pfleger des Wissens, bewährte Kenner.
Und Weisheit hielt sie wohl bewahrt
Vor zügellos gemeiner Art.
Ihr Keller nur war niemals leer:
Sie tranken gern, zu Gottes Ehr'.

Und Gnade war dem Haus erwiesen:
Es war ob manchem Wunder gepriesen;
Aber von allen Gaben und Zeichen
Mochte nicht Eins dem Wunder gleichen:
Eine weiße Lilie hing
Im Klosterchor, an ehernem Ring,
Von rosigem Lichtkreis zart umflammt:
Niemand wußte, woher sie stammt.
Zu Zeiten geschah's: da schwebte sie nieder
Über die Schar der versammelten Brüder:
In dessen Kirchenstuhl sie lag,
Der Bruder starb am dritten Tag.

———

Es war in den Zeiten der Glaubensfehde;
Man stritt gar derb in Schrift und Rede,
Vom Geist getrieben, vollbrachte sein Werk
Der starke Mönch von Wittenberg.
Lutherische und Papisten
Schalten einander Antichristen.
Es gohr und wogte aller Orten,
Es blieb' nicht lang' bei Schrift und
        Worten.
Und unten, wo das Elend haust,
Erhob der Bauer die schwielige Faust:
Ihm brannte Jammer und Zorn im Blut,
Und blind, wie Feuer um sich frißt,

Kämpft' er, in maßlos-wilder Wuth,
Wider den einzigen Antichrist.

Die Brüder von Korvei, fern dem Streit,
Hörten die Wehen der kreißenden Zeit,
Sie fühlten, daß ein lebendiger Keim
Mit Macht an's Licht der Sonne dringe,
Doch stellten sie Alles Gott anheim
Und waren fröhlich und guter Dinge. —

Zu Korvei in der Reichsabtei
Saßen sie nun in fröhlicher Reih',
(Heut' waren sie vom Hirten getrennt:
Der Abt ist fort, vom Prior begleitet;
In solchen Stunden aber leitet
Der Kellermeister den ganzen Konvent;)
So tranken sie und waren froh,
Und Kolumban begann also:
„Konfratres, Friede sei mit euch!
Ist das wohl eine gesegnete Nacht!
Vom Garten komm' ich — da stand ich
                          am Teich,
Wär' fast da draußen geblieben gleich,
Bei dieser Erden- und Himmelspracht!
Da mögen wir wohl in allen Weisen
Den Herrn und seine Werke preisen;
Auf, liebe Brüder, ehrt mir den Wein —
Laßt uns im Herren fröhlich sein!"
Sie tranken Alle, wie Ein Mann,
Und Kolumban fing wieder an:
„Heut', da mir so wohlig ist und fromm,
Heut' wünsch't ich meine Freude vollendet,
Den Einen, der sich von uns gewendet,
Ach, grüßt' ich ihn hier mit frohem
                          Willkomm!
Vergebens war, was ich versucht —
Trug Eure Rede bessere Frucht,
Konfrater Ivo?" Und Ivo sprach:
„Den ganzen Abend ging ich ihm nach;
Ich mußt' es ja, er bleibt mir starr, —
Und kurz und gut: er ist ein Narr!

Nur staun' ich, daß es sein Leib erträgt,
Wie er ihn peinigt, wie er ihn schlägt,
Nun hat er wieder die ganze Nacht
In seiner Zelle gebetet, gewacht, —
Und lebt er so weiter, bei hartem Brot,
Beim Himmel, er fastet sich zu Tod.
Am bloßen Leib ein hären Gewand,
Stachlichten Gürtel eng umwunden,
Die blutige Geißel in der Hand,
So hab' ich ihn in der Zelle gefunden:
Bei solchem Blößen und Kastei'n
Wer spräch' ihm da von Freud' und Wein?
Doch that ich es — er sah mich an:
Ich sag' Euch, Vater Kolumban,
Dem seh' ich nimmer in den Blick!
Mit Worten wies er mich nicht zurück,
Er sah mich an, mit lächelndem Mund,
Dann seufzt' er auf aus tiefstem Grund,
Erhob die Augen, so klagevoll,
Daß mir die Seele überquoll,
Und wild verschloß er die bleichen Lider,
Zwei helle Thränen rollten hernieder,
Dann preßt' er die Arme vor die Stirn
Und wandte sich ab. — Mir brannte das
                          Hirn,
Ich sprach nichts mehr — ich eilte fort,
Vergeblich wär' da jedes Wort,
Ist das nicht Narrheit, wie ich mein',
So muß er ein großer Sünder sein."
Der Alte schüttelte das Haupt:
„Ivo, das ist nicht, wie Ihr glaubt.
Ich kannt' ihn schon, da ihn als Kind
Die fromme Mutter dem Kloster gelobt,
O! er ist rein und fromm gesinnt,
Und auch in Klugheit wohlerprobt;
Wir sandten ihn oft in schwieriger Sen-
                          dung — —
Nein, das ist der Teufel, das ist Ver-
                          blendung!
O lieber, armer Benedikt,

Welch arger Wahn hat dich bestrickt!
Daß es dich dünkt, wie frommer Beruf,
Zu quälen, was der Himmel erschuf,
Und ruhst du doch in Gottes Schoß,
Und seine Gnade ist so groß! —
Ach, Brüder, trät' er jetzt herein,
Ich brächt' sogleich den edelsten Wein
Und tränk' ihm zu und riefe froh:
Gaudeamus in domino!
Nun bringt mich das verlorene Schaf
Um allen Durst und allen Schlaf —
Heilt' ich den Armen von seiner Qual:
Beim Himmel, ich tränke die doppelte Zahl!
Rabane, lieber Bruder, kommt,
Versucht, ob Ihr an ihm Nichts fromt,
Ihr habt ja einen Schulsack gefressen,
Ich hab' schon mein Latein vergessen.
Bitt' Euch, erlöst ihn doch vom Übel,
Versucht's mit Sprüchen, mit der Bibel, —
Geht, lieber Bruder — nein, wartet noch!
Ich weiß ein Sprüchlein — wie heißt
   es doch?"
Der Alte trank und dachte nach,
Dann sah er lächelnd auf und sprach:
„Hat mir's doch immer so wohlbehagt,
Was da der heilige Paulus sagt:
„Freuet euch, Brüder — das sag' ich
   immer,
Wie oft ich's sag', verdrießt's mich
   nimmer,
Euch macht's gewisser, drum sag'ich's gern:
Freuet euch, freuet euch in dem Herrn!'"
Rabane, Ihr seid wohl an der Weser
Derzeit der allergelahrteste Mann,
Sagt's ihm, führt's auch lateinisch an:
Es steht im Brief an die Epheser."
Rabanus erhob sich: „Ihr fehltet schwer:
Es steht: Philipper, Caput drei."
— „Philipper, Epheser, — 's ist einerlei!
Geht, liebster Bruder, und bringt ihn her!

Leert aber erst noch Euer Glas, —
Maßhalten muß man auch mit Maß!"
Rabanus trank und ging hinaus. —
Da ruft es draußen, vor dem Haus:
„Hei, Bruder Rausch! Seid hochwill-
   kommen!"
Und heiser lachend erwiedert es drauf:
„Nun, Bruder Pförtner! Noch immer
   wohlauf?
Und Alle wohl, die Fratres, die
   frommen?" —
„Rausch!" rief Ivo, und eilte zur Thür,
„Anselmus, Bruder Anselmus ist hier!
Bruder Anselmus aus Sankt Gallen, —
Ihr wißt's wohl noch — erzähl' ich's
   doch Allen:
In Sankt Gallen traf ich ihn an —
Der wackere Bruder! — Das ist ein Mann!
Er trank euch einen ganzen Eimer
Vom allerschwersten Rüdesheimer,
Dann goß er ruhig die Gläser voll —
Die Patres alle wurden, wie toll:
Sie tranken nach — er blieb euch frisch,
Doch anders erging's den Patribus, —
Und kurz und gut: es tanzten zum Schluß
Zweihundert Brüder um den Tisch,
Dann lagen sie — da erwedte sie nichts,
Und wär's die Posaune des jüngsten
   Gerichts.
So trieb er's lange, fern und nah' —
Wohin er kam: der Rausch war da!
Drum wird er auch im ganzen Land
Immer nur Bruder Rausch genannt.
Freuet euch! Das wird lustig werden!
Das ist der beste Zecher auf Erden!"
Die Thür ging auf: es trat herein
Ein kleines schmächtiges Mönchelein;
Wie alt es war, ist schwer zu sagen,
Kein Härlein verräth's, — das Haupt
   ist kahl —

Die Wangen rund, doch gar so fahl,
Als schlich' es so seit ewigen Tagen.
Der Alte grüßt ihn schon von fern:
„Gesegnet, der kommt im Namen des
    Herrn!"
Kaum, daß er das letzte Wörtlein rief:
So riß Anselms die Schultern nach oben,
Und duckte das Haupt, so rasch, so tief,
Als wär's vom Hals herabgeschoben.
Dann bückt' er sich, trat näher heran —
„Speise dem Gast!" rief Kolumban.
— „Nicht Speise! aber einen Trank
Den lohn' ich wohl mit vielem Dank.
Ach, Brüder, vielgeliebt und werth,
Geh' schon umher seit langen Zeiten,
Die Menschen auf guten Weg zu leiten:
Wie glücklich bin ich nun eingekehrt!
Ach, ach, mich dürstet! Und rechten Wein
Sucht' ich vergebens am langen Rhein;
Bei solchen Männern, darf ich hoffen,
Hab' ich das Rechte doch getroffen."
Da füllte Meister Kolumban
Schmunzelnd ein grünes Gläschen an;
Anselmus nippte, dann schob er's fort:
Anzuckt der Greis, — er fand kein Wort,
In seine Wangen stieg das Blut —
Da lachte der Gast: „Der Wein ist gut:
Die beste Milch, die ich getrunken."
Der Alte wär' fast umgesunken:
„Wie?" stammelt er, „wie?" — Der
    Fremde sprach:
„Das ist denn Korvei? o Schand'! o
    Schmach!
Das Euer Trunk? und kam's denn vor,
Daß Einer von Euch die Sinne verlor?"
„Nein!" rief der Alte, das ist nicht
    gescheh'n,
Und nie wird's Korvei geschehen seh'n:
Aber ob das am Weine lag,
Versuch' es, wer's versuchen mag!

Wollt Ihr's? wollt Ihr's?" — Anselmus
    lacht.
Da packt den Alten wilde Wuth:
„Ich lehr' Euch lachen! Gut denn, gut:
Wir wetten! wir zechen die ganze Nacht!
Dann, großer Held, dann sollt Ihr lachen!
Wahrt Euch! Ich will Euch tanzen machen!"
— „Hm — ich soll tanzen und Ihr
    wollt steh'n?"
— „Ihr sollt Euch, wie eine Windmühl,
    dreh'n!
Mein Haupt, meine Seele setz' ich zum
    Pfand!"
— „Die Seele? gut! Hier meine Hand!"
— „Ja, meine Seele!" — „Und ich
    die meine!"
— „Beginnen wir nun?" — „Mit diesem
    Weine?"
— „Mit welchem Ihr wollt!" — „Mit
    meinem auch?"
— „Mit Eurem? Eurem? spottet Ihr?
Führt Ihr den Keller im Skapulier?"
— „Ich hab' so meinen eignen Branch,"
Sprach Bruder Rausch, „beginnen wir,
    gelt?"
— „Mit jedem Weine in der Welt!"

Jetzt kam Rabanus mit trübem Gesicht.
„Vergebens!" rief er, „er hört mich nicht."
„Wer?" fragte Anselmus. — „Benedikt.
Er nimmt nicht Theil an Mahl und Wein,
Mag sich nur geißeln und kastei'n —
Und Niemand weiß, was ihn bedrückt."
„Ha!" rief Anselmus, „glücklicher Tag!
Zwei gute Werke mit Einem Schlag!
Heut' wird des Weines Glorie kund,
Und euren Kranken mach' ich gesund."

Und Ivo zog den Alten bei Seit':
„Konfrater, das ist vermaledeit,
Konfrater, es geht Euch an die Kehle:

Was wollt' er nur von Eurer Seele?
Heut' ist mir nimmer so geheuer,
Wie beim Sankt Gallener Abenteuer."
„Und sagt Ihr," brummte Kolumban,
„Die Schmach, die er mir angethan? —
Lachen? Lachen? — Heut' ist der Tag,
Heut' sollt Ihr sehen, was ich vermag,
Und tanzt' ich auch, so tanzt er mit:
Deß seid gewiß — dann sind wir quitt.
Doch das geschieht nicht — der Herr ist hier,
Der Herr ist mit Korrei und mit mir!"

Während sie sprachen, sah Rausch herüber,
Von unten schielend, voll stillen Hohnes;
Ivo erzitterte, wie im Fieber,
„Hört!" sagt' er, „im Namen des Vaters,
des Sohnes —
Laßt ab, laßt ab, denn ohne Zweifel —
Seht ihn nur an: es ist der Teufel!"
Jetzt löst' Anselmus seinen Strick,
Die schwarze Kutte warf er zurück,
Und zog ein riesiges Horn hervor,
Schritt um den Tisch und schwang es
empor,
Und senkt' es nieder bei jedem Glas,
Und Wein entquoll ihm ohne Maß.
Sprühender, perlender, goldener Wein
Brauste in alle Gläser hinein.
Da leuchtete der ganze Raum, —
Ein herzbeklemmend-süßer Duft
Ergoß sich durch die zitternde Luft:
Da faßte es Alle. — ein seliger Traum —
Da hob und hob sich jedes Herz,
Als trüg's ein Flügel himmelwärts,
Vor ihren Blicken zog's daher,
Ein wallendes, flackerndes Wolkenmeer;
Da seufzten sie tief, da seufzten sie bang, —
Nun aber, nun ertönt' es droben:
Wie unter der Sterne schwebendem Gang
Himmlischer Lüfte zarter Gesang.

Bald leise lispelnd, bald jauchzend er-
hoben —
Langausgehalten, weichhingleitend,
Mit süßen Gewalten die Seele erweitend,
Daß Aller Augen aufwärts blicken,
Daß Aller Arme sich erheben,
Die Geister, die ihr Haupt umschweben,
An's sehnsuchtsvolle Herz zu drücken.
Die Thür war klirrend aufgesprungen,
Der Duft hat Raum um Raum durch-
drungen —
Und siehe: von goldenen Wolken um-
wallt,
Wankt durch den Kreuzgang eine Gestalt,
Das Antlitz so bleich — doch brennend
prangen
Zwei rothe Kreise auf den Wangen:
Benedikt kam. — Wie fortgezogen,
So taumelt' er durch des Kreuzgangs
Bogen:
„Maria!" rief er, „bist du's, Maria?
Ave, ave, ave Maria!
Ich höre dich und kann dich nicht seh'n —
Ich fühle dich und kann dich nicht halten
O sieh' mich betend die Hände falten!
O komm, sonst ist's um mich gescheh'n!"
So wankt' er langsam zur Schwelle hin.
Und Bruder Rausch trat dicht vor ihn:
„Ich hab' sie gerufen — sie ist bei dir!
Nimm hin dies Glas und trinke mit mir!
Trink aus den Trank! trink' aus! trink'
aus!
Steh' auf, steig' auf aus Nacht und
Graus —
Und Wunder, wie sie dir nie gescheh'n;
Urewige Wunder sollst du seh'n!"
Und Benedikt sah ihn voll Staunen an:
„Wer bist du?" sagt' er, „fremder Mann?"
— „Bin Bruder Anselmus, Rausch ge-
nannt,

Mir folgt der Rausch von Land zu Land, —
Ein lustiger Bruder, ein kühner Zecher,
Schwing' ich und trink' ich und reich' ich
den Becher —
Und Wonnen hab' ich und Wonnen geb' ich,
Die Kranken lab' ich, die Todten beleb' ich,
Und wem ich des Weines Kraft enthüllt,
Dem ist des Herzens Wunsch erfüllt."
Und lächelnd sah er den Jüngling an —
Da läutet es plötzlich: — „Zur Mette!
Zur Mette!"
Rausch wandte sich zu Kolumban:
„Nun — nach der Hora zu unsrer Wette!"
Der Kellermeister erwiderte Nichts,
Da stand er, bleichen Angesichts, —
Den Brüdern graut's — mit ängstlicher
Schnelle
Flieh'n sie zur Hora, zur Kapelle.

Benedikt wankte aus dem Gemach,
Stilllächelnd folgt ihm Anselmus nach.
Jetzt traten sie in die Kirche ein.
Schon saßen die Brüder in ihren Reih'n,
Langsamen Schrittes ging der Vikar
Die Stufen hinan zum Hochaltar:
Da plötzlich zucken Alle empor,
Siehe: da droben im Kirchenchor,
Die Lilie droben in rosigem Glanz.
Sie löste sich vom ehernen Kranz —
Und langsam, langsam schwebte sie nieder
Über die Schar der versammelten Brüder —
Die Brüder erbeben, die Brüder erbleichen:
Wem gilt das heilige Todeszeichen?
Benedikt trat in seinen Ort,
Die Lilie schwebte fort und fort.
Er sah sie nicht — er saß, wie trunken,
Gesenkten Hauptes, in Sinnen versunken,
Den rechten Arm auf's Brett gelegt —
Rausch stand daneben, unbewegt.
Die Lilie fiel — ihr Glanz entschwand;

Sie lag auf Bruder Benedikt's Hand.
Jetzt zuckt' er auf, jetzt stand er auf —
Die Lilie stieg in schwebendem Lauf
Zum Kirchenchor, zum ehernen Kranz —
Dort hing sie wieder in rosigem Glanz.

Da faßt' ihn der Jammer mit wilder
Gewalt,
Da brachen ihm fluthend die Thränen
hervor —
„So," rief er, und sah zur Lilie empor
Und hielt die Faust an's Herz geballt —
„So soll ich hingeh'n in's kalte Grab —
Gott! Gott! mit diesem glühenden Brand!
Wie dürres Heu mähst du mich ab,
Und hab' nicht Thau, noch Regen gekannt!
O süßes Leben! In sehnender Qual
Sah ich dich Einmal — ein einzig Mal:
Wie schön du warst, wie duftig, wie hold —
Daß mir's die Sinne zerschmelzen wollt'!
Dich hab' ich gesehen, du leuchtendes Glück!
Wie muß sich's ruh'n, mit dir vereint! —
Nur Einen, Einen Augenblick:
So hab' ich gedürstet, so hab' ich geweint!
Und hieher gebannt — ha! schmählicher
Zwang!
In diese Mauern, kalt und stumm!
Hier hab' ich gerungen, so schwer, so bang —
Hier bin ich gestorben mein Leben lang —
Hier, hier! — — Warum? warum?
warum?"

Und Kolumban trat zu ihm hin:
„Bruder, nimm's an mit frommem Sinn;
Danke dem Zeichen, das Gott gesendet:
Jetzt gilt's zu fasten, jetzt zu beten, —
Drei Tage, Bruder — dann hast du
vollendet,
Du wirst vor deinen Richter treten.
O füge dich in Gottes Gebot,
Bruder, bereite dich zum Tod!"

Er hört' ihn nicht. In wildem Lauf
Schritt er an's Fenster und riß es auf:
„Euch ruf' ich zu Zeugen, ihr treuen
    Gestirne,
Ihr wart bei mir, wenn ich die Nacht
Mit angstvollem Herzen, mit brennendem
    Hirne
Ringend in meiner Zelle durchwacht!
Gefastet hab' ich und mich gegeißelt,
Ich hab' mein eigenes Grab gemeißelt,
Am offenen Sarg bin ich gesessen,
Über die Grauen des Todes brütend —
So rang ich, gegen mich selber wüthend:
O Schönheit, Schönheit, unermessen.
Dich zu verbannen, dich zu vergessen!
Herr, hast du mir den Wunsch gestillt?
Mit deinem Frieden mich erfüllt?
Mit deinem Thau mein Herz befeuchtet,
Mit deiner Gnade mich erleuchtet?
Nein, nein, nein, nein! — Doch heut',
    ja, heut'
Ich fühl' es noch, ich athm' es noch —
Wie schwoll die Sünde — die Qual
    erneut!
Und selig, selig war ich doch!
Erinn'rung schwebte durch die Luft —
Und das war ihrer Locken Duft!
Hell strahlt' es auf mein Angesicht —
Und das war ihres Auges Licht!
O Gott, dies Aug', so heilig, so lind,
Heiliger, als deine Engel sind,
Es sprach mich rein von aller Schuld —
Milder, als deine Gnadenhuld!
O wie es noch mein Herz erhebt!
Wie's mir durch alle Sinne bebt!
Und wär's mein ewiges Verderben:
Nein! Nein! so kann ich — so will ich
    nicht sterben,
Sterben — und hab' noch nicht ge-
    lebt! — —

Lebt wohl, ihr Brüder!" — „Was willst
    du thun?"
Er starrt sie an mit irrem Blick:
„Thun? Thun? Wie sollt' ich im Grabe
    ruh'n?
Ich hab's ja gesehen — ich sah' mein Glück
Nun muß ich aus dem Grab zurück!"

Da trat Anselmus rasch vor ihn:
„Ihr Name — ihr Land! — ich führ'
    dich hin, —
Wo es auch sei, im fernsten Reich:
Ich führ' dich hin — und alsogleich!"
— „Zu ihr? o Gott! — Ihr Name —
    ihr Land —
Ich hab' sie betend Maria genannt;
Ich sah sie, ein Weilchen — sie sah
    mich nicht,
Entschwunden ist sie — ich weiß nicht, wohin:
Herr! Herr! o heile meinen Sinn!"
Und schluchzend fiel er auf's Angesicht.
Da riefen die Brüder allzumal:
„O Bruder, denk' an die ewige Qual!"
Wild fuhr er auf: „Wohlan! es sei!
Ewig die Qual — sie brennt — sie
    flammt!
Mich rettet nicht Kraut, noch Arzenei —
Wohlan denn, wohlan! Nun sündige frei,
Du wirst nicht verdammter, als ver-
    dammt!

Drei Tage lang! Die schwinden im Flug,
Doch ist's zum Sündigen Zeit genug,
Drei Tage lang! Von Grabesschwelle
Entschlossenen Schritts den Weg zur Hölle:
Ha, witzig wär's! Helft, Brüderlein:
Wollt ihr mich nicht zur Wandrung rüsten?
Für meine Seele — wißt ihr den Wein?
Wißt ihr die Lust ob allen Lüsten?
Die Sünde, die so den Herrn beleidigt,
Daß kein Erbarmer sie vertheidigt?

Wißt ihr mir einen Zauberbann,
Daß ich den Raum mir kürzen kann
Und haschen die Freuden von Pol zu Pol.
Die Welt in eine Spanne pressen
Und Sünd' und Gott und Tod vergessen —
Wißt ihr es, Brüder, wißt ihr's wohl?"

Und schaudernd schweigt der Brüder Kreis;
Da trat Anselmus vor: „Ich weiß."
„Du?" rief der Jüngling, brennenden
  Blick:
„Du weißt? Du weißt? O Tag des Glücks!
Hast du die Flügel, um mich zu tragen,
Um mich von Wonnen zu Wonnen zu jagen?
Hast du den Wein, der Flammen sprüht,
So glühend, wie meine Seele glüht?"
„Ich habe die Flügel, dich zu tragen,
Ich habe den Wein, der Flammen sprüht —
Wir wollen Himmel um Himmel durch-
  jagen,
Und schauen sollst du in diesen Tagen,
Wie es im Busen der Erde glüht! —
Heron war ein heiliger Mann,
Saß über der Schrift und sann und sann:
„Tausend Jahre sind dir Ein Tag"" —
Wie das der Sinn wohl fassen mag?
Und horch: da sang ein Vöglein,
Das lockt' ihn fort durch Feld und Hain,
Und Abends kam er zur Einsiedelei:
Wo war die Hütte? und welch ein Land?
Ein Volk, deß' Rede er nicht verstand —
Da waren tausend Jahr' vorbei.
Hei, Brüderchen, ich sag' dir wahr:
Dir wird ein Tag, wie tausend Jahr'!
Und doch — ha! ha! — der Lilie Dank:
Und doch wird dir die Zeit nicht lang!"
Laut lacht' er auf. „Schlag' ein! schlag' ein!
Ich bin dein lustiges Vögelein;

Wohin ich fliege, dort schwillt die Lust
Von Waldes- und Weines- und Locken-
  duft —
Da sitzen die Zecher in fröhlichen Reih'n:
Man trinkt den Durst und nicht den Wein!
Die Stirn bekränzt — das Auge glänzt —
Da wird der Becher des Rausches kredenzt!
Nun, Kolumban, — lebt wohl, für heut'!
Der edle Streit wird noch erneut!
Noch kommt der Tag, da sollt Ihr seh'n,
Da wird sich das ganze Kloster dreh'n!
Wohlan!" Sein Trinkhorn zog er hervor,
Da leuchtet's, da klingt es, da duftet's
  empor —
Und wie die duftigen Wolken wallen,
Da weckt's die Vögel aus ihrem Traum:
Da schlagen draußen die Nachtigallen,
Da klingt und singt der ganze Raum. —
Er trank — nun hält er's an Benedikt's
  Mund:
„Trink, lieber Bruder, auf unsern Bund!"
Benedikt trank. „Ha!" rief er aus,
„Das zuckt und flackert durch Mark und
  Bein!
Leb' wohl, du Haus voll Angst und Graus,
Leb' wohl, du Zelle mit deiner Pein!
Drei Tage lang, drei Nächte lang
In tollen Lebens Überschwang, —
Ich koste dich aus, entwendetes Glück,
Bis an den letzten Augenblick!
Bin ich doch, wie ein Maulthier, ge-
  schritten,
Keuchend vor Last, mit schleichenden
  Tritten —
Nun frei die Brust! der Nacken entlastet!
Fort in die Welt und nicht gerastet!
Hier meine Hand — glückseliger Tausch!
Sei mir gesegnet, Bruder Rausch!"

Karl Emil Franzos.

Mein Franz.
Novelle in Versen.

Was man erlebt! — mein Franz steht in der Zeitung!
Nun les' ich dreimal schon dieselbe Stelle:
Für die gelung'ne Fassung einer Quelle,
Für den soliden Bau der Wasserleitung
Ward dir des Städtchens Bürgerrecht zum Lohne,
Dazu noch das Verdienstkreuz mit der Krone!

Wie mich das freut! Wir sah'n uns lange nicht,
Ich wollte kommen, doch mich band die Pflicht,
Wie oft ich schon — wahrhaftig! — auf dem Sprunge.
Wir schrieben selten, schwiegen endlich ganz,
Doch: „Alte Lieb'..." — du kennst das Sprichwort, Franz,
Heut' wär' ich gern bei dir, mein treuer Junge!

Ich denk' mir's schön, wie ihr beisammen sitzt,
Von junger Freude, altem Wein erhitzt,
Im Freundeskreis. Ich seh' dich, lieber, feister,
Zu Laub und Wasser tüchtiger Stadtbaumeister,
Wie du behaglich streichst den Riesenbart.
Daneben sie — vielleicht nicht mehr so zart,
So schlank, wie einstens, aber schön noch immer.
Von Stolz verklärt das liebliche Gesicht,
Um das sich reich das prächtige Goldhaar flicht,
Das blaue Auge strahlt in freudigem Schimmer:
Just hat der Bürgermeister sich erhoben,
Um Mann und Werke nach Gebühr zu loben.
Gefährlich wird er, kommt er recht in Zug,
Doch wenn die Sätze doppelt seltsam wären,
Ihr klängen sie wie Harmonie der Sphären,
Er spricht von dir und darum nie genug!

Doch wird ein Ende allen irdischen Dingen,
Darum auch diesem Spruch. Die Gläser klingen,
Du räusperst dich, dein kluges Weib erbleicht,
Denn, Franz, als Mensch und Meister unerreicht,
Bist du als Redner ... Doch du fassest Muth:
Du läßt die Stadt, du läßt die Bürger leben,
Den wackern Bürgermeister auch daneben —
Das ist ein Reim sogar und kurz und gut!
(Der einzige Reim, den dir Apoll gegeben!)
Noch mancher schöne Spruch erklingt dem Feste,
Dann zieh'n voll tiefer Rührung heim die Gäste.

Ihr bleibt allein zu trauter Dämmerstunde
Mit eurem Glück. „O Franz, wie warst du zag,"
So flüstert sie und hängt an deinem Munde.
„Ich aber wußte wohl; es kommt der Tag!..."
Noch einmal der bewegten Seele gleiten
Vorüber Leid und Lust vergang'ner Zeiten:
Das Leid war klein, weil rein und echt das Glück,
Weil Liebe labt und tröstet! Freudig lenken
Zum blauen Tag die Blicke sich zurück,
Da siegreich du die Holde heimgeführt,
Und denkt ihr seiner, müßt ihr mein gedenken,
Gewiß mit Lächeln ... doch vielleicht gerührt ..

Nun aber horch! was tollt vor eurer Stube?
Trompetend einmarschirt dein brauner Bube —
(Ihr gabt ihm meinen Namen, das war fein
Und lieb! Es hängt vor mir ob jener Base
Sein Bild: es zeigt des Vaters bied're Nase,
Jedoch die Augen blicken traumhaft d'rein,
Der Mutter Augen!) Blühen und gedeih'n
Mag euch der Liebste und die beiden Schwestern.
Wohl brachten ihren Glückwunsch sie schon gestern,
Doch läßt sich derlei passend wiederholen:
Sie kauften Goldpapier, es stand bereit
Der Kleistertopf, und also ward verstohlen
Gerüstet, die euch naht, die Herrlichkeit!
Voran der Bub', wie's dreifach sich gebührt:

Zuerst als Mann, und zweitens als Trompeter,
Und drittens, weil er Kron' und Scepter führt,
Denn heute präsentirt die Majestät er.
(Die Krone ist vom Gurkenfaß ein Reifchen,
Das Scepter war, bevor's durch gold'ne Streifchen
Zu solchem Dienst geweiht, ein Löffel nur!)
Ihm folgt das ernste Ännchen, das bewegt
Ein Riesenkreuz auf einem Polster trägt.
Das Kleinste, Gretchen, trippelt aus dem Flur
Gar mühsam ein, die Fahne in der Hand —
Schier wär' das Prachtstück auf der Treppe blieben,
Die große Fahne mit dem schönen Band,
Und „Waserleitung" steht darauf geschrieben ...
Der Kaiser soll beginnen — ach! kein Ton!
(O Franz, der Bub' ist seines Vaters Sohn!)
Das Ännchen hilft — ihr aber hindert sie;
Ihr heb't die holden Kinder auf die Knie',
Das Gretchen klettert hurtig hinterdrein,
Es spricht: „Das Kreuz aus Wien ist gar so klein,
Dies große aus Papier wird besser taugen!"
Ihr aber schaut das Kunstwerk gar nicht an,
Ihr könnt ja nicht, euch flimmert's vor den Augen...
Du selig Weib, du doppelt seliger Mann!

Eintritt die Magd und bringt die neu'ste Zeitung:
Gesteh's nur, Franz, dich kümmert sonst nicht viel
Der Völker Ringen und der Musen Spiel,
Doch heute steht von einer Wasserleitung
Vielleicht was d'rin, von einem Bürgerrecht ...
Kühl willst du bleiben, doch gelingt's dir schlecht,
Und roth und zitternd schielst du in das Blatt,
Da steht's, in großer Schrift und vierzehn Zeilen!
Du liest und liest! Kannst du dich nicht beeilen?
Es brennt dein Weib danach, doch nun sie's hat.
Bekommst du auch das theu're Blatt nicht wieder!
O wie sie liest! Mit gleicher Seligkeit,
So hold erglüht, las sie wohl jene Lieder,
Die einstens ihr der liebe Franz geweiht! ...
Dann wollen's auch die Kinder seh'n. O Pracht,
Wie sich gedruckt des Vaters Name macht!

Derselben Ansicht, Liebster, scheinst auch du —
Kein Wunder, denn es kommt dir selten zu!
Du wardst zu stillem Glücke auserlesen,
Genug, daß dich dein Städtlein ehrt und kennt,
Es lobt dein Bau sich selbst, kein Recensent,
Doch halt — ein Dichter bist du ja gewesen!

Ein Dichter, Franz! Nichts Böses soll's besagen,
Nicht spotten will ich, zürnen nicht nur klagen!
Dir zürnen, dir, du treuester Genoß,
Verknüpft mit meines Herzens Wundersagen,
Wo mir so klar, so voll das Leben floß!
Wie taucht dein breites Antlitz mir empor,
Dies Albumblatt, in das mit Schlägerhieben
Sich Gothen und Vandalen eingeschrieben,
Und eine Terz sitzt gar am linken Ohr!
(Andenken sind's, man sammelt sie für's Leben,
Doch hast du mehr noch, als du nahmst, gegeben.)
Ich seh' dein Antlitz, hör' den tiefsten Baß,
Der je vernommen ward in Erdentagen —
Noch mehr! ich rieche deinen Knaster! Was
Für ein Gewächs dies war, ist nicht zu sagen,
Und dennoch raucht' ich ihn mit mehr Behagen
Als die Havanna hier! ... O Burschenzeit!
Wer könnte im Gemüthe so verarmen,
Um nicht im Deingedenken zu erwarmen?!
Berauschend quillt dein Born und stählt und feit! ...
Mein Franz, gemeinsam haben wir genossen
— Das Beutelchen so schmal, das Herz so weit! —
Den Zaubertrank des Hehren, wie der Possen,
Und halfen uns getreulich, theilten brav
Die letzte Pfeife und den letzten Gulden,
Das enge Stübchen und sogar die Schulden!
Und was an Freud' und Schmerz den Einen traf
Dem Andern ward die Hälfte zugemessen,
Und willig half er tragen! Unvergessen
Bleib' ewig dir, du Guter, jede Nacht,
Die du am Bett des Fiebernden durchwacht,
Bis es der Treue glückte, mich zu heilen!
Wir theilten ehrlich, theilten ohne Schranken

Gefühl und Wunsch und Sehnsucht und Gedanken:
Da kam ein Tag — wir konnten nicht mehr theilen!...

Ein Maientag! Vom grauen Dome klangen
Die Sonntagsglocken, und die Vöglein sangen
Im Laub- und Fliederwall, der also dicht
Voll Liebesdrang das schöne Graz umflicht,
Daß es versinkt in Düften und in Liedern.
Doch will die Stadt den holden Gruß erwiedern
Und sendet ihre Blumen aus, die Mädchen ...
Sie wallen aus dem Dom: das Bürgerskind,
Des Edlen Tochter und das Hausgesind,
Und die des Werktags surren läßt das Rädchen.
Wir halten vor dem Domportale Stand,
Lobpreisend Gottes Werke unverwandt,
Und spähen mit andächtigem Gemüthe
So unter Tüchlein, Stroh- wie Seidenhüte ...
Da plötzlich pocht mit heißem Schlag mein Herz,
Auch du, ich fühl's, dein Arm erbebt in meinen,
Und auf der Lippe stockt der tolle Scherz ...
Wir starren wie verzückt dem lieben, reinen
Madonnenantlitz nach: noch liegt der Thau
Der Kindheit drüber, doch im feuchten Blau
Der Augen wacht schon traumhaft süßes Zagen,
D'raus blickt die junge Seele in die Welt
Und will verschämt nach ihrem Schicksal fragen ...
Wie ward uns nur? Wir eilen nach. Es hält
Die Menge uns, wir drängen tapfer vor,
Da schimmern just durch's dunkle Paulusthor
Die blonden Löckchen ... Aber zaghaft nur
Verfolgen wir von ferne ihre Spur,
So fromm und ehrerbietig, gleich der alten
Duenna, die ihr das Gebetbuch trägt,
Zur Stadt hinaus, zum Rosenberg. Sie halten
Vor einem schmucken Garten dornumhegt,
Ein schwarzes Hündchen bellt ihr da entgegen
Und sie verschwindet auf den schattigen Wegen.

Wir weilen lange vor dem Pförtchen, seh'n
Einander an und lachen, doch verlegen,

Und Keiner wagt's dem Andern zu gesteh'n,
Was tief in ihm entglommen süß und jäh!
Dann aber geht's im Sturmschritt in's Café:
Das Häuser-Schema her! Im Buche wettern
Die Finger, wie der Sturm in dürren Blättern.
Da steht's: „Major von D. sammt Tochter, Schwester."
Was weiter nun? Das kann nur Michel wissen!
Es ruht der Bied're nun schon manch Semester,
Wie muß die Nachwelt schmerzlich ihn vermissen:
Er war der Jugend Hort im Erdenthal,
Wer könnte ihn ersetzen, seinen Nutzen
Für Leben, Wissenschaft und Stiefelputzen?
Er war Wichsier, doch als Wichsier genial!
Der Wack're wird citirt. Doch schüttelt er
Mitleidig nur das Haupt. Der Fall ist schwer!
Noch Keinem glückt' es, vorgestellt zu werden!
Ein Eden ist's, jedoch den Eingang wehrt
Der Herr Major mit seiner Grobheit Schwert.
Ein Riesenschwert!... Was aber wär' auf Erden
Für Michel allzuschwer?! Nun, er verspricht's,
Die Sache zu erwägen — weiter nichts.

O Franz, nun kamen seltsam drollige Tage!
Wir blieben Brüder, aber keine Frage
Berührte, was im Herzen uns entloht.
Verschwiegen doppelt wuchs die selige Noth.
Ich war auch sonst der stillere Kumpan,
Du wöhntest dir erst jetzt das Seufzen an.
Du schaltest sonst ob meiner Reimerei'n,
Nun sogst du plötzlich sie begierig ein.
Wir gingen sonst selbander, jetzo einsam,
Doch als ich einmal um das Häuschen schlich,
Kam auch mein Franz daher! Du schämtest dich,
Ich schämte mich; wir schlichen nun gemeinsam,
Andächtig lauschten wir bei Mondeshelle
Des kleinen „Nero" winselndem Gebelle,
Doch nimmer war die Holde zu erspäh'n!
Nur Sonntags sah'n wir sie zur Messe geh'n.
Das greise Tantchen gab ihr das Geleite,
Der brummige Vater schritt ihr dicht zur Seite.

Wir folgten still: die Liebe lehrt Genügen,
Doch war es ein bescheidenes Vergnügen ...

Und Michel? Michel ist auf „richtiger Spur",
Betheuert er, und schweigt und lächelt nur.
Doch eines Abends spät — wir sind noch wach —
Stürzt er herein: „Ihr Herren, spielt ihr Schach?"
„„Nein, doch was soll's damit?"" — „Dann müßt ihr's lernen!
Und rasch und gründlich! Wenn ihr dies vollbracht,
Läßt sich das letzte Hinderniß entfernen.
Ich bürg' für den Erfolg — und gute Nacht!"

Wer zweifelte, bürgt Michel für's Gelingen!
Wir lassen Läufer hüpfen, Rosse springen,
Wir lernen, wie man Thurm und König schiebe.
Doch ist auch beste Lehrerin die Liebe
In jedem Ding, zum Schachspiel taugt sie nicht!
Ein Doppelschach aus Liebe — welche Pflicht!
Ob Jakob auch um Rachel Schweres litt,
So Schweres nicht, wie Schottisches Gambit!
Wir übten fort ... Dir schien es nie zu viel,
Ich aber ward es einmal gründlich satt
Und sprang empor: „Nun setz dich selber Matt!"
Du wurdest bleich. „So giebst du auf das Spiel?"
Frugst du bedeutungsvoll. Ich lachte: „Nein!
Doch wird's wohl anders zu gewinnen sein!"
Du faßtest meine Hand und sprachst mit Beben:
„Entsage ihr! mir greift es tief in's Leben!"
Ich aber dacht' an jener Augen Glanz,
An's süße Angesicht ... „Ich kann nicht, Franz!"
Du nicktest trüb: „Wir armen Thoren — ach! —
Doch zieh' und decke dich! Ich sage Schach!"

Des andren Tags tritt Michel ein. „Wohlan,
Seid ihr bereit?" — „„Wir sind's!"" — „Nun drauf und dran!
Es will der Michel, was er kann, beweisen.
Noch eh' die Sonne sinkt, soll't ihr mich preisen.
Bleibt hübsch daheim! Ich bringe einen Gast!"
Er geht! Uns aber wälzt sich Centnerlast
Auf's Herz. Gewiß, er bringt uns den Major!

Doch was bereiten zum Empfang wir vor?
Dies Stübchen, der Tabak und dieses Spiel!
Und wär's ein Hiob, müßt' es ihm zu viel
Des Schönen werden! Doch was nützt die Bängnis?!
Wir fassen uns! Nimm deinen Lauf, Verhängnis!

Wir harren. Abend wird's. Es klopft. „Herein!"
Das winselt ja und winselt, will nicht enden ...
Sieh'! Michel ist's, ein Säckchen in den Händen.
Er hebt es hoch empor. „Nun rathet fein!"
Er löst das Band. „Der Gast, den ich versprechen!"
Und — Nero — Nero kommt hervorgekrochen
Und bellt und springt! „Ihr Herr'n! Respekt vor mir!
Heut Mittag war's, da — lief mir zu das Thier.
Dann aber half ich redlich, als man's suchte.
Das Tantchen jammerte, der Vater fluchte,
D'rauf fanden sie vernünftig meinen Rath
Und morgen schon erscheint das Inserat.
Ihr habt gelesen, habt das Thier gefunden
Und liebenswürdig bringt ihr's selbst zurück.
Das Tantchen weint vor Freude — welches Glück!
Und selbst der Alte fühlt sich überwunden
Von solcher That, von solchen Unschuldsmienen:
Wie könnt er's nur vergelten, wie euch dienen?!
Da stammelt ihr von seiner Meisterschaft
Im edlen Schach, gering ist eure Kraft,
Vermessen fast der Wunsch: ein einzig Spiel
Mit solchem Meister wär' euch höchstes Ziel.
Er aber jauchzt: „Wir wollen gleich beginnen!"'
'Wo fänd' er Partner sonst? Er stümpert gräulich,
Wird gerne grob und flucht dann ganz abscheulich.;
Ihr seid am Ziele, darf er stets gewinnen.
Und nun wohlauf an's Werk: In Michel's Namen.
Der Michel sei gelobt!" Wir lachten: „Amen!"

Doch ob dies „Amen" recht vom Herzen kam?
Der Streich war toll, er führte rasch an's Ziel!
Wir fanden ihn vortrefflich, lachten viel,
Doch leise, leise regte sich die Scham:
War unsrer Träume werth dies lede Spiel,

Des Sehnens werth, das alle süß und bang
Im Herzen pochte, jede Fiber schwellte,
Und durch des Tags Geräusch im Ohre klang,
Wie ferner, weicher, zitternder Gesang?!...
Wir seufzten, lachten, und das Hündchen bellte ...
Das Frühroth bracht' uns Muth: Sind wir Philister?!
Dann aber sank uns jede Stunde trister
Und endlich schlichen wir in Mittagsgluth
Sammt unf'rem Fund, als ging's zum Hochgericht,
Den Berg empor, an's Haus ... Doch halt! — wer spricht?!
„Du bist der Alt're, Franz, ein lustig Blut!" —
„Du aber kannst sogar in Versen sprechen!"" —
„So losen wir!" — Wir wollen Halme brechen.
Da drängt das Hündchen heulend an's Staket,
Da naht ein Schritt, da leuchten gold'ne Locken,
Und Ännchen steht vor uns! ... Die Pulse stocken
Kein Wort, kein Ton — wir schweigen ein Terzett!
Ihr Antlitz glüht, sie weicht zurück beklommen,
Erkannte sie vom Dom die beiden Frommen?!
Nur Nero grüßt mit freudigem Gebelle.
Da ist das greise Tantchen flugs zur Stelle,
Und dankt und schluchzt, die Rührung ist unsäglich.
Sie ladt uns ein; wir folgen stumm und kläglich
Zum Pavillon. Nun sollen wir berichten,
Wo uns die That gelungen, wie und wann?
Das wär' mein Amt, nun heißt's ja wacker dichten,
Doch selbstlos fängt mein Franz zu lügen an:
„Um Mitternacht .." Da naht der Herr Major,
Wie Zeus, so strahlt aus Wolken er hervor:
Er raucht und knurrt, doch Franz, der tapf're Degen,
Traktirt die Hunde-Odyssee verwegen
Voll Würde fort. Der Alte lauscht verwundert,
Doch scheint es nicht, daß er uns sehr bewundert.
„Und dann verrieth," so bricht er los mit Grimme,
„Des Hundes Herrn wohl eine innere Stimme?" —
„Das Inserat!" spricht Franz mit Unschuldsmienen.
Der Unhold lacht: „Das ist ja nicht erschienen'
Geschlossen waren gestern schon die Spalten!"
O Nemesis! wie furchtbar ist dein Walten!
Du gütige Mutter Erde, thu dich auf! ...

Doch da erhebt mein Franz sich majestätisch.
„Es ist erschienen, Herr!" spricht er pathetisch.
„Denn Wunder giebt es nicht im Weltenlauf,
Wie wären sonst wir hier?" — „Natürlich! ja!"
So ruft die Tante, Ännchen schmollt: „Papa!"
Und dieser — schweigt und greift sich an die Stirne.
Nur rasch den zweiten Trumpf. „Wir saßen spät,
Am Schachbrett noch, ein schwer Problem im Hirne:
Kann Thurm und Läufer enden je das Spiel? —
Als just Ihr Hündchen vor dem Fenster bellte —"
— „Sie spielen Schach!" O wie sich Zeus erhellte!
D'rauf Franz der Bösewicht: „Ich kann nicht viel,
Doch meinem Freunde ist's die einzige Labe,
Ich glaube fest, er spielt noch einst im Grabe!"
Da faßt der Moloch mich mit sanftem Knurren
Und schleift mich hin — ade! du schöne Welt!
Indeß der liebe Franz mit lustigen Schnurren
Im Pavillon die Damen unterhält!
Doch Rettung naht: es schlug die Speisestunde!
„Sie kommen bald?!" lockt er mit Flötenhauch
Jedoch zu Franz: „Sie — meinetwegen — auch!"
Und bess'rer Balsam noch kühlt meine Wunde.
„Ihr Freund erzählt . . ." beginnt die holde Kleine,
Und stammelt . . . meine Verse will sie lesen,
Und wenn ihr Wunsch nicht allzukühn erscheine . . .
So glücklich ist kein Dichter noch gewesen!

Erst auf der Straße fand ich Worte wieder:
„O Franz, du liebster, bravster Bösewicht,
Dir sei verzieh'n, du lobtest meine Lieder!"
Doch du erröthend: „Das verdien' ich nicht!" —
„Warum?" Du schweigst, vergeblich blieb mein Fragen,
Dann lachtest du: „Ich will's dir später sagen!"

Doch kam es nicht dazu. Wir sprachen spärlich
In jener Zeit, als könnte dies gefährlich
Für unsre Freundschaft sein . . . Doch unsrem Eden
Lenkt' Keiner je allein die Schritte zu.
Auch theilten wir uns ehrlich in die Fehden
Mit dem Major und in die süße Ruh'

Im Pavillon. So war uns Kampf und Frieden
Und je ein schwarzer, weißer Tag beschieden.
Der schwarze war sehr schwarz, denn niemals satt
Ward Moloch je und setzt' er zehnmal Matt.
Auch knurrt er wohl: „Mir geht's nicht aus dem Sinn...
Man ahnt ein Inserat! — es stand nicht d'rin!"
Jedoch der weiße Tag war gut und hold!
Nicht war's der Augen Blau, der Locken Gold,
Was uns allein bezwang. Wie war sie rein
Und hell und froh, des Hauses Sonnenschein,
Und aller Guten Freude! Wie es blühte
In diesem weichen, gütigen Gemüthe!
Wenn sie so lachend durch den Garten sprang,
Des Vaters Krückenstock als Schläger schwang,
Im Chor mit uns den „Fürst von Thoren" sang:
Das war ein Kind, das seine Puppen tauschte
Mit anderem, lebendigem Zeitvertreib,
Doch wenn sie sann und ernsten Worten lauschte,
Da ward das Kind ein tiefes, edles Weib.
Ob sie im Scherzen schöner, ob im Sinnen?
Ich grübelt' oft bei nächtiger Lampe Schimmer
Ob dem Problem. Doch Klarheit zu gewinnen,
Unmöglich ward! Am schönsten war sie immer!
Und ob ihr Franz der Lieb're ward, ob Ich?
Ein Jeder freilich mußt' es: Sicherlich!
Der And're war's! und mußte ihn beneiden —
Sie aber strahlte wie die Sonne Beiden
Mit gleicher Huld. Und trübt' ein Launenwölkchen
Die Herrscherstirn', so galt's dem ganzen Völkchen —
So dir, wie mir! Sie lacht' zu deinen Schwänken,
Ließ sich von mir zu ernst'rem Sinnen lenken
Mit gleichem Danke. Wie die Stunden rannen!
Ich seh's so klar vor mir: die Reben spannen
Ein schattig Dach und traulich grüne Wände, —
Und rings der Lenz — des Blühens ist kein Ende...
Ich les' ihr Lenau ... O wie schön sie ist,
Wie sich die junge Seele selbst vergißt,
In reinster Gluth der Dichtung hingegeben!
Von tiefer Rührung will mein Herz erbeben.
O wenn ein Aug' erglänzt in solchem Licht,

Ist dies das schönste, edelste Gedicht! ...
Ich hör' ihr Athmen und die eig'ne Stimme,
Sonst Alles still! Es schläft der große Pan ...
Nur manchmal fängt der Fink zu schlagen an,
Nur manchmal grollt's von fern ... es schilt im Grimme
Der Vater; Franz hat seinen schwarzen Tag!
Die Tante sitzt bei uns, doch stört sie nicht,
Sie schläft so süß, obwohl nicht mein Gedicht
Von meinen Lippen klingt. Ich war zu zag,
Wenn auch das Ännchen bitten mocht' und mahnen.
Nur einmal, als sie d'rob zu schmollen schien,
Beglückt ich sie mit meinem „Konradin".
(In strengen Jamben, sonst in Shakespeare's Bahnen.
Das Engelherz! — sie wollt' noch Lieder haben!
Die aber blieben sein im Pult begraben:
Ich wußt' es ja, in diesen Liedern lodute
Mein wildes Blut, in diesen Liedern pochte
Das hilflos aufgewühlte Herz und rief
Nach Glück und Liebe! ... Nein! ich fühlt' es tief,
Daß sie die Reime, war mein Los entschieden!
Ich aber mocht' nicht trüben ihren Frieden,
Nicht meinen Traum. Ein Wehe, nicht zu fassen,
Erschien's dem armen Herzen, ihn zu lassen!
Er war so tröstlich, war so wunderbar,
Und das Erwachen bracht' vielleicht Gefahr!
Ich sagt' ihr: „Stimmung läßt sich nicht erzwingen!
Ich dichte nun nicht mehr!" War das gelogen!
Mir war's, als müßte mir die Brust zerspringen,
So fühlte ich es rauschen d'rin und klingen
So quoll das Lied in immer neuen Wogen!

O junges Lied, o junges Leid und Glück!
Du Zeit der bitt'ren Lust, der süßen Qualen,
Ich wollt's mit jedem künftigen Glück bezahlen
Fänd' in dein Eden ich den Pfad zurück!
Nach dir nur fühl' ich Sehnsucht mich durchbeben,
Nicht nach der Kindheit! Groß ist ihre Lust,
Doch allzu wolkenlos und unbewußt,
Du aber bist der Junimond im Leben
O Jünglingszeit! Noch drängt sich Blüth' an Blüthe,

Doch will's schon leise reisen im Gemüthe,
Du freust der Blüthe dich und denkst der Frucht!
Blaugoldig spinnt sich deiner Tage Flucht,
Du kennst nicht Dürre, nicht des Nebels Wucht,
Doch drängst du schon, das Leben zu bestehen,
Gelockt vom Rauschen ferner Siegestrophäen
Wohlauf zum Kampf! Du schwingst des Liedes Schwert.
Oft ist der Stahl gebrechlich, schlecht geschliffen,
Oft ohne Kraft der Arm, der's stolz ergriffen,
Doch schwingst du's ehrlich, hältst es hoch und werth,
Und ob's nicht treffe, nur in Lüften blitze,
Nie schleifest du zum giftigen Dolch die Spitze,
Nie krümmst du sie im Dienst der schnöden Welt
Zur zahmen Sichel für ein Futterfeld! — —
O junges Lied, du klanggeword'ne Thräne,
Wie quillst du unaufhaltsam, wonnigbang!
Belächelt wird dein heißer Überschwang,
Doch ob der Zahme sich auch klüger wähne,
Du schenkst die reichsten und die besten Stunden,
Du läßt zu tiefst das junge Herz gesunden!
Es weint sich aus, wie Lenz in wilden Schauern,
Jäh taucht empor und schwindet jäh das Trauern!
Du blaues Heft mit den vergilbten Blättern,
Wehmüthig blickt mich an aus deinen Lettern
Die liebe Jugend: „Ach! wie käm' ich gerne!
Doch kann ich nicht, und grüß' nur aus der Ferne!
Gedenkst du mein?! Was später du erworben,
Ist's weniger nicht, als was dir ward geraubt?
Gedenkst du d'ran, was dir mit mir gestorben?"
Ich aber senke still und stumm das Haupt . . .

Du kennst das Heftchen, Franz! denn immer wieder
Erbatest du und lasest diese Lieder!
Ich gab sie gern, ich dachte: „Armer Mann,
Der Gleiches leidet und nicht weinen kann!
Der Ärmste, der sich Thränen leihen muß!
Du sprachst mich selten an in jenen Tagen,
Und kam's dazu, so stockte rasch der Fluß
Der Rede wieder. Und ich fühlt' mit Zagen:
Zu Ende geht's! Ich mußt' es schweigend tragen.

Doch eines Nachts, wir saßen still beisammen,
Da brachen aus die langverhehlten Flammen.
„Versteht das Ännchen deiner Lieder Gluth?"
Begannst du da. — „Ich mocht' es nicht erproben!"" —
„Du wagtest nicht? ... So war umsonst mein Leben
An jenem ersten Tag?"— „„Da warst du gut,
Doch jetzt, o Franz!..."" — Dir schoß das helle Blut
In's Angesicht. „Ich war auch damals schlecht!
Ich sprach ironisch, sie hat's ernst genommen!
Dir schaden sollt's und wurde dir zum Frommen!
Ich klage nicht, die Strafe ist gerecht!
Nun ist sie für den Dichter jäh entglommen!" —
„„Das konntest du?! Doch bleibe Groll mir fern,
Wir lassen's ruhen!"" — „Ja, das glaub' ich gern!
Du wandelst nun auf sich'ren Siegerpfaden,
Ich aber bin Trabant nur für den Stern
Der Poesie!" Ich wandt' mich ab und schwieg.
War nicht mit gleichem Weh mein Herz beladen?
Tobt' nicht in meiner Brust derselbe Krieg?
Du sprangst empor: „So sprich, wie soll das enden?
O fühltest du nur recht mein Schicksal mit!" —
„„Ich fühl' es, Franz, doch kann ich es nicht wenden!"" —
„Bedenk', welch' bitt'res Los mir zugefallen,
Ich ring' um sie, wär's mit den Menschen allen,
Jedoch mit dir — — du mußt, du mußt entsagen!
Dir ist es Tändelei, ein flüchtig Scherzen,
Ich liebe sie mit meinem ganzen Herzen!" —
„„Ich liebe sie nicht minder, ach, zum Sterben!"" —
„Jedoch für's Leben, willst du um sie werben?" —
„„Ich will's! Und du?"" –– „Noch mehr, ich kann's sogar!
Bald bin ich diplomirt, ein freier Meister!
Doch du — wollt leben ihr wie selige Geister
Von Lust und Licht!" — „„Nun, wie's die Götter fügen!"" —
„Du willst wohl deine Verse drucken lassen?"
Ich schritt zur Thür'; da zuckt's in deinen Zügen:
„Verzeih'! verzeih'! ich muß mich selber hassen!"
Wir küßten uns. „Nun mag das Schicksal walten,
Wir aber sind und bleiben stets die Alten!"

Und treulich ward gehalten das Versprechen.
Nicht kam zurück die alte tolle Zeit.
Doch das Vertrauen kam, die Herzlichkeit,
Nur Eines mieden wir: von ihr zu sprechen . . .
Hingegen taucht' ein neues Thema auf,
Das wir erst jetzt und etwas spät entdeckten.
Du sprachst von Gothik, byzantinischem Knauf
Und Wasserbau — ich aber von Pandekten.
Mein viert' Semester! endlich schien's mir schicklich,
Mich meiner Göttin Themis vorzustellen,
Doch war mir die Bekanntschaft nicht erquicklich.
Wohl sprach auch sie zuweilen von Novellen,
Doch der Dekamerone freut' mich nicht!
Dir fiel es leichter! Auf der Weisheit Pfaden
Warst du nicht gern gegangen, doch nach Pflicht —
Nun faßte dich Begeisterung! Du rafftest
Dich kräftig auf, und alle Tage schafftest
Du neue Thürme, Giebel und Façaden.
Natürlich nur auf dem Papier, und lenktest
Durch Schleußen ab den Rhein in's schwarze Meer.
Ich wußte wohl, warum du dich so sehr,
So eifrig dich in jenen Strom versenktest.
Du wußtest wohl, woher mein heißes Schmachten
Nach römischem Civilproceß. Wir dachten
Wohl viel darüber, doch es schwieg der Mund!
Auch gönnte Jeder wohl von Herzensgrund
Dem And'ren Glück bei seinen Professoren.
Doch in der Liebe gönnt es Jeder sich!
Da kam der Tag: du wurdest feierlich
Geprüft vor allem Volke und erkoren:
Du hattest dein Diplom! Ich grüßte dich
Als Erster, mit so ehrlichem Frohlocken,
Als gäb's auf Erden keine gold'nen Locken,
Doch selben Tags noch mußt' ich d'ran gedenken.
Sie gaben d'roben dir ein Ehrenmahl,
Mit Rosen stand umwunden dein Pokal
Von Ännchens Hand; es ließ vom Besten schenken
Der alte Herr und bracht' ein lustig Sprüchlein
Auf deinen ersten Bau, mein erstes Büchlein.
Ich aber dacht' mit stillem Herzeleid:

Der Bau ist nah, jedoch das Buch ist weit!
Und ach! — zu allerem ging's nun an's Scheiden!
Ich mußte heim, nun kam die Ferienzeit;
Doch solltest du das gleiche Weh erleiden,
Berufen warst du, nicht den Vater Rhein,
Doch einen kleinen Wildbach abzuschneiden.
O dieser Bach, wie kühlt' er meine Pein!
Auch schenkt' uns Ännchen, lieblich, mit Geschick,
Zu gleichen Theilen Lächeln, Wort und Blick.
So fühlt' ich Hoffnung lind mein Haupt umlosen,
Sie flüstert mir in's Ohr: „Geduld bringt Rosen!"

Ich ging. Wie schien das liebe Heimatstädtchen
Mir damals öd' mit all' den hübschen Mädchen.
Verdrossen schlichen mir die Tage hin,
Jedoch die Nacht war meine Trösterin:
Da durft mein Aug' bei frommer Sterne Leuchten,
Sich unentdeckt in stiller Sehnsucht feuchten,
Dann kam der Traum und spannt' die Flügel aus
Und trug mich gütig zu der Liebsten Haus.
Ach! traurig war ich bei des Sommers Praugen
Und wurde froher erst, als er gegangen:
Der kahle Ast, die Blumen matt und fahl
Sie kündeten ein Ende meiner Qual,
Nun lagen auch die Malven schon zerpflückt ...
Nun durft' ich in des Herzens Heimat eilen.
Da kam ein Brief — von Franz! Zwei kurze Zeilen:
„Ich meld' es dir, dem Treuesten, beglückt,
Heut durfte ich mein Ännchen mir erfliegen!"
Was ich dabei gelitten, sei verschwiegen.

Ich kehrt' zurück. Dir galt mein erster Gang,
Um ehrlich meinen Glückwunsch dir zu sagen.
Wenn wie ein Schwert dein Glück mein Herz durchdrang,
Ihr Beide war't darum nicht anzuklagen!
Doch warst du fern, im Städtlein an der Traun,
Dem jungen Glück das traute Nest zu bau'n.
Nun galt's den schwersten Gang ... Ich pocht' am Thor,
Wie einen Sohn empfing mich der Major
Und knurrt' kaum was, wie „Armer Kerl!" Das klang

So seltsam weich — mir wurde doppelt bang ...
Im Zimmer tritt das Ännchen mir entgegen
Und grüßt voll Herzlichkeit, jedoch verlegen.
Ich bringe bebend meinen Glückwunsch vor,
Wie Mitleid will sich's ihr im Antlitz regen,
Da bebe ich nicht mehr. Da bäumt empor
Sich Stolz und Schmerz! Nun muß ich scherzen können!
Der Vater staunt, dann aber lacht auch er,
Und Ännchen mit. O, lustig bin ich sehr!
„Und wollen Sie mir rechte Freude gönnen,
Erzählen Sie, wie er Ihr Herz errungen!"
„O!" ruft sie stolz, „das ist ihm leicht gelungen!"
Und schwärmt von dir, wie — nun, wie eine Braut
Vom Bräutigam. „Wir wurden rasch vertraut!
Er ist so gut — und dichten kann er auch!"
„So — dichten — Franz?! Das war sonst nicht sein Brauch."
„Die Liebe erst hat ihm das Lied erweckt,
Und Anfangs hielt er's selbst vor mir versteckt.
Ein Zufall nur — doch bitte, lesen Sie!
Hier ist das Heft, dem Freunde zeig' ich's gerne!"
Ich schlag es auf. „In blauer Himmelsferne ..."
Und hier: „Getröstet hat die Poesie ..."
Mein Herr und Gott! es will mein Blick sich dunkeln ...
„O bitte, lesen Sie: ‚Die Sterne funkeln ....'"
Ich halte mir die Blätter vor's Gesicht,
Erblichen ist es jäh', sie merkten's nicht!
„Nun?! — wie gefällt es Ihnen?" — „O, recht gut,
Ich hätt's ihm nun und nimmer zugetraut!" —
„Und dennoch — jählings, wie er aufgethaut,
Ist auch erstarrt der Quell! Ich fleh', ich dränge,
Doch glauben Sie, daß ihm noch was gelänge?!
Mein Namenstag — er kommt mit leeren Händen!....
Doch hoffe ich: das kann sich wieder wenden?!" —
„O! nächstens schon!" — Ich geb' das Heft ihr wieder,
Dann gehe ich.

Es waren meine Lieder.

Ich ging zur Stadt. Der Tag war häßlich, kalt.
Doch ging ich langsam, macht' auch einmal Halt.
Mein Cigarettentäschchen kam von dir:

Verschlungen wies es und in bunter Zier
Auf Leder unser Beider Monogramm.
Ich warf es nieder in den tiefsten Schlamm.

O jener Tag!.... und frägst du, wie die Nacht
Und wie die nächsten Wochen ich verbracht,
Dann sagt' ich dir: „Man muß nicht Alles wissen!"...
Doch eines Tags, im letzten Dämmerschein,
Ward plötzlich meine Thüre aufgerissen,
Und bleich und zitternd stürztest du herein.
„Was willst du hier?" — „Du mußt mich hören."" — „Nein!" —
„Ich sleh' dich an!" Es war dieselbe Stimme
Die Trost gesprochen meinen Fiebernächten.
Ich sagte: „Sprich!" — „Ich beug' mich deinem Grimme.
Doch sollst du mich um größ're Schuld nicht ächten,
Als ich beging!"" — „Da läßt sich nichts verhehlen!" —
„Ich schrieb die Lieder ab, um sie zu stehlen?""
Riefst du verzweiflungsvoll. — „So war es nicht!
Ich schrieb sie ab, ich wollt sie immer haben,
Weil sie mir armem Stummen Worte gaben!
Auswendig lernen kann ich kein Gedicht!
So mag mich Gott in Todesstunde stärken:
Ich konnt' mir niemals eine Strophe merken!""
Gedenk' ich heut' wie du so standest bleich
Und bebend schwurst bei Gott und Himmelreich,
Daß dein Gedächtnis schwach für Verse sei,
Dann muß ich lächeln heut', doch damals nimmer! —
„Ob du's sofort, ob später erst ersonnen,
Für dein Verbrechen bleibt es einerlei!
Als dir entwich der letzte Hoffnungsschimmer,
Da hast du durch die Lieder sie gewonnen!"
„Nein! böser Vorsatz war ja nicht dabei!
Mich hat ein Zufall höllisch nur umsponnen!""
Zerknirscht erzähltest du: „Nach kurzer Frist,
Noch eh' gebändigt waren jene Wogen,
Hat wilde Sehnsucht mich zurückgezogen!
Ob auch das Ännchen mich vielleicht vermißt?!
Es schien mir so! — und täglich schien's mir mehr,
Jedoch beschreiben läßt sich derlei schwer,
Besonders, wenn man — ach! kein Dichter ist!

Doch freilich langsam ging's, ich sag' es offen:
Heut' lag die Zuversicht mir ganz in Scherben,
Und morgen wieder durft' ich Alles hoffen!
Da — plötzlich! — kam dein Lied für mich zu werben!"
„Wie zierlich ausgedrückt! Von selber kam es?!" —
„So höhne nur! Wie sollt' ich's anders nennen?
Ich bracht' es nicht, jedoch das Ännchen nahm es.
Vernimm! Ich konnt' mich von dem Heft nicht trennen
Und las und las . . . Der Eine trägt's im Hirne,
Der And're kann's nur in der Tasche tragen! . . .
Da eines Tags — im Gärtchen scherzten wir —
Faßt plötzlich sie Gelüst' nach einer Birne,
Die uns zu Häupten hängt am höchsten Ast!
Sie winkt — du weißt, gehorchen muß man ihr! —
So klett're ich empor in williger Hast, —
Und mir entfällt das Heft und flattert nieder . . .
Wir merken's Beide nicht! Erst Abends spät
Da fällt's mir bei: Wo blieben nur die Lieder?
Der Kasten wird durchsucht, und umgedreht
Ein jedes Täschchen . . . nichts! In tiefster Brust
Schier wie ein Unglück trifft mich der Verlust.
Und traurig geh' am nächsten Sonntag ich
Zum Hänschen wieder. Anna steht am Pförtchen,
Was hat sie nur? Sie schweigt, sie wendet sich
Zur Flucht. Ich hol' sie ein. Kein Sterbenswörtchen!
Sie zittert ja, gewandelt ist ihr Wesen.
Sie stammelt: „Ich — hab' jenes Heft — gelesen!"
Und Purpurröthe deckt ihr Angesicht.
„Wie diese Lieder mich so selig machten
Und so beschämten — das verdien' ich nicht!"
Und nun: entscheide, darfst du mich verachten?!
So vor der Liebsten steh'n, in solcher Stunde,
Ersehnt so schmerzlich wild seit langen Wochen,
Und endlich, endlich klingt aus ihrem Munde,
Die dich für's Leben selig macht, die Kunde —
Und sagen: „Nein! nicht ich hab' sie gesprochen,
Die Worte, die so tief in's Herz dir sanken,
Der And're war's, dem And'ren mußt du danken,
Dem einst, gleich mir, geleuchtet deine Huld!" — —
Ob Einer lebt, der so hätt' sprechen können?

Ich konnt' es nicht! — auch büßt' ich meine Schuld,
Ich büßte schwer — du darfst Verzeihung gönnen.
O Pein! es täglich, stündlich hören müssen:
»So dichte doch!« O Pein, bei ihren Küssen
Sich fragen, angstgequält, in tiefer Scham,
Ob es dem Dichter galt — dem Bräutigam! . . . .«
„Sie weiß es heute?" — „Ja! es kam heraus,
Als sie mich frug, warum du nied'st das Haus!«" —
„Wie nahm sie's auf?" — „Erst zürnt' und schluchzte sie:
Nein, das vergebe sie mir nun und nie!
Dann schalt sie mich, doch unter Küssen aus:
»Was mußtest du ihm seine Lieder rauben?
Du dummer Franz, ich hätt' dich so genommen!« —
Doch ob ich's glauben darf?«" sprachst du beklommen.
„Ja! glaub' es, Franz, wir wollen's Alle glauben,
Wir träumten nur — jetzt wollen wir erwachen.
O welch' ein banger, böser Traum dies war!
Doch deine Schuld ist wirklich! Zahl' sie bar
Und voll: du mußt das Ännchen glücklich machen!"

Wie lange ist das her! Schon vierzehn Jahr'!
August des Lebens ist's und Ernte-Wetter!
Ob ich derselbe, der ich damals war?
Derselbe nicht, jedoch — sein nächster Vetter!
Nicht hab' ich Mitleid mit dem weichen Jungen,
Doch ihn zu höhnen, ist mir nie gelungen . . .
Und wenn mein Herz von jenen Tagen spricht,
Dann muß ich lächeln — lachen kann ich nicht,
Noch minder seufze ich! Mit gütigem Blick
Hat mich auch angelächelt das Geschick,
Vielleicht, weil du die Lehre gabst für's Leben:
Man muß sein Lied stets selber übergeben!